경제학 천재들의 자본주의 워크숍

스미스, 마르크스, 케인스는 왜 지금 우리에게 필요한가

경제학 천재들의 자본주의 워크숍

울리케 헤르만 지음
박종대 옮김

스미스, 마르크스, 케인스는

이런파파리

왜 지금 우리에게 필요한가

경제학을 배우는 모든 이에게 바친다.

차례

한국 독자들에게   11

1. 들어가는 글: 오늘날의 경제 위기   13

2. 경제학을 발견한 철학자: 애덤 스미스   18
평생 가장 중요한 사람이었던 어머니   21
일류 대학에 실망한 애덤 스미스: 옥스퍼드를 지루하게 느끼다   24
글래스고의 경제: 독점과 노예무역   32
경쟁자와의 만남: 중농주의자   37
어느 연금 생활자의 눈부신 성취: 『국부론』   40
자유무역에 대한 요구: 스미스가 세관원이 되다   42

3. 제빵사의 이기심에서 자유무역의 원리로: 『국부론』(1776)   46
중상주의자들의 오해: 부를 만드는 건 황금이 아니다   47
핵심 원칙: 분업이 모든 것을 설명한다   52
이기심을 통한 공익의 실현: 거시경제학은 어떻게 발견되었을까?   54
수수께끼로 남은 수수께끼: 가격과 이윤은 어떻게 생겨날까?   58
노동자의 운명: "아프리카의 추장"보다 부유하다   67
전 세계로 확장된 자유무역: 세계화의 시작   73
식민지와 노예제: 착취는 착취자도 가난에 빠뜨린다   77
스미스와 마르크스의 매개자: 데이비드 리카도   85

4. 한 공산주의자가 자본주의를 분석하다: 카를 마르크스   **99**

파격적인 결혼: 연상의 예니   105

헤겔의 유산: 과정의 변증법   110

마르크스가 프롤레타리아트를 발명하다   119

단순한 "재능" 이상의 인간: 프리드리히 엥겔스   122

영국 노동계급의 상황   131

혁명은 더 빨랐다:『공산당 선언』   137

런던에서 불행한 망명 생활을 하다   147

마르크스에서 마르크스주의까지   158

5. 사회주의가 과학이 되다:『자본론』(1867)   **163**

착취는 공정하다: '잉여가치'의 논리   164

자본은 소유가 아니라 과정이다   169

자본의 변증법: 경쟁은 독점으로 끝난다   171

오류 1: 노동자들은 가난하지 않다   174

오류 2: 착취는 있지만 잉여가치는 없다   178

오류 3: 돈은 상품이 아니다   181

천재도 실수할 수 있다: 마르크스의 의의   187

6. 자본주의에는 관심이 없는 신고전주의자들   **191**

주관적인 이득만이 중요하다   192

여전히 수수께끼로 남은 수수께끼: 가격은 어떻게 생기는가?   195

현실이 무시되다: 대기업은 비경제적이다   198

슘페터가 신고전주의를 비웃다: "가련한" 경제 주체들   201

위기? 어떤 위기?   203

7. 돈은 어디에 있을까?! 존 메이너드 케인스   **208**

부모의 자랑거리: '왕의 학자' 케인스   210

유능한 수학자이지만 수학 천재는 아니다   215

할 일이 없는 인도 사무소에서 박사학위 논문을 쓰다   218

전쟁 배상금의 지불 불능 논리: 케인스가 베스트셀러를 쓰다   222

대학 강사 수입은 너무 적다: 케인스가 투기꾼이 되다   229

케인스의 사생활: 블룸즈버리와 리디아 로포코바   232

신고전주의와의 기나긴 작별   237

불치병   246

8. 확실한 건 오직 불확실성뿐이다: 『일반 이론』(1936)   **249**

자기 자신의 이론도 제대로 이해 못 하는 신고전주의   251

저축은 미덕이 아니라 위험이다   254

짧은 여담: 돈은 어디서 올까?   257

신고전주의가 풀지 못한 미스터리: 이자는 어떻게 작동할까?   259

관건은 이자가 아니라 투기다   262

호모 에코노미쿠스에게는 기회가 없다: 265
      위험이 존재하지 않기 때문이다

우위에 선 금융시장   269

시장이 실패하면 국가의 개입이 필요하다   273

자유로운 돈 거래는 안 된다   276

9. 오늘날의 주류: 어떤 자본주의도 해결책이 아니다   **282**

'경제 기적'의 한복판에서: 284

    신자유주의자들이 승리의 진군을 계획하다

산업 로비스트: 루트비히 에르하르트   289

1973년의 전환점: 금융 카지노가 다시 문을 열다   295

밀턴 프리드먼: 케인스에 맞선 '반혁명'   301

통화주의는 실패했지만 금융시장은 호황을 누리다   306

잘못된 이론의 대가는 비싸다: 311

    금융 위기가 발생하면 수조 달러의 비용이 든다

위기 후가 곧 위기 전이다   319

10. 스미스, 마르크스, 케인스에게서 무엇을 배울 것인가?   **322**

추천의 말   **334**

주   **336**

참고 문헌   **391**

일러두기

- 이 책은 2018년 Piper Verlag GmbH에서 출간된 『어떤 자본주의도 해결책이 아니다Kein Kapitalismus ist auch keine Lösung』를 저본으로 삼아 우리말로 옮겼습니다.
- 지은이 주는 미주로, 옮긴이 주는 각주로 표기했습니다.
- 원서에서 기울임체로 강조한 부분은 고딕체로, 대문자로 강조한 부분은 **굵은 글씨**로 표기했습니다.
- 단행본은 『 』, 보고서와 논문은 「 」, 신문과 잡지 등 정기간행물은 《 》, 신문 기사는 〈 〉로 표시했습니다.

한국 독자들에게

한국의 눈부신 경제 성장은 정말 놀랍습니다. 예전에는 아프리카보다 훨씬 가난한 나라였죠. 1961년 가나인의 연간 1인당 소득이 179달러였던 데 비해 한국인의 소득은 82달러에 불과했습니다. 당시 한국엔 제대로 된 산업이 없었습니다. 주로 텅스텐과 어류, 기타 원자재를 수출했죠. 오늘날의 글로벌 기업 삼성도 초창기엔 설탕과 섬유 제품을 생산했습니다.[1]

이런 가난은 오래가지 않았습니다. 한국은 단기간에 번영하는 산업 국가로 탈바꿈했습니다. 오늘날 세계에서 서른네 번째로 부유한 국가로 올라섰고, 과거 식민 지배를 받았던 일본도 추월했습니다.[2] 게다가 오래전부터 과학 분야의 선두주자이기도 합니다. 현재 독일보다 특허 등록 건수가 많은, 세계 네 번째 혁신 국가지요.[3]

한국은 자본주의가 어떻게 작동하는지 잘 보여주는 주목할 만한 사례입니다. 신자유주의 경제학자들이 권장하는 순수 시장이나 세계 자유무역에 의존하지 않았습니다. 아니, 정반대의 길을 걸었습니다. 한국은 국가 주도형 경제 성장을 추진했습니다. 정부가 어떤 부문을 지원할지 결정했고, 은행에 대한 통제권을 틀어쥔 채 기업들에 폭넓게 대출을 제공했습니다. 또한 해외로부터 유입되는 외환과 투자도 통제했습니다. 현재 런던대학교 경제학과에서 강의하고 있는 세계적으로 유명한 경제학자 장하준은 "한국의 경제 기적은 시장 인센티브와 국가 관리의 교묘하고도 실용적인 조합이 빚어낸 결과"라고 설명합니다.[4]

물론 이건 한국만의 사례가 아닙니다. 19세기 초 미국과 독일도 국가와 시장의 조합으로 산업을 발전시켰습니다.

그러나 아시아, 유럽, 미국의 구체적인 경제사를 들여다보면 오늘날의 주류 경제학은 매우 허점이 많고 대부분 오류임을 알 수 있습니다. 이 '신고전주의'는 스스로 균형을 찾아나간다고 하는 시장에만 초점을 맞추고 있습니다. 반면에 국가의 역할을 비롯해 신용, 투자, 투기, 임금, 통화, 세계화 같은 다른 모든 현상은 대체로 무시해버립니다.

자본주의는 복잡하고, 시장으로만 환원될 수 없습니다. 자본주의를 제대로 이해하려면 위대한 세 경제학자, 애덤 스미스, 카를 마르크스, 존 메이너드 케인스를 알아야 합니다. 세 사람 모두 시대를 훌쩍 앞서갔고, 오늘날에도 여전히 시사하는 바가 큽니다.

2024년 7월
울리케 헤르만

1

들어가는 글:
오늘날의 경제 위기

왜 부자는 점점 더 부유해지고 가난한 사람은 점점 더 가난해질까? 돈은 어떤 원리로 움직일까? 성장의 원동력은 무엇이고, 경제 위기는 언제 발생할까? 실업자는 왜 생길까? 아이들도 던질 법한 질문이지만, 경제학자들은 명확히 답하지 못한다. 오히려 이런 질문은 무시한 채 현실과 아무 상관 없는 수학적 모델에만 집착한다.

　경제가 위기다. 이 시대의 주도적 경제 이론이 맞지 않을 수 있다는 사실은 이제 문외한들도 눈치채고 있다. 영국의 엘리자베스 2세는 65년 이상 통치했지만, 기억에 남을 말은 별로 남기지 않았다. 다만 2008년 금융 위기 이후 그녀가 던진 한 가지 질문은 기억에 남는다. "이 위기를 어떻게 아무도 예측하지 못할 수가 있죠?"

　영국 경제학자들의 대답은 그리 신선해 보이지 않는다. 그들은 여왕에게 쓴 세 쪽짜리 편지에서 이렇게 인정했다. "요약하자면, 폐하, 이 문제에선 많은 똑똑한 사람의 집단적 상상력이 실패했습니다."[1]

그 똑똑하다는 사람들이 더 나은 이론을 제시하지 못한 것에 놀란 사람은 여왕만이 아니었다. 앙겔라 메르켈 독일 총리도 경제학자들에게 받은 조언으로 할 수 있는 게 없었다. 2014년 여름 그녀는 독일 린다우에서 열린 노벨경제학상 수상자들의 모임에 초대되었다. 총리는 똑똑하고 점잖은 신사들이라고 봐주지 않았다. 그들이 서로 자신의 주장이 옳다고 우기기만 할 뿐 책임은 지지 않는다고 정중하지만 단호하게 비난했다. "확실하지 않을 때는 자기 이론의 오류 가능성이나 모호함을 솔직하게 고백해야" 한다는 것이다.[2]

유감스럽게도, 경제학자는 상아탑에 얌전히 앉아 어떤 사회적 해도 끼치지 않은 채 연구만 하지 않는다. 아니, 그 반대다. 그들은 다른 어떤 학자들보다 강력한 사회적 영향력을 미친다. 경제학자들은 일반적으로 한 나라 최고 정치인들의 고문으로 활동하고, 온갖 형태의 전문 위원회에 빠지는 법이 없다. 그러다 보니 경제학자들의 실수로 수십억 달러의 비용이 더 들고, 심지어 사람 목숨까지 희생되는 일도 결코 드물지 않다.

이제는 유명 경제학자들조차 자신의 학문이 더는 합리적 과학과 상관이 없고 오히려 독단적 교리를 퍼뜨리는 준종교적 집단으로 분화되고 있다고 확신한다. 미 경제학자 폴 로머는 자신의 블로그에 이렇게 썼다. "경제학은 더 이상 다른 과학적 분과의 일반적인 방식대로 돌아가지 않는다. 이런 상황은 점점 악화되고 있는 듯하다." 그는 자신의 동료들이 "은밀한 종교 집회처럼 경건한 침묵"을 기대하며 "독단적 교리만 낭송"하고 있다고 비난했다.[3]

젊은 세대의 실망도 컸다. 많은 대학생은 경제학 이론이 오히려 현실에 대한 왜곡된 상像을 제공한다고 느꼈다. 그들은 학계의 일방적 교리를 개혁하기 위해 탈자폐적 경제학 네트워크 Post-Autistic Economics Network로 뭉쳤다. 대학에서는 정말 중요한 문제들을 가르치지 않는다고 생각하기 때문이다. 그들은 통화 시스템이나 경제 역사에 대해선 아무것도 배우지 않는다. 대신 오직 하나의 이론만 배운다. 주로 수학적 모델에 입각한 이른바 신고전주의 이론이다.

이 모델이 맞지 않을 수도 있다는 사실이 몇 차례 금융 위기를 통해 밝혀졌음에도 여전히 꿋꿋하게 자기 교리를 고수하는 주류 경제학을 보면 그저 기가 막힐 뿐이다. 신고전주의가 이렇게 난공불락의 요새가 된 것은 교과서 시장을 지배했기 때문이다. 첫 한두 학기에 학생들의 뇌리에 강력한 인상을 심어준 사람은 추종자를 걱정할 필요가 없다. 이미 이론 전투에서 승리했다는 말이다.

경제학 분과에서 가장 중요한 이론가들을 그냥 무시해버리는 것도 주류 경제학의 교조주의에 속한다. 애덤 스미스, 카를 마르크스, 존 메이너드 케인스는 대학에서 전혀, 또는 거의 가르치지 않거나 왜곡해서 가르친다. 그러나 이 이론가들은 자기만의 경제학을 구축함으로써 혁명을 일으켰다. 물론 다른 경제학자들도 중요하지만, 이 세 사람은 경제학 좌표를 각각 새롭게 찍고 새롭게 정의했다. 그들이 없었다면 현대 경제학은 없었을 것이다.

그러나 주류 경제학자들은 스미스, 마르크스, 케인스를 시대에 뒤떨어졌다고 생각하거나 마치 역사의 유령 정도로 치부한다. 이 과정에서 그들이 자주 사용하는 속임수가 있다. 지금 이시대에 쓴 것이라야 자동으로 '현대적인' 것이고, '오늘'에 맞는 것은 오늘 생겨난 것이어야 한다는 말이다. 이 동어 반복은 현재 경제학에서 일어나고 있는 전례 없는 사건을 은폐한다. 그러니까 대다수 이론가가 입으로는 현재를 얘기하지만 실제로는 일종의 허구적 중세 시대로 퇴행하고 있다. 오늘날 경제학자들은 마치 스미스, 마르크스, 케인스가 어제 산 것처럼 말하는데, 그렇다면 그들은 그제 살고 있는 셈이다.

경제학에서는 마치 경제가 물물교환으로만 이루어져 있고 산업화가 한 번도 존재하지 않은 것처럼 경제 모델을 제시하는 학파가 득세했다. 터무니없게 들릴지 모르지만, 대부분의 경제학자는 대기업이 지배하고 은행이 허공에서 돈을 만들어내는, 완전히 무르익은 자본주의 속에서 산다는 것이 무엇을 의미하는지 모른다. 그렇기에 경제학자들은 금융 위기가 발생할 때마다 어쩔 줄 모르고 우왕좌왕한다.

주류 경제학의 오류는 대안으로서 스미스, 마르크스, 케인스의 경제학을 알아야만 보인다. 모든 이론가가 그렇듯 이 세 사람역시 시대의 아이들이기에 일부 이념은 당연히 역사적 발전 과정을 통해 부정되었다. 그러나 오늘날의 경제학자와는 달리 그들은 근본적인 질문을 던졌고, 실제 세계에 주목하며 이론을 세웠다. 그 때문에 그들의 분석은 여전히 현실성이 있고, 오류조차 오늘날의 주류 경제학 설명보다 자본주의와 그 역동적 역사에 대해 더 많은 것을 알려준다.

따라서 이 책의 원제는 아이러니하다. '어떤 자본주의도 해결책이 아니다'라는 제목은 우리가 여전히 사과와 배만 거래하는 작은 마을 장터의 단순한 세계로 돌아갈 수 있을 것처럼 행동하는 주류 경제학을 직접 겨냥한다.

이 제목은 또한 마르크스가 경험한 것처럼 자본주의 철폐가 그리 쉽지 않다는 사실을 암시한다. 자본주의는 경제뿐 아니라 우리 삶의 모든 영역에 깊숙이 스며든 총체적 시스템이다. 그게 흥미로운 것은 바로 그 때문이다. 자본주의라는 이름의 이 모험적 시스템은 그것의 가장 명석한 이론가들, 그러니까 스미스, 마르크스, 케인스를 알 때 우리 눈에 가장 선명하게 드러난다.[4]

2
경제학을 발견한 철학자
애덤 스미스

애덤 스미스(1723~1790)에 대한 평가는 오늘날까지도 극단적으로 갈린다. 한편에서는 그가 '자유시장'과 '개인의 자유', 국가 권력의 약화를 열정적으로 옹호한 골수 자유주의자라고 믿는 사람이 많다. 심지어 영국에서는 1977년, 나중에 총리에 오른 마거릿 대처가 선호하는 정책이었던 국유 재산의 민영화, 금융 규제 완화, 부자 세금 감면을 촉진하기 위해 애덤 스미스 연구소까지 설립되었다.[1]

그러나 애덤 스미스에 대한 이런 시각은 편협할 뿐 아니라 오해에 근거한다. 그는 부자의 특권에 맞서 싸운 사회 개혁가였다. 경쟁과 자유시장을 두둔하기는 했지만, 그 자체가 목적이었던 것이 아니라 지주와 부유한 상인의 특권을 축소하는 것이 목적이었다. 오늘날 스미스가 살아 있었다면 아마 사회민주당원이 되었을 것이다.

동시대 사람들은 이러한 그의 면모를 정확히 알고 있었다.

19세기 초에 스미스를 비판한 사람들은 좌파가 아니라 보수주의자들이었다.[2] 마르크스는 스미스를 열렬히 찬양했고, 면밀히 연구했으며, 그의 핵심 사상을 받아들였다.

스미스는 최초의 위대한 경제 이론가였다. 이전에는 16세기에서 18세기까지 큰 인기를 끈 '가부장적 경제 지침서' 같은 것만 있었다. 이 지침서에는 가축 사육부터 자녀 교육에 이르기까지 당시 남성 가장이 알아야 할 모든 것이 담겨 있었다. 심지어 여기엔 요리법도 빠지지 않았다.

근대 이전의 경제학은 따로 분과가 존재한 것이 아니라 원칙적으로 윤리학에 속했다. 경제학과 윤리학의 연결은 스미스의 가장 중요한 스승인 프랜시스 허치슨에게서도 나타났다. 글래스고대학의 이 철학자는 1753년에 『도덕철학에 대한 간략한 소개A Short Introduction to Moral Philosophy』 두 번째 판을 출간할 당시 제3편에서 「경제 및 정치 원리」를 기술했다. 하지만 이 글은 오늘날 우리가 이해하는 경제학과는 아무 관련이 없다. 여기선 부모와 자식, 주인과 종의 의무만 다룰 뿐이다. 또한 제2편인 「자연법의 구성 요소」에서는 재산, 상속, 계약, 돈 같은 문제를 다루지만, 당시 돈은 아직 '경제'의 일부로 이해되지 않았다. 이로써 허치슨은 고대부터 전해내려오는 전통과 직결된다.[3]

애덤 스미스가 나타나기 전까지 유럽인들은 2000년 넘게 항상 비경제적인 영역에서 경제를 생각했다. 스미스의 저서 『국부론The Wealth Of Nations』은 허치슨의 저작 이후 불과 23년 뒤인 1776년에 출판됐지만 구조는 완전히 달랐다. 허치슨이 여전히 신분 사회의 관점에 머물러 있었다면 스미스는 태동하는 자본주의를 기술했다.

스승과 헤어진 지 불과 몇 년밖에 되지 않았음에도 스미스는 이미 다른 시대에 살고 있었다. 늦어도 1760년에는 인류 역사상 유례없는 발전이 영국에서 시작되고 있음이 명백해졌다. 훗날 '산업혁명'이라고 불리게 될 발전이었다. 새 시대에는 새 이론이 필요했고, 스미스는 그에 관한 최초의 위대한 초안을 제공했다.

경제학이 아직 독립적인 분과가 아니었던 터라 스미스는 스스로를 철학자라 여겼다. 반면에 당시 최초의 경제 이론가는 다양한 직업군의 사람들이었다. 그중에는 작가도 있었고, 법률가, 증권 투자자, 행정 직원, 수학자, 의사도 있었다. 그러다 1903년에야 과거와 구분되는 획기적인 일이 일어났다. 케임브리지대학이 경제학을 시험 과목으로 도입한 것이다. 이후 이 학문은 대학의 분과로 자리 잡았다.

스미스는 열등감과는 거리가 먼 사람이었다. 그는 세계 전체를 설명할 수 있다 자신하며 새롭고 총체적인 철학 체계를 세우고자 했다. 관심사는 미학에서부터 천문학, 인식론, 법 이론까지 다양했다. 그러나 이 전체 설계도는 결국 완성되지 못했다. 거기엔 스미스가 매우 느린 작업자였다는 점도 한몫했을 것이다. 아무튼 그의 이론은 도덕과 경제를 다룬 두 권의 책에 머물렀다. 스미스는 『도덕감정론The Theory of Ethical Sentiments』(1759)이 더 낫다고 생각했지만, 지금까지도 그의 명성을 지켜주는 것은 『국부론』이다.

이 책은 전체적으로 재치 있고 근사하게 쓰였지만, 모든 대목이 읽기 쉬운 것은 아니다. 스코틀랜드 철학자 데이비드 흄은 더 많은 독자에게 다가가려면 "글쓰기 방식이 친절해야 한다"라고 말했다. 그런 점에서 보면, 스미스는 다른 두 철학자보다 월등히 낫다. 마르크스와 케인스의 주저主著는 소화하기가 훨씬 더 어려우니까 말이다.

세 이론가 모두 그들의 삶에서 시작하는 게 논리적이다. 이론은 그들 자신의 경험과 동떨어져서 나온 게 아니기 때문이다. 그런데 마르크스와 케인스는 개괄적으로 정리할 수 있을 만큼의 자료를 남겼지만 스미스는 그렇지 않았다. 사생활이 공개되는 것을 극도로 꺼렸기 때문이다. 심지어 죽기 직전에는 거의 모든 원고와 편지를 불태우도록 지시하기도 했다.[4] 이렇게 해서 그의 삶에 관한 자료에는 여러모로 공백이 많지만, 이론가로서의 그를 이해하는 데는 큰 어려움이 없다.

평생 가장 중요한 사람이었던 어머니

스미스는 1723년 스코틀랜드의 커콜디에서 태어났다. 에든버러에서 약 18킬로미터 떨어져 있고, 포스강江의 북쪽에 위치한 작은 항구 도시였다. 그는 태어날 때 이미 반半고아였다. 아들과 똑같이 '애덤'이라는 이름을 가진 아버지가 6개월 전에 세상을 떠난 것이다.[5]

'스미스'라는 이름은 지극히 평범하게 들리지만, 그의 부모는 둘 다 스코틀랜드 상류층 출신으로 '신분이 낮은 향토 귀족'

계급에 속했다. 영국인들은 신분 구분에 아주 민감했지만, 그렇다고 모든 사회적 위계질서가 항상 귀족 칭호나 이름으로 표현되지는 않았다.

스미스의 선조에 대해서는 알려진 바가 별로 없다. 다만 아버지는 중요한 행정직을 맡은 영향력 있는 가문 출신이 분명하다.[6] 스미스의 아버지는 좋은 환경에서 자랐다. 애버딘과 에든버러에서 법학을 공부했고, 26세에 라우든 3대 백작 휴 캠벨의 개인 비서로 일했다. 주인의 지원 덕에 커콜디의 최고위직 세관 공무원이 되었고, 사망 직전까지 300파운드의 연봉을 받았다고 한다. 당시로선 상당한 액수였다. 스코틀랜드 노동자의 평균 연봉이 30파운드를 넘지 않던 시절이었다.[7]

스미스의 아버지가 상류층이었다는 사실은 그의 배우자만 봐도 분명히 알 수 있다. 첫 부인 릴리어스는 에든버러 시장직과 스코틀랜드 의회 의원직을 역임했던 조지 드러먼드 경의 장녀였다. 그녀가 일찍 사망하자 스미스의 아버지는 1720년에 재혼했는데, 이번에도 상대는 부유한 지주의 딸이자 벌리의 밸푸어 경 손녀인 마거릿 더글러스였다.

스미스의 아버지는 1723년 1월 43세의 나이로 세상을 떠났다. 사망 원인은 정확히 알 수 없지만, 당시 기준으로 아내에게 웬만큼 재산을 남겼던 것으로 보인다. 유산 목록이 지금도 남아 있는데, 그걸 보면 당시엔 상류층도 오늘날의 기준으로 그리 풍족하게 살지 못했음을 알 수 있다. 고인의 의류는 일일이 유산 목록에 기재될 정도로 무척 소중한 물건으로 취급되었다. 예를 들어 스미스의 아버지가 남긴 의류로는 파란색 리넨 코트, 주홍색 코트, 비단 잠옷, 흰색 리넨 정장이 있었다.[8]

애덤 스미스의 생가는 철거된 지 오래됐지만, 아버지의 유산 목록에는 이 집에 어떤 살림살이가 있었는지 상세히 기록되어 있다. 식당에는 커다란 타원형 식탁이 하나 있었고, 그 둘레에는 버들가지로 엮은 의자가 15개 놓여 있었다. 벽에는 성모마리아와 동방박사의 그림들이 걸려 있었다. 식사는 은수저로 했고, 그릇 중에도 일부 은으로 만들어진 것이 있었다. 침실에는 네 개의 기둥에 파란색 캐노피가 달린 침대가 있었고, 벽장에는 아버지의 승마 도구가 보관되어 있었다. 예를 들면 안장 둘, 장화, 박차, 산탄총 하나, 권총 몇 자루였다. 이런 무기에서 알 수 있듯이 당시 세관에서 만연한 밀수와 싸우는 일은 편안한 사무직이 아니었다.

마거릿 스미스가 남편을 보내고 혼자 아들 애덤을 낳은 것은 스물아홉 살때였다. 그녀는 이후 재혼하지 않았고, 오직 외동아들을 키우는 데만 전념했다. 애덤에게도 인생에서 가장 중요한 사람은 어머니였다. 그는 자신의 가정을 꾸리지 않고 대부분의 삶을 어머니와 함께 살았다. 어머니는 아흔 살 가까이 살다가 아들보다 6년 먼저 세상을 떠났다.

이 긴밀한 모자 관계는 동시대인들의 눈에도 퍽 당혹스럽게 비쳤다. 스미스의 전기 작가 듀갈드 스튜어트는 이 관계를 되도록 좋게 포장하려고 노력했다. "그는 아기 때부터 무척 병약했는데, 그런 아들에게는 어머니의 자상한 보살핌이 여러모로 필요했다. 어머니는 아들을 너무 관대하게 키운다는 비난을 받기도 했지만, 그게 그의 성정에 부정적 영향을 끼치지는 않았다."[9]

스미스는 커콜디에서 초등학교를 다녔는데, 훗날 한 동급생의 진술에 따르면 책을 무척 좋아하고 탁월한 기억력을 가진 학생이었다고 한다. 게다가 그가 평생 지니고 있던 특징이 이미 그 시기에도 나타났다. "혼자 있을 때는 혼잣말을 했고, 남들과 함께 있을 때는 멍해 보였다."[10]

당시 커콜디에는 주민 약 1500명이 살았고, 애덤 스미스는 여기서 중세 봉건 시대의 잔재를 경험했다. 소금 공장에서 일하는 사람들은 여전히 노예나 다름없었다. 농노의 신분으로 공장에 매여 살면서 자유롭게 이동할 수도 없었다. 심지어 공장이 팔리면 일꾼들도 함께 팔렸다.[11] 스미스는 훗날 이 경험을 바탕으로 『국부론』에서, 노예제는 비경제적이며 자유가 경제에 득이 된다고 설파했다.

일류 대학에 실망한 애덤 스미스: 옥스퍼드를 지루하게 느끼다

스미스는 14세에 글래스고대학에 입학했다. 너무 이른 듯하지만, 당시에는 결코 드문 일이 아니었다. 데이비드 흄은 12세에 에든버러대학에서 공부를 시작하기도 했다.

글래스고대학의 교육 과정은 전반적으로 여전히 전통에 충실했다. 처음 2년 동안은 라틴어와 그리스어만 집중적으로 가르쳤는데, 스미스는 두 언어를 훌륭하게 구사했기에 곧장 3학년으로 뛰어올라갔다. 이후의 교과 과정에는 매일 두 시간의 논리학을 비롯해 기하학, 그리스어, 형이상학, 그리고 '기학氣學' 또는 '기체 역학'이라는 생소한 이름의 과목도 포함되어 있었다.

이 이상한 이름의 과목 뒤에는 신과 다른 영적 존재의 본질에 대한 가르침이 숨어 있었다. 그러나 신에 관한 이런 접근 방식은 젊은 교수들 사이에서 평판이 좋지 않았고, 담당 강사인 프랜시스 허치슨도 "몇 가지 간단하고 거의 명백한 진실"을 전달하는 데 그쳤다. 나머지는 당시 '실험 철학자'라고 불리던 물리학자들에게 맡겼다.

그러다 이 교과목의 성격이 바뀌었다. 이제는 '낡은' 기체 역학 대신 '새로운' 기체 역학이 자리를 잡았다. 다시 말해 더 이상 영적 존재의 본질을 다루지 않고 공기와 액체, 기체의 역학적 특성에 초점을 맞추었다. 이렇게 해서 압력과 밀도, 탄성 같은 세속적인 것들이 측정되었다. 이를 위해 글래스고대학은 지구 대기의 존재를 증명할 공기 펌프와 기압계, 저울, '마그데부르크의 반구'를 조달해주었다.

그럼에도 스미스는 한동안 지겨울 정도로 '낡은' 기체 역학을 계속 배워야 했다. 이걸 두고 그는 나중에 이렇게 불평한다. "우리가 별로 알지도 못하는 영혼에 관한 이론을, 많은 새로운 것을 밝혀낼 수 있는 물리적 세계의 이론만큼 많이 배울 필요가 있을까?"

스미스는 17세에 철학을 공부하기 위해 옥스퍼드의 베일리 얼칼리지로 옮겼다. 그 과정에서 글래스고 출신의 학생에게만 제공되는 '스넬 장학금'을 받았다. 원래 이 장학금은 앞으로 성직자가 될 사람만 받을 수 있었지만, 스미스 시대에는 더 이상 이 규정이 준수되지 않았다.

스넬 장학금을 받은 것은 순전히 스미스의 영특함 때문이었을 수 있다. 하지만 배후에서 후원의 손길이 작용했을 가능성도 배제할 수 없다. 그의 사촌 윌리엄 스미스는 스코틀랜드 최대 지주 중 한 명인 아가일 공작의 개인 비서였는데, 글래스고대학에서 진행되는 일의 최종 결정권자가 바로 공작이었기 때문이다.[12]

스넬 장학금으로 연간 40파운드가 나왔지만, 신분에 맞게 생활하기엔 충분치 않았다. 게다가 스미스가 사촌 윌리엄에게 보낸 편지에서 불만을 토로했듯이 옥스퍼드는 "정말 터무니없고 얼토당토않은 금액의 돈"을 요구했다.[13] 일반적으로 스코틀랜드 장학생들과 베일리얼칼리지의 관계는 무척 나빴다. 대학 입장에서는 스넬 장학금의 수혜자가 없는 걸 더 선호했다. 장학금을 기부금으로 전환해서 자체적으로 사용할 수 있었기 때문이다. 반면에 스코틀랜드 장학생들은 자신들이 여기서 무시받고 있다고 느꼈다. "방을 얻을 때도 항상 최악의 방만" 그들에게 주어졌다. 이에 격분한 스넬 장학생들이 1744년 글래스고대학 이사회에 항의 서한을 보냈다. 그러나 베일리얼칼리지는 눈 하나 깜짝하지 않았다. 오히려 '이 대학이 마음에 들지 않으면' 그냥 다른 곳으로 옮기는 게 좋겠다는 입장을 취했다. 그러면 옥스퍼드는 장학금을 기부금 형태로 손에 넣을 수 있었다.

그런데 스미스가 옥스퍼드에 충격을 받은 건 대학이 스코틀랜드 출신 학생들을 너무 무시해서만이 아니었다. 이 17세 청년은 무엇보다 소위 일류 대학이라는 이곳의 교육 수준이 얼마나 형편없는지를 보고 깜짝 놀랐다. 그는 베일리얼칼리지로 옮긴 지 불과 7주 뒤에 사촌 윌리엄에게 편지를 보내 이곳의 교육 수준을 이렇게 비꼬았다. "옥스퍼드에서 과도한 공부로 건강을 해치는 사람이 있다면 그건 전적으로 자기 잘못일 겁니다. 우리가 해야 할 유일한 의무라고는 하루에 두 번 예배를 드리고, 일주일에 두 번 강의를 듣는 것뿐이니까."

옥스퍼드는 교회를 비롯해 곳곳에서 기부금이 들어오는 부자 대학이었다. 게다가 19세기까지 영국에는 대학이 옥스퍼드와 케임브리지밖에 없어서 결원을 염려할 필요도 없었다. 이러한 물질적 풍요와 경쟁 부족은 필연적으로 문제를 야기했다. 당시 옥스퍼드는 결혼하지 않은 성직자들의 요양원 수준으로 전락했다. 그들은 이곳 교수직을 다른 곳에 더 나은 자리가 날 때까지 편안히 머무르는 한직으로 여겼기 때문이다. 스미스는 나중에 이렇게 쏘아붙였다. "옥스퍼드대학의 대다수 교수는 오래전부터 가르치는 척하는 것조차 포기했다."

옥스퍼드 교수진은 대학을 교회 경력으로 나아가기 위한 중간 과정 정도로만 보았다. 이곳 교수들은 결혼이 허용되지 않았기에 가정을 꾸리려면 다른 직업을 찾아야 했기 때문이다. 그러다 보니 굳이 강의와 연구에 힘쓸 이유가 없었다. 성경 연구자 조지 스탠리 파버가 표현한 것처럼 옥스퍼드의 교수직은 "훌륭한 아침 식사, 평범한 점심 식사, 그리고 몹시 형편없는 저녁 식사"였다.[14]

스미스가 옥스퍼드에서 어떤 공부를 했고 무엇에 관심이 있었는지는 알려지지 않았지만, 전기 작가들은 그가 24시간 내내 책을 읽은 것으로 추정한다. 데이비드 흄의 저서를 접한 것도 이 시기였을 가능성이 높다. 훗날 스미스는 12세 연상의 이 철학자와 평생 끈끈한 우정을 이어갔다.

흄은 영국의 가장 중요한 철학자 중 한 명으로 윤리학과 인식론에 대한 그의 연구는 오늘날에도 여전히 논의되고 있다. 그러나 명성을 얻기까지는 시간이 걸렸다. 스미스가 옥스퍼드에서 그의 책을 읽을 때만 해도 흄은 거의 무명이었다. 그는 27세에 벌써 자신의 주저 『인성론A Treatise of Human Nature』(1739~1740)을 출간했지만, 처음에는 아무도 관심을 보이지 않았다. 흄은 나중에 이렇게 빈정거리듯이 썼다. "이 책은 사산아死産兒 취급을 당했고, 애서가들의 입에서 나직이 불만이 터져 나올 정도로 언론의 주목을 받지 못했다."[15]

스넬 장학생은 옥스퍼드에 최장 11년까지 머물 수 있었음에도 스미스는 6년 만에 이 대학에 질려버렸다. 그래서 1746년에 그곳 생활을 청산하고 스코틀랜드로 돌아갔다. 이제 23세였다. 많은 대학 졸업자가 당면한 문제가 그에게도 현실적으로 다가왔다. 일자리가 없어 사실상 실업 상태였던 것이다. 그건 스미스가 너무나 쉬운 길을 포기했기 때문이다. 그는 어떤 경우에도 성직으로 나아갈 생각이 없었다. 따라서 다시 어머니 집으로 들어가 계속 책만 읽었다.

듀갈드 스튜어트에 따르면, 스미스는 "미래에 대한 구체적인 계획 없이" 커콜디에서 2년을 보냈다. 그런데 옥스퍼드에서 보낸 시간이 의외로 돈을 벌 기회를 제공했다. 그는 잉글랜드에서 생활한 덕분에 스코틀랜드 억양을 버릴 수 있었다. 이는 에든버러의 많은 유능한 젊은이가 바라는 일이었다. 1707년, 잉글랜드와 스코틀랜드가 하나의 왕국으로 통합되면서 이제는 의사소통에 문제만 없다면 스코틀랜드 사람에게도 잉글랜드에서 새로운 경력을 쌓을 기회가 열렸기 때문이다.[16]

이렇게 해서 스미스는 이들이 세련된 영어를 습득할 수 있도록 도왔다. 수사학과 문학을 가르치는 일종의 프리랜서 강사였다. 그는 이 수업으로 1년에 약 100파운드를 벌었다. 이는 흄의 편지에서도 언급된다. 존 스티븐슨이라는 사람은 그런 수업으로 150파운드나 벌고 있다면서 스미스를 놀린 것이다.

어쨌든 이 강의는 돈벌이가 꽤 괜찮아서 스미스는 1751년 글래스고대학의 논리학 및 형이상학 교수에 임명되기 전까지는 3년 동안 이 일로 먹고살았다. 대학 재직 1년 뒤에는 모두가 탐내는 도덕철학 교수직으로 자리를 옮겼다. 그는 이제 연간 최대 300파운드를 벌었기에 어머니와 사촌 재닛 더글러스도 글래스고로 불러 함께 살았다. 게다가 월세가 너무 비싸 어려움을 겪는 학생들에게 빈방을 내주기도 했다.

학생들은 스미스의 가장 중요한 수입원이었다. 그는 대학에서 봉급을 받았지만, 그의 수입에서 가장 큰 몫을 차지하는 것은 학생들이 내는 수업료였다. 스미스는 학생들에게 인기가 무척 많았다. 1759년에는 약 80~90명의 수강생이 듣는 공개 강의와

20명으로 이루어진 소규모 개인 과외를 했다. 당시 글래스고대학의 학생 총원이 300명이었던 점을 감안하면 그가 얼마나 인기가 많았는지 짐작이 간다. 심지어 서점에서는 스미스의 흉상도 팔았는데, 학생들은 이 흉상을 사서 방에 놓아두기도 했다.

스미스는 뛰어난 연설가가 아니었음에도 학생들은 그의 강의를 즐겨 들었다. 그의 열정에는 전파력이 있었기 때문이다. 더구나 그는 흥미진진하고 쉽게 강의하려고 애썼다. 증명하고 싶은 테제가 있으면 일단 학생들에게 제시한 다음 일상의 많은 예를 들어가며 설명하는 식이었다. 스미스는 재미있게 얘기할 줄 아는 재주가 있었고, 역설에 대한 감각도 있었다. 또한 권력자들에 대한 비판도 주저하지 않았다. 강의를 듣는 사람이 단순히 배움만 얻어가는 것이 아니라 즐거워야 한다는 것이 그의 지론이었다. 실생활을 반영하고 있기에 훗날 경제학의 고전이 된 『국부론』의 수사학적 원칙도 정확히 그랬다.

그런데 그에 앞서 1759년에 먼저 출간된 책은 『도덕감정론』이었다. 스미스의 이름을 세상에 처음 알린 책이었다. 초판은 즉시 매진되었다. 그건 이 책의 홍보에 앞장섰을 뿐 아니라 사회적 영향력이 있는 모든 지인에게 이 책을 보낸 흄 덕이 컸다. 흄은 이 책이 나왔을 때 런던에 있었는데, 스미스에게 보낸 한 편지에서 상류사회의 반응을 유머러스하게 이야기했다. "당신 책에 대한 반응들은 퍽 아쉽습니다. 책을 읽은 사람들이 하나같이 박수갈채를 보내고 싶어 안달하니 말입니다." 흄은 심지어 아가일 공작도 이 책에 반했다고 하면서 장난스럽게 덧붙였다. 공작은

"이 책을 퍽 이국적으로 느꼈거나 책의 저자가 자신의 글래스고 선거에 도움이 될 수 있다고 생각해서" 그런 것뿐이니까 그리 감동받지는 말라는 것이다.

흄의 편지에서 분명히 드러나는 것은 스미스와 좀 더 가까워졌으면 하는 마음이다. 하지만 스미스는 쉽게 곁을 주지 않았다. 편지 쓰는 걸 귀찮아했고, 어쩔 수 없이 써야 할 때만 썼다. 게다가 서재를 떠나는 것도 싫어했다. 그는 흄을 높이 평가하고 존경했음에도 여전히 혼자 있고 싶어 했다.

『도덕감정론』은 스미스가 현실을 어떻게 이해하고 있었는지를 이미 보여준다. 그는 관념적으로 도덕 체계를 도출하는 철학자가 아니라 도덕적 행동이 현실에서 어떻게 작동하는지에 관심이 많은 실용주의자였다. 이 책의 중심에는 모두가 살아가면서 느끼는 하나의 역설이 자리하고 있다. 즉, 사람들은 각자 이기적으로 행동하는데도 전체 인간 사회는 별 이상 없이 잘 돌아가고 있다는 것이다. 인간은 타인이 행복할 때 같이 기뻐하고, 누군가 고문을 당했다는 말을 들으면 함께 괴로워한다. 스미스는 이걸 '공감sympathy'이라고 불렀는데, 인간에게는 누구나 그런 능력이 있다고 보았다. 이 말이 뜻하는 바는 분명하다. 타인에게 감정이입을 하는 능력이 곧 도덕 감정이다! 나중에 증명되었듯이 이 설명은 전적으로 옳다. 1990년대에 인간의 뇌에서 거울 뉴런*이 발견된 것이다.[17]

---

* 　어떤 일에 대한 관찰이나 간접 경험만으로도 직접 겪을 때와 똑같이 반응하는 능력을 가진 뉴런. 인간 뇌 속 곳곳에 분포된 이 뉴런 덕분에 우리는 서로 이해하는 것이 가능하고, 인간 문화도 그 덕분에 발달했다.

글래스고의 경제: 독점과 노예무역

스미스는 도덕에 대한 입장을 밝히고 나서 자신의 두 번째 거대 프로젝트로서, 경제를 설명하는 일에 착수했다. 『국부론』은 1776년에야 출간되었지만, 스미스가 경제 문제에 관심을 보인 것은 훨씬 이전부터였다. 예를 들어 1752년 그는 글래스고 '문학 협회'에서 상업에 관한 흄의 에세이를 주제로 강연을 했다. 또한 이 도시 유력 상인들의 모임인 '정치 경제 클럽'에 가입하기도 했다.

글래스고는 주로 담배 수입으로 먹고살았다. 물론 설탕 정제소와 럼 양조장도 있었고, 리넨 직물, 비누, 닻줄도 생산했다. 그런데 스미스의 현장 관찰에 따르면 이런 경제 활동은 고전적 시장경제와는 아무 관련이 없었다. 아니, 그 반대였다. 유력 상업 가문들은 정략결혼을 통해 강력한 신디케이트[**]로 탈바꿈한 뒤 전체 수입품을 손에 넣고 주물렀다. 담배 수입의 절반도 대형 신디케이트 세 곳이 나누어 가졌다. 이걸 본 스미스는 시장에 맡기면 시장이 알아서 잘 돌아가리라고 순진하게 믿을 수가 없었다. 사업가들이 독점을 선호하는 건 너무나 명백했고, 그 점을 『국부론』에서 반복해서 조롱하듯이 꼬집었다.

스미스가 또 다른 주제인 노예 제도를 접한 것도 글래스고였던 것으로 보인다. 노예제와 부는 어떤 관련이 있을까? 스코틀랜드 상인들은 노예무역에 직접 관여하지는 않았지만, 리버풀에 등록된 노예선의 일정한 지분을 소유함으로써 간접적으로

[**] 동일 시장 내 몇 개의 기업이 시장 지배력을 강화하려는 목적으로 하나의 공동 판매소를 설립해 가맹 기업의 제품을 독점적으로 판매하는 형태 및 그 조직.

이득을 챙겼다. 게다가 그들의 사업 모델은 전반적으로 강제 노동에 기반을 두고 있었다. 글래스고는 북아메리카의 버지니아 식민지에서 약 30만 명의 노예가 재배한 담배로 부자가 되었으니까 말이다.

그런데 스미스는 경제 영역의 면밀한 관찰자에 그치지 않고 일상의 경제 문제에도 깊이 관여했다. 남들의 눈에는 넋이 나간 사람으로 묘사되고 희화화되는 경우가 많았지만[18] 그는 글래스고대학의 동료들이 곧 알게 되었듯이 행정에 재능이 있는 사람이었다. 그들은 그에게 까다로운 외교 임무와 행정 업무를 맡겼다. 이렇게 해서 스미스는 대학 기부금 문제를 협상하고, 회계 제도를 개선하고, 대학 행정 위원회 건물과 해부학 실습실을 개조하고, 새로운 화학 장비를 주문하고, 기존의 모든 지식을 최초로 체계화한 프랑스 계몽주의자 드니 디드로의 『백과전서 Encyclopédie』(1751~1772)를 구입하게 했다.

스미스는 세상의 변화에 큰 영향을 끼친 사건에도 의도치 않게 관여했다. 글래스고대학의 기술 장비를 관리하고 정비하던, 당시 21세의 제임스 와트에게 따로 작업장을 마련해준 것이다. 와트는 이 실험실에서 증기의 힘을 최적화하는 실험을 시작했는데, 아마 이 실험이 없었더라면 산업혁명도 불가능했을지 모른다.

와트는 애덤 스미스의 가장 친한 친구 중 한 명인 화학자 조지프 블랙의 지원을 받았다. 거기에는 금전적인 후원도 포함되어 있었다.[19] 그런데 과학기술과의 이런 밀접한 접촉에도 불구하고 스미스는 기술이 경제 성장에 얼마나 중요한지 깨닫지 못했다. 그는 산업혁명의 시작을 함께 경험했지만, 그의 책에는 산업혁명에 관한 이야기가 나오지 않는다. 기계는 그의 관심사가 아니었다. 대신 그가 주목한 것은 분업이었다.

경제학자와 전기 작가들은 스미스가 언제 무슨 생각을 했고, 그의 대표작이 어떻게 탄생했는지 무척 궁금해한다. 그러나 그의 강의록은 거의 남아 있지 않다. 심지어 스미스는 자신의 아이디어가 도용될까봐 학생들의 필기까지 막았다. 그런 그를 보고 후대에는 이런 평까지 나돌았다. "전반적으로 그 박사는 자신의 강의 내용에 병적일 정도로 집착이 강했다. … 누군가 자신의 강의를 적어서 공개하는 것을 극도로 꺼렸다. 그래서 누가 필기하는 걸 발견하면 자기는 '노트에 뭔가를 긁적거리는 인간을 혐오한다'는 말까지 자주 했다."

그럼에도 일부 학생들은 필기하는 일을 결코 주저하지 않았다. 1762년과 1763년에 스미스가 강의한 내용을 적은 노트가 1895년과 1958년에 발견되었기 때문이다. 이 자료는 불완전함에도 불구하고 스미스가 이미 글래스고에서 훗날 『국부론』에 등장할 핵심 생각을 정리해가고 있었음을 잘 보여준다. 강의 끝 무렵에 스미스는 오늘날의 경제학자들도 궁금해하는 질문들을 던졌다. 경제 성장은 왜 이렇게 늦게 시작되었을까? 왜 18세기 영국에서야 시작되었고, 왜 고대 로마에서는 일어나지 않았을까?

이 질문들에 대한 답은 글래스고에선 더 이상 기대할 수 없었다. 교수 경력이 1764년에 갑자기 끝나버렸기 때문이다. 스미스의 『도덕감정론』은 유력 정치인 찰스 타운센드에게도 깊은 인상을 주었다. 타운센드는 젊은 버클루 공작의 계부이자 후견인이었다. 18세의 공작은 스코틀랜드에서 가장 부유한 지주 중 한 명이었고, 잉글랜드에도 막대한 재산을 갖고 있었다. 그는 귀족 자제로서의 교육을 마무리하기 위해 유럽 대륙 여행을 앞두고 있었는데, 타운센드는 의붓아들의 여행에 스미스를 동행시키려고 최선을 다했다. 이 철학자가 거절하지 못하도록 입이 쩍 벌어지는 액수를 내건 것이다. 가정교사 보수로 1년에 500파운드를 지급하고, 그 후에도 매년 죽을 때까지 300파운드를 지불하겠다는 파격적인 조건이었다. 이 돈이면 이제 일할 필요 없이 오직 연구에만 전념할 수 있었다. 스미스는 즉석에서 제안을 받아들였다.

당시 좋은 집안의 아들들은 몇 년 동안 유럽으로 '그랜드 투어'를 떠나는 것이 관행이었다. 여기서 베네치아, 로마, 나폴리 같은 도시는 꼭 돌아보아야 하는 필수 코스였지만, 타운센드는 의붓아들의 그랜드 투어에 대해 자기만의 생각이 있었다. 의붓아들이 주로 프랑스에 머물기를 바란 것이다.

이유가 있었다. 타운센드는 오늘날의 역사가들도 여전히 궁금해하는 미스터리를 풀고 싶었다. 프랑스는 어떻게 대영제국과의 모든 전쟁에서 패배했을까? 유럽의 최대 국가가 어째서 계속 영국에 패배할 수밖에 없었을까? 당시 프랑스 인구는 약 2100만 명이었고, 영국 인구는 700만 명에 불과했다는 점을 고려하면 더더욱 이상한 일이었다. 대체 프랑스의 약점은 무엇이었을까?

　1689년 이후 프랑스와 영국은 서로 끊임없이 전쟁을 벌였다. 전 유럽이 연루된 이른바 '7년전쟁'이 끝난 시점도 겨우 1763년이었다. 독일인들이 이 전쟁에 대해 아는 것은 대체로 프로이센의 프리드리히 2세가 오랫동안 오스트리아의 영토였던 슐레지엔을 최종적으로 병합하는 데 성공했다는 사실뿐이다. 그러나 7년전쟁은 거의 모든 대륙에서 벌어지고 식민 제국을 재편한 최초의 세계 전쟁이기도 했다. 이 전쟁으로 프랑스는 인도와 북미에 있던 대부분의 식민지를 영국에 빼앗겼고, 그로써 영국은 명실상부 세계 최강국이 되었다.

　타운센드는 프랑스의 군사력을 정확히 파악하려면 이 나라의 약점을 알아야 한다고 확신했다. 그래서 의붓아들과 스미스에게 편지를 보내, 프랑스에서 무엇을 집중적으로 살펴보아야 할지 이야기했다. "큰 땅덩어리에 … 무기도 위력적이고 … 바다 위에서는 두려움을 자아내고, 경제도 번성한 이 음험하고 광대한 군주국이 대체 그 바탕에 어떤 결함이 있기에 현대 들어 육지와 바다에서 가장 무능한 국가가 되었는지" 유심히 살펴보라는 것이었다.

　스미스가 젊은 공작의 프랑스 여행에 동행한다는 사실은 곧 에든버러에서 화제가 되었다. 역사가 데이비드 달림플은 소설가 호러스 월폴에게 조롱하듯이 편지를 썼다. "찰스 타운센드 씨가 탁월한 윤리학 교수를 한낱 평범한 여행 동반자로 만들어버리지 않을까 염려되는군요. 스미스 씨는 아는 게 무척 많기는 하지만 … 어설픈 데다 언어에 대한 재능이 없어서 프랑스어로 제대로 말도 못 하고 돌아올 겁니다." 이 회의론은 옳지 않았다. 스미스의 프랑스어 실력이 얼마나 되는지는 정확히 알려져 있지 않지만, 무척 복잡한 경제적 맥락도 쉽게 이해한 것을 보면 상당한 수준이었음이 분명하다.

경쟁자와의 만남: 중농주의자

1764년 봄 파리에 도착한 애덤 스미스와 젊은 공작은 당시 영국 대사의 비서로 일하던 데이비드 흄의 열렬한 환대를 받았다. 그러나 두 사람은 오래 머물지 못하고 열흘 뒤 바로 툴루즈로 출발해야 했다. 의붓아들이 파리의 매력에 너무 쉽게 빠져들지 않을까, 타운센드의 염려가 컸기 때문이다.

스미스와 젊은 공작은 툴루즈에서 18개월을 보냈다. 당시 프랑스에서 두 번째로 큰 도시였지만, 이곳 생활은 퍽 지루했다. 무료함을 견디지 못한 스미스는 1764년 7월 흄에게 이렇게 썼다. "시간을 때우려고 책을 쓰기 시작했습니다." 이후 스미스 연구자들은 그 책이 『국부론』이 아닐까 생각했다. 그러나 그건 분명 아니다. 오히려 스미스가 죽기 직전에 없애버린 다른 미완성 작품일 가능성이 훨씬 높아 보인다.[20]

1765년 가을에야 스미스와 그의 제자는 툴루즈를 떠나 크리스마스 시즌에 파리에 도착했다. 이번에는 9개월을 머물렀다.[21] 흄은 이미 영국으로 떠난 뒤였지만, 파리의 중요한 살롱에 대한 정보와 추천장을 남겨놓았다. 스미스는 세련된 파리지앵의 기준에 맞게 외모를 꾸미려고 혼신의 노력을 기울였고, 프록코트 여러 벌을 한꺼번에 구입하기도 했다. 그럼에도 첫인상은 그리 호감을 주지 못했다. 배우이자 작가인 마리-잔 리코보니는 큰 치아와 쉰 목소리를 들먹이며 그를 "악마처럼 못생긴 사람"이라고 묘사했다.

파리 살롱에서 스미스는 '에코노미스트Économiste', 즉 '경제학자'라 자칭하는 지식인 그룹을 만났다. 이 만남은 그에게 굉장히 중요했다. 그는 나중에 이들을 가리켜 "프랑스에서 가장 똑똑한 사람들"이라고 묘사했는데, 이들의 중심에는 궁정 의사 프랑수아 케네가 있었다. 1758년에 최초로 경제의 순환 모델을 기술한 『경제표Tableau économique』를 출간한 인물이었다. 그의 아이디어는 단순하면서도 혁명적이었는데, 설명하면 이렇다. 누군가의 지출은 다른 누군가의 수입이다. 국가 경제에서 각 부문은 다른 모든 부문과 관련되어 있으며, 국가는 이 순환에 되도록 개입하지 말아야 한다. 이 에코노미스트들의 모토는 바로 '자유방임'이었다.

스미스가 1766년에 이 프랑스 경제학자들을 만났을 때 그들은 케네 모델의 이론적 정치적 확장을 시도하고 있었다. 이로써 독특한 상황이 만들어졌다. 스미스는 당대에 유일하게 자신의 모델과 경쟁하던 거대 경제 이론이 생겨나는 과정을 현장에서 직접 지켜볼 수 있었던 것이다.

케네는 타운센드도 궁금해하던 동일한 질문에 몰두했다. 프랑스는 왜 그토록 경제적으로 허약한가? 케네의 대답은 단호했다. 인습적 봉건 구조가 농촌 주민을 착취해서 빈곤에 빠트렸다는 것이다. 그는 다음의 유명한 금언도 만들었다. "농민이 가난하면 왕국이 가난해지고, 왕국이 가난하면 왕도 가난해진다."

이 분석은 오늘날까지도 역사가들의 동의를 받고 있지만, 케네는 여기서 이론상 너무 급진적인 결론을 이끌어냈다. 그의 주장은 이렇다. 자연만이 가치를 창출하고 농업만이 나라를 부유하게 만들 수 있다. 반면 기술직과 공장제 수공업은 사회적 부에 전혀 기여하지 않는다. 상인과 자영업자는 '비생산적인 계급'이다. 농업의 총체적인 중요성을 표현하기 위해 이 이론에는 '중농주의Physiocracy'라는 이름이 붙었는데, 이 용어는 '자연phýsis의 지배kràtos'를 뜻하는 그리스어에서 왔다.

스미스는 무역과 상업이 가치를 창출하지 못한다는 중농주의의 주장을 '치명적인 오류'로 간주하면서 케네를 '사변적 의사'라고 불렀다. 그러면서 특유의 자신감 넘치는 태도로 이렇게 썼다. 전 세계 어디에도 농업 하나에만 기반을 둔 경제 시스템은 없기에 이 잘못된 이론이 다행히 "해악을 끼친 것은 없다." 이 아이디어는 "뛰어난 학식과 날카로운 통찰력을 가진 몇몇 프랑스인들"의 머릿속에서만 어른거릴 뿐이다. 스미스는 무역과 상업이 가치를 창출한다고 확신했다. 부는 노동을 통해 생겨나는 것이지 자연의 선물이 아니기 때문이다. 이러한 입장 차이에도 불구하고 스미스는 케네를 높이 평가했다. 심지어 『국부론』이 출간되기 전에 그가 죽지 않았더라면 스미스는 이 책을 그에게 바쳤을 것이다.[22]

1766년 가을, 원래는 독일까지 이어져야 할 공작의 교양 여행은 급작스럽게 끝나버렸다. 거의 전 여정을 동행했던 공작의 동생 캠벨 스콧이 10월에 병에 걸렸기 때문이다. 프랑스의 왕실 의사조차 그를 구할 수 없었다. 결국 스콧은 열병으로 사망했고, 스미스와 공작은 시신을 배에 싣고 고향으로 출발할 수밖에 없었다.

어느 연금 생활자의 눈부신 성취: 『국부론』

이제 종신 연금을 받게 된 스미스는 출생지인 커콜디로 돌아와서 어머니와 사촌과 함께 1773년까지 이 작은 지방 도시에 머물며 『국부론』을 썼다. 그전에 그는 프랑스에서 커다란 상자 네 개를 미리 영국으로 보냈는데, 거기에는 근 1년 치 연금에 해당하는 200파운드를 보험료로 지불할 만큼 소중한 책들이 담겨 있었다.

새 책의 집필은 지루하고 힘든 여정이었지만, 스미스는 스스로 선택한 이 고립을 불편해하지 않았던 것 같다. 흄에게 보낸 편지에 이렇게 적혀 있다. "해변을 혼자 오랫동안 산책하는 것이 제 취미가 되었습니다. … 무척 행복하고 편안하고 만족스럽습니다. 제 인생에서 이랬던 적은 여태껏 없었습니다."

이 책은 원래 1773년에 완성되었음에도 스미스는 원고를 정성스럽게 수정 보완하는 작업에 3년을 더 들였다. 그에겐 한 작품을 완성해서 세상에 내는 일이 평생 쉽지 않았지만, 이번에는 특히 그럴 만한 이유가 있었다. 1776년 7월 4일에 북아메리카의 영국령 식민지 13개의 독립 선언으로 절정을 이루게 될 미국 혁명이 서서히 눈에 보였기 때문이다.

그는 미국에서 일어나는 사건을 자신의 책에 꼭 넣고 싶었다. 이 영국 식민지는 봉건제를 일찍이 경험한 적이 없는 사회가 어떻게 발전하는지, 그러니까 어떻게 바로 자본주의 사회로 넘어가는지 보여주는 최고의 예였다. 스미스는 이 정치적 사건을 좀 더 생생하게 목격하기 위해 고향에서의 고독한 생활을 접고 런던으로 향했고, 거기서 마침내 이 책에 종지부를 찍었다.

1776년 3월 9일 드디어 작품이 세상에 나왔다. 처음에는 거의 주목을 받지 못했다는 소문이 지금까지도 계속되고 있지만,[23] 실제로는 달랐다. 초판은 즉시 매진되었고 경제적으로도 성공했다. 연말에 스미스가 받은 인세만 300파운드에 달했다.

스미스의 책이 나왔을 때 흄은 죽어가고 있었다. 그가 간절히 기다리던 책이었다. 흄은 즉시 책을 읽고는 1776년 4월 1일 스미스에게 편지를 보내, 이 책의 강점과 이따금 나타나는 약점을 간명하게 설명했다. "친애하는 스미스 씨, 나는 당신의 성취가 무척 만족스럽습니다. 책을 살펴보니 이제 근심이 사라졌습니다. 당신이든 당신 친구든, 혹은 대중이든 이 책에 대한 기대가 워낙 컸던지라 그에 부응하지 못하면 어쩌나 하고 걱정했지만, 이제는 마음이 놓입니다. 다만 이 책을 읽으려면 세심한 주의력이 꼭 필요한데, 대중은 그런 주의력을 보이지 않을 때가 많기에 처음 얼마간은 호응이 있을지 의문스럽습니다. 하지만 이 책은 깊이가 있고 토대가 견고하며 통찰력이 뛰어나고, 게다가 많은 주목할 만한 사실을 예시로 들고 있기에 결국 대중도 그에 합당한 관심과 애정을 보이리라 확신합니다. … 당신이 여기 내 벽난로 옆에 앉아 있다면 나는 당신의 테제 일부에 이의를 제기할 것입니다. 예를 들어, 나는 밭의 임대료가 농산물 가격에 포함되어야 한다는 생각에는 동의할 수 없습니다. 가격은 오직 수요와 공급에 의해서만 결정되니까요. … 그러나 이 점뿐 아니라 다른 많은 점에 대한 논의도 직접 만나 대화로만 가능합니다. 그런 날이 찾아와 당신이 내 주장에 반박하기 전까지 나는 우쭐해 있을 겁니다. 그런 날이 곧 오길 희망합니다. 다만 건강이 매우 좋지 않아 오래 기다릴 수가 없습니다." 흄은 1776년 8월 대장암으로 사망했다.

당시 흄이 가벼운 비판의 예로 하필 가격 문제를 집어든 것은 우연이 아니었다. 가격이 어떻게 형성되는지는 경제학자들이 오랫동안 풀지 못한 수수께끼였기 때문이다. 그 점에 있어서는 애덤 스미스든 나중의 카를 마르크스든 제대로 짚어내지 못했다.

자유무역에 대한 요구: 스미스가 세관원이 되다

『국부론』은 스미스의 마지막 작품으로 남았다. 죽을 때까지 더는 책을 내지 않았기 때문이다. 거기엔 재야 학자로서의 삶을 포기한 일도 한몫했을 것으로 보인다. 1778년 1월 영국 총리는 그를 스코틀랜드 최고위 세관 감독관에 임명했는데, 예전의 제자 버클루 공작이 힘쓴 결과였다. 어쨌든 스미스는 이제 재정적으로는 불평할 게 전혀 없었다. 이 직위로 연간 600파운드를 벌었으니까 말이다.[24] 다만 이제는 받는 만큼 일해야 했다. 세관 감독관은 그저 그의 마지막 생애를 아름답게 마무리할 장식용 관직이 아니었기 때문이다.

당시 관세는 국가의 가장 중요한 수입원 중 하나였다. 관세와 관련된 법률만 영국에 약 800개가 있었다. 게다가 세관 감독관은 집행관들도 관리 감독해야 했다. 업무가 어찌나 방대했던지 세관 감독위원회는 연중 내내 일주일에 나흘을 모여야 했다. 얼마 안 가 스미스가 "다른 일은 할 시간이 없다"고 불평을 늘어놓을 정도였다.

스미스의 전기 작가들은 왜 그가 이 고된 관직을 포기하지 않았는지 여전히 궁금해한다. 그랬다면 다시 집필을 이어갈 수 있지 않았을까? 아무튼 『국부론』에서 그렇게 열정적으로 자유무역을 옹호하던 사람이 다른 직업도 아니고 하필 세관 감독관이 된 것은 아이러니가 아닐 수 없다.

1784년 5월, 평생을 함께했던 어머니 마거릿이 세상을 떠났다. 90세에 가까운 나이였다. 늦어도 1787년 1월부터는 스미스의 건강도 차츰 나빠졌다. 이제 그는 자신의 두 걸작을 수정하고 보완하는 일에 마지막 에너지를 쏟아부었다. "내 생의 마지막 목표는 이미 출간된 책들을 가장 훌륭하고 완벽한 상태로 남기는 것입니다."

스미스는 완벽주의자였다. 자신의 미완성 글이 나중에 출판될 거라는 생각은 견딜 수가 없었다. 그래서 죽기 엿새 전에 거의 모든 원고를 불태웠다. 이렇게 원고 대부분을 불태우고 나서야 마음이 편안해져서 친구들을 마지막으로 집에 초대했다. 그러나 그 자리를 오래 버티지 못하고 다음의 말과 함께 잠자리에 들었다. "여러분과 함께하고픈 마음은 굴뚝같지만 다른 세계로 들어가려면 지금 여러분을 떠나야 할 것 같습니다."

스미스가 어떤 글들을 태웠는지는 불분명하지만, 1785년에 라 로슈푸코 공작에게 보낸 한 편지가 단서를 제공한다. 이 편지에는 이렇게 적혀 있다. "제 책상 위에는 완성을 기다리는 다른 방대한 두 작품이 놓여 있습니다. 하나는 문학과 철학, 시, 웅변술의 다양한 분야에 대한 일종의 철학사이고, 다른 하나는 법과 국가 권력에 관한 이론과 역사입니다. 자료는 이미 둘 다 정리되어 있습니다. 다만 안간힘을 쓰며 버티기는 하지만 노년의 나태함이 빠르게 다가오는 것을 느끼고 있습니다. 제가 두 권 중 어느 것을 끝낼 수 있을지도 알 수 없는 노릇입니다."

1790년 7월 17일 스미스는 세상과 이별했다. 동시대인들이 '장폐색'이라 부르던 병으로 고생했다고 하는데, 흄처럼 대장암이었을 가능성이 높다. 스미스는 어릴 때부터 알고 지내던 유명 건축가 로버트 애덤에게 자신의 무덤을 주문했다.[25] 주문 내용은 간단했다. 비문에 다음 글귀만 새겨달라는 것이다. "『도덕감정론』과 『국부론』을 쓴 애덤 스미스의 유해가 여기 잠들다."

18세기에는 자신의 초상화를 그리게 하는 것이 일종의 관례처럼 여겨졌다. 그러나 애덤 스미스는 그러지 않았다. 같은 나이의 초상화가 조슈아 레이놀즈와 교분이 두터웠음에도 그림 한

점 남기지 않았다.[26] 스미스는 평생 다듬은 두 권의 책으로만 기억되기를 원했고, 그 바람은 이루어졌다. 역대 가장 많이 인용되는 경제학자 중 한 사람이니까.

3
제빵사의 이기심에서
자유무역의 원리로: 『**국부론**』(1776)

경제학에서 아마 가장 유명한 은유라고 할 수 있을 '시장의 보이지 않는 손'은 애덤 스미스가 쓴 표현이다. 그에 대해 들어본 적이 없어도 그의 작품을 한마디로 요약한 이 금언을 아는 사람은 많다. 이 말이 연상시키는 의미는 분명하다. 국가가 개입을 중단하고 시장에 모든 것을 맡기면 시장이 마치 마법의 손처럼 자동으로 부를 만들어주리라는 것이다.[1]

그러나 이 해석은 오해다. '보이지 않는 손'은 책에서 단 한 번밖에 등장하지 않는다. 오늘날의 신자유주의자들이 그렇게 좋아하는 '시장'도 스미스에게는 그렇게 중요한 개념이 아니었다. 그는 서문에서 작품의 구성을 설명하면서도 '시장'이라는 용어를 한 번도 언급하지 않았다.[2]

스미스는 부와 성장이 어떻게 이루어지는지를 설명하고자 했다. 물론 시장도 여기서 중요한 역할을 하지만, 그에게 시장은 단순히 도와주는 기능이었다. 그가 책 제목을 자유시장이 아니

라 '국부론'으로 정한 것도 우연이 아니었다.[3]

스미스는 노동이 부의 원천임을 보여주고자 했다. 그때까지 중상주의자들이 주장했던 것처럼 금화나 은화의 축적이 부의 원천이 아니라는 말이다. 그의 작품을 제대로 평가하려면 그가 극복하고자 했던 교리가 어떤 것인지 알아야 한다. 그렇다면 선행자들의 이론에 대한 설명은 필수적이다.

중상주의자들의 오해: 부를 만드는 건 황금이 아니다

유럽인들은 스스로 의식하지 못하더라도 유럽은 특별한 대륙이다. 이토록 좁은 지역에 이토록 많은 국가가 밀집한 곳은 세계 어디에도 없다. 로마 제국의 붕괴 이후 수많은 전쟁이 벌어졌고, 대규모 용병 부대를 운영할 수 있는 국가 조직만 살아남았다. 따라서 최고 지휘관은 병사들에게 봉급을 주기 위해 금과 은이 필요했다.

이렇게 해서 제후들은 일찍부터 금고의 재화를 늘리는 방법에 지대한 관심을 보였다. 그러다 현대 경제학 용어로 경상수지 흑자라는 아이디어가 생겨났다. 수입보다 수출을 많이 해서 국내에 금과 은을 쟁여두려고 한 것이다.

따라서 제후들은 수출을 장려하기 위해 국내의 공장제 수공업과 독과점 업체를 적극적으로 지원하기 시작했다. 반대로 수입은 금지하거나 수입품에 높은 관세를 부과했다. 이러한 경제 정책이 바로 '중상주의'다.[4]

중상주의자들은 이론가가 아니라 실천가였다. 대부분 왕실 행정가나 상인 출신이었다. 따라서 그들은 통일된 '시스템'을 개발하지 않고, 국가의 금은보화를 증대하는 방법에 대해 많은 개별적 제안을 내놓았다. 그러다 보니 유럽 국가들의 중상주의는 저마다 색깔이 조금씩 달랐다.

최초의 중상주의자는 1327년부터 1377년까지 영국을 통치한 에드워드 3세였던 것으로 보인다. 그는 당시 엄청나게 유행하던 플랑드르 직물이 아닌 영국산 모직물만 입었다. 신하들이 국내산 직물을 사도록 장려하기 위해서였다. 그와 동시에 에드워드는 상인들이 최신 기술을 배울 수 있도록 플랑드르 직물 전문가를 영국으로 데려오기도 했다. 따라서 기술 도용은 중세에도 낯선 개념이 아니었다.

군주들의 입장에서 자국의 수출 산업을 장려하는 것은 너무나 당연한 일이었겠지만, 중상주의에는 이미 동시대인들도 알아차린 결정적인 결함이 있었다.

첫째, 논리적으로 모든 국가가 수출만 하고 수입을 하지 않는 건 불가능하다. 그러면 결국 국가 간의 무역은 중단될 수밖에 없다.

둘째, 중상주의는 군주에겐 이득이지만 소비자에겐 도움이 되지 않는다. 시민들은 국왕이 일종의 특별세 형태로 부과하는 높은 수입 관세 때문에 싼 가격에 살 수 있는 물건을 비싸게 사야 했다. 많은 공장제 수공업자도 이 제도로 득을 보았다. 국가가 외국의 다른 경쟁자들로부터 그들을 보호해주었기 때문이다. 이로써 그들은 상대적으로 품질이 떨어지는 물건에 터무니없이 비싼 가격을 매겼다. 보호무역에 따른 일종의 독과점적 이익이었다.

셋째, 중상주의는 반복적으로 무역 전쟁에 불을 붙였기에 유럽의 정치적 안정을 해쳤다. 군주들은 대외무역을 제로섬 게임으로 착각하는 바람에 영토를 두고 전 세계적으로 싸움을 벌였다. 그들의 생각은 이랬다. 한 나라가 뭔가를 얻으면 다른 나라는 반드시 뭔가를 잃을 수밖에 없다. 오직 스미스만이 교역 상대를 적으로 간주하는 것은 잘못이고, 식민지는 불필요하다는 사실을 보여주었다.

넷째, 무엇보다 금과 은을 가장 많이 보유한 국가가 가장 부자라는 중상주의의 기본 전제가 오류로 드러났다. 동시대인들은 스페인의 운명을 보면서 당혹감을 감추지 못했다. 중상주의 논리에 따르면, 그 나라는 남미 식민지에서 엄청난 규모의 금광과 은광을 발견했기에 헤아릴 수 없을 만큼 부자여야 했다. 그러나 스페인은 16세기부터 급속도로 가난해졌고, 대신 채굴할 금은보화가 없는 네덜란드와 영국이 무역 강국으로 부상했다. 금과 은의 막대한 유입은 오히려 저주로 판명되었다. 대체 이유가 무엇이었을까?

상황이 이러했기에 『국부론』은 중상주의로 창끝을 겨누었다. 스미스 자신도 나중에 이 책을 "영국의 전체 상업 시스템"을 허물어뜨리려는 "매우 격한 공격"으로 묘사했다. 그러나 책의 내용은 단순히 강력한 공격에 그치지 않았다. 스미스는 중상주의에 대한 공격을 넘어 부가 어떻게 생겨나는지 새롭게 설명하고자 했다.

부의 생성에 관한 문제는 영국의 국민소득이 처음으로 꾸준히 증가했기에 제기될 수 있었다. 영국 경제는 18세기부터 눈부시게 성장하기 시작했다. 영국인들조차 점점 더 부자가 되는 자신들을 보면서 믿지 못할 정도였다. 스미스가 책의 서두에서 언급했듯이, 이제는 평범한 노동자들도 그들의 조상보다 훨씬 잘 살았다. 그는 심지어 일용직 노동자들까지 모직 코트, 리넨 셔츠, 침대, 나이프와 포크, 도자기, 주석朱錫 접시, 장식유리창 등을 소유하고 있다 하며 그 물건들을 하나하나 나열했다.

주변부에 해당하는 스코틀랜드에도 번영이 찾아왔고, 증가한 부는 밑바닥 사람들에게까지 전달되었다. 이제 기근은 더 이상 없었다. 역사상 처음 있는 일이었다. 1695년부터 1699년까지 5년 동안 흉년이 네 번 들었을 때만 해도 아사자가 속출했다. 스코틀랜드인의 약 15퍼센트가 이 재앙으로 목숨을 잃었다. 그런데 1740, 1741년에도 심각한 흉년이 발생했지만, 이번에는 아무도 죽지 않았다. 이제는 교통망이 훌륭하게 구축되어 있어서 영국의 다른 지역에서 얼마든지 곡물을 들여올 수 있었다.[5] 평년에도 하층민의 생활은 예전보다 한결 나아졌다. 그들은 버터와 치즈, 생선을 사 먹을 수 있었고, 토탄 대신 석탄을 땔 수 있었다.[6]

가장 밑바닥 사람들도 이제는 더 이상 굶주리지 않고 더 잘 먹을 수 있었지만, 새로운 부의 혜택을 가장 많이 입은 계층은 인구가 많지 않은 중산층과 상류층이었다. 그들의 안락함은 눈에 띄게 증가했다. 예를 들어 스코틀랜드의 종이 생산량이 네 배로 증가한 사실만 놓고 보더라도 그들의 생활 수준을 엿볼 수 있었는데, 이는 즉 더 많은 사람이 책을 사다 볼 여유가 생겼다는 뜻이다. 그 밖에 다른 소비재에 대한 수요도 급격히 늘어났다. 사람들은 향수를 뿌렸고, 마차를 타고 다녔으며, 여기저기 여관에서 묵으며 여행을 즐겼다.[7]

그렇다면 중상주의자들의 전제처럼 영국의 새로운 부가 금고에 잔뜩 쌓아둔 금과 은 덕분이 아니라면 그것은 어디서 왔을까? 스미스의 대답은 간단하다. 부를 창출하는 것은 인간의 노동이다. 노동이 나중에 소비될 상품과 서비스를 생산한다는 것이다.

오늘날 우리는 노동이 없으면 부도 없다는 사실을 당연하게 여긴다. 하지만 이런 인식의 이면에는 경제를 영구적으로 변화시킨 이론적 혁명이 숨어 있다. 금과 은은 재화다. 그것도 그 자체로 늘어나거나 줄어들지 않는 '고정 재화'다. 이건 갖고 있거나 갖고 있지 않거나, 둘 중 하나다. 그런데 스미스는 노동을 중심에 놓음으로써 소득, 그러니까 고정 재화에 변화를 주는 '변동 재화'로 시선을 돌린다. 그와 함께 부는 새롭게 정의된다. 부는 금고에 보관할 수 있는 소유물이 아니라 생산 과정을 통해 창출되는 것이다.

그러나 노동 하나만으로는 부가 갑자기 늘어난 이유를 설명할 수 없었다. 인간은 예전부터 늘 뼈 빠지게 일해왔기 때문이다. 성경에도 인간이 낙원에서 추방된 이후 시달리게 된 영원한 노동이 얼마나 고통스러운 일인지 언급되어 있다. 이처럼 노동이 예부터 항상 인간 실존의 일부였다면 왜 유독 18세기의 영국인들만 이전보다 더 부유하게 만들었을까? 스미스는 답을 찾았다고 생각했다. 바로 분업의 원칙이었다. 『국부론』은 분업으로 시작하고, 이 책 전체를 관통하는 주제도 분업이다.

핵심 원칙: 분업이 모든 것을 설명한다

'분업'이라는 말은 『국부론』의 맨 첫 문장부터 등장한다. 스미스는 핀 제조 공장을 예로 들며 분업을 설명한다. "한 사람은 철사를 불에 달구고, 두 번째 사람은 철사를 늘이고, 세 번째 사람은 자르고, 네 번째 사람은 끝을 뾰쪽하게 하고, 다섯 번째 사람은 매끈하게 간다." 스미스는 핀 하나 만드는 데 총 18단계가 필요하다고 통계적으로 정확히 보고한다. 그러고는 면밀한 계산을 거쳐, 이 분업 덕분에 10명이 하루에 4만 8000개의 핀을 생산할 수 있지만 개인은 20개, 아니 어쩌면 단 하나의 핀도 만들지 못할 거라고 말한다.

이런 꼼꼼한 서술을 통해 스미스는 자신이 하지도 않은 경험을 마치 한 것처럼 가장한다. 그는 핀 생산 현장을 직접 시찰했다고 주장한다. "나는 단 10명이 일하는 이런 유형의 작은 공장을 직접 둘러보았다." 그러나 사실 스미스는 핀을 만드는 공장이든 다른 상품을 만드는 공장이든 어디에도 가본 적이 없었을 것이다. 당시엔 스코틀랜드 전체를 통틀어 공장이라고 할 만한 곳은 딱 한 군데밖에 없었다. 영국 해군을 위해 대포를 생산하는

'캐런 제철소'였다.[8]

그렇다면 스미스는 핀 공장에 대한 설명을 속된 말로 어딘가에서 베낀 것이 분명하다. 출처는 드니 디드로의 『백과전서』로 보인다. 이 책에도 '핀' 항목이 있는데, 핀 하나를 제조하는 데 18단계가 필요하다고 명확하게 적혀 있다.[9]

스미스는 자신의 아이디어가 도용되는 것을 극도로 두려워했지만, 남의 생각을 도용하는 것에 대해서는 거리낌이 없었다. 그는 출처를 밝히지 않고 남의 글을 즐겨 사용했다. 각주를 매우 철저히 달았던 마르크스는 훗날 스미스의 이런 태도를 조롱하기도 했다.[10]

그렇다고 해서 생산 과정이 이렇게 분업 형태로 조직화되어 있다는 사실을 최초로 깨달은 사람이 디드로였던 것은 아니다. 17세기에 이미 영국 철학자 윌리엄 페티는 시계가 어떻게 여러 단계를 거쳐 조립되는지 상세히 설명했다.[11]

분업은 이미 고대부터 실시될 정도로 이점이 명백했다. 그리스 철학자 플라톤, 아리스토텔레스, 크세노폰도 분업을 언급했고, 로마인들은 완벽에 가깝게 분업을 실시했다. 라틴어에는 다양한 상업 활동에 대한 표현이 500가지가 넘고,[12] 도자기, 건축 자재, 직물, 유리를 생산하는 고대 공장제 수공업에서는 물건이 여러 특수 단계를 거쳐 연속적으로 대량 생산되었다.

분업이 이처럼 오래전부터 확립된 관행이라면 스미스의 이론에서 새로운 것은 무엇일까? 이는 이미 동시대인들의 머릿속에서도 떠오른 질문이었다. 전기 작가 듀갈드 스튜어트는 긴말로 스미스를 변호했는데, 요점은 이렇다. "결국 스미스 씨가 쓴 저작의 업적은 개별 원칙의 참신성에 있다기보다 그 원칙을 확립한 논거와 그것들을 적절한 순서와 연결로 표현한 과학적 방법에 있다고 해야 할 것이다."[13] 그러면서 스튜어트는 눈에 띄게 흥분해서 이렇게 덧붙였다. 스미스의 선행자들은 그저 "행복한 우연"에 의해 "진실이 잠시 얻어걸린 것뿐"이다.

오늘날의 스미스 연구자들도 스튜어트와 다르게 보지 않는다. 즉, 당시 그 책의 모든 세부 사항이 새롭지는 않았지만, 그것들의 조합 방식은 완전히 새로웠다는 것이다. 스미스 이전엔 일반적 경제 이론은 없었고, 경제에 관한 개별적 입장만 있었다. 스미스는 이후의 모든 경제학자가 찾아내려고 했던 경제에 관한 전체적인 조감도를 처음으로 제시한 사람이었다.

이기심을 통한 공익의 실현:
거시경제학은 어떻게 발견되었을까?

분업은 무척 기술적인 영역 같지만, 스미스는 이것으로 하나의 사회적 우주를 만들어냈다. 그는 이 하나의 원리로 모든 중요한 경제 현상을 설명하고자 했다. 예를 들어 상업은 분업을 통해 거의 자동으로 생겨난다. 그러니까 매일 핀만 생산하는 사람은 그 많은 핀을 혼자서 다 쓸 수가 없다. 따라서 자신의 잉여 상품을 마찬가지로 고도의 전문적 활동으로 생산된 남의 상품과 바꾸어야 한다. 이렇게 해서 분업의 형태로 생산되는 곳에서는 자연스럽게 시장이 생성된다.

스미스는 상업이 언어와 지능만큼 자연적으로 주어진 것이라고 생각했다. 모든 인간은 "흥정하고, 교환하고, 거래하는 성향"을 타고났다는 것이다. 그에 대한 논거는 빈약하지만 재미있는데, 이런 식이다. "어떤 개가 다른 개와 공정하면서도 의도적으로 교환하는 경우를 본 적이 있는가? 자기가 가진 뼈다귀를 다른 개에게 내주고 다른 것을 받는 개는 없다."[14]

인간의 교환 작업은 대개 원활하게 이루어진다. 시장 참여자들이 서로의 이기심을 믿기 때문이다. 스미스는 책 전체에서 아마 가장 유명한 다음 구절로 이에 대해 설명한다. "우리가 저녁식사를 먹을 수 있다고 기대하는 건 정육점 주인이나 양조장 주인 혹은 제빵사의 선의를 믿어서가 아니라 그들이 자기 이익에 따라 행동하리라고 믿기 때문이다. 우리는 그들의 인간성이 아니라 자기애에 호소하고, 그들에게 우리의 간절한 필요를 말하지 않고 그들의 이익을 말한다."[15]

이 두 문장은 오해받을 때가 많다. 특히 신자유주의자들은 스미스가 인간의 이기심 하나만으로도 경제가 원활하게 돌아가는 데 충분하다는 사실을 증명하고자 했다고 생각한다. 반면에 다른 많은 독자는 스미스가 자기 이익만 무자비하게 추구하는 것을 미덕의 수준으로까지 끌어올렸다고 여긴다. 이러한 잘못된 해석은 새로운 것이 아니라 『국부론』만큼이나 오래되었다. 스미스가 사망하고 나서 몇 주 후 한 익명의 《타임스》 기고자는 스미스가 장사치들의 앞잡이가 되었고, "도덕철학 교수에서 상업 및 금융 분야 교수"로 노선을 바꾸어 타기로 마음먹었다고

분개했다.[16]

그러나 스미스의 관심은 이기심을 옹호하는 데 있지 않았다. 그는 의도치 않은 결과에 주목했다. 시장 참여자들이 각자 이기적으로 행동하는데도 결과적으로는 그게 모두에게 이익이 되더라는 것이다. 다시 말해, 사회는 각 부분의 합이 아닐뿐더러 우리가 개인의 내적 논리에서 예상하는 바와는 다른 방식으로 돌아간다. 이 인식은 혁명적이었다. 거시경제학의 탄생을 알리는 순간이었다. 거시경제학은 경제 전체를 관통하는 메커니즘을 연구할 뿐, 개별 기업이나 고객에는 관심을 두지 않는다.[17]

그런데 개인의 악덕이 사회 전체에 긍정적인 영향을 미칠 수 있다는 사실을 알아차린 사람은 스미스가 처음이 아니었다. 1705년에 이미 풍자적 경제학자 버나드 맨더빌이 『꿀벌의 우화 The Fable of the Bees』를 출간했는데, 이 책은 곧 베스트셀러가 되었고 여러 세대의 도덕철학자들을 큰 혼란에 빠뜨렸다. 맨더빌의 설명을 들어보자. 꿀벌은 도덕을 모르는 사악한 무리였다. 하지만 그들 사회는 전체적으로 문제없이 잘 돌아갔다. 그들은 부족한 것 하나 없이 사치스럽게 살았고, 심지어 가난한 꿀벌조차 부유한 꿀벌 밑에서 일함으로써 이득을 얻었다. 곳곳에 거짓말과 속임수, 질투, 허영심, 탐욕이 판쳤지만 모두가 생계를 유지했다. 그러던 어느 날 벌들이 부도덕한 삶을 부끄러워하며 도덕적 모범생으로 거듭났고, 도덕철학자들의 가르침대로 행동했다. 그러자 예상과는 전혀 다른 결과가 나타났다. 한때 부유했던 사회가 이제 빈곤이 만연한 사회로 바뀌었다. 맨더빌은 꿀벌들이 정의롭게 행동하자마자 실업률이 어떻게 증가하는지를 상세히 묘사한다. 더 이상 연체하는 채무자가 없었기에 변호사 사무실엔 손님이 없었고, 모든 꿀벌이 정직하게 행동했기에 더는 고해성사를 들어줄 성직자가 필요 없었다. 또한 하인에게는 더 이상 주인이 없었고, 간수에게는 도둑이 없었으며, 모자 장수에게는 손님이 없었다. 맨더빌은 이 우화의 메시지가 묻히지 않도록 다음과 같은 핵심 포인트를 부제로 집어넣었다. 개인의 악덕, 사회의 이익.[18]

맨더빌은 누군가의 지출이 다른 누군가의 수입이라는 중농주의자들의 통찰을 선취했다. 그의 우화는 원래 도덕철학자들을 도발할 목적으로 쓰였지만, 거기서는 그가 이미 사회를 거시경제학적 순환의 관점에서 바라보고 있음이 드러났다. 그는 강단에서 비실용적인 원칙만 떠들어대는 많은 윤리학자와 성직자들의 비현실적인 태도에 짜증이 났다. 스미스는 도덕철학자로서 당연히 맨더빌의 이런 도발이 마음에 들지 않았지만 많은 동료와 달리 유연하게 대응했다. 제빵사와 양조업자가 이기적으로 행동한다는 사실을 부인하지 않으면서 이 깨달음을 자신의 전체 시스템 속에 집어넣은 것이다.

스미스는 이기심을 찬양하지 않았지만 그렇다고 비난하지도 않았다. 그게 해를 끼치지 않는 한 말이다. 푸줏간 주인이 돈을 벌고 싶어 하는 건 명백한 사실이다. 그렇지 않다면 애초에 고기를 팔지 않을 것이다. 그러나 스미스는 이 사실에서 시장이 항상 최상의 해결책이라는 결론을 도출해내지는 않았다.

스미스가 글을 썼던 시기에는 여전히 신분 사회의 잔재가 곳곳에 남아 있었음을 잊어서는 안 된다. 스코틀랜드 염전 노동자들은 주인의 소유물이었고, 시골 사람들의 도시 이주는 허용되지 않았다. 또한 생업 현장은 길드 조직에 장악되었고, 해외무역은 독점 기업에 의해 통제되었다. 스미스는 이러한 특권이 경제에 도움이 되지 않고 오히려 해를 끼친다는 사실을 보여줌으로써 그 특권과 맞서 싸웠다. 경제는 일반 시민이 자유롭게 행동할 수 있고 신분상의 족쇄로 제약되지 않을 때 더 잘 돌아간다고 주장했다.

그러나 스미스는 국가를 아예 없애버리거나 국가의 권한을 최대한 축소해야 한다고는 생각하지 않았다. 이 점에서 신자유주의자들은 의도적으로 그를 오해했다. 스미스는 국가를 치안과 질서만 신경 쓰는 '야경국가'로 바꾸려는 '자유방임'의 이론가가 아니었다. 그에겐 다른 목표가 있었다. 특권층의 손아귀에서 국가를 해방하는 일이었다.

수수께끼로 남은 수수께끼: 가격과 이윤은 어떻게 생겨날까?

모든 상품에는 가격이 있다. 그렇다면 가격은 어떻게 형성될까? 집 한 채가 작은 핀 하나보다 월등히 비싼 건 자명하다. 하지만 둘 사이의 교환 비율은 어느 정도가 적정할까? 가격 문제는 오늘날에도 경제의 핵심 사안으로 애덤 스미스 역시 이 문제에 상당한 지면을 할애했다.

그는 경제사에 '고전적 가치의 역설'로 이름을 올린 현상으로 시작한다. 인간은 물 없이는 살 수 없지만, 물은 무척 저렴하거나 심지어 공짜다. 반면에 다이아몬드는 사용가치가 거의 없지만 어마어마하게 비싸다. 결국 상품의 가격은 유용성으로만 결정되지 않는다. 스미스의 표현대로 하자면, 사용가치와 교환가치 사이에는 큰 격차가 존재한다.[19]

스미스는 이 역설을 해결한 것이 아니라 오히려 교환가치에 집중함으로써 결과적으로 이 문제를 무시했다. 그의 주안점은 분업을 통해 생겨난 상업 행위가 어떻게 작동하는지 설명하는 데 있었기 때문이다. 하지만 마음이 편치 않았다. 그는 이 역설에서 어느 지점에 오류가 있는지 정확히 파악하지 못하면 자신의 가격 이론도 작동하지 않으리라는 것을 어렴풋이 느꼈다. 결국 그는 불안한 마음에 독자들에게 자신의 원고에 대해 양해를 구할 필요성을 느꼈다. "나는 독자의 인내심과 아량을 간절히 요청한다. 그러니까 몇몇 지점에서 쓸데없이 지루해 보이는 세세한 설명을 참아줄 것과 … 어쩌면 여전히 다소 불분명해 보이는 점들을 너그러이 이해해줄 것을 부탁드린다."

이러한 망설임은 스미스답지 않은 모습이었다. 늘 건강한 자신감으로 넘쳐나고, 자신의 『국부론』이 획기적인 작품으로 남게 될 거라고 확신하던 사람이었다. 그러나 가격 문제에서만큼은 스미스도 좌절하고 말았다. 그는 간접적으로 실패를 인정했다. 이 문제는 "지극히 추상적이다."

그런데 본인은 이렇게 마음이 편치 않은데도 스미스의 가격 이론은 향후 100년을 지배하게 된다. 카를 마르크스도 이를 기반으로 잉여가치론을 구축했다. 스미스의 가격 이론은 절대적으로 옳지는 않았지만 경제의 핵심을 건드렸다. 오늘날까지도 '가격 문제'는 경제 정책을 둘러싼 대부분의 논쟁에서 빠지지 않고 등장한다. 노동에 대한 적절한 대가, 즉 임금은 어떻게 책정될까? 이윤은 어떻게 생기고, 어느 정도가 적정할까? 이자, 즉 대부금에 대한 가격은 어떤 역할을 할까?

스미스는 이른바 '노동 가치론'을 대변한다. 상품의 자연적 교환가치는 상품 생산에 들어가는 노동의 양에 의해 결정된다는 말이다. 여기서 노동 가치는 일용 노동자가 자신과 가족을 부양하는 데 필요한 최소한의 금액을 말한다.[20]

스미스에게 이 최저 생계비는 기아만 간신히 면할 만큼의 임금이 아니었다. 빈곤 이론은 그의 후계자들인 데이비드 리카도와 특히 카를 마르크스에 의해 개발되었다. 반면에 스미스는 일용직 노동자도 경제 성장의 혜택을 받을 것이라고 가정하면서 일상에서 많은 생생한 사례를 제시했다. "예를 들어, 감자는 … 30~40년 전과 비교하면 반값밖에 되지 않는다. 그건 순무와 당근, 양배추도 마찬가지다. 이 작물들은 예전엔 삽으로 경작했지만 지금은 쟁기로 경작한다. … 리넨과 양모도 생산량이 급격히 증가해서 이제는 노동자도 더 저렴하고 더 좋은 옷을 구입할 수 있다." 스미스는 낙관론자였고, 급격한 성장과 기술 향상에 대한 경이로움이 책 전체에 스며들어 있다.

노동량이 상품의 가치를 결정한다는 생각은 전적으로 타당해 보였음에도 즉각 심각한 문제를 드러냈다. 겉으로만 보고 하나의 제품이 만들어지기까지 몇 시간이 걸렸는지 항상 알 수는 없는 노릇이었다. 그렇다면 제품의 '자연적' 가치에서 최종적으로 지불되는 가격까지 어떻게 산정할 수 있을까?

스미스는 영리했다. 문제를 직접 해결하는 대신 우회로를 택했다. 그러니까 두 가지 가격, 즉 노동량으로 측정되는 '자연가격'과 화폐로 표현되는 '명목가격'을 도입한 것이다. 그에게 '명목가격'은 곧 수요와 공급에 따라 형성되는 '시장가격'이었다. 물과 다이아몬드 역설이 보여주듯 스미스는 과잉과 희소성이 가격을 설명하는 결정적인 요소라는 점을 간과하지 않았다.

그런데 한 상품에 두 가지 가격을 설정하는 것은 새로운 문제를 야기했다. 이제는 '자연가격'과 '시장가격'이 대체로 일치한다는 사실을 증명해야 했기 때문이다. 스미스의 해결책은 오늘날의 관점에서 보면 별로 놀랍지 않지만, 결코 자명하지도 않았다. 그가 내세운 건 균형 이론이었다. 공급과 수요는 항상 시장에서 균형을 이루는 쪽으로 나아가는데, 그로써 차츰 '자연가격'과 일치하게 된다는 것이다.

이 균형 이론은 일단 명쾌해 보인다는 장점이 있다. 공급이 수요보다 훨씬 커지면 시장가격은 자연가격 아래로 떨어지고, 노동 비용까지 충당하지 못한다. 이런 상황에서는 기업이 과잉 상태의 상품을 생산할 이유가 없다. 그래서 공급이 다시 감소하고 가격은 상승하면서 마침내 시장가격은 자연가격과 일치한다. 반대로 수요가 공급보다 크면 가격이 치솟으면서 인건비를 충당하고도 남는다. 그러면 기업은 당연히 더 많은 상품을 생산하고, 시장가격은 다시 하방 압력에 시달리다가 '자연가격'과 비슷한 수준으로 맞추어진다.

오늘날엔 생소한 얘기지만, 이 균형 이론의 체계 속에 광범한 경제 위기 같은 것은 존재하지 않았다. 하지만 스미스가 모든 상품이 너무 귀해서 실제적인 판매 위기가 발생할 수 없는 시대에 살고 있었다는 점을 고려해야 한다. 당시는 상품 하나하나가 드물어서 일단 나오기만 하면 즉각 구매자를 찾을 수 있었다. 경기 변동도 없던 시절이었다. 대신 경기 순환의 장애는 항상 밖에서 찾아왔다. 주로 전쟁과 자연재해였다. 그런 일이 생기면 식량 가격이 터무니없이 비싸졌다. 스미스가 세밀하게 설명한 것처럼 군주의 갑작스러운 죽음도 물가를 뒤흔들 수 있었다. 시장은 몇 개월간의 애도 기간에 대비가 되어 있지 않았기 때문이다. "공공 애도 기간 동안 검은 천의 가격은 치솟았고 … 색깔이 있는 비단과 천의 가격은 내려갔다."

수요와 공급은 가격이 자유롭게 움직이고 독점이 존재하지 않을 때만 균형을 맞출 수 있었다. 그러나 스미스가 몇 쪽에 걸쳐 한탄한 것처럼 18세기 영국에는 독점이 만연했다. 그와 관련해서 특히 유명한 문구가 있는데, 같이 살펴보자. "같은 사업을 하는 사람들치고 대중을 상대로 무언가 공모를 하거나 가격 인상 계획을 세우지 않은 채 그냥 웃고 즐기자고 모이는 일은 거의 없다."

오늘날 스미스는 자유로운 기업 활동을 부르짖은 최고의 투사로 묘사될 때가 많지만, 사실 상인과 공장주에 대해서는 극도로 부정적인 이미지를 갖고 있었다. "상인의 이익은 … 특정 관점에서 일반 대중의 이익과 늘 다르거나 심지어 상반된다. 상인의 변하지 않는 관심사는 … 시장을 확장하고 경쟁을 제한하는 것이다." 그들은 독점 가격을 형성함으로써 "나머지 시민들에게 터무니없는 세금"을 부과한다.

그렇다면 국가는 독점을 깨고 경쟁을 장려함으로써 시장이 원활하게 작동하도록 해야 했다. 그러나 스미스의 인식처럼 영국은 지배계급의 먹잇감이 된 지 이미 오래였다. 1688, 1689년의 '명예혁명' 이후 영국은 의회를 선거로 뽑는 입헌군주국으로 바뀌었다. 그러나 진정한 민주주의와는 한참 거리가 멀었다. 예를 들어 남성의 약 15퍼센트만 투표를 할 수 있었다. 소득이 충분한 남자들만 선거권의 높은 장벽을 넘을 수 있었기 때문이다. 피선거권은 훨씬 더 제한적이었다. 연간 300파운드에서 600파운드를 버는 사람만 하원의원이 될 수 있었다.[21] 따라서 하급 귀족과 상인 들은 의회를 장악한 뒤 자신들의 사업적 이해관계에 충실한 법을 만들어 혜택을 보았다.

영국의 중상주의는 이런 지배계급의 이익에 맞게 구축되었다. 높은 수입 관세는 외국 경쟁자들의 진입을 막았고, 동업자 조합인 길드는 국내에서의 경쟁도 원천적으로 차단했다. 기술을 배우려는 사람은 일단 장인 밑에서 7년 동안 도제 생활을 거쳐야 했는데, 그로써 길드는 경쟁을 두려워할 필요 없이 일방적으로 가격을 책정할 수 있었다.

스미스에게는 이런 상인들의 득세를 견제할 정치적인 힘이 없었다. 가진 것이라고는 정신뿐이었다. 그는 힘없는 지식인으로서 계몽에 기대기로 했다. 18세기는 계몽시대라 부를 만큼 계몽이 대세였다. 스미스는『국부론』을 통해 경쟁을 허용하고 독점 이익을 포기하는 것이 지배계급의 본래적 이익에도 맞는다는 사실을 편협한 의원들에게 주지시키려 했다.

대신 그가 그들에게 반대급부로 약속한 것은 책 제목이 말해주듯 부富와 전례 없는 성장이었다. 역설적으로 들릴지는 몰라도, 특권을 포기해야만 특권층은 정말 부자가 될 수 있다는 주장이었다. 오늘날 스미스는 흔히 경제계의 이익을 대변하는 최고 이론가로 꼽힌다. 그러나 그의 진정한 목표는 직장에 노예처럼 묶여 살고 주인에게 착취당하는 일용직 노동자와 소규모 직인들을 해방하는 것이었다. "가난한 사람의 재산은 손힘과 손재주뿐이다. 이런 힘과 재주를 본인이 적절하다고 생각하는 방식으로 사용하지 못하도록 막는 것은 … 그의 가장 신성한 재산에 대한 명백한 침해다."

이러한 착취를 끝내기 위해 스미스는 착취가 지배계급에도 전혀 도움이 되지 않는다고 설득한다. 그가 볼 때, 시장의 자유는 노동자뿐 아니라 공장주에게도 이득이다. 요즘 말로 하면 모두가 '윈윈하는' 게임이다. 스미스의 글에서는 계급투쟁 같은 건 찾아볼 수 없다. 이 개념은 데이비드 리카도와 나중에 카를 마르크스에 의해 개발된다.

모두가 잘살게 되리라는 스미스의 유쾌한 약속에도 불구하고 그의 가격 이론에는 후계자들을 절망에 빠뜨린 두 가지 큰 결함이 있었다.

첫째, 스미스가 한 가지 개념을 이중으로 사용한 것은 큰 불만이었다. 가치에는 사용가치와 교환가치가 있고, 가격에는 자연가격과 시장가격이 있다는 것이다. 이렇게 개념과 구상을 남발한 용어적 인플레이션은 퍽 이상하게 보였다. 현실 세계는 달랐기 때문이다. 실제 시장에는 항상 상품의 가치를 정의하는 단 하나의 가격만 있을 뿐이었다.

둘째, 더 큰 실망은 기업가의 이윤이 어떻게 생겨나는지 제대로 설명하지 못했다는 점이다. 그는 명백한 것 이상을 넘어서지 못했다. 그의 설명은 이렇다. 잉여가 존재할 때만 이익이 생겨날 수 있다. 노동자가 생존에 필요한 만큼만 생산하면 기업가의 이윤은 상상할 수조차 없다. 이윤은 노동자 자신이 사용할 수 있는 양보다 더 많은 양을 생산했을 때 발생한다.

여기까지는 명쾌하다. 그런데 이 이윤은 교환가치 및 자연가격과 어떤 관련이 있을까? 이 지점에서 스미스는 재차 스텝이 꼬였고, 내적으로 상호 모순되는 두 가지 구상을 다시 내놓았다.

첫 번째 접근 방식은 상품의 교환가치가 오직 그것의 생산에 필요한 노동의 양에 의해서만 결정된다고 가정한 것이다. 이어 이 총 가치에서 기업가의 이윤을 차감하고, 노동자는 그 나머지를 받는다. 이때 그 돈은 자신과 가족을 먹여 살릴 만큼 충분한 액수여야 한다. 이를 '연역적' 접근 방식이라고 부른다. 왜냐하면 상품의 교환가치에서 상인의 이윤을 차감하기 때문이다.

그런데 스미스는 이와 동시에 기업가의 이윤을 설명하기 위해 두 번째 접근 방식을 채택한다. 이번에는 자연가격에 임금과 임대료, 이윤을 포함한다. 이로써 노동 하나만이 중요하다는 가정은 사라지고 대신 노동자, 지주, 상인이 거두는 소득이 핵심 사항으로 떠오른다. 이를 '가산적' 접근 방식이라고 부른다. 한 상품의 자연가격 및 교환가치에는 임금, 지대, 이윤이 다 합쳐져 있기 때문이다.[22]

이 경쟁적 두 방식은 혼란스럽다. 무엇보다 '연역적' 방식과 '가산적' 방식은 총액 면에서 일치하지 않기 때문이다. 여기서도 스미스는 자기만의 전형적인 방식으로 돌파구를 찾는다. 모순을 그냥 무시해버린 것이다.

지금에 와서 생각하면, 스미스의 가치 이론 및 가격 이론이 하찮아 보일 수 있지만, 그건 그의 업적을 너무 경시하는 것이다. 모든 모순에도 불구하고 스미스는 지주와 노동자, 기업가를 세 중심 집단으로 규정함으로써 완전히 새로운 경제 질서를 세우는 데 성공했다.

오늘날에는 이상하게 보일지 모르지만, 초기 이론가들은 자본가의 중요성을 아예 무시했다. 예를 들면 프랑스 중농주의자들이 그랬다. 이들은 사회적 역할이 아니라 경제 부문에 따라 중요도를 구분했다. 중농주의자들에게는 전체로서의 농업이 지주와 농민으로 구성된 유일하게 '생산적인 계급'이었고, 반면에 공장주와 수공업자, 공장 노동자는 '비생산적인 계급'이었다.

자본가를 하나의 계급으로 묶고, 노동자를 다른 계급으로 묶은 것은 스미스가 처음이었다. 그에겐 시골에서 일하는 노동자든 공장에서 일하는 노동자든 상관없었다. 모두 누군가에 매여 사는 신세였기 때문이다. 스미스는 이윤이 어떻게 발생하는지는 설득력 있게 설명하지 못했지만, 현상만큼은 정확히 기술했다. 기업가는 이윤을 극대화하기 위해 생산에 투자한다는 것이다. 이 인식은 지금의 우리에겐 특별할 것이 없어 보이지만, 자본주의의 핵심 요소로서 자본가를 지목한 것은 이론적 혁명이었다.[23]

노동자의 운명: "아프리카의 추장"보다 부유하다

누가 자본가가 되고, 누가 노동자가 될까? 누구는 부자가 되고, 누구는 평생 뼈 빠지게 일해야 할까? 스미스는 어떤 누군가가 일용직 노동자가 되든 철학자가 되든 개인의 재능과는 하등 상관이 없다고 명확히 말함으로써 시대를 훨씬 앞서나갔다. 그는 오만하지 않았고, 사회적 다윈주의자도 아니었다. 부자와 빈자 사이에 지능 차이가 있다고도 믿지 않았다. 그건 그저 누가 운 좋게 더 높은 신분과 지위로 태어나느냐에 따른 사회적 우연일 뿐이었다. 스미스는 성과주의를 최우선하는 신자유주의적 사고를 순진하다며 일축했을 것이다.

그는 『국부론』 서두에서 다음과 같이 분명히 밝힌다. "인간들 사이에 타고난 재능의 차이는 우리 생각보다 실제로 훨씬 미미하다. … 가령 철학자와 평범한 짐꾼처럼 지극히 달라 보이는 능력과 인성 차이는 그들의 본성보다는 생활 습관, 관습, 교육에서 비롯된 듯하다. 세상에 태어나 처음 6~8년 동안은 둘 다 매우 비슷했을 것이고, 부모든 놀이 친구든 그들 사이의 눈에 띄는 차이는 알아차리지 못했을 것이다. … 그러다 얼마 뒤 두 사람은 무척 다른 일을 하게 된다. 그러면 정신적 재능의 차이가 인지되고, 그와 함께 차츰 벌어지면서 마침내 철학자의 허영심이 더는 짐꾼과의 유사성을 인정하지 않는다."

이 구절에서 스미스가 하필 철학자를 조롱의 대상으로 삼은 것은 우연이 아니었다. 그의 위트는 신랄했다. 하지만 모든 엘리트 계층을 적으로 돌리고 싶지는 않았다. 다만 엘리트 계층이 누리고 있는 특권이 실은 그들의 능력 때문이 아니라는 점을 설득하고 싶었다. 이것이 성공하려면 자신도 이 조롱에서 예외가 되면 안 되었다. 심지어 스미스는 자신과 동료들을 개에 비유하기도 했다. "본성 면에서 철학자와 짐꾼의 차이는 … 그레이트데인과 그레이하운드, 혹은 그레이하운드와 스패니얼의 차이만큼도 되지 않는다."

스미스는 기회의 균등 면에서 이 사회가 극도로 불공평하다는 사실을 명확히 인식하고 있었음에도 혁명을 부르짖지는 않았다. 원래 그런 것과는 거리가 먼 사람이었다. 그가 볼 때 분업은 경제적으로 필요한 일이었다. 경제가 제대로 돌아가려면 짐꾼과 철학자 모두 있어야 했다. 그러나 하층계급도 부의 성장에 따른 과실을 나누어 받아야 한다고 생각했다. 그들도 사회에서 정말 중요한 일을 하는 사람들이었다. "사회 전체를 먹이고 입힐 뿐 아니라 모든 구성원에게 거처를 제공하는 사람들도 당연히 자신이 생산한 것에 대해 일정한 몫이 있고 … 그래서 그들 자신이 웬만큼 잘 먹고 잘 입고 잘 잘 수 있도록 하는 것은 마땅한 일이다."

여기서도 스미스는 거시경제적으로 생각하고 있다. 임금이 없으면 수요도 없고, 소비할 여유조차 없을 만큼 가난한 사람이 너무 많으면 경제 전체가 휘청거릴 수밖에 없다는 사실을 깨달은 것이다. "사회에서 가장 큰 부분을 차지하는 계층은 … 하인, 노동자, 수공업자 같은 사람들이다. 이 다수의 삶을 개선하는 것이 전체에 온당치 못한 일일 리 없다."[24]

다시 말하지만 스미스는 시대를 훨씬 앞서갔다. 그와 비슷한 신분의 사람들은 대부분 가난한 이들이 너무 불손해지지 않으려면 계속 가난하게 내버려두는 것이 옳다고 믿었다. 영국 상류층은 노동자들이 더 나은 임금을 받으면 일을 덜 할 뿐 아니라 자신들을 시중드는 일도 하지 않을까봐 두려워했다. 그러나 스미스는 그런 이유로 하층민을 일부러 굶기는 것은 말도 안 되는 짓이라고 여겼다. "사람들이 영양 상태가 좋을 때보다 나쁠 때, 명랑할 때보다 낙담할 때, 건강할 때보다 아플 때 일을 더 잘하리라고 생각하는 것"은 정말 터무니없다.

스미스는 기업주와 노동자 사이에 힘의 불균형이 엄청나게 크고, 노동자에게는 자신의 정당한 이익을 관철할 기회가 거의 주어져 있지 않다는 사실을 정확히 꿰뚫고 있었다. "고용주는 수가 적기 때문에 단결하기가 훨씬 쉽다. 게다가 그들이 공동의 이익을 위해 카르텔을 조직하도록 허용하는 법은 있지만 … 노동자는 법적으로 그런 조직을 만들 수 없다. 우리에게는 노동 가격의 인하를 금지하는 법은 없어도 더 높은 임금을 위해 공동으로 행동하는 것을 금지하는 법은 많다."

18세기에는 노동조합이 존재하지 않았지만, 스미스는 분명히 이 아이디어를 두 손 들고 환영했을 것이다. 그는 생존하기 위해 매일 임금이 필요한 일용직 노동자들이 고용주들의 협박에 얼마나 취약한지 잘 알고 있었다. "분쟁이 일어날 경우 고용주는 훨씬 더 오래 버틸 수 있다. 대지주, 임대인, 공장주, 상인은 노동자를 한 명도 고용하지 않고도 이미 벌어들인 잉여금으로 1, 2년은 충분히 먹고살 수 있지만, 대부분의 노동자는 … 고용 없이는 일주일도 버틸 수 없다. 장기적으로 보면, 고용주와 노동자는 서로에게 꼭 필요한 존재다. 그러나 단기적으로 보면 그 의존성은 상호적이지 않다."

이런 측면에서 보자면, 오늘날 많은 신자유주의자가 스미스를 무제한적인 이윤 극대화를 옹호한 이상적인 이론가로 지목한 것은 희한한 일이다. 스미스는 기업가들의 선호 논리, 즉 높은 임금은 물가를 올리기에 경제에 부담이 될 수밖에 없다는 주장에 공감하지 않았기 때문이다. 그는 비꼬는 투로 이렇게 쓴다. "우리의 상인과 공장주들은 높은 임금의 좋지 않은 결과에 대해서는 자주 불평을 늘어놓지만 … 높은 이윤의 좋지 않은 결과에 대해서는 입을 다문다."

공장주들에 대한 비판도 비판이지만, 대지주 귀족들에 대한 스미스의 비판은 더 혹독했다. 공장주들은 어쨌든 신제품 생산과 새로운 공정에 투자하고, 수익을 내려면 창의력을 발휘해야 하는 사람이기 때문이다. 그러나 대지주 귀족은 달랐다. 그들은 시골 영지에 전혀 신경을 쓰지 않으면서 임대 수입으로 런던에서 흥청망청 사치스러운 삶을 살곤 했다. 봉건 대지주는 토지에 "직접 씨를 뿌린 적이 한 번도 없으면서도" 거기서 수확된 농작물을 "독점 가격"에 팔았고, 소비자들은 그들의 영지에서 생산된 농산물에 의존해서 살 수밖에 없기에 울며 겨자 먹기 식으로 터무니없는 가격에 농산물을 사야 했다.

따라서 스미스는 과도한 사치에 얼마든지 세금을 부과할 수 있다고 판단하면서 "부자들의 타성과 허영기"에 세금을 매기자고 요구했다. 또한 부자가 가난한 사람보다 더 많이 부담해야 하는 누진 소득세도 제안했다. "모든 국가의 시민은 각자 능력에 따라 … 정부 유지에 기여해야 한다." 이 세제는 오늘날 우리가 느끼는 것보다 훨씬 더 혁명적이었다. 왜냐하면 스미스의 아이디어는 당시엔 아직 존재하지 않았고 영국에서는 1842년에야 영구적으로 도입된 소득세 제도를 선취한 것이었기 때문이다.[25]

그는 이렇게 거둔 세금으로 무엇보다 공교육을 지원해야 한다고 주장했다. 노동자의 자녀도 최소한 읽기와 쓰기, 산수를 배울 권리가 있다고 생각했기 때문이다. 교육받은 계층의 후손만 교육받는 현실이 그에게는 너무 불공정하게 느껴졌다. 이 점도 오늘날 우리 생각보다 훨씬 더 혁명적이다. 영국에서의 의무 교육은 근 1세기가 지난 1871년에야 도입되었기 때문이다.

여기서도 드러나지만, 스미스는 대내외 안보만 챙기고 나머지는 자유시장에 맡기는 신자유주의적 '야경국가'를 원하지 않았다. 오히려 모든 계층의 복지를 책임지는 적극적인 국가를 촉구했다. 그러려면 국가는 중상주의와 작별해야 했고, 수입 관세를 부과하고 독점을 조장하는 대신 기반 시설과 교육에 투자해야 했다. 포괄적인 사회 보장에 대한 아이디어는 스미스 시대에는 아직 존재하지 않았다. 관련 논의가 이루어졌다면 그는 분명 그 실행을 요구했을 것이다. 하층계급도 폭넓은 혜택을 누려야 사회가 번영할 수 있다는 사실을 잘 알고 있었기 때문이다.

스미스는 현실을 미화하지 않았다. 분업을 사회적 축복으로 여겼음에도 노동자를 지루한 일과로 몰아넣고 정신적으로 왜소하게 만드는 폭력으로 묘사했다. 노동자들은 아무런 생각이 필요 없는 무료한 노동으로 "우둔하고 무지해지고", "정신적으로 피폐한 삶"에 빠지고, 스스로 생각하거나 느낄 능력을 상실하고, 육체적으로도 쇠약해질 것이다.[26]

스미스는 사회 비판의 정확성과 예리함 면에선 마르크스 못지않았지만, 원래 사회 혁명가가 아니라 작은 걸음으로 꾸준히 나아가는 진보를 믿는 사람이었다. 그가 주창한 초등 교육도 어떻게든 노동자들의 무지몽매함을 막으려는 최소한의 조치였다. 그 밖에 경제적인 측면에서는 국가의 부가 증가하면 노동자에게도 혜택이 돌아가는 일종의 '낙수 이론'을 옹호했다.

스미스의 이런 기대에 찬 확신은 역사적 관점에서 보면 이해할 만하다. 그가 『국부론』을 쓰던 시점은 하층계급의 상황이 점점 나아지던 시기였기 때문이다. 프롤레타리아트의 급속하고 광범한 빈곤화는 그의 사후에야 시작되었다. 마르크스가 노동자계급의 빈곤이 만연한 시대에 살았다면 스미스는 아직 아니었다. 그는 상류층의 "과도한 사치"와 비교하면 하층민의 삶은 여전히 가난하지만, 그럼에도 영국에서는 시골 일꾼조차 "아프리카의 추장보다" 나은 주거지에서 살고 있다고 낙관적으로 이야기했다.

영국의 일용직 노동자는 여러 낯선 민족의 지도자보다 잘살았을 뿐 아니라 심지어 200년 전 영국을 통치한 왕족보다도 더 잘살았다. 스미스는 과거의 왕실에서 사용하던 가구가 이제는 웬만한 스코틀랜드 여관방을 우아하게 장식하고 있다고 뽐내듯이 이야기한다. "덴마크 출신의 왕비가 영국 제임스 1세와 결혼할 때 일국의 통치자에게 어울리는 선물로 가져온 침대는 … 수년 전 던펌린에 있는 한 술집의 장식품이 되었다." 맥주를 좋아하는 일개 노동자조차 왕의 침대에 방만한 자세로 누울 수 있는 나라라면 충분히 부국이라고 할 수 있다.

전 세계로 확장된 자유무역: 세계화의 시작

'알코올' 문제는 스미스의 작품에 자주 등장하지 않지만, 수입 관세에 대한 분노를 설명하기 위해 전략적으로 중요한 위치에 배치된다. 사실 이건 스미스 자신에게 해당되는 문제이기도 했다. 관세로 인해 맛 좋은 프랑스 와인 가격이 너무 비싸지는 바람에 품질이 떨어지는 포르투갈산 포트와인으로 갈아탈 수밖에 없었기 때문이다.[27] 그는 시민들의 분노를 이용해서 자유무역을 적극 홍보했다.

그는 조롱조로 이렇게 쓰기도 했다. "유리창과 보호벽을 갖춘 온상 덕분에 스코틀랜드에서도 품질이 좋은 포도를 재배할 수 있다." 그러나 안타깝게도 그렇게 생산된 와인은 프랑스 와인보다 30배나 비싸다. 스미스는 관세 없는 와인의 수입을 요구하기 위해 도덕적·의학적 주장도 마다하지 않는다. "수입 와인의 가격이 떨어진다고 해서 사람들이 술에 중독되는 것이 아니라 오히려 정신이 말짱해지는 것처럼 보인다. 와인 생산국 주민들은 일반적으로 유럽에서 가장 정신이 말짱한 사람들이다."[28]

스미스에게 자유무역은 분업의 한 특별한 변형이었을 뿐이다. 각 나라는 자국에서 가장 품질이 좋고 저렴하게 생산할 수 있는 제품에 특화되어야 했다. 이로써 스미스는 다시 한번 모든 국가의 부가 증진되는 윈윈 상황을 약속했다. 그러나 스미스의 동포들은 값싼 포도주에 반대할 이유가 없었음에도 여전히 회의적인 사람이 많았다. 만일 와인이 무제한으로 수입된다면 다른 유럽 국가들도 영국만큼 부유해질 거라고 걱정한 것이다. 이처럼 세계화에 대한 두려움은 비단 오늘날의 문제만이 아니었다. 다만 당시엔 프랑스가 두려움의 대상이었다면 지금은 주로 중국의 부상이 복잡한 감정을 불러일으키고 있다.

스미스는 오늘날에도 관찰되는 현상을 거론하며 동포들을 안심시키려 했다. 설명하면 이렇다. 부유한 국가는 주로 다른 부유한 국가들하고만 무역을 한다. 부유한 나라에서만 외국 상품에 대한 수요가 생길 수 있기 때문이다. "대외무역으로 부자가 되고 싶은 나라는 이웃 나라들도 부유하고 부지런한 무역 국가일 때 가장 빨리 부유해질 수 있다. 사방이 야만적인 유목민이나 가난한 미개인 들로 둘러싸인 큰 국가는 당연히 자신의 땅을 경작하고 국내 상업을 촉진함으로써 부를 얻지, 대외무역을 통해서는 얻지 못한다."[29]

따라서 수출국들은 상대를 가난에 빠뜨리려고 관세를 부과하거나 무역 전쟁을 벌여서는 안 된다. 스미스는 이런 터무니없는 행위를 가리켜 "네 이웃을 거지로 만드는 짓"이라고 규정했는데, 이 말은 오늘날의 경제학에서도 여전히 통용된다.

그런데 자유무역은 상품에만 해당되지 않는다. 관세와 자본 유통의 통제가 없어지면 돈도 자유롭게 흐를 수 있다. 자유무역의 이런 통화적 측면은 스미스의 동시대 사람들에게는 특히 위험해 보였다. 그들은 많은 기업이 영국에 생산 시설을 짓는 대신 해외로 돈을 가져가서 투자할 것을 염려했다. 이 두려움은 여전히 널리 퍼져 있으며, 오늘날에는 다음의 문구로 표현되기도 한다. "자본은 겁 많은 사슴과 같다."

스미스는 이 염려를 터무니없다고 생각하고, 다섯 단계로 반론을 펼친다.

1. 모든 기업가는 이익의 극대화를 원한다.
2. 자유시장이 생기면, 경쟁은 모든 곳에서 이익이 똑같이 높아질 수 있도록 조정한다. 이윤이 한 나라에서 유독 많이 생긴다면 그곳에 집중적으로 투자가 이루어져 이윤은 곧 평균 수준으로 떨어질 것이다.

3. 그러나 해외 투자에는 위험이 따른다. 멀리 떨어진 상태에서는 통제가 어렵기 때문이다.

4. 위험이 높다고 이익까지 높은 것은 아니다.

5. 결론: 기업가는 자기 나라에 직접 투자하는 것을 선호한다.[30]

이러한 논증은 『국부론』의 마지막 3분의 1에서 펼쳐지는데, 여기서 마침내 세계적으로 유명한 그 은유, 그러니까 '보이지 않는 손'이 처음이자 마지막으로 등장한다. 기업가들은 오직 자신의 이익만을 생각하는데도 불구하고 '보이지 않는 손'의 작용에 의해 해외로 이주하지 않고 주로 국내 산업을 촉진하게 된다는 것이다.

스미스는 기업가들의 이기심이 유익하다고 보았음에도 그들에게 무임승차권을 줄 생각은 없었다. 아니, 그 반대였다. 그는 관세 장벽 뒤에 편안히 숨어서 부풀려진 가격을 받는 공장주와 상인의 권력을 깨고 싶었다. 또한 자유경쟁은 전 세계적으로도 작동해야 할 원리이고, 한 국가가 타국과의 경쟁에서 이기고 번성하기 위해 기업가들에게 굳이 특권을 줄 필요는 없다는 사실을 보여주고자 했다.

스미스는 자신의 이론을 정열적으로 제시했지만, 동시대인들도 곧 깨달았듯이 그게 그리 완벽하지는 않았다. 프랑스가 영국보다 기후 차이 때문에 와인을 더 쉽게 생산한다는 것은 분명했다. 하지만 관세는 와인뿐 아니라 유럽 전역에서 생산되는 대다수 상품에 부과되었다. 거기엔 곡물, 쇠고기, 소금, 양모 따위가 포함되었다. 이런 상품을 교환하는 것이 왜 이득일까? 예를 들어 직물에 대한 자유무역이 도입되어, 프랑스가 영국에 직물을 공급하고 영국도 프랑스에 직물을 공급하는 것이 무슨 의미가 있을까? 딱히 설득력이 있어 보이지 않았다. 그에 대한 한 가지 답은 스미스의 후계자 데이비드 리카도가 찾아냈다.

식민지와 노예제: 착취는 착취자도 가난에 빠뜨린다

애덤 스미스는 글로벌하게 생각했다. 자유무역은 유럽에만 국한되어서는 안 되고, 최대한 전 세계 시장에서 이루어져야 한다고 판단했다. 그 때문에 최상급 표현까지 써가며, 아메리카의 발견과 아시아 항로 개척이 "인류 역사상 가장 위대하고 중요한 두 사건"이라고 말했다. 그러니까 문자나 바퀴의 발명보다 더 의미 있는 일이라는 것이다.

이 평가는 놀랍게 들릴지 모르지만, 또다시 분업의 원칙과 관련이 있다. 스미스는 오늘날에도 여전히 교과서에 오를 만한 아이디어를 내놓았다. 분업의 전제 조건은 시장의 존재뿐 아니라 그것이 최대한 커야 한다는 점이다. 자급자족이 가능한 작은 마을에 노동자 한 명이 하루 종일 바늘을 갈거나 꼭지 다는 일만 하는 핀 공장을 세우는 것은 이치에 맞지 않다. 분업을 전제로 하는 사업이 채산성이 있으려면 매출이 높아야 한다. 혹은 스미스의 표현에 따르면 "분업은 … 항상 시장의 크기에 따라 제한된다."[31]

진보 낙관론자로서 스미스는 "아프리카의 추장"이나 아시아와 아메리카의 원주민에게도 영국의 공산품을 구매할 기회가 주어지는 것이 바람직하다고 생각했다. 모든 지구인은 자유무역을 통해 더 부유해져야 한다. 스미스는 유럽 중심적으로 생각했고, 유럽 계몽주의를 전 세계에 수출하고 싶어 했다. 그러나 그는 국수주의자가 아니었고, 자유무역을 동등한 파트너 간의 교환으로 상상했다. 노예제와 식민지 착취에 격하게 반대한 것도 그 때문이었다.

스미스는 반복해서 "원주민에 대한 학대"와 "무방비 상태의 원주민에 대한 약탈"을 한탄했다. 또한 유럽인이 전 세계를 정복할 수 있었던 것은 우월한 지능 덕분이 아니라 16세기부터 점점 군사력을 키워 제국을 건설할 수 있었던 역사적 우연 때문이라고 생각했다.

스미스는 유럽인들이 가능한 한 빨리 패권을 잃기를 바랐다. "어쩌면 미래에는 식민지 원주민들의 힘이 커지거나 유럽인들의 힘이 약해질 수 있다. 세계 각 지역의 주민들은 힘과 용기 면에서 동등해져야 한다. 그래야 독립 국가들이 서로 두려워서 타국의 권리를 침해할 엄두를 내지 못하거나, 아니면 겁을 먹고 조금이라도 서로를 존중할 수 있게 된다."

스미스가 보기에, 식민지에 대한 유럽인들의 탐욕은 금은보화만이 부자로 만들어줄 수 있다는 중상주의의 오류가 얼마나 위험한지를 보여주는 단적인 증거였다. 스페인인들이 남아메리카를 정복해서 원주민들을 노예로 삼은 것은 오로지 "황금에 대한 신성시된 갈증" 때문이었다.

스미스가 『국부론』을 쓸 당시 인도와 아메리카의 영국 식민지에서는 금은보화가 나오지 않았지만, 영국인들 역시 금과 은이 있어야 부자가 된다는 믿음에서 자유롭지 않았다. 그런 탓에 그들은 간접 전략을 구사했다. 즉 식민지에서 금이나 은을 받고 비싸게 팔 수 있는 다른 상품을 조달한 것이다. 아메리카에서는 담배, 커피, 설탕이 들어왔고, 인도에서는 향신료, 인디고, 면화, 비단, 질산염, 쌀, 차를 보내왔다.

18세기 영국 식민 제국에는 통일된 통치 체제가 없었기에 그 영토는 왕실 소유지와 사유지, 군사 기지, 무역 회사의 소유지가 어지럽게 뒤엉킨, 하나의 얼기설기 엮은 카펫 같았다. 당시 영국은 캐나다, 아메리카 동부 해안, 카리브해 섬들과 인도 북동부 일부를 직간접적으로 통제하고 있었다. 또한 노예무역을 관장하기 위해 아프리카 서해안을 따라 군사 거점도 몇 군데 설치했다.[32] 이 소유물의 복합체가 오늘날 흔히 불리는 '최초의 대영제국'이었다. 나중에 호주, 뉴질랜드, 아프리카, 중동의 식민지가 추가되었지만, 미국은 1783년 독립과 함께 대영제국에서 떨어져나갔다.

식민지에 무엇을 경작해야 할지는 본국에서 명확한 지시가 하달되었다. 게다가 거기서 생산된 제품은 오직 영국인 승무원이 운행하고 영국 항구로 달려가는 영국 선박으로만 운송해야 했다. 반대로 식민지에 필요한 물건은 모두 영국 본토에서 수입했다. 이 항해법과 엄격한 지침은 영국의 관세 수입을 보장했을 뿐 아니라 군사 정책의 일환이기도 했다. 숙련된 선원이 승선한 대형 상선은 위급 시 신속하게 군함으로 전환되었기 때문이다. 중상주의는 그 자체로 치명적인 논리를 품고 있었다. 식민지를 둘러싼 싸움은 결국 전쟁을 유발할 수밖에 없었고, 전쟁 비용은 식민지가 부담했다.

무역과 침탈은 불가분의 관계였다. 영국인들은 식민지에서 이따금 잔인한 행동을 서슴지 않았고, 그 바람에 수백만 명이 목숨을 잃기도 했다. 스미스가 『국부론』을 끝내기 직전 벵골 지방에 재앙적인 기근이 발생했는데, 그 주된 책임은 영국 동인도회사에 있었다.

1769년부터 갠지스 평야 일대에 심각한 가뭄이 찾아왔다. 수확물의 감소는 불을 보듯 뻔했다. 그전에 많은 밭이 수출 경제를 위해 재배 작물을 바꾸었기 때문이다. 농부들은 곡물을 심는 대신 양귀비를 재배해서 아편을 생산했고, 영국 동인도회사는 이 아편을 중국에 팔아 큰 이득을 챙겼다. 그런 연유로 가뭄이 시작되었을 때 곡물 창고는 텅 비어 있었다. 그런데도 영국인들은 인도의 다른 지방에서 곡물을 조달할 생각을 하지 않았고, 인도인들의 비상사태를 무시하고 자신들의 이윤 감소만 걱정했다. 가뭄으로 효자 상품의 수확이 줄어들자 줄어든 이윤을 상쇄할 목적으로 농민들에게 더 가혹하게 세금을 걷은 것이다. 이렇게 해서 벵골 지방 인구의 3분의 1이 굶어죽었다.[33]

세수는 가뭄 와중에도 안정적으로 유지되었음에도[34] 1772년 동인도회사는 사실상 파산 상태에 이르렀다. 그러나 파산은 허용되지 않았다. 런던 금융계에 일대 파란이 불어닥칠 것이 분명했기 때문이다. 너무 많은 상인과 은행가 들이 동인도회사에 직간접적으로 연루되어 있었다. 오늘날 투자은행에 적용되는 원칙이 이 회사에도 이미 적용되었다. '대마불사大馬不死'였다.[35] 동인도회사에 구제금융이 이루어져야 한다는 사실은 영국인들에게 충격이었다. 식민지는 국가를 가난하게 만드는 것이 아니라 부유하게 만든다고 알고 있었기 때문이다.

영국 동인도회사는 주로 귀족과 부유한 상인이 지분을 소유한 민영 주식회사였다. 게다가 이 회사의 직원들이 극도로 부패했다는 사실은 공공연한 비밀이었다. 인도에서 몇 년만 근무해도 영국으로 돌아갈 때면 대개 한 재산 두둑이 챙겨서 돌아간다는 말이 나돌 정도였다. 또한 영국 사절은 아시아에서 비밀리에 수입이 쏠쏠한 개인 사업을 했는데, 사업 자금은 인도인들에게 쥐어짜낸 세금의 일부를 횡령해서 마련했다.

영국에선 이렇게 인도에서 돌아온 신흥 부자를 가리켜 '네이보브Nabob'라고 불렀다. 벵골 통치자를 뜻하는 '나와브Nawab'에서 유래한 말이었다. 이들은 곳곳에서 미움을 받았다. 인도에서 획득한 부정한 부를 이용해서 귀족 신분을 사고, 그로써 의회 의원 자리를 꿰찼기 때문이다. 또한 이들은 영국 하원에서 로비를 벌였고, 자신들의 권력을 십분 활용해서 동인도회사에 특권을 부여했다.

이런 상황이었기에 스미스는 동인도회사를 겨냥해 "박봉에 시달리는 직원들에게 개인 사업을 허용함으로써 부패가 만연하다"라고 비난했을 때 많은 독자가 동의하리라고 확신했다. 그런데 그는 이런 도덕적 분노에만 그치지 않았다. 궁극적으로 그가 바란 것은 동인도회사와 "독점 무역"의 완전한 철폐였다. 인도인들만 그들에게 약탈당한 것이 아니라 본토 영국인들도 그들의 이익을 지켜주느라 경제적으로 허덕거렸기 때문이다. "영국주민들은 … 동인도회사의 막대한 이익만 보장해줘야 하는 것이 아니라 … 부정과 경영 부실로 인한 극심한 낭비까지 책임져야 했다."

새로운 영토의 획득은 제국의 자긍심을 키우는 데는 도움이 되었을지 몰라도 사실 엄청난 비용이 들었다. 일단 군대를 보내 식민지를 정복해야 했고, 그 뒤에는 부단히 관리해야 했으며, 또 다른 유럽 경쟁국들로부터 끊임없이 영토를 지켜내야 했다. 결국 전쟁 비용이 천정부지로 치솟자 영국 정부는 이익을 내기는 커녕 차입만 계속할 수밖에 없었다. 영국의 국가 부채는 1700년에 1420만 파운드, 1763년에는 1억 3000만 파운드, 1800년에는 무려 4억 5600만 파운드에 이르렀다.[36]

스미스는 세계무역도 좀 더 공정하고 저렴하게 이루어질 수 있다고 생각했다. 방법은 간단했다. 식민지를 멋대로 부리는 일을 포기만 하면 되었다.[37] 그의 예측은 옳았다. 1776년 3월 『국부론』이 출간되고 얼마 지나지 않아 7월 4일에 미국이 독립을 선포했다. 그런데 많은 영국인의 염려와는 달리 아메리카에 대한 통제력을 상실한 뒤에도 그들과의 무역은 중단되지 않았다. 아니, 오히려 대서양을 오가는 사업은 마침내 아무런 방해 없이 호황을 누렸다.

스미스는 어떤 형태의 억압이든 반대했다. 예를 들어 인도인과 아메리카 원주민의 권리를 빼앗는 것을 거부했을 뿐 아니라 북미와 카리브해 플랜테이션 농장의 노예제도 반대했다. 물론 다른 계몽주의자들도 영국의 노예무역 폐지를 주장했다. 하지만 다른 이들은 항상 도덕적인 이유를 제시했다면, 스미스는 그에 동감하면서도 경제적인 이유를 추가했다.

그는 권리 박탈이 결코 그럴 만한 가치가 없음을 보여주고자 했다. "어떤 시대와 어떤 국가에서든 … 노예를 부리는 일은 노예의 생계 유지를 위한 비용밖에 들지 않는 것처럼 보이지만 실은 가장 비싸다." 노예에게는 열심히 일하거나 도구를 소중하게 다룰 동기가 없다. "아무것도 자기 것으로 소유할 수 없는 사람은 그저 가능한 한 많이 먹고 적게 일하는 것 말고는 다른 관심이 있을 수 없다."

그런데 스미스는 노예제가 왜 채산성이 없는지 동시대인들이 즉각 이해하리라고는 예상하지 않았다. 왜냐하면 미국 남부와 카리브해의 플랜테이션 농장은 실제로 막대한 수익을 올리고 있었기 때문이다. 스미스는 이 논거를 그냥 뒤집어버렸다. 높은 이윤은 노예제 덕분에 생기는 것이 아니라 노예제에도 불구하고 생길 수밖에 없다는 것이다. 면화, 담배, 설탕은 값비싼 노예노동도 감당할 수 있을 만큼 수익성이 좋은 상품이었다. 반면에 곡물 재배는 오래전부터 이미 수익성이 떨어졌고, 그 때문에 코네티컷이나 펜실베이니아에서는 값비싼 노예를 포기하고 흔한 일용직 노동자를 투입했다. "사탕수수나 담배 재배는 노예

경제의 비용을 충당할 수 있다. … 반면에 밀이 주요 생산품인 영국 식민지에서는 대부분 자유민을 고용한다."

스미스는 역설로 논증을 펼친다. 노예제가 정말 저렴하다면 노예노동이 북미 전역을 휩쓸어야 정상이다. 거기서는 일반 일꾼의 비용은 무척 비싸기 때문이다. 이들은 늘 독자적으로 농사를 짓겠다고 위협함으로써 높은 임금을 받을 수 있다. 주변에 땅은 충분했기에 일꾼들은 자기 농사를 포기할 만큼 이득이 없으면 남의 농장에서 일하지 않는다. 그런데 이런 자유노동자의 임금은 비싸지만 노예에 비해 충분히 경쟁력이 있다. "자유민의 노동은 결국 노예보다 싸다. 그건 심지어 일반 노동자의 임금이 매우 높은 보스턴과 뉴욕, 필라델피아도 마찬가지다."

노예를 쓰는 것이 정말 비쌀까? 노예제가 자본주의에서 어떤 역할을 했고, 이러한 형태의 강제 노동이 19세기에 왜 폐지되었는지를 두고는 오늘날에도 여전히 논란이 뜨겁다. 그런 점에서 스미스는 또다시 경제학에 파문을 일으킨 테제를 정식화하는 데 성공했다.[38]

도발을 좋아했던 스미스는 책의 맨 마지막 단락에서 세계 제국을 꿈꾸는 식민지 광신자들을 재차 조롱했다. "대영제국의 지배자들은 … 대서양 서쪽에 거대 제국을 소유하고 있다는 환상으로 백성들을 환희에 젖게 했다. 그러나 이 제국은 지금까지도 상상 속에서만 존재한다. 그것은 아직 제국이 아니라 제국을 위한 계획이고, 금광이 아니라 금광을 위한 계획이다. 그것도 이득은 없으면서 … 비용만 많이 들었고 여전히 많이 드는 계획이다." 그런 까닭에 스미스는 고국에 "미래 전망과 계획을 자국의 평범한 실제 상황에 맞춰 조정할 것"을 권고했다.

스미스는 정말 대담했다. 금방이라도 부를 가져다줄 것 같은 『국부론』이라는 책을 쓰면서도 자기 나라의 웬만큼 부유한 현실에 만족하라는 조언으로 끝을 맺는다. 그에게 이건 모순이 아니었다. 부는 이웃 국가들도 부유해야만 얻을 수 있었다. 평범함은 공포가 아니라 평등과 동의어였다. 스미스는 착취가 착취자들도 가난하게 만든다는 점을 동료 시민들에게 설명하고 싶었다.

스미스의 이 획기적인 작품은 출간 이후에도 계속 읽혔을 테지만, 데이비드 리카도는 이 작품을 고전의 반열에 올렸다. 그는 스미스의 이론을 완성했지만, 수정도 가했다. 또한 자신의 생각을 정식화해서 표본으로 만들었다. 스미스가 오늘날까지도 '고전 경제학'이라 불리는 학파의 창시자가 된 데에는 리카도의 역할이 지대했다. 덧붙이자면 '고전 경제학'은 카를 마르크스가 붙인 이름이다.

스미스와 마르크스의 매개자: 데이비드 리카도

1799년 영국 온천 도시 바스의 한 서적 대여점에서 일어난 일이었다. 데이비드 리카도(1772~1823)의 눈에 우연히 『국부론』이 들어왔다. 그는 책을 조금 뒤적거렸고, 그와 함께 그의 삶은 새로운 전기를 맞았다. 경제학에 관심이 생긴 리카도는 스미스를 숙독하기 시작했다. 어떤 점이 자신을 설득하고, 어떤 점이 그러지 못하는지를 정확히 알 때까지 읽고 또 읽었다.

리카도는 이론의 역사에서 아주 독특한 위치를 차지한다. 경제학 분야에서 상반된 두 가지 흐름을 품고 있기 때문이다. 하나는 마르크스로 직접 이어지고, 다른 하나는 신자유주의자들에게 영감을 주었다.

데이비드 리카도는 1772년 런던에서 17명의 형제자매 중 셋째로 태어났다. 아버지 아브라함은 유대계 포르투갈인으로, 그의 집안은 이탈리아 리보르노를 거쳐 암스테르담으로 이주해 주식 거래로 생계를 꾸려왔다.[39] 그는 1760년 런던으로 갔고, 거기서 다시 주식 거래를 이어갔다. 아버지 덕분에 일찌감치 주식에 눈뜬 데이비드는 14세에 이미 주식 및 채권 거래를 배우려고 아버지 회사에 들어갔다.

그러나 그는 곧 홀로서기에 나서야 했다. 21세 때 퀘이커교도 프리실라 앤 윌킨슨과 결혼했는데, 부모가 이 결혼을 인정하지 않고 아들과의 연을 끊어버린 것이다. 결국 리카도는 친구들에게서 돈을 빌려 자기 사무실을 열었고, 주식 투자로 곧 아버지를 뛰어넘을 만큼 큰돈을 벌었다. 1823년 중이염으로 사망할 당시 그는 영국에서 500대 부자에 들었는데, 당시로선 엄청난 금액인 70만 파운드의 재산을 남겼다.[40]

리카도를 부자로 만든 건 무엇보다 나폴레옹전쟁이었다. 그는 영국 정부의 군비 대출을 중개하고 보증했으며, 1815년에는 워털루전투의 승리에 판돈을 걸었다. 인생 최대의 도박이 성공을 거두자 43세에 은퇴했다. 그때부터는 증권시장을 떠나 주로 부동산에 투자했으며, 이후엔 귀족들만 누릴 수 있는 삶을 계속 영위했다. 그가 머문 곳은 오늘날 엘리자베스 2세 여왕의 딸인 앤 공주가 소유하고 있는 화려한 영지 갯콤브 파크였다.

리카도는 인생 말년을 주로 경제학에 바쳤지만, 1819년부터는 영국 의회에 입성하는 바람에 이따금 런던으로 통근해야 했다. 그의 의회 입성은 자유 민주 선거와 아무 상관이 없었다. 평생 한 번도 가본 적이 없는 아일랜드에서 의원직을 돈 주고 샀을 뿐이었다.[41]

리카도는 독학으로 공부했다. 학교도 몇 년만 다닌 게 전부였다. 신앙심이 깊은 아버지가 쓰기와 읽기, 산수만 배우면 충분하다고 생각했기 때문이다.[42] 게다가 신중한 성격이었던 리카도는 처음엔 금융 투자자로서 자신이 잘 아는 분야에 대해서만 발언했다. 예를 들어 1809년에는 신문에 익명으로 〈금의 가격〉이라는 기사를 실어 세간의 주목을 받았고, 다른 글에서도 〈낮은 곡물 가격이 자본 수익률에 미치는 영향〉(1815)이나 〈경제적이고 안전한 통화에 대한 제안〉(1816)처럼 자신에게 익숙한 주제를 다루었다.

어쩌면 제임스 밀이 대작을 쓰라고 끊임없이 재촉하지 않았다면 리카도는 줄곧 이런 개별 문제에만 만족하고, 결코 책을 쓰지 않았을지 모른다. 영국 동인도회사에서 근무하던 밀은 친구의 탁월한 능력을 질투심 없이 인정한 철학자이자 경제학자였다. 1815년 그는 리카도에게 이렇게 썼다. "당신은 정치경제학 분야에서 이미 최고의 사상가이기에 나는 당신이 언젠가 최고의 책을 쓰게 될 거라고 확신합니다."

그러나 밀이 계속해서 격려의 말을 보냈음에도 리카도가 편지로 몇몇 친구에게 체념조로 표현한 것처럼 그의 작업은 진척이 없었다.[43] 1815년 8월 그는 책 작업에 대해 이렇게 하소연을 늘어놓았다. "이 프로젝트는 내 능력을 넘어서는 것 같습니다." 1815년 가을의 한 편지에도 낙담이 고스란히 묻어난다. "나는 체계적 구성의 지난한 작업에서 전혀 진전을 보지 못하고 있습니다." 1816년 2월 7일에는 이 문제를 구체적으로 언급했다. "상대가치나 교환가치의 기원과 법칙에 대한 명확한 통찰을 방해하는 장애물을 극복할 수만 있다면 절반의 승리를 거둘 것 같은데…." 1816년 4월에도 작업은 여전히 정체 상태였다. "거의 극복할 수 없는 장애물이 진전을 가로막고 있습니다. 나는 아주 단순한 진술에서도 혼란을 피하는 데 막대한 어려움을 겪고 있습니다." 1816년 11월에도 상황은 나아지지 않았다. "출판할 만한 가치가 있는 무언가를 생산하고 싶은 열망이야 엄청나게 크지만, 이게 내 능력 밖의 일이 아닌가 하는 걱정이 됩니다." 리카도는 완성된 원고에도 만족하지 못했다. 특히 "가격 법칙을 결정하는 문제"에서 골머리를 앓았던 것으로 보인다.[44]

1817년 마침내 각고의 노력 끝에 『정치경제학과 과세의 원리에 대하여On the Principles of Political Economy and Taxation』가 출간되었다. 이 책은 굉장히 이해하기 어려웠음에도 성공을 거두었다. 초판 750부는 곧 매진되었고, 1819년과 1821년에 각각 1000부를 더 찍었다.

리카도는 문장가가 아니었다. 그의 문장은 삐걱거렸고, 말머리에 "만약 다음과 같이 가정한다면" 하는 문장이 자주 등장했다. 그의 정신 속에서는 수학자가 움직이고 있었지만, 아직 경제학에서는 수학이 개선가를 부를 때가 아니었다. 당시에는 경제적 관계를 도표와 공식으로 표현하지 않았기에 리카도는 임시변통으로 끝없는 계산 예시를 제공했지만 이를 항상 완벽하게 설명하지는 못했다.

그런데 그의 글을 어렵게 만든 것은 길게 이어진 숫자만이 아니었다. 체계적으로 구성하는 데 애를 먹고 있다고 그가 여러 편지에서 한탄한 것은 결코 엄살이 아니었다. 그는 실제로 책을 구성하는 법을 몰랐다. 어찌나 글이 혼란스러웠던지, 이론가들 사이에서는 이 책의 좀 더 체계적인 구조를 제안하는 것이 유행하다시피 했다. 심지어 마르크스조차 리카도가 어떻게 좀 더 이해하기 쉽게 표현할 수 있었을지 몇 가지 아이디어를 제시하기도 했다.[45]

리카도는 전형적인 초보자의 실수를 저질렀다. 체계적 구성을 미리 숙고하는 대신 그냥 떠오르는 대로 글을 썼고, 자기만의 생각 흐름에 따라 이 단락에서 저 단락으로, 이 장에서 저 장으로 휙휙 넘어갔다. 처음에는 선행자들의 이론을 보완하고 수정하려고만 했던 것으로 보인다. 예를 들어 그는 애덤 스미스나 프랑스 경제학자 자크 튀르고에게 감탄을 금치 못했음에도 그들의 작업에서 한 가지 큰 허점을 발견했다. 국민소득이 어떻게 분배되고 있는지에 대해서는 거의 설명이 없었던 것이다. 왜 기업가는 부유하고 노동자는 가난할까? 리카도의 사유는 이 명료하면서도 가차 없는 질문을 중심으로 전개되었다. 표현은 추상적이어도 인식은 분명했다. 경제학자들이 지금껏 "지대, 이윤, 임금의 자연적 흐름과 관련해서 충분한 정보를 거의 제공하지 못했다"는 것이다.[46]

그런데 이윤, 임금, 임대 소득의 문제에 집중하려면 우선 부의 본질이 무엇이고, 또 그것이 기업가, 노동자, 지주에게 어떻게 분배되는지부터 설명해야 했다. 이렇게 해서 리카도는 스미스를 절망으로 몰아넣은 바로 그 문제로 돌아갔다. 재화의 가치는 어떻게 생겨나는가? 리카도는 그가 편지글에서 뱉어낸 깊은 한숨이 보여주듯 약 1년 동안 이 문제와 씨름했고, 그러다 결국 스미스의 개념을 받아들여 급진적인 방향으로 몰고 갔다.

스미스는 교환가치의 본질을 이루는 것이 무엇인지 정확하게 하나로 결정짓지 않고, 서로 연결되지 않는 두 가지 접근 방식을 나란히 남겨놓았다. 첫째, 상품의 교환가치는 오직 생산에 필요한 노동량을 통해서만 결정된다는 '연역적' 접근법이다. 노동자는 이 총 가치에서 기업가의 이윤을 빼고 나머지만 받는데, 이 돈은 자신과 가족을 부양할 수 있을 만큼은 되어야 한다.

두 번째는 '가산적' 접근법이다. 스미스 본인이 뚜렷이 선호한 방식이다. 자연가격, 즉 상품의 교환가치는 임금, 지대, 이윤으로 구성되어 있다는 것이다. 이로써 갑자기 노동자, 지주, 기업가의 소득이 중심에 떠오른다. 스미스는 '연역적' 관점과 '가산적' 관점이 교환가치의 총계 면에서 동일하지 않다는 사실을 미해결 문제로 남겨두었다.

리카도는 스미스보다 훨씬 엄밀하게 사유했기에 개념의 이러한 혼란 상태를 견디지 못했다. 그가 보기엔, 오직 하나의 개념만 있어야지 두 개념이 경쟁할 수는 없었다. 결국 그는 중대한 결정을 내렸다. 연역적 접근법을 선택했는데, 이는 곧장 마르크스에게로 이어졌다.

리카도에게 교환가치는 상품 생산에 필요한 노동량으로만 측정된다. 여기까지는 명확하다. 다만 그는 이 말의 폭발성을 알아차리지 못했다. 노동자들만 사회적 부를 창출한다면 이윤은 어디서 생길까? 이런 관점에서 보면 기업가들은 완전히 불필요한 존재이고, 노동자들을 착취해서 이윤만 얻는 파렴치한 인간으로 비친다. 이 결과는 너무나도 명백해서 마르크스만 알아차린 것이 아니었다.

돌아보면 막대한 부를 자랑하는 투기꾼 리카도가 암묵적으로 자신의 계급을 그렇게 쓸모없는 존재로 선언한 것은 놀랍다. 어떻게 그런 일이 일어날 수 있었을까? 첫 번째 설명은 생각만큼 그렇게 진부하지 않다. 리카도에게 더 나은 이론이 없었다는 것이다. 물론 이건 그에게만 해당되는 이야기가 아니다. 오늘날까지도 경제학자들은 불평등이 어떻게 생겨나고, 부자들이 왜 그렇게 부유한지를 설득력 있게 추론해내지 못한다. 노벨경제학상 수상자 폴 크루그먼은 2016년 1월 자신의 블로그에 이렇게 썼다. "우리는 개인 소득의 분배를 모델링하는 방법에 대해 정말 아는 것이 없다. 기껏해야 웬만큼 그럴듯한 임시방편적 접근 방식만 있을 뿐이다."[47] 리카도 이후 주도적 이론은 바뀌었지만, 인간 공존의 핵심 문제는 여전히 경제학자들에겐 넘을 수 없는 벽이다.

리카도로 돌아가보자. 그의 책에는 나중에 마르크스도 사용하게 될 용어가 처음 등장한다. '계급'과 '자본가'이다. 리카도는 '계급투쟁'이라는 말을 아직 사용하지 않았지만, 그의 책에 깊이 스며들어 있는 것은 계급 사이의 화해 불가능성이다. 애덤 스미스는 여전히 곳곳에서 윈윈 상황을 발견하고 더 나은 세상의 도래를 믿은 반면, 리카도는 훨씬 비관적이었다. 그에게 노동자의 궁핍은 궁극적으로 불가피한 일이었다.

리카도는 교분이 두터웠던 경제학자 토머스 맬서스의 인구론을 받아들였다. 맬서스의 유명한 역설은 다음과 같다. 경제가 성장하더라도 대중은 더 부유해지지 않는다. 대신 더 많은 아이가 태어나기 때문에 먹여 살려야 할 사람 수만 늘어날 뿐이다. 어느 시점에선가 농업은 이 인구를 먹여 살리지 못할 것이고, 그러면 기근이 발생해 인구는 다시 줄어든다. 이 이론에 따라 리카도는 노동자들이 궁핍에서 벗어날 수 없을 거라고 결론지었다. 그들은 항상 생산 가능한 식량의 한계까지 번식함으로써 빈곤을 자초한다는 것이다.

그런데 리카도는 노동자의 미래에 관해서만 비관적이었던 것이 아니라 자본가의 미래도 별로 좋지 않게 예측했다. 인구가 너무 증가하면 기업가들도 간접적으로 피해를 입을 수밖에 없다는 것이다. 이 연결이 좀 이상하게 들리기는 하지만, 리카도는 이를 지극히 자연스러운 일로 여긴 나머지 "이윤율의 점진적인 하락"까지 예측할 정도였다.

주의 사항이 하나 있다. 고전 경제학의 이런 세부 내용에 관심이 없는 독자라면 다음 일곱 단락은 건너뛰어도 된다. 다만 끝까지 따라 읽는다면 경제학 역사상 가장 대담한 시도 중 하나를 알게 될 것이다. 리카도에게 자본주의의 미래는 역설적이게도, 결국 땅을 가진 고위 귀족만 혜택을 보는 일종의 봉건제였다.

이 주목할 만한 예측은 리카도가 맬서스의 이론을 더욱 발전시키는 과정에서 직접 끌어낸 것이다. 맬서스는 당시 인구가 급격히 증가하면 척박한 땅도 경작할 수밖에 없으리라는 점을 정확히 파악하고 있었다. 그러나 이런 열악한 밭에서 노동력은 더많이 필요하고, 동시에 수확량은 더 떨어졌기에 사람들이 경작하도록 만들려면 곡물 가격을 대폭 인상할 필요가 있었다. 이렇게 해서 지주는 인상된 곡물 가격의 혜택을 입었다. 그건 별로 품을 들이지 않고도 수확량이 높은 비옥한 땅의 소유주도 마찬가지였다. 이처럼 생산력이 좋은 밭의 소유주는 가만히 앉아서, 맬서스가 '지대地代'라고 부르던 추가 수입을 얻었다.

리카도는 이제 지대를 자신의 노동 가치론으로 끌어들인다. 이 대목에서 다시 한번 상기하자면, 그에게 상품의 교환가치는 상품 생산에 필요한 노동량에 의해서만 결정된다. 그런데 곡물 가격이 상승하더라도 예를 들면 신발이나 양모 생산에 드는 노동량은 예전과 동일하다. 하지만 노동자는 곡물 가격이 비싸졌기 때문에 더 많은 임금을 받아야 한다. 그렇지 않으면 자신과 가족은 살아남을 수 없다. 그렇다면 결론은 하나다. 상품의 가치는 그대로지만 노동 가격은 상승하고, 그만큼 기업가의 이윤은 감소한다.

리카도는 현실주의자였다. 오래전부터 영국의 현실이 그의 이론이 예측하는 것만큼 그렇게 암울하지 않다는 사실을 정확히 알고 있었다. 영국 노동자들의 삶은 빠듯하기는 했지만, 독일 노동자나 이탈리아 노동자의 삶보다 상대적으로 훨씬 나았다. 리카도의 말을 직접 들어보자. "영국 노동자들은 자신의 임금이 … 가족을 먹여 살리기엔 너무 빈약하다고 느낄 수 있다. 감자 외에 다른 식품은 살 수 없고, 진흙 오두막 같은 곳에 살다보니 더더욱 그런 생각이 들 수 있다. … 하지만 현재 영국 가정이 일상적으로 누리는 많은 안락함은 예전에는 사치로 여겨졌을 것이다." 현대 역사가들은 1825년 런던의 실질 임금이 오스트리아의 빈보다 세 배 가까이 높았던 것으로 추정한다.[48]

기업가들도 당시 상당한 이윤을 냈다. 리카도는 자신의 비관적 시나리오가 너무 가파른 인구 증가로 인해 식량 증대에 필요한 농업 기술의 개선이 제대로 이루어지지 않을 경우에만 현실화될 거라는 점을 잘 알고 있었다. 그랬기에 그는 현재를 묘사하지 않고, 대지주들이 언젠가 자본가를 다시 축출하는 것이 가능한 미래를 이야기했다. 따라서 이윤율의 절대적 하락을 단정적으로 예측하지 않고 보다 신중한 태도를 견지하면서 "이윤율의 점진적인 하락"을 언급했다.[49]

하지만 이 모든 이론적 신중함에도 불구하고 리카도는 대지주들이 더 높은 지대를 징수할 경우 자신이 패자가 되는 걸 원치 않았기에 거의 전 재산을 농지에 투자했다. 갯콤브 파크의 저택을 구입한 것도 단순히 취향 때문이 아니라 자신의 이론에 대한 믿음에 근거한 결정이었다.[50]

그런데 리카도의 사망 직후 그의 이론적 비관주의의 근거가 된 인구 폭발은 일어나지 않았다. 물론 영국인의 수가 불어나기는 했지만, 출생률이 기하급수적으로 증가해서가 아니라 그냥 사람들이 더 오래 살았고, 무엇보다 영유아 사망률이 서서히 감소했기 때문이다.

게다가 리카도는 농업 생산성을 과소평가했다. 곡물 가격은 1811년부터 향후 수십 년 동안 안정적으로 유지되었다. 영국 인구가 1250만 명에서 1841년에 2670만 명으로 배가되었음에도 말이다.[51] 그렇다면 토지 소유자의 지대가 자본가에게 이윤이 남지 않을 정도로 상승할 거라는 그의 주장은 터무니없어 보였다. 그 때문에 리카도 이후에는 "이윤율의 점진적인 하락"을 주장하는 사람은 더 이상 나타나지 않았다. 딱 하나 예외가 있다면 바로 카를 마르크스였다. 물론 자본가들이 결국 몰락의 길을 걸을 수밖에 없는 이유를 그는 완전히 다른 데서 찾았지만 말이다.

마르크스는 시종일관 리카도를 생각했고, 백만장자의 생각을 바탕으로 불가피한 계급투쟁 이론을 이끌어냈다. 그가 리카도에게서 물려받은 핵심 테제는 다음과 같다. 노동만이 가치를 창출하고, 사회는 적대적 계급으로 구성되어 있으며, 노동자는 빈곤해질 수밖에 없고, 자본가는 스스로 생산하지 않은 가치를 독점한다.

그러나 리카도는 마르크스에게만 영감을 준 것이 아니라 자유주의 창시자들에게도 큰 영향을 끼쳤다. 이들이 특히 열광한 것은 오늘날까지도 경제학 교과서에서 자유무역의 축복을 설명할 때 빠지지 않고 등장하는 리카도의 '비교 우위론'이었다. 이는 경제학 역사에서 전례 없는 성공을 거두었다. 지난 200년간 다른 어떤 계산 예시도 그만큼 자주 인용되지는 않았다. 리카도 자신에게는 자유무역이 사실 별 역할을 하지 않았다는 점을 고려하면 이 엄청난 영향은 더욱 주목할 만하다. 경제사가들이 그 사이 세심하게 분석한 바에 따르면, 비교 우위에 관한 분량은 그의 책에서 2퍼센트밖에 되지 않는다. 또한 그의 다른 저술이나 방대한 편지에서도 이 아이디어는 다시 언급되지 않는다.[52]

리카도는 애덤 스미스가 중단한 지점에서 시작했다. 스미스에게 자유무역은 분업의 변형이었다. 모든 나라에는 가장 좋고 가장 저렴하게 생산할 수 있는, 특화된 제품이 있어야 한다. 따라서 프랑스는 포도주를 재배해서 수출하고, 스코틀랜드는 생선과 소금을 공급해야 한다. 그런데 이 생각은 무척 그럴싸해 보였지만 실제 무역 관계를 설명하지는 못했다. 각 나라는 자신에게 특화된 상품만 수출하는 것이 아니라 어디서건 생산되는 상품도 서로 교환했기 때문이다. 예를 들어 모든 나라가 천을 생산할 수 있음에도 왜 직물이 유럽 전역에서 유통되었을까?

스미스처럼 리카도도 술을 예로 들어 비교 우위론을 설명했다. 포르투갈과 영국 둘 다 포도주와 직물을 생산할 수 있다고 가정해보자. 그런데 영국은 포르투갈보다 더 싸게 포도주와 직물을 생산할 수 있고, 영국 내로 한정해서 보면 직물 생산성이 포도 생산성보다 더 높다. 이 경우 실제로는 영국이 포르투갈보다 포도주를 더 저렴하게 생산할 수 있음에도 영국은 직물만 생산하고 포르투갈에 포도주 생산을 넘기는 것이 유리하다. 왜냐하면 자국의 생산성이 가장 높은 사업 부문에 집중할 때 최대 이익이 발생하기 때문이다.

리카도의 비교 우위론은 수학적으로 아주 깔끔하게 정리되었기에 매력적이었다. 따라서 자유무역이 실시되면 모든 관련국이 윈윈하게 된다는 사실이 이것으로 입증되었다고 여겼다. 그러나 수학적으로는 아무 문제가 없더라도 이 이론은 뭔가 맞지 않아 보였다. 영국은 점점 더 부유해지는 반면에 포르투갈은 가난의 늪에서 헤어나오지 못하는 상황을 리카도의 동시대인들도 이미 알아차린 것이다.

이처럼 수학과 현실 사이에는 명확한 간극이 존재한다. 이는 경제학에서 자주 발생하는 현상이기도 하다. 그렇다면 자유무역의 이로움이 이론적으로는 그렇게 말끔하게 입증되는데도 왜 현실에서는 해악이 될 수 있을까? 자유무역이 모든 국가에 도움이 되지 않고 특히 개발도상국과 신흥국에 해로울 때가 많은 이유를 경제학자들이 설득력 있게 설명하기까지는 리카도가 죽고 나서도 거의 2세기가 걸렸다.

리카도가 하필 포도주와 직물을 예로 든 데서도 알 수 있듯이 그는 주로 "농부, 모자 제조공, 직물 제조공, 제화공"이 많이 사는 산업화 이전 시대의 인물이었다. 그가 말하는 '자본가'를 현대의 산업 기업가로 이해해서는 안 된다. 가끔 언급되는 '공장주'도 주로 영세 공장을 운영하는 사람들이었다. 당시에 기술은 부차적인 역할에 그쳤다. 섬유 공장에만 증기의 힘으로 돌아가는 직조기와 방적기가 있었다. 유럽 경제를 확 바꾸어버릴 철도는 아직 발명되지 않았다.

애덤 스미스와 데이비드 리카도가 설명한 무역 경제는 농업이 거의 모든 것을 지배하고 대부분의 원료를 공급하던 시스템이었다. 둘 다 기술이 점점 더 중요해질 것임을 예감하고 있었지만, 오늘날의 산업 사회는 상상조차 할 수 없는 일이었다. 그들은 자본에 대해 썼지만 근대 자본주의를 알지 못했다. 그러나 카를 마르크스는 달랐다.

마르크스의 생애 동안에는 철도만 발명된 것이 아니라 무엇보다 선박용 프로펠러, 타자기, 사진기, 화학 비료, 재봉틀, 발전기, 전신기, 자전거, 백열전구, 전화, 철강, 회전식 인쇄기, 건전지, 철조망, 마가린, 최초의 백신도 발명되었다.

상품뿐 아니라 공장도 바뀌었다. 스미스와 리카도는 여전히 많은 자잘한 기업이 경쟁하는 진정한 시장경제 체제에서 살았다. 반면에 마르크스는 거대 콘체른이 탄생하고, 기업이 트러스트와 카르텔로 합병하는 과정을 목격했다. 그로써 한때 경쟁이 지배하던 곳에 독점이 생겨났다. 이 새로운 근대 자본주의를 최초로 기술한 사람이 마르크스였다.

4
한 공산주의자가 자본주의를 분석하다:
카를 마르크스

카를 마르크스(1818~1883)는 사랑을 듬뿍 받고 자랐다. 아버지
는 일찍부터 아들의 재능을 알아보고 지원을 아끼지 않았다. 카
를은 가족 내에선 경쟁을 염려할 필요가 없었다. 남동생 헤르만
은 재능이 부족했기에 아버지는 전적으로 카를에게 희망을 품
었다. 마르크스가 대학에 다닐 때 아버지는 다음과 같이 편지를
썼다. "가끔 너와 네 미래를 생각하면 가슴이 환희로 벅차오르
는 걸 느낀다." 반면에 카를의 동생 헤르만에 대해서는 이렇게
썼다. "근면 성실해서 그나마 다행이지만 지능에 대해서는 기대
할 게 없구나. … 그 착한 아이가 머리에 든 게 별로 없다는 게
안타까울 따름이다."[1]

　카를 마르크스는 1818년 독일 라인란트 주의 트리어에서 태
어났다.[2] 아홉 자녀 중 셋째였지만, 실제로는 장남이었다. 맏이
로 태어난 모리츠가 1819년 세 살 때 죽었기 때문이다. 부모는
둘 다 유대인 랍비 가문 출신이었다.[3]

1777년에 태어난 마르크스의 아버지 하인리히는 처음에는 '헤셸'이라 불렸다. 그런 그에게 뜻밖에도 그전에 가족 중 누구도 누리지 못한 기회가 열렸다. 대학에서 법을 공부할 기회였다. 왜냐하면 트리어는 1794년 프랑스군에 점령되었는데, 이후 유대인에게도 동등한 권리를 인정하는 '나폴레옹법전'이 시행되었기 때문이다. 그러나 헤셸 마르크스가 변호사 개업을 하자마자 해방의 순간도 끝나고 말았다. 1815년 빈 회의의 결과로 라인란트가 유대인의 공직 진출을 금지한 프로이센에 넘어간 것이다. 프로이센에서는 변호사도 공직으로 간주되었다.

　　마르크스의 아버지는 직업과 종교 중 하나를 포기해야 하는 상황에 처했고, 결국 세례를 받기로 결정했다. 이로써 헤셸은 하인리히가 되었다. 이건 드문 일이 아니었다. 당시 유대인 중에는 원만한 사회생활을 위해 기독교로 개종하는 사람이 많았기 때문이다. 다만 특이했던 건 하인리히 마르크스가 주교도시인 트리어의 지배 종교이자, 대부분의 개종자가 택하는 가톨릭을 선택하지 않았다는 점이다. 하인리히는 프로테스탄트가 되었고, 그로써 한 소수자의 무리에서 다른 소수자의 무리로 옮겨갔다. 트리어의 프로테스탄트 공동체는 유대인 공동체보다 별로 크지 않았기 때문이다.[4]

　　하인리히 마르크스는 가톨릭처럼 규정된 공동체 생활이 없는 것을 전혀 아쉬워하지 않았다. 존 로크, 아이작 뉴턴, 고트프리트 빌헬름 라이프니츠처럼 계몽사상가였기 때문이다. 그는 신을 믿었지만, 세상사에 직접 개입하고 신도들을 자비롭게 돌보는 인격적인 신은 믿지 않았다. 그의 신은 세상사와 상관없는 이성적인 존재였다. 그랬기에 트리어 프로테스탄트의 작은 종교 공동체는 그의 신념에 딱 들어맞았다.

그가 언제 세례를 받았는지는 정확히 알려져 있지 않지만, 헨리에테 프레스부르크와 유대교 의식으로 결혼식을 치른 건 확실하다. 헨리에테는 그보다 열한 살 아래로 네덜란드의 네이메헌에서 상당한 부를 축적한 집안 출신이었다.[5] 둘의 혼인은 금전적인 이유로 맺어진 중매결혼이었다. 헨리에테는 지참금으로 8100길더를 가져왔다. 이 돈은 약 4500프로이센탈러에 해당하는데, 당시 일용직 노동자나 가난한 기술자가 1년에 100탈러가량 벌었던 점을 감안하면 상당한 돈이었다. 하인리히는 아내의 돈으로 신분에 맞게 가족을 부양할 수 있었다. 1819년에는 큰방 네 개, 작은 방 두 개, 침실 두 개, 부엌 하나, 다락방 세 개가 딸린, 포르타 니그라 성문 근처의 집으로 이사했다.[6]

그렇다고 마르크스 가족이 정말 부유하게 살았던 것은 아니다. 당시에는 상류층조차 냅킨의 수를 일일이 셀 필요가 없을 정도로 잘살지는 않았는데, 헨리에테 역시 지참금으로 현금뿐 아니라 침대 시트 68개, 식탁보 69개, 냅킨 200개, 수건 118개도 가져왔다고 정확하게 기록되어 있다.[7]

카를 마르크스와 형제자매들은 1824년 8월 26일에 집에서 세례를 받았다. 어머니는 1825년에야 개신교로 개종했다. 네이메헌 유대인 공동체의 기도 인도자였던 아버지의 눈치를 보며 계속 미적거렸던 것이다.

카를 마르크스가 자란 곳은 로마제국 갈리아 지방의 옛 수도였다. 포르타 니그라 같은 수많은 유적지가 보여주듯 한때 로마의 중요한 행정 중심지였던 트리어는 19세기 초에 이르러서는 중세 도성도 사람들로 다 채우지 못할 정도로 작은 도시로 전락했다. 산업 시설은 없었고, 철도도 1860년에야 들어왔다.

하인리히 마르크스는 이 한적한 도시의 명망가였다. 1820년에 변호사로 임명된 그는 수익성이 낮은 형사사건에만 한정하지 않고 돈벌이가 쏠쏠한 민사사건도 맡았다. 1831년에는 프로이센 정부로부터 '사법 고문'이라는 명예 칭호를 받았고, 트리어의 상류층 남자만 들어갈 수 있는 '카지노 클럽'에도 가입했다.

교양 있는 시민계급의 모든 재능 있는 아이들이 그러하듯 카를 마르크스도 인문계 학교에 진학했다. 동급생 대부분이 그리스어와 라틴어로 괴로워했지만, 마르크스는 이 과목들에서 최고 성적을 거두었고 나중에는 자신의 책 곳곳에서 고대 문헌의 구절들을 인용했다. 그런데 1835년의 졸업 시험이 증명하듯 수학 성적은 좋지 않았다.

하인리히 마르크스는 인생의 어떤 것도 우연에 맡기지 않는 사람이라 아들의 진로도 직접 계획했다. 이렇게 해서 카를은 법학을 공부하러 본으로 가야 했다. 이 도시는 트리어와 규모가 비슷했고, 당시 주민 수는 1만 3721명이었다. 이 대학에는 700명이 다니고 있었는데, 그중에는 트리어에서 온 학생이 적지 않았다. 마르크스의 동급생 여덟 명도 본을 선택했고, 고학년에도 트리어 출신이 많았다. 그랬기에 '팔라티아 군단'이라는 이름의 향우회도 조직되어 있었는데, 이 향우회는 질펀한 술자리와 결투로 유명했다.[8] 마르크스도 최소한 한 번은 결투에 연루된 것으로 보인다. 그건 이 소동을 조용히 해결하려고 본으로 120탈러를 보낸 아버지의 편지에서 알 수 있다.

마르크스는 당시 학생들 사이에서 유행하던 시작詩作에도 손을 댔다. 예를 들어 그의 시 「감각들」은 다음 구절로 시작한다.

나는 결코 조용히 떠내려갈 수 없으리,

내 영혼을 강력히 휘어잡는 이것,

나는 결코 고요하고 편안히 머물지 않으리,

쉬지 않고 돌진하리라.

사회주의자 프란츠 메링은 1918년 마르크스 전기에서 이미 그의 시들에 대해 이렇게 비평했다. "그의 청춘 시절 시에는 전반적으로 진정한 울림이 거의 없는 통속적 낭만주의가 숨 쉬고 있다."[9] 마르크스의 아버지도 아들의 시적 재능에 시큰둥한 반응을 보이며 한 편지에 이렇게 썼다. "솔직히 말해 나는 너의 재능을 늘 기쁘게 생각하고 많은 기대를 하고 있지만, 이런 볼품없는 시인의 모습은 실망스럽구나."

아들의 이런 문학적 분출에도 불구하고 하인리히 마르크스는 카를의 성실성을 조금도 의심하지 않았다. 아버지의 편지에는 건강을 해칠 정도로 너무 열심히 공부하지는 말라는 조언이 반복해서 등장한다. 1835년 11월 18일자 편지를 보자. "공부 모임에 아홉 개나 참여하는 건 너무 많은 것 같구나. 나는 네 몸과 마음이 버티지 못할 만큼 열심히 공부하는 건 바라지 않는다." 1836년 초에도 "제발 건강을 챙겨가면서 하라"고 당부한다. 허약한 학자보다 안타까운 일은 없다는 것이다. 1836년 11월 9일에도 아버지의 신신당부가 다시 이어진다. "내가 너에게 유일하게 부탁하는 건 공부를 과도하게 하지 말라는 것이다."[10]

하인리히 마르크스는 아들의 돈 관리에 대해서는 불만이었다. 대학 입학 5개월 뒤 카를은 돈이 어디로 사라졌는지도 모른 채 벌써 160탈러를 사용했다. "사랑하는 아들아, 너의 돈 계산은 맥락도 없고 결과도 분명치 않구나. 숫자로 좀 더 간명하고 규칙적으로 정리해두면 맥락을 한결 쉽게 파악할 수 있을 것이다. 학자에게도, 특히 실용적인 법률가에게도 정연함은 필요한 일이다."

이런 편지들로 미루어보건대, 아버지는 아들에게 속수무책이었던 것으로 보인다. 재능이 남다른 아들이 반드시 대학 공부를 해야 한다고 생각했고, 그에 따라 물질적 희생도 얼마든지 감당할 용의가 있었다. 다만 돈이 언제, 무엇을 위해, 얼마나 필요한지 아들이 정확히 말해주기를 원했다. "사랑하는 아들아, 거듭 말하지만 나는 너를 위해 뭐든 다 해주고 싶지만, 너도 알다시피 아비는 부자가 아니고, 또 자식도 많아서 너의 편안한 생활과 학업에 필요한 것 이상을 해줄 수가 없구나." 9개월 후 아버지는 재차 당부했다. "내가 다달이 네 생활비로 얼마를 예상하고 있어야 할지 대략적으로라도 말해줬으면 좋겠구나. 자세한 지출 내역을 포함해서 말이다." 그러나 아들은 지출 내역서를 보내지 않았고, 집에서 돈을 받자마자 아무 생각 없이 써버리고 는 다시 아버지에게 손을 내밀었다.

파격적인 결혼: 연상의 예니

1836년 방학 때 마르크스는 트리어로 돌아와 어릴 때부터 알고 지내던 예니 폰 베스트팔렌과 비밀리에 약혼했다. 그녀의 남동 생 에트가는 마르크스의 동급생이었고, 예니도 마르크스의 누 나 조피와 아주 가까운 사이였다. 아버지들 역시 트리어의 작은 개신교 공동체와 배타적인 '카지노 클럽'의 일원이어서 서로 잘 알았다.

마르크스에게 예니의 아버지인 루트비히 폰 베스트팔렌은 제2의 아버지나 다름없었다. 교양 있는 자유주의적 사상의 관 료였던 루트비히는 자식들을 끔찍이 챙겼는데, 카를도 그 집에 자주 드나들었다. 루트비히는 아이들과 함께 하이킹을 떠날 때 면 앙리 드 생시몽의 사회주의 사상이나 프랑스혁명에 대해 자 주 이야기했다. 스코틀랜드 혼혈이었던 예니의 아버지는[1] 영어 를 유창하게 구사했을 뿐 아니라 스페인어, 이탈리아어, 프랑스 어도 원전을 읽을 수 있을 만큼 능통했다.

언뜻 보기엔 시민계급 출신의 마르크스가 귀족 여성과 혼인 관계를 맺음으로써 사회적 신분 상승을 이룬 것처럼 비칠 수도 있다. 그러나 당시의 정교한 신분 사상에 비추어보면, 둘의 약혼 은 전적으로 동등했다. 예니는 유서 깊은 '세습 귀족'이 아니라 이른바 관료 귀족에 불과했기 때문이다. 그녀의 조상은 원래 평민이었는데, 1764년에 그녀의 할아버지가 7년전쟁에서의 군사적 공로를 인정받아 최하위 귀족 작위를 받았을 뿐이다.[12]

게다가 예니가 가져올 지참금도 변변치 못하리라는 것을 트리어에서는 다들 알고 있었다. 그녀의 아버지는 얼마 되지 않은 재산을 투기로 날려버렸고, 이제는 프로이센 행정 관청의 수장으로서 받는 봉급에만 의존해서 살았다. 물론 보수는 1년에 1800탈러로 꽤 괜찮았지만, 1834년 은퇴한 뒤로는 1125탈러밖에 받지 못했다. 이 돈이면 하녀를 두 명 고용할 정도는 되었지만, 그녀의 아버지는 빚을 제때 갚지 못할 때가 많았다.[13]

아무튼 당시엔 이런 연유로 귀족 여성이 평민과 약혼하는 것은 드문 일이 아니었다. 대신 예니가 약혼자보다 네 살이 많고, 마르크스가 이제 겨우 열여덟 살에다 수입이 전혀 없다는 사실은 사회적 관습에서 벗어났다. 일반적으로는 그 반대가 대부분이었다. 학자는 대개 학업을 마치고 첫 직장을 구한 뒤에야 결혼했는데, 가족을 부양할 수 있을 때 자기보다 훨씬 어린 여자를 찾는 것이 통상적인 풍습이었다.

카를과 예니는 어릴 때부터 잘 아는 사이였지만 사랑에 빠진 건 1836년에 이르러서였다. 당시 두 사람은 지체된 사랑을 만회하기라도 하듯 즉각 저돌적으로 사랑에 빠져들었다. 3년 뒤 예니는 그 시간에 대해 약혼자에게 이렇게 썼다. "카를, 당신이 내게 키스하고 나를 잡아당겨 꼭 끌어안았을 때 나는 두려움과 떨림으로 숨을 쉴 수 없었고, 그러다 당신이 나를 그토록 야릇하고 부드러운 눈빛으로 바라보았을 때 … 아, 당신이 그런 눈으로 나를 바라본 건 처음이었어. 그러다 재빨리 시선을 돌리더니 다시 나를 빤히 바라보았지. 결국 우리 둘은 한참 동안 서로를 빤히 바라보며 더 이상 시선을 돌리지 못했어." 45년 후 예니의 죽음만이 둘을 갈라놓았다.

하지만 그들이 결혼하기까지는 7년을 더 기다려야 했다. 일단 마르크스가 학업을 마치고 일자리를 찾아야 했기 때문이다. 아버지는 다시 한번 아들의 진로를 자신이 결정했다. 아들이 본을 떠나 "진정한 연구 대학"으로 인정받던 베를린대학에서 계속 공부해야 한다고 선언한 것이다.[14]

마르크스는 1841년까지 베를린에 거주했다. 이 5년 동안 도시의 인구는 27만 5202명에서 33만 1994명으로 빠르게 늘었다. 베를린은 현대식 공장이 거의 없었지만, 독일어권에서 빈 다음으로 큰 도시였다. 1830년에는 노동자 총 300명이 기계공학 분야에서 일했고, 1840년에는 그 수가 벌써 3000명이 넘었다.[15]

빈곤과 영양실조가 만연했다. 일하는 사람조차 먹고살기가 어려웠다. 1830년 일용직 남성 노동자는 1년에 102~107탈러를 벌었다. 5인 가족이 최소생계를 유지하려면 약 255~265탈러가 필요했던 점을 감안하면 턱없이 부족한 돈이었다. 게다가 베를린 주민 중에는 정기적인 수입 없이 절대적 궁핍에 시달리는 사람이 많았다. 당시 상황을 잘 보여주는 한 자료에 이렇게 나열되어 있다. 1846년 베를린에는 "매춘부 1만 명, 범죄자 1만 2000명, 신원 미상 범죄자 1만 2000명, 하녀 1만 8000명,

직조공 2만 명(이 가운데 일해서 생계를 꾸릴 수 있는 사람은 없었다), 빈민 6000명, 가난한 어린이 6000명, 거지 3000~4000명, 교도소 및 형무소 수감자 2000명, 구빈원 거주자 1000명, 시립 구치소 수감자 700명, 사생아 2000명, 위탁 보호 아동 2000명, 고아 1500명"[16]이 있었다. 이처럼 생계를 유지하기에는 수입이 너무 적거나, 아니면 아예 먹고살기가 힘든 사람이 베를린 주민의 약 4분의 1을 차지했다.

마르크스는 이 만연한 빈곤을 매일 만났을 게 분명하다. 그럼에도 대학생으로서 아직 사회적 또는 경제적 문제에 관심이 없었다. 대신 법학, 철학, 문학 텍스트를 백과사전식으로 게걸스럽게 탐독했다. 1837년 11월 그는 베를린대학에서 보낸 첫해를 아버지에게 이렇게 요약해서 알렸다. 무엇보다 하이네키우스, 티바우트, 피히테의 지식을 받아들였고, 로마법대전의 판례집 첫 두 권을 독일어로 옮겼으며, 타키투스의 『게르마니아 Germania』와 오비디우스의 『비가 Tristia』를 번역했다. 그 밖에 레싱의 『라오콘 Laokoon』, 졸거의 『에르빈 Erwin』, 빙켈만의 『미술사 Kunstgeschichte』, 루덴의 『독일 민족사 Geschichte des Teutschen Volkes』를 발췌했다. 또한 모든 문학 신간과 에른스트 페르디난트 클라인의 형법 및 연감을 읽었다. 이 독서 이력의 일부가 그의 법철학 논문으로 흘러들어갔는데, 마르크스는 스스로 마음에 들지 않는다는 이유로 "근 300쪽에 이르는 이 논문"을 파기해버렸다.[17]

아버지에게 보낸 이 편지에는 마르크스의 시를 연상시키는 감정 과잉의 낭만적 어조가 아직 남아 있었다. 게다가 일부 문장은 재치 있게 보이려고 쓴 공허한 미사여구에 지나지 않았다. 편지는 이렇게 시작한다. "아버지! 인생에는 흘러간 시간 앞에 마치 경계선처럼 서 있지만 동시에 새로운 방향을 명확하게 가리키는 순간들이 있습니다. 이런 전환의 순간에 우리는 자신의 실제 위치를 알아차리기 위해 매의 눈으로 과거와 현재의 사상을 관찰할 필요를 느낍니다. 예, 세계사 자체는 이런 회고를 좋아하고, 그럴 때면 종종 과거와 현재의 빛이 드리우는 것을 살펴봅니다. 하지만 세계사는 그저 안락의자에 등을 기댄 채 스스로를 파악하고, 자신의 행위와 정신의 행위를 정신의 눈으로 스쳐지나갈 뿐입니다."

이로부터 불과 10년이 지난 뒤에 마르크스는 『공산당 선언 Das Kommunistische Manifest』(1848)을 쓰게 된다. 공허한 미사여구는 없이 오직 간결한 명료함으로 강렬하게 사유의 행진을 벌임으로써 세계사에 길이 남은 작품이다. 청년 마르크스는 이 마르크스와 무척 동떨어져 있었지만, 몇 가지 성격적 특성은 이미 드러내 보였다. 그는 모든 책을 읽었다. 그것도 그냥 닥치는 대로 읽었다. 그에게 어려운 글은 없었고, 이상한 글도 없었다. 마르크스는 호기심의 왕이었고, 누구의 글도 베끼지 않았으며, 모든 것을 숙고했다. 그러나 사유의 작업을 끝내는 것이 당시에도 무척 어려웠다. 끊임없이 새로운 책으로 달려들었고, 그로써 항상 좀 더 큰 차원에서 숙고했기 때문이다. 마르크스는 청년 시절에 이미 "형이상학의 새로운 기본 체계"를 설계하고자 했지만, 아버지에게 보낸 편지에서 드러나듯이 "이전의 모든 노력이 완전히 잘못되었음을 깨달을 수밖에" 없었다.

헤겔의 유산: 과정의 변증법

이러한 지적 차원의 위기 속에서 마르크스는 평생 자신에게 깊은 영향을 끼친 한 가지 경험을 한다. "헤겔을 처음부터 끝까지 철저하게"[18] 읽은 것이다. 그전까지는 이 철학자를 대체 어떻게 받아들여야 할지 종잡을 수가 없었고, 그저 "기괴한 바위 멜로디"처럼 불편하게 느껴지는 단편들만 알고 있었다. 그러던 사람이 이제 그의 사도가 되었다. 마르크스는 헤겔이 1831년 콜레라로 사망했기에 그를 직접 만날 기회는 없었다.[19] 그러나 베를린에서는 여전히 헤겔의 제자들이 가르치고 있었고, 헤겔은 이곳에 두 학파를 남겨놓았다.

보수적인 헤겔주의자들은 스승의 국가 이념에 열광했다. 헤겔에게 입헌군주제는 '세계정신'이 마침내 자기 자신을 발견한 자유의 최고 형태였다. 헤겔이 "이성적인 것은 현실적이고, 현실적인 것은 이성적"이라고 선언했을 때 이는 프로이센왕국에 대한 최고의 찬사로 읽힐 수 있었다. 기존 질서의 어떤 대변자도 이보다 더 아름답게 표현하지는 못했다.

반면에 급진적 '청년 헤겔학파'는 '테제, 안티테제, 진테제'의 세 단계로 이루어진 헤겔의 '변증법적 방법론'을 받아들였다. 이 그리스어 용어는 라틴어에서 유래한 용어인 '긍정, 부정, 부정의 부정'으로 대체될 때도 많았다. 마르크스는 이 청년 헤겔주의자들과 어울렸고, 그들의 '박사 클럽'에 들어 베를린의 선술집을 전전했다. 이 노숙한 철학자들은 젊은 대학생 마르크스에게 깊은 인상을 받았던 게 분명하다. 그렇지 않다면 마르크스 같은 풋내기를 자신들의 모임에 끼워주지 않았을 뿐 아니라 함께 앉아 헤겔에 대해 토론을 벌이지도 않았을 것이다.

헤겔의 문체는 너무 어려워서, 정치가 오토 폰 비스마르크나 작곡가 리하르트 바그너처럼 호의적인 독자들조차 두 손 두 발다 들어버렸고 이 세 단계 방법론이 무엇을 뜻하는지 아리송해했다.[20] 그런데 변증법의 원리는 사실 이해하기 어렵지 않다. 헤겔이 '사랑'이라는 구체적인 예를 통해 설명하기 때문이다.

상식적인 말이지만, 사랑이 생기려면 일단 사랑하는 주체가 있어야 한다. 즉 사랑에 빠진 '나'가 있어야 한다. 정식화하자면 이것이 바로 사랑의 영역에서 '테제'다. 그런데 이 '나'는 나 자신을 떠나 연인에게 헌신하고, 그 과정에서 자신을 잊고 자신에게서 멀어진다. 이것이 '안티테제'다. 헤겔에게서 항상 '자기 소외'로 나타나는 상태다. 그런데 결정적인 것은 사랑하는 주체가 연인에 빠져 자신을 잊음으로써 오히려 자신에게로 다시 돌아온다는 것이다. 이 '진테제'를 통해 앞의 두 모순은 해결되고, '나'는 더 높은 수준의 의식에 도달한다.[21] 헤겔은 테제, 안티테제, 진테제의 변증법이 모든 곳에서 작동한다고 보았다. 자연뿐 아니라 세계사에서도 말이다. 그가 감격에 찬 표정으로 나폴레옹을 "말을 탄 세계영혼"이라고 부른 것도 그 때문이다.

오늘날 나폴레옹을 세계정신의 화신으로 보는 것은 바보 같은 소리로 들릴 수 있지만, 헤겔은 과정 속에서 사고하는 드문 재능을 갖고 있었다. 즉 존재가 아니라 되어가는 과정을 강조한 철학자였다. 이는 정적인 개념에 집착하는 경향을 보인 당시의 철학자들과 확연히 구분되는 지점이었다. 수십 년 후 프리드리히 엥겔스는 "전체 자연과 역사, 정신세계를 … 끊임없는 움직임, 변화, 변형, 발전으로 이해한 것"[22]이 "헤겔 체계"의 큰 업적이라고 썼다.

헤겔은 관념론자로서 절대정신의 지배를 믿었다. 마르크스와 엥겔스는 나중에 이 이론을 완전히 '거꾸로' 뒤집어버렸다. 그들에게 결정적인 것은 정신적 상부 구조가 아니라 물질적 하부 구조였다. 혹은 마르크스의 표현에 따르면, "의식이 인간 존재를 결정하는 것이 아니라 반대로 사회적 존재가 의식을 결정한다."[23] 그러나 이렇게 헤겔을 비판했음에도 마르크스와 엥겔스는 영원히 헤겔주의자로 남을 것이다. 생을 마감할 때까지 모순과 과정 속에서 사유하는 변증법자였으니까.

'박사 클럽'에서 마르크스는 철학자 브루노 바우어를 만났다. 헤겔 변증법을 기독교에 적용해서, 예수는 실존 인물이 아니라 단순히 문학적 허구일 뿐이라고 결론지은 사람이었다. 이때 바우어는 헤겔의 자기 소외 개념도 활용했다. 인간의 종교적 자의식은 반대 존재, 즉 안티테제를 만들어내어 그리스도로 의인화했다는 것이다.[24] 얼마 뒤 철학자 루트비히 포이어바흐는 심지어 한 걸음 더 나아가 신의 존재를 부정하기까지 했다. 신이 인간을 창조한 것이 아니라 인간이 신을 창조했다는 것이다.

마르크스의 아버지는 아들이 헤겔을 추종하고 있다는 사실에 경악했고, "지식의 모든 영역을 무질서하게 떠돌고, 어두침침한 등잔불 옆에서 음습하게 모의하고, 학자의 잠옷을 걸치고 헝클어진 머리로 난폭해지는 것"을 비난했다. 그런데 아버지를 특히 흥분시킨 것은 아들이 다시 무분별하게 돈을 펑펑 쓰고 있다는 사실이었다. "마치 금수저를 물고 태어난 것처럼 아들이라는 작자가 기존의 약속과 관습을 깨고 1년에 700탈러 가까이 지출하는 것은 안 될 일이다. 정말 잘사는 학생도 500탈러 이상 쓰지 않아."

하인리히 마르크스는 1년에 약 1500탈러를 벌었다. 그런데 이 돈으로 카를만 공부시킨 게 아니라 다른 자식도 키워내야 했다. 다섯 딸을 위해서는 결혼 지참금을 마련해두어야 했고, 좀 아둔한 둘째 아들 헤르만을 위해서는 직업 교육을 시킬 돈이 필요했다. 마르크스도 아버지의 이런 재정 상황을 잘 알고 있었으리라고 보인다. 아버지가 집에서 큰 규모의 지출이 있을 때마다 당연하다는 듯이 털어놓았기 때문이다. "오늘 헤르만이 브뤼셀의 괜찮은 장인 밑으로 들어갔다. 하지만 입학 비용으로 즉각 1000프랑을 지불했구나." 오늘날과 달리 당시 장인 밑에서 일하는 도제는 교육 기간 중에 돈을 받지 않았고, 오히려 교육비 명목으로 돈을 내야 했다.

마르크스는 집에 돈이 빠듯하다는 사실을 알고 있었음에도 생활 방식을 바꿀 마음이 전혀 없었다. 아버지는 점점 더 절망에 빠져들며 1838년 2월 이렇게 썼다. "지금이 4월인데 네가 가져간 돈이 벌써 280탈러나 되는구나. 지난겨울에 이 아비는 그렇게 많이 벌지 못했다."

하인리히 마르크스의 수입은 점점 줄어들었다. 변호사 일을 계속할 만큼 건강이 따라주지 않았기 때문이다. 그는 오랫동안 병명도 모른 채 지속적인 기침으로 고생했다. 그러다가 1838년 5월 결핵으로 세상을 떠났다. 향년 61세였다. 마르크스의 형제자매 네 명도 폐병으로 사망했다. 막내 동생 에두아르트는 11세에, 카롤리네는 23세에, 헤르만과 헨리에테는 각각 24세에 숨을 거두었다.

카를 마르크스는 아버지의 죽음에 큰 충격을 받았고, 평생동안 아버지의 사진을 몸에 지니고 다녔다. 어머니와는 사이가 좋지 않았다. 어머니 헨리에테는 편지에서 분명히 알 수 있듯이 장남을 매우 사랑했지만, 다른 자식도 생각해야 했다. 그러다 보니 마르크스의 돈 낭비를 더 이상 너그럽게 용인해줄 마음이 없었다. 1838, 1839년에 그녀는 아들에게 160탈러만 부쳤고, 그러자 마르크스는 여기저기서 돈을 빌려 때웠다.[25] 아들의 빚이 쌓여가자 어머니도 마지못해 950탈러를 더 내줄 수밖에 없었다. 아들 몫의 유산에서 이 돈을 제하겠다는 조건으로 말이다. 이로써 모자간에는 어머니가 1863년 죽을 때까지 변하지 않을 관계가 생겨났다. 마르크스는 자기 몫의 유산을 미리 받을 방법만 궁리했고, 어머니는 그런 아들의 제안을 단호하게 거부한 것이다.

나중에 마르크스는 어머니를 자주 비난했는데, 어머니에 대한 이런 부정적 이미지는 많은 전기 작가에게 그대로 넘어갔다. 최근에야 어머니에 대한 견해가 바뀌었다. 헨리에테는 네덜란드 여성으로서 독일어 글쓰기에 서툴고 지적인 것에는 관심이 없었지만, 돈놀이로 재산을 불리는 수완을 가진 유능한 사업가였다.[26]

마르크스는 청소년기에도 어머니가 지적으로 자신과 동등하지 않다는 점을 어머니에게 밝힌 것으로 보인다. 그녀의 편지에는 약간 비굴하고 미안한 기색이 배어 있기 때문이다. "내가 호기심이 많은 것을 보고 우리 집안의 약점으로 생각하지 않았으면 좋겠다. 너도 작은 가정을 꾸렸으니까 경제도 아주 중요하다. 큰 가정이든 작은 가정이든 없어서는 안 되는 필수품이다. … 너의 사랑스러운 뮤즈는 이 어미의 산문을 보고 기분 나빠할지 모르지만, 더 낮은 것에서 더 높고 더 나은 것이 만들어진 거라고 말해다오."

1841년 마르크스는 박사학위 논문을 제출했다. 데모크리토스와 에피쿠로스 자연철학 사이의 차이를 다룬 논문이었다. 이 두 고대 철학자는 이미 2000년 전에 세계가 원자로 구성되어 있다는 테제를 세웠다. 마르크스의 박사학위는 볼품없었다. 고전 학계에서도 받아들여지지 않았고, 마르크스도 두 번 다시 언급하지 않았다.

박사학위 논문은 주로 교수학위 논문을 쓰기 위한 사전 단계로 이해되었다. 그랬기에 마르크스도 학위 논문에 굳이 많은 돈을 들일 필요가 없다고 생각하고, 시간과 돈을 절약하기 위해 예나대학에서 '원거리 박사학위'를 받기로 결정했다. 해당 학부에 논문을 보내고 논문 심사료로 12프리드리히스도어(프로이센 금화)만 지불하면 구두시험 없이 박사학위증을 보내주는 제도였다. 예나대학 교수들은 이 원거리 박사학위로 먹고살았다. 한때는 실러, 피히테, 헤겔이 강단에 설 만큼 유서 깊었지만 당시에는 무척 가난한 대학이었다.

예나대학 교수들이 마르크스의 박사 논문을 과연 제대로 읽었는지는 사뭇 의심스럽다. 그가 베를린에서 논문을 부친 것이 1841년 4월 6일인데, "빼어난 가치가 있음"이라고 적힌 박사학위증이 인쇄된 게 이미 4월 15일이기 때문이다.[27] 그 때문에 일부 전기에서는 "주문 거래로 이루어진 박사학위"라는 소문을 퍼뜨리곤 했다.[28] 그러나 이 추측은 불공정하다. 마르크스는 2년 동안 논문 작업에 매진해서 68쪽을 가득 채웠고, 각주도 46개나 빼곡히 달아놓았기 때문이다.[29]

마르크스의 친구들은 그에게 대단한 업적을 기대했다. 당시 29세의 작가 모제스 헤스는 자신의 벗 베르톨트 아우어바흐에게 다음과 같이 썼다. "여기서 우리의 친구인 한 남자를 만나면 자네도 무척 기뻐할 걸세. … 향후 독일의 시선을 사로잡을 가장 위대하고, 어쩌면 현존하는 이들 가운데 가장 본래적인 철학자에 가까운 유일한 사람을 만날 준비를 하고 있게나. 내가 나의 우상이라고 부르는 마르크스 박사지. 나이는 무척 젊은 친구네. 기껏해야 스물넷밖에 되지 않았을 걸세. 그런데도 중세 종교와 정치에 최후의 일격을 가할, 예리한 재치와 깊은 철학적 진지함을 겸비한 사람이지. 루소, 볼테르, 홀바흐, 레싱, 하이네, 헤겔을 하나로 합쳐놓은 사람이 있다고 생각해보게. 그것도 아무렇게나 버무려놓은 게 아니라 그 모든 정신을 하나로 통합한 사람 말이네. 그런 사람이 바로 마르크스 박사지."

그러나 계획된 교수학위 논문은 진척이 없었다.[30] 반동적인 프로이센에서는 교수가 될 전망은 보이지 않았고, 또 그 시기에 마침 그의 재능에 딱 맞는 기회가 찾아오기도 했다. 1842년 봄 마르크스는 쾰른의 《라이니셰 차이퉁Rheinische Zeitung》에 취직했고, 1842년 10월부터는 사실상 편집장이 되었다. 이 자유주의 신문은 공장주, 의사, 은행가, 변호사 들이 창간했는데, 마르크스가 나중에 맞서 싸우고 경멸해 마지않을 '부르주아들'이었다. 그러나 그는 아직 공산주의자가 아니었다. 아니, 그 반대였다. 그가 편집장이 되고부터 극좌파 지식인들은 그의 신문에 글을 실을 수가 없었다.

마르크스는 당시 자유주의자였지만 공산주의자들을 신문에서 배제해야 할 전략적 이유가 있었다. 그는 프로이센의 검열관들을 화나게 하고 싶지 않았다. 신문이 잘나가려면 국가기관의 눈 밖에 나서는 안 되었다. 마르크스의 주도하에 신문의 정기 구독자 수는 1027명에서 3300명으로 늘었고, 그에 따라 부수적인 수입도 생겼다.

하지만 1843년 4월 1일 이 신문은 프로이센 정부에 의해 금지당했다. 지금까지 마르크스는 엄격한 언론법을 요리조리 교묘하게 피해나갔다. 검열관들은 대부분 능구렁이 같은 마르크스의 노회한 언어를 이해하지 못하는 평범한 관료였기에, 도발적인 문장은 그냥 넘어가면서도 오히려 전혀 위험하지 않은 문구를 삭제하기 바빴다. 프로이센 정부는 이 신문을 시장에서 영구 퇴출시킴으로써 향후 이러한 굴욕이 반복되는 것을 막고 싶었다.

마르크스는 잠깐 동안만 《라이니셰 차이퉁》을 이끌었음에도 이 몇 개월은 그에게 아주 중요한 시간이었다. '사회 문제'가 처음으로 그의 삶의 궤도에 진입했기 때문이다. 그는 주로 모젤 지방 농부들의 궁핍이나 가난한 사람들의 땔감 절도에 대해 썼다. 그전까지는 경제와 빈곤 문제에 관심이 없던 사람이었다. 게다가 문체도 확연히 바뀌었다. 현학적인 철학자가 어느 순간에 정치 저널리스트가 된 것이다. 이전에는 감정이 과잉된 낭만주의 풍 글을 쓰거나 헤겔풍의 자기 참조적 글쓰기를 흉내 냈다면 이제는 그의 트레이드마크가 된 냉소적이고 예리한 분석이 돋보이는 문체가 자리 잡았다.

갑자기 마르크스가 유명해졌다. 그는 서로 완전히 다른 세 부류에 깊은 인상을 주었다. 우선 유럽 전역의 급진적 지식인들이 그를 주목했고, 동시에 쾰른의 자유주의적 시민들도 향후 몇 년간 계속 재정적 지원을 할 정도로 그에게 매료되었다. 마지막으로 프로이센 당국은 이제 정말 두려워할 상대를 만났음을 자각하게 되었다.

마르크스가 프롤레타리아트를 발명하다

마르크스는 더 이상 프로이센에서 미래를 보지 못했다. 예니와 결혼한 뒤 1843년 10월 반半자발적으로 파리로 이주해서 독일 철학자 아르놀트 루게와 함께 잡지 『독일-프랑스 연감 Deutsch-Französische Jahrbücher』을 발간하려고 했다. 이 계획은 곧 좌절되었지만, 어쨌든 1844년 1월에는 두 권짜리 잡지가 발간되었다. 창간호를 끝으로 폐간된 이 잡지에는 마르크스가 쓴 「헤겔 법철학 비판. 서론Zur Kritik der Hegelschen Rechtsphilosophie. Einleitung」이라는 다소 까다로운 제목의 짧은 논고도 실렸다.[31]

이 원고는 마르크스가 쓴 글 중에서 문체적으로 가장 아름다운 글 중 하나이고, 내용적으로는 급격한 사상 변신을 보여주는 자료이기도 하다. 쾰른에서 파리로 옮겨간 그 몇 달 사이 마르크스가 자유주의자에서 공산주의자로 변신한 것이다. 이제 그는 계급투쟁이 불가피하다고 확신했고, 독일의 군주제와 부르주아 사회를 쓸어버릴 혁명적 대리인으로 프롤레타리아를 지목했다.

그런데 마르크스는 자본주의를 제한된 경험으로만 알고 있었기에 프롤레타리아트의 혁명적 역할을 생각하는 데는 이르지 못했다. 그는 노동자들의 실제 상황에는 아직 관심이 없었다.[32] 대신 프롤레타리아혁명이 임박했다는 설득력 있는 증거를 제시하기 위해 철학적 추론을 선택했다. 논리적 방법은 맹렬하고 신속한 변증법이었다. 그는 종교 비판으로 시작해서 놀라운 동맹에 의해 탄생할 계급 없는 사회로 끝맺었다. "이 해방의 머리는 철학이고, 심장은 프롤레타리아트다."[33]

초기의 신념은 나중의 마르크스에게도 그대로 이어지기에 이 논증의 가장 중요한 단계들을 살펴보는 것은 충분히 의의가 있다. 그는 일단 포이어바흐에서 시작한다. "종교가 인간을 만든 것이 아니라 인간이 종교를 만들었다." 그렇다면 인간은 대체 왜 신을 발명했을까? 마르크스는 현실이 너무 끔찍해서라고 답하고는 금언과도 같은 유명한 말을 남긴다. "종교는 억압받는 인간들의 탄식이고 … 인민의 아편이다."[34]

따라서 혁명은 반드시 필요했다. "종교 비판은 인간이 인간에게 최고의 존재라는 가르침, 즉 인간이 비천하고 예속되고 버림받고 경멸적인 존재가 될 수밖에 없는 모든 상황을 전복하라는 정언 명령으로 끝난다."

이제 남은 건 현실적 문제뿐이었다. 마르크스가 씁쓰레하게 확인한 것처럼 독일 부르주아지는 불행히도 봉기를 일으킬 생각이 없어 보였다. 프랑스는 이미 1789년과 1830년 두 차례나 혁명을 일으켰고, 영국도 입헌군주제를 관철했다. 그러나 프로이센에선 여전히 왕이 절대적이고 무한한 권력으로 통치했다.

마르크스가 인식했듯이, 봉기는 단순히 머리로 일으키는 것이 아니었다. "생각이 실현을 재촉하는 것만으로는 충분하지 않고, 현실이 스스로 알아서 생각 속으로 밀고 들어가야 한다." 따라서 급진적인 혁명을 수행할 급진적 계급이 필요했다. 그러나 독일 부르주아지는 "적당한 이기주의"와 "평범한 속물적 삶"에 빠져 있었다.

따라서 상황이 너무 나빠 더는 잃을 게 없는 계급이 필요했다. 소소한 사적 행복을 지키려고 통치자들과 부패한 타협을 하지는 않을 계급이었다. 이 급진적 계급이 바로 프롤레타리아트였다. 이들은 스스로를 해방함으로써 동시에 사회 전체를 해방하고, 사유재산의 피해자이기에 만인을 사유재산으로부터 해방해야 했다. "독일에서는 모든 형태의 예속을 깨뜨리지 않고는 그 어떤 예속도 깨뜨릴 수 없다."

마르크스에게 프롤레타리아트는 변증법적 발명품이자 머리로 만들어낸 이상적 계급이었다. 헤겔에게 '세계정신'이었던 것이 마르크스에게는 곧 노동자계급이었고, 역사의 원동력으로 여겨지는 철학적 구성 원칙이었다. 오늘날 이 연역적 접근 방식은 낯설어 보일 수 있지만, 다음 사실만큼은 확실하다. 마르크스는 1843년 당시 현실에선 프롤레타리아트를 결코 만날 수 없었을 터다. 독일에는 '진정한' 공장 노동자가 아직 거의 없던 시절이었기 때문이다. 빈곤은 만연했지만, 대다수는 여전히 일용직 노동자, 농장 일꾼, 수공업자로서 찢어지게 가난하게 살았다.

그런데 『독일-프랑스 연감』의 창간호이자 폐간호를 주목하게 만든 것은 마르크스의 글만이 아니었다. 마르크스의 사유를 새로운 방향으로 이끌 엥겔스의 논문도 이 잡지에 실려 있었다. 엥겔스의 글은 「정치경제학 비판 개요Umrisse zu einer Kritik der Nationalökonomie」라는 강령적 제목을 달고 있었는데, 마르크스의 대표작인 『자본론Das Kapital』에 훗날 '정치경제학 비판Kritik der politischen Ökonomie'이라는 매우 흡사한 부제가 달린 것도 우연이 아니었다.

단순한 "재능" 이상의 인간: 프리드리히 엥겔스

엥겔스(1820~1895)는 마르크스의 소신 없는 조력자 정도로 여겨질 때가 많지만, 이는 그의 재능에 비하면 상당히 옳지 않은 평가다. 독일 철학을 애덤 스미스와 데이비드 리카도의 자유주의 경제 이론과 처음 연결한 사람은 마르크스가 아니라 엥겔스였다. 마르크스는 엥겔스의 소논문을 읽고 나서야 헤겔의 변증법이 어떻게 자본주의의 경제 현실과 연결될 수 있는지 감을 잡았다. 마르크스 본인도 엥겔스에게 얼마나 많은 빚을 지고 있는지 늘 인정했다. 몇 년이 지난 뒤에도 엥겔스의 그 짧은 글을 가리켜 "경제 부문의 비판에 대한 천재적인 개요"라고 불렀다.[35]

엥겔스도 자신의 글을 무척 자랑스러워했고, 독자들이 핵심 메시지를 놓치지 않도록 중요 문구는 대문자로 표기했다. 이 글의 핵심은 **"사유재산의 정당성"**을 부정하는 것이었는데, 엥겔스도 고전적 변증법을 사용해 논지를 펼쳐나갔다. 출발점, 즉 테제는 애덤 스미스였다. 엥겔스는 체계적인 경제 이론을 처음 발전시킨 스미스의 업적을 높이 평가했다. "사유재산 이론이 … 학문적 성격을 띠는 것은 필수적이다."[36] 엥겔스는 심지어 스미스를 **"경제학의 루터"**라 부를 정도로 그에게 열광했다. 이 문구도 당연히 대문자로 쓰면서 스미스 이론의 핵을 경쟁, 즉 독점에 맞선 투쟁으로 설명했다.

이 지점에서 엥겔스는 곧장 안티테제로 넘어간다. 독점을 없애려는 사람은 사유재산도 용인할 수 없다는 것이다. 왜냐하면 사유재산이란 소유주만이 마음대로 처분할 수 있고 나머지 사람은 그럴 수 없는 재화를 의미하기 때문이다. 엥겔스는 자유주의 경제학자들을 비난했다. "그들은 **하나의** 거대한 독점을 위해, 즉 사유재산을 더 자유롭고 무제한으로 활용하기 위해 작은 독점들을 절멸시켰다." 여기서 진테제가 나온다. 사유재산을 완전히 폐지함으로써 경쟁과 독점을 극복하자는 것이다.

그렇다면 엥겔스도 골수 공산주의자인 것은 맞지만, 아직은 주로 철학적 사회주의에 머물러 있었다. 이것은 프랑스에서 처음 싹트기 시작해서 이후 점점 더 많은 독일 청년 헤겔주의자가 받아들인 사회주의였다. 엥겔스는 마르크스와 달리 자신의 글에서 계급투쟁이나 프롤레타리아트를 언급하지 않았고, 대신 사유재산의 부당성을 도덕과 이성에 호소했다.[37]

23세의 엥겔스는 애덤 스미스와 데이비드 리카도를 능숙하게 다루었을 뿐 아니라 경기 변동을 설명하고 초보적이나마 경제 위기 이론을 개발한 최초의 경제학자 중 한 명이었다.[38] 그는 공급이 늘 수요를 창출하기에 절대 경제 전반에 과잉 생산은 이루어지지 않을 거라고 주장한 프랑스 경제학자 장-바티스트 세(1767~1832)를 담대하게 조롱했다. 엥겔스의 말을 직접 들어보자. "이 경제학자는 그럴싸한 이론을 들고 나타나서는 … '너무 많이 생산되는 것은 불가능하다'고 너희에게 증명하지만, 현실은 혜성처럼 규칙적으로 반복될 뿐 아니라 평균적으로 5~7년마다 한 번씩 발생하는 무역 위기로 응답하고 있다." 이 비판으로 엥겔스는 마찬가지로 장-바티스트 세를 조롱하게 될 존 메이너드 케인스를 100년가량 앞섰다.

경제학자들이 1840년경부터야 경제 위기에 대해 숙고하기 시작한 것은 우연이 아니었다. 판매가 어려워지고 재고가 쌓이는 것은 일찍이 없었던 현상이기 때문이다. 그때까지는 항상 부족함이 만연해 있었고, 그로써 치명적인 기근이 반복해서 발생했다. 곡물이든 의류든 일단 남는 물건에는 항상 구매자가 있었다. 현대의 경제 위기는 최소한 사회 일부가 구매를 포기할 수 있을 만큼 부유할 때만 발생한다. 오직 과잉이 지배할 때만 경제가 무너질 수 있다. 판매가 멈추기 때문이다. 19세기에는 여전히 전반적으로 극심한 빈곤이 존재했지만, 점점 더 많은 사람이 소비할지 말지를 상대적으로 자유롭게 선택할 수 있었다.[39]

헤겔주의자 엥겔스에게 이러한 새로운 경제 위기는 곧 응용 변증법이었다. 경제 위기가 놀라운 역설 속에서 절정에 이르렀기 때문이다. 다른 것도 아니고 하필 부가 큰 궁핍을 초래해서 "사람들이 과잉 속에서 굶어죽는 일이 발생하고 있다. … 이런 말도 안 되는 상황의 생생한 보기가 바로 영국이다. 그것도 꽤 오래전부터."

엥겔스는 디테일에 대한 무한 애정으로 경제 위기에서 나타나는 모순을 설명한다. "자본의 일부는 놀라운 속도로 순환하고 다른 일부는 금고 속에 잠들어 있다. 노동자 중 일부는 하루에 14시간에서 16시간을 일하는 반면에 다른 노동자는 일이 없어 빈둥거리다가 굶어죽는다." 위기가 얼마나 빨리 발생하는지도 적잖게 역설적으로 보인다. "오늘은 무역이 잘 돌아가고, 수요는 높고, 모든 것이 작동하고, 자본은 놀랄 만큼 빠르게 움직이고, 농업은 번성하고, 노동자는 병든 상태로 일한다. 그러나 내일은 경기 침체가 찾아오고, 농업은 경작할 가치가 없어지고, 상당수 땅이 휴경에 빠지고, 자본은 흐름이 막히고, 노동자는 일자리를 잃고, 온 나라가 과잉 부와 과잉 인구로 애를 먹는다."

그러나 엥겔스는 이런 위기가 어떻게 발생하는지에 대한 정교한 이론을 아직 갖고 있지 않았다. 다만 이미 증권 투기를 언급했고, 개별 공장주들과 노동자들이 이 사건에 대한 전체 구도를 갖고 있는 것이 아니라 "산산조각 난 원자로서" 자신들의 기대대로만 움직인다는 점도 꿰뚫어보았다. 훗날 케인스는 불확실성의 원리를 자기 이론의 핵심 요소로 삼았다.

마르크스가 혼자서 그런 이념들을 발전시켰을지는 미지수다. 아마 그러지 못했을 가능성이 높다. 엥겔스는 독일 철학자치고 매우 특이한 경험을 갖고 있었다. 그는 우선 교양 있는 시민 계급 출신이 아니었고, 대학도 다니지 않았으며, 고등학교 졸업 시험도 치르지 않았다. 대신 공장주의 아들로서 상인 양성 과정을 마쳤고, 당시 산업 자본주의의 중심지이던 영국 맨체스터에서 21개월을 보냈다.

마르크스보다 두 살 어린 엥겔스는 1820년 독일 부퍼탈의 바르멘에서 태어났다. 아홉 자녀 중 장남이었는데, 아버지의 이름인 프리드리히를 물려받았다. 그 이름엔 큰아들에게 거는 기대가 고스란히 배어 있었다. 아버지와 똑같이 아들이 훗날 가족의 직물 공장을 이어받아 바르멘에서 독실한 경건주의자로 살기를 바란 것이다. 그러나 알려진 바와 같이 상황은 완전히 다르

게 흘러갔다.[40]

바르멘과 인근의 엘버펠트는 당시 특별한 곳이었다. 독일 최초의 산업 지대 중 하나였고, 나머지 지역은 주로 농업과 수공업이 여전히 지배적이었다. 1840년 7만 명이 넘는 사람이 부퍼강 유역에 밀집해 살았고, 계곡이 너무 좁아 공장주들도 노동자들과 분리된 지역에 살 수 없었다. 그들의 빌라는 노동자 밀집 지역 바로 옆에 있었다. 곳곳에 악취가 진동했는데, 염색약, 표백제, 오물 냄새가 뒤섞여 있었다. 한적한 트리어에서 성장한 마르크스와 달리 엥겔스는 초기 자본주의가 어떤 모습인지 잘 알았다. 특히 냄새에 대한 기억이 생생했다.

엥겔스 가족은 부퍼강 유역의 많은 공장주처럼 무척 독실하게 살았다. 일상의 진부한 일조차 하나님의 역사와 관련지어 생각했다. 엥겔스의 어머니가 벨기에의 바닷가 휴양지 오스탕드에 머물고 있을 때였다. 엥겔스의 아버지는 이런 편지를 보냈다. "사랑하는 엘리제, 당신이 키우던 감자가 슬퍼 보여요. 그렇게 튼실하던 것들이 만연한 질병에 감염된 것 같소. … 마치 주님이 자신을 잊고 사는 이 시대 인간들에게 지상의 삶이 얼마나 그분께 달려 있고, 얼마나 그분의 손안에 있는지 보여주려는 것 같소."[41] 엥겔스는 훗날 이 고향 도시를 "반反계몽주의자들의 시온"이라고 불렀다.[42]

엥겔스의 아버지는 장남이 혹시 잘못된 길로 빠져들지 않을까 일찍부터 걱정했다. 그에게는 무해한 대중소설조차 위험해 보였다. 한번은 아내에게 열네 살 아들을 염려하는 편지를 보냈다. "13세기의 기사 문학 같은 불경한 책이 오늘 다시 아이의 책꽂이에 있는 걸 보고 상심이 컸소. 그런 책을 버젓이 책상 위에 놓아두는 아이의 태평함이 이해가 되지 않소. 부디 주님께서 아이의 영혼을 지켜주시기만 바랄 뿐이오. 무엇 하나 빠지지 않는 이 아이가 혹시 잘못될까 걱정이오."

아버지는 재능 있는 아들이 무조건 가족 회사에 합류하길 바랐고, 엥겔스가 대학에 가지 못하도록 대학 입학 자격시험도 치지 못하게 했다. 그 때문에 엥겔스는 뛰어난 성적에도 불구하고 김나지움을 조기에 그만두고, 대신 1838년 브레멘에 있는 한 도매상의 견습생으로 들어가야 했다.

엥겔스는 사무실 의자에 앉아 세계화에 동참했다. 세계화는 새로운 현상이 아니라 19세기에 이미 뚜렷이 자기 색깔을 드러내고 있었다. 언어 재능이 탁월한 엥겔스는 영국에서 아이티까지 사업망을 구축한 상사 대표의 국제적 통신 연락 업무를 맡았고, 그를 통해 수입 관세의 함정뿐 아니라 다양한 통화의 차익 거래에도 눈떴다.

동시에 그는 은밀한 제2의 삶을 살았다. 아무도 모르게 프리드리히 오스발트라는 가명으로 시와 에세이, 비판적 신문 기사를 쓴 것이다. 저널리스트 교육을 전혀 받지 않은 19살 청년이 유명한 저널리스트로 떠올랐다. 특히 주목을 받은 기사는 좁은 작업장에서 일하는 사람들의 고통을 생생히 묘사한 〈부퍼탈에서 부친 편지〉였다. "산소보다 탄가루와 먼지를 더 많이 흡입할 수밖에 없을 만큼 천장이 낮은 공간에서의 노동은 대체로 6세부터 시작하는데, 기력과 삶의 기쁨을 빼앗아가도록 설계되었다. … 타고난 무두장이 중에는 강건한 사람도 더러 있지만, 대개 육체적·정신적으로 망가지기까지는 3년이면 족하다. 다섯 명 중 셋이 폐결핵으로 사망한다."[43]

이런 사회 비판에도 불구하고 약관의 청년은 계급투쟁을 전파하고 경제를 상세히 분석하는 수준과는 아직 거리가 한참 멀었다. 착취에 격분했지만, 무엇보다 고향의 속물적 종교성을 조롱하는 데 바빴다. "전 지역이 경건주의와 고루한 속물성의 바다에 잠겨 있다."[44] 그는 고향 땅의 "광신적 편협함"을 지적하면서 "일요일마다 교회에 두 번" 가는 경건주의자들이 현실에서 노동자들을 쥐어짜는 위선적 태도를 비난했다. "공장주들 가운데 노동자들을 가장 혹독하게 다루는 이들이 바로 경건주의자들이다."

브레멘에서 엥겔스는 부모가 어릴 때부터 주입한 신앙을 완전히 버렸다. 하지만 새로운 신을 발견하지 못했다면 기독교를 포기할 수 없었을지도 모른다. 엥겔스도 마침내 헤겔로 개종한 것이다. 따라서 그는 젊은 헤겔주의자들을 만나고 철학에 전념하기 위해 하루빨리 베를린으로 달려가고 싶었다. 하지만 아버지가 의심하지 않도록 도제 수업을 마친 후 일단 프로이센 포병부대에 1년간 자원입대했다.

1841년 가을, 엥겔스가 고대하던 시간이 마침내 찾아왔다. 부모의 아낌없는 경제적 지원으로 병영에서 지낼 필요 없이 밖에서 개인 방을 빌려서 생활했는데, 이로써 아버지의 감시에서 벗어난 것이다. 바라고 또 바라던 일이었다. 그는 고등학교 졸업장도 없이 베를린대학에서 도강을 했고, 독일 철학자 프리드리히 셸링의 수업을 들으면서 나중에 마찬가지로 세계적으로 유명해질 학우들을 만났다. 예를 들면 덴마크 철학자 쇠렌 키르케고르, 러시아 무정부주의자 미하일 바쿠닌, 스위스 예술사가이자 문화사가 야콥 부르크하르트이다.

엥겔스는 저널리스트로도 계속 활동하고 있었기에 머나먼 부퍼탈에 있던 아버지도 아들이 또다시 철학의 사도邪道에 빠져 방황하고 있음을 곧 알아차리게 되었다. 아버지는 아들의 군 복무가 끝나자마자 엥겔스를 바로 맨체스터로 보냈다. 약 400명의 노동자가 일하는 아버지의 자회사, 즉 면사 제조 공장이 있는 곳이었다. 그런데 아들은 여기서 산업 자본주의의 현장을 목격하면서 남은 생애 동안 영향을 미치게 될 자극을 받고 더욱 급진화되었다. 마르크스에게 깊은 인상을 남긴 「정치경제학 비판 개요」가 탄생한 곳도 바로 여기였다.

엥겔스가 아일랜드 여성 메리 번스를 만난 곳도 맨체스터였다. 그가 항상 충실하지는 않았지만 1863년 그녀가 세상을 떠날 때까지 결혼하지 않고 함께 살았던 노동자였다. 마르크스가 부르주아지와 싸우면서도 부르주아처럼 살았다면 엥겔스는 부르주아 출신이면서도 훨씬 더 급진적으로 부르주아의 관습을 거부했다.

21개월 후 엥겔스는 맨체스터에서 작은 우회로를 거쳐 바르멘으로 돌아갔다. 1844년 8월 그는 마르크스를 만날 작정으로 일단 파리로 향했다. 짧은 방문이었지만, 둘은 서로가 서로를 완벽히 보완한다는 사실을 즉각 알아차렸다. 마르크스는 철학적 상부 구조와 뜨거운 혁명적 열정을 제공했고, 엥겔스는 경험적 지식을 제공했다. 그는 성공한 공장주이자 노련한 사업가의 아들이었을 뿐 아니라 곧 도래할 산업화도 맨체스터에서 이미 경험했기 때문이다. 게다가 엥겔스는 영국 경제학의 가장 중요한 책들을 읽었고, 마르크스는 이제야 애덤 스미스와 데이비드 리카도의 중요성을 이해하기 시작했다.

마르크스와 엥겔스가 열흘 동안 파리의 술집을 전전하는 사이 앞으로 평생 지속될 우정과 협력 작업의 공동체가 싹텄다. 엥겔스는 마르크스에게 기꺼이 복종할 준비가 되어 있었다. 왜냐하면 마르크스는 매력적인 사람이기는 했으나 다른 한편으론 자신의 대단함을 한 치도 의심하지 않는 인물이었기 때문이다.

엥겔스가 둘의 관계에서 마르크스를 천재로 여긴 것은 운명과도 같았다. 1886년, 그러니까 마르크스 사후에 엥겔스는 둘의 공동 작업에 대해 이렇게 썼다. "주도적인 기본 이념은 대부분 … 마르크스의 머리에서 나왔다. 내가 기여한 것이라고는 보잘것없고 … 사실 마르크스는 나 없이도 그 모든 일을 이루어냈으리라. 마르크스가 거둔 성취를 나는 도저히 이루지 못했을 터이다. 그는 다른 모든 사람보다 더 높이 서 있었고, 더 멀리 보았으며, 더 많이, 더 빨리 내다보았다. 마르크스가 천재라면 우리는 기껏해야 재능 있는 범인일 뿐이다."[45]

엥겔스는 실제로 위대한 이론가가 아니었고, 문체도 마르크스의 탁월한 산문에 비길 바가 아니었다. 그러나 그는 단순히 "재능 있는 범인" 이상이었다. 선한 사업가였을 뿐 아니라 훌륭한 저널리스트였다. 그의 글은 철저한 자료 조사를 토대로 쓰였고, 물 흘러가듯 읽혔으며, 재치가 넘치고 항상 쉽게 이해되었다. 모두 마르크스에게는 없는 요소들이었다. 특히 그의 후기 대표작 『자본론』은 일반인이 소화하기 어려워 엥겔스는 독자들이 마르크스의 메시지를 이해할 수 있도록 대중 요약본까지 만들 생각을 했다. 또한 그는 빨랐다. 항상 마감 시간에 맞춰 원고를 넘겼다. 그러나 마르크스는 글쓰기에 빠져 시한을 넘길 때가 많았다.

영국 노동계급의 상황

엥겔스가 얼마나 빠른 속도로 작업하는 사람인지는 향후 6개월이 잘 보여주었다. 그는 맨체스터에서 출발해 파리를 거쳐 바르멘으로 돌아오자마자 불과 반년 만에 지금도 여전히 19세기 최고의 사회학 연구서 중 하나로 꼽히는 『영국 노동계급의 상황 Die Lage der arbeitenden Klasse in England』(1845)을 썼다.

당시 다른 작가들도 '사회 문제'를 다루었다. 하층민의 곤궁이 워낙 명백해서 많은 사람이 '사회적 대중 빈곤'에 대한 글을 끊임없이 쓰고 있었다. 만연한 빈곤을 한탄하는 글이 1822년에서 1850년 사이에 독일에서만 600여 편이나 발표되었다.[46]

그러나 엥겔스의 책은 최초로 산업혁명에 초점을 맞추었고, 개별 분야의 묘사에만 그치지 않고 모든 노동자계급의 일반적인 상황을 파악하려고 시도했다는 점에서 다른 책들보다 월등히 뛰어났다. 또한 탁상공론식 의견 제시를 배제하고, 직접 현장을 찾아가 조사하고 관련 자료를 상세히 참조했다. 따라서 엥겔스는 동료 철학자들의 안일한 현실 인식에 입을 닫을 수가 없었다. "독일 사회주의와 공산주의는 다른 어떤 나라보다 이론적 전제에 집착한다. 우리 독일 이론가들은 현실 세계에 대해 아는 것이 여전히 너무 적다."[47]

엥겔스는 대다수 사회주의자와는 달리 노동자를 글의 수동적인 대상으로 삼은 것이 아니라 그들과 직접 대화를 나누고 그들에게서 배우기도 했다. 이런 식의 호기심이 당시에는 얼마나 드문 일이었는지 본인도 알고 있었기에 영어판 서문에 이렇게 적었다. "나는 중산층의 사교와 향연, 포트와인과 샴페인을 포기하고 여가 시간의 거의 전부를 일반 노동자들과의 교류에 바쳤다."[48]

엥겔스는 이런 대화를 당국의 공식 통계 및 다른 글로 보완했고, 마르크스가 나중에 『자본론』에서 차용하게 될 전략을 처음 사용했다. 즉, 이념적 적인 자유주의자들의 글을 주로 인용한 것이다. 부르주아지조차 노동자가 인간 이하의 열악한 환경에서 살고 있다는 사실을 인정할 수밖에 없다면 그건 사회주의자들의 펜에서 나온 어떤 비난보다 더 효과적이었다. "공식 자료가 없을 경우 나는 산업 노동자를 묘사할 때 항상 자유주의적 부르주아지가 쓴 글을 끌어다 썼다. 그들 자신의 입에서 나온 말로 그들을 때리기 위해서였다."[49]

파리에서 마르크스와 나눈 대화는 엥겔스의 글에 뚜렷한 흔적을 남겼다. 그전에는 사유재산에 대한 공격이 주를 이루었다면 이제는 프롤레타리아혁명으로 이어질 계급 대립이 중심에 서 있었다. 그의 책은 이 봉기가 멀지 않았음을 보여주는 증거가 되어야 했다.

엥겔스는 신기술이 만들어낸 경이로움에서부터 시작했다. 방적기, 직조기, 증기 동력, 주철, 강철, 화학 비료, 철도, 전신 등 당시의 가장 중요한 발명품을 몇 쪽에 걸쳐 나열했다. 그는 인간에 의해 훼손되지 않은 천연 그대로의 자연을 꿈꾸는 낭만주의자가 아니었다. 오히려 "영국 산업이 1760년 이후 일구어낸 거대한 발전"에 감격했고, "인류 역사상 유례가 없는 이 성장의 역사"에 매료되었다.

그러나 기술에 대한 이런 감탄에도 불구하고 혁명가 엥겔스에게는 확고부동한 신념이 있었다. "이 산업혁명의 가장 중요한 결실은 바로 영국 프롤레타리아트다." 지금까지의 역사에서 한 번도 역할을 맡은 적이 없던 가난한 사람들이 이제 그들 스스로 계급의식을 발전시킨 혁명적 대중으로 떠올랐다는 것이다. 어쨌든 엥겔스의 생각이 그랬다.

그는 부르주아지가 노동자들에게 저지른 "사회적 살인"을 상세히 묘사했다. 그들은 프롤레타리아트를 축축한 방에 짐승처럼 몰아넣고는 먹을 것도 충분히 주지 않았다. 엥겔스는 정부 공식 보고서에서 가져온 인용문을 하나씩 나열했다. 한 목격자는 에든버러의 과밀한 지하방에 대해 이렇게 보고했다. "그는 하루에 일곱 집을 갔다고 하는데, 침대가 있는 집은 하나도 없었고, 심지어 몇몇 집에는 짚도 없었다고 한다. … 게다가 낮에도 사람이 보이지 않을 만큼 어두운 지하방에는 당나귀 한 마리도 숙식하고 있었다."

빈곤은 당국의 건강 통계에서도 명확히 드러났다. "1840년 리버풀에서 상류층(귀족, 지주, 전문 직업군 등)의 평균 수명은 35년, 상인과 웬만큼 부유한 수공업자의 수명은 22년, 노동자와 날품팔이, 하인의 수명은 일반적으로 15년이었다." 엥겔스는 상류층이 프롤레타리아트보다 두 배나 더 오래 산다는 사실을 고발하고 싶었다. 그러나 오늘날에도 부자가 더 오래 살고, 심지어 잘 늙지도 않는다.

이처럼 노동자의 낮은 기대수명은 무엇보다 영유아의 높은 사망률과 관련이 있었다. 엥겔스는 맨체스터에 대해 이렇게 보고했다. "노동자들의 자녀는 5세 이전에 사망하는 비율이 57퍼센트가 넘는 반면에 상류층 자녀의 사망률은 20퍼센트에 불과하다." 영유아의 주요 사망 원인은 "천연두, 홍역, 백일해, 성홍열"이었다.[50]

엥겔스는 모든 공장주를 노동자를 무자비하게 착취하는 부도덕한 괴물로 묘사할 정도로 순진하지도, 도발적이지도 않았다. 그는 피고용자의 처지를 개선하려고 애쓰는 기업가도 많다는 사실을 직접 목격했다. 그러나 전체적으로 보면 자본가계급에 중요한 것은 개인이 아니라 경쟁이었다. 자본가는 몰락하지 않으려면 반드시 이윤을 내야 했고, 이윤은 프롤레타리아를 착취할 때만 얻을 수 있었다.

엥겔스는 자본주의에 집중의 경향이 있고, 시간이 갈수록 더 큰 공장이 더 작은 공장을 집어삼킬 수밖에 없음을 알아차렸다. 그런데 그의 관점에서 보면 프롤레타리아트가 점점 더 커져가는 회사들로 몰리는 것은 좋은 일이었다. 노동자는 이런 "인구 집중"을 통해 "그들 전체를 하나의 계급으로 느끼기" 시작할 것이고, "개인은 약하지만 모이면 힘이 된다는 사실을 인지하게 될 것"이라고 생각했다. 그런 측면에서 "대도시는 노동 운동의 용광로"나 다름없었다.

마르크스가 프롤레타리아트를 발명할 수밖에 없었던 독일의 상황과 달리 영국에는 노동자만 있는 것이 아니라 노동조합도 이미 존재했다. 엥겔스는 "일주일이 멀다 하고, 아니 하루가 멀다 하고 여기저기서 파업이 일어나는 것을" 반갑게 확인했다. 하지만 노동자들의 상황이 그렇게 평화로운 방식으로 개선될 수 있다고는 믿지 않았다. 그가 내다본 것은 개혁이 아니라 "사회적 전쟁"이었다.

왜냐하면 엥겔스가 확인한 것처럼 노동조합에는 한 가지 약점이 있었기 때문이다. 노동조합은 경제 위기가 닥치는 순간 바로 무력화되었다. 절망적인 노동자들은 최저 임금까지 받아들임으로써 부족한 일자리를 놓고 서로 치열한 경쟁을 벌였다. 엥겔스는 '산업 예비군*'이라는 개념을 아직 사용하지 않았지만, 앞으로 마르크스에게 무척 중요해질 잉여 프롤레타리아트에 대

---

* 실업 및 불완전고용 상태의 노동자.

한 구상이 여기서 나왔다.

그렇다면 결론은 하나였다. 계급투쟁 말고는 대안이 없었다. 군 복무 이후 군사 용어를 즐겨 사용하던 엥겔스는 당시 상황을 이렇게 평가했다. "이 파업들은 전초 기지 전투다. … 그것들로는 아직 아무것도 결정지을 수 없지만 … 파업은 더 이상 피할 수 없는 큰 전투를 준비하는 노동자 군사 학교다."

엥겔스는 결전의 해까지 정확히 점찍고 있었다. "아무리 늦어도 1847년까지는" 혁명이 무르익으리라는 것이다. 왜냐하면 "그 규모와 분노 면에서 이전의 모든 위기를 훨씬 능가할" 위기가 찾아올 것이기 때문이다. 그는 음울하면서도 흥분한 목소리로 이렇게 예언했다. "부자에 대한 빈자의 전쟁은 유례를 찾을 수 없을 정도로 유혈이 낭자할 것이다. 혁명의 날은 반드시 온다. 평화로운 해결책을 찾기에는 이미 너무 늦어버렸다." 혁명의 시기와 관련해서는 어쨌든 엥겔스의 말이 맞았다. 1848년에 유럽 전역에서 혁명이 발발했으니까.

하지만 엥겔스는 그전에 일단 자기 자신부터 해방하고, 가족에게서 벗어날 방법부터 찾아야 했다. 그는 바르멘의 본가에서 6개월 동안 머물며 저술 작업에만 열중했다. 그러던 어느 날 잔뜩 신경이 날카로워져서 마르크스에게 이런 편지를 보냈다. "나는 먹을 수도 마실 수도 잘 수도 없네. 방귀도 마음대로 뀔 수 없을 정도일세. 내 코앞에 그 빌어먹을 예수상이 늘 똑같은 얼굴로 버티고 서 있으니 … 오늘은 온 일족이 성찬식에 가고 … 오늘 아침의 그 한심한 얼굴들은 참으로 눈 뜨고 봐줄 수가 없었네."

게다가 엥겔스는 엘버펠트에서 공산주의 연설을 했다는 이유로 프로이센 경찰에 쫓기고 있었다. 이 소문은 이미 부퍼탈 전역에 퍼졌고, 사람들은 엥겔스 가족에 대해 수군거렸다. 결국 아버지도 아들이 가능한 한 빨리 프로이센을 떠나는 것이 최선이라고 생각하고 아들에게 돈을 쥐여주었다. 가족 사업과 상관없이 프리드리히의 삶에 돈을 댄 것은 이번이 처음이었다. 이렇게 해서 엥겔스는 해외에서 단순히 굶어죽을 걱정을 할 필요가 없었을 뿐만 아니라 부모의 넉넉한 지원 덕분에 마침내 돈 걱정을 하지 않는 전업 운동가가 될 수 있었다. 이로써 혁명의 날은 점점 가까워졌다.

1845년 봄 엥겔스는 브뤼셀로 이주했다. 프랑스에서 추방된 마르크스도 그사이 벨기에로 옮겨가 있었기 때문이다.[51] 사실 프랑스 정부 입장에서는 마르크스가 독일어로 「전진!Vorwärts!」이라는 제목의 망명자 팸플릿을 쓰든 말든 상관이 없었을 테지만, 프로이센은 전 외교력을 동원해서 그가 파리를 떠나도록 압력을 가했다. 마르크스는 유럽 전역에서 프로이센 정부의 탄압을 받는 것이 성가셨지만, 다른 한편으론 가슴 뿌듯하기도 했다. 프로이센 정탐꾼들이 부지런히 그를 뒤쫓고 있다는 것은 그가 이미 두려운 혁명가로 부상했음을 보여주는 증거였기 때문이다.

혁명은 더 빨랐다:『공산당 선언』

프로이센 정부는 신경이 곤두섰다. 유럽 전역이 들끓고 있었기 때문이다. 마르크스와 엥겔스만 혁명을 예측한 것이 아니라 군주들도 백성을 두려워하고 있었다. 1845년부터 몇 차례의 흉작으로 그렇지 않아도 사회 전반에 퍼져 있던 가난은 더욱 악화되었다. 프로이센에서 호밀 가격은 88퍼센트, 밀 가격은 75퍼센트, 감자 가격은 심지어 135퍼센트나 치솟았다.[52] 굶주림의 시간이 다시 돌아왔다.

하층계급만 궁핍했다면 어쩌면 유럽 지배자들도 이 위기를 무사히 넘겼을지 모른다. 그러나 교육받은 시민계급의 불만도 함께 들끓어 올랐다. 교육 후의 진로가 막혀버렸기 때문이다. 그들의 아들들은 최고 기관에서 교육을 받았지만, 막상 졸업하고 나면 국가에서 일자리를 찾을 수 없었다. 대학 졸업자가 그냥 너무 많았던 것이다. 예비 목회자나 사법연수생이 첫 유급 직장을 얻고 결혼하기까지 12년을 기다려야 할 때도 많았다. 이런 좌절감을 혁명으로 전환할 시간은 충분했다.[53]

마르크스의 처지도 이들과 비슷했다. 대학 교육을 마친 시민계급의 아들이었지만 역시 적절한 직장을 구하지 못했다. 하지만 이후의 삶은 동세대 사람들과 확연히 달랐다. 그가 평생 혁명가로 남았다면 대부분의 다른 지식인들은 1850년대와 1860년대에 경제가 회복되자 기꺼이 통치자들과 손을 맞잡았다. 이렇게 해서 많은 전직 혁명가가 훗날 은행가, 사업가, 언론인, 성공적인 정치인으로 변신했다.[54]

1847년으로 다시 돌아가 살펴보자. 마르크스와 엥겔스는 '의인義人 동맹'에 가입했다. 얼마 뒤 둘의 영향으로 '공산주의자 동맹'으로 개명하게 될 비밀 결사 조직이었다. 이 혁명 조직에 필요한 것은 강령이었고, 마르크스가 그 임무를 맡았다. 그런데 늘 그랬듯이 그는 원고를 제때 넘기는 데 어려움을 겪었고, 결국 7일 밤낮을 꼬박 작업에 매달렸다. 이 스트레스가 『공산당 선언』에는 보약이 되었다. 선언은 간명하고 우아하고 냉소적이었고, 그러면서도 재치가 넘쳤다. 짧고 확고한 문장은 성경에 버금갈 만한 언어적 힘을 갖고 있었고, 본문 내용은 오늘날까지도 예언적 성격을 잃지 않고 있다. 왜냐하면 21세기에도 결코 낯설게 느껴지지 않는 자본주의의 미래를 음습하면서도 극적으로 묘사하고 있기 때문이다.[55]

그중 많은 문장이 대부분의 사람이 아는 금언이 되었다. 우선 첫 문장은 세계적으로 유명하다. "한 유령이 유럽을 배회하고 있다. 공산주의 유령이." 마지막 문장도 마찬가지로 잘 알려져 있다. "프롤레타리아가 잃을 것은 사슬뿐이요, 얻을 것은 세계 전부다."[56]

마르크스는 곧장 핵심으로 치고 들어갔다. "지금까지 모든 사회의 역사는 계급투쟁의 역사다." 이 진단은 오늘날만큼 그렇게 혁명적으로 들리지는 않았다. 사실 당시엔 모든 사람이 귀족의 특권을 끝장낼 혁명을 기대하고 있었기 때문이다. 수공업자와 평민은 자신들의 이해관계가 지주, 귀족, 제후 들과 다르다는 사실을 알기 위해 굳이 『공산당 선언』을 읽을 필요가 없었다.

마르크스는 계급투쟁의 원리를 자신이 발견했다고 주장하지도 않았다. 1852년 그는 미국으로 이주한 친구 요제프 바이데마이어에게 이렇게 썼다. "부르주아 역사가들은 나보다 훨씬 앞서 이 계급투쟁의 역사적 발전 과정을 기술했고, 부르주아 경제학자들은 경제학적 관점에서 계급투쟁을 해부했네. 내가 새롭게 한 일이라고는 다음 두 가지를 증명한 것뿐이네. 첫째, 계급의 존재가 생산의 특정한 역사적 발전 국면과 연결되어 있고, 둘째, 계급투쟁은 프롤레타리아트 독재로 이어질 수밖에 없다는 사실이지."[57]

그런데 마르크스는 선언문에서 프롤레타리아트에 대해 설명하기 전에 일단 자본주의를 비롯해 그전에 "지극히 혁명적인 역할을 수행한" 부르주아지를 칭찬했다. 자본가들이 조건을 만들어주었기에 프롤레타리아트가 나타날 수 있었다는 것이다.

마르크스는 기업가들이 사회를 변화시켜온 과정을 냉소와 감탄을 섞어가며 요약했다. "부르주아지는 지배권을 획득하는 순간 봉건적이고 가부장적이고 목가적인 관계를 모두 파괴했다. 그들은 날 때부터 상전에게 구속될 수밖에 없는 온갖 봉건적 속박의 끈을 무자비하게 끊어버리고는 인간과 인간 사이에 적나라한 이익과 냉정한 '현금 계산' 외에 다른 어떤 끈도 남겨두지 않았다. 또한 신앙적인 열광과 기사도적인 감격, 그리고 소시민적 우수에 담긴 성스러운 전율을 이기적 타산이라는 차가운 물속에 넣고 익사시켜버렸다. … 한마디로 종교적·정치적 환상들에 가려진 기존의 착취를 노골적이고 파렴치하고 직접적이고 인정사정없는 착취로 대체했다."

마르크스는 동시대의 기술적 성취에 대해서도 마찬가지로 웅변조로 열변을 토했다. "인간 활동이 실로 무엇을 이룰 수 있는지 증명한 것"도 부르주아지가 처음이었다. "그들은 이집트의 피라미드, 로마의 수도 시설, 고딕 대성당과는 전혀 다른 기적을 일구어냈다." 그러고는 그 기적들을 열거했다. "자연력의 통제, 기계 장비, 공업과 농업에 대한 화학의 응용, 증기선, 철도, 전신, 세계 각 지역의 개간, 하천의 운하 건설, 땅에서 솟은 듯한 엄청난 인구."

마르크스는 자본주의가 무엇보다 역동적인 시스템이고, "사회관계 전반을 끊임없이 혁신하지 않고는 살아남을 수 없다"는 사실을 정확히 간파하고 있었다. "부르주아지 시대를 이전의 모든 시대와 구분 짓는 두드러진 특징은 지속적인 생산 혁신, 모든 사회적 상황의 부단한 뒤흔듦, 영구적 불안과 동요다. … 신분 질서와 관련된 모든 것은 사라지고, 성스러운 모든 것은 모독당한다."

그는 자본주의가 전 세계적인 성격을 띠고 있어서 결코 독일 국경 안쪽으로만 제한될 수 없다는 사실도 일찍 깨달았다. "판매고를 끊임없이 높이려는 욕구가 부르주아지를 전 세계로 내몬다. 그들은 세계 곳곳에 둥지를 틀고 본거지를 넓히고 연결망을 구축하고, … 세계 시장의 수탈을 통해 모든 나라의 생산과 소비를 범세계적으로 조직한다. 또한 반동 세력에게는 대단히 유감스러운 일이겠지만, 한 나라의 산업적 토대까지 허물어뜨린다. … 한 지방이나 한 국가 내에서 이루어지던 폐쇄적인 자급자족 대신 이제 국가 간의 전면적인 교류와 상호 의존성이 나타난다."

『공산당 선언』도 테제, 안티테제, 진테제라는 헤겔의 변증법적 원칙을 엄격히 따른다. 테제는 부르주아지의 웅대한 부상인데, 이는 마지막에 가서 재차 이렇게 요약된다. "한마디로 부르주아지는 자신의 생각에 따라 세계를 창조해나간다. … 그들은 인구를 밀집시키고, 생산 수단을 한곳으로 모으고, 사유재산을 몇 사람에게 집중시킨다."

이어 안티테제가 나온다. 부르주아지의 몰락이다. 왜냐하면 자본주의 속엔 엥겔스도 이미 묘사한 바 있는 당혹스러운 역설이 존재하기 때문이다. 문제는 과잉이다. 자본주의 체제에서는 "주기적으로 반복되면서 전체 부르주아 사회의 존립을 위협하는" 상업 공황이 닥친다. "이 위기가 찾아오면 사회적 전염병, 즉 과거에는 말도 안 되는 일로 비쳤을 과잉 생산의 전염병이 퍼진다. 사회는 갑자기 일시적 야만 상태로 퇴보하고 … 상공업은 완전히 무너지는 듯 보인다. 이유가 무엇일까? 문명의 과잉, 식품의 과잉, 상공업의 과잉 탓이다."

부로 인해 빈곤이 만들어졌기에 부르주아지는 살아남지 못한다. 어쨌든 마르크스의 진단이 그렇다. "부르주아지는 자신을 죽음으로 내몰 무기만 만든 것이 아니라 이 무기를 들게 될 사람들까지 만들어냈다. 프롤레타리아라는 이름의 근대 노동자가 그들이다. … 결국 부르주아지는 자기 무덤을 팔 계급을 스스로 만들어냈다."

이어 변증법적 진테제로서 공산 사회가 제시된다. 이는 열 가지 요구를 담고 있는데, 그중 일부는 오늘날의 시각에서 보면 더는 혁명적이 아니라 지극히 자명한 일로 받아들여진다. 예를 들면 누진 소득세, 철도 국유화, 중앙은행, 어린이를 위한 의무 교육 같은 것들이다.

공산 사회의 요구 중에는 당연히 일부 상류 계층이 독점하다시피 한 사유재산의 폐지도 포함된다. 마르크스는 신랄한 반어적 표현으로 부르주아 독자들을 공격한다. "당신들은 우리가 사적 소유를 폐지하고자 한다고 경악한다. 그러나 현재 당신들의 사회에서 구성원의 90퍼센트는 이미 사적 소유가 폐지된 것이나 마찬가지다. 나머지 10퍼센트만 사적 재산을 갖고 있으니까. … 당신들은 우리가 당신들의 사유재산을 빼앗으려 든다는 말로 우리를 비난한다. 그렇다, 우리는 그것을 원한다."

선언문은 세계적으로 유명한 간결하고 힘찬 구호로 끝난다. "만국의 프롤레타리아여, 단결하라!" 덧붙여 말하자면, 이 슬로건은 마르크스의 머리에서 처음 나온 것이 아니라 이미 공산주의자 동맹이 사전에 합의한 전투 구호였다.[58]

그런데 현실이 오히려 선언문을 앞서나갔다. 선언문이 인쇄 중이던 1848년 2월 파리에서 또다시 혁명이 일어났고, 이번에는 혁명의 여파가 많은 유럽 국가를 휩쓸었다. 오스트리아, 헝가리, 북부 이탈리아에서 봉기가 일어났다. 3월에는 베를린에서 시가전이 벌어졌고, 5월에는 프랑크푸르트에서 통일 독일을 위한 민주 헌법을 제정하기 위해 국민 의회가 구성되었다.

마르크스와 엥겔스는 급히 쾰른으로 돌아가 이번에는《노이에 라이니셰 차이퉁Neue Rheinische Zeitung》이라는 이름의 신문을 발간하기 시작했다. 발행 부수 면에서 이 신문은 성공을 거두었다. 약 5000부를 발간했기 때문이다. 그런데 공산주의자들의 기대와 달리 이 신문은 노동자들에게 초점을 맞추지 않았다. 그들에게 마르크스의 현학적 필치는 너무 어려웠던 데다 노동 운동이라는 주제도 신문지상에 거의 나오지 않았다. 대신 마르크스와 엥겔스는 시민계급에 호소하고자 했다. 독일은 프롤레타리아혁명에 나설 준비가 되어 있지 않다고 생각했기 때문이다. 특히 진정한 프롤레타리아는 아직 형성되지 않았다고 판단했다. 노동자들이 모여서 연대할 만한 대형 공장이 독일에는 아직 없었기 때문이다.

게다가 당시 독일은 39개의 소국으로 이루어져 있었고, 그로 인해 혁명 운동의 파괴력은 크게 떨어질 수밖에 없었다. 따라서 마르크스와 엥겔스는 이미 『공산당 선언』에서 냉정하게 분석했듯이, 독일은 프롤레타리아혁명의 기회를 갖기 전에 '부르주아혁명'이 먼저 필요하다고 판단했다. "독일에서 공산당은 … 부르주아지와 손잡고 절대 왕정, 봉건 지주, 프티부르주아와 맞서 싸운다."

그러나 부르주아혁명은 다른 유럽 국가들에서와 마찬가지로 독일에서도 실패했다. 어디서도 진정한 의회민주주의는 탄생하지 못했고, 늦어도 1849년 7월부터는 각국의 군주들이 다시 확고하게 왕좌를 지켰다. 마르크스는 혁명을 경험한 프랑스에서도 개혁이 일어나지 않은 것에 특히 실망했다. 더구나 이 혼란스러운 정국은 나폴레옹 1세의 조카인 루이 보나파르트에게 권력을 안기는 결과만 초래했다.

보나파르트는 1851년에 쿠데타를 일으키고 나서 군사 독재 정권을 수립했다. 얼마 뒤 마르크스는 『루이 보나파르트의 브뤼메르 18일Der achtzehnte Brumaire des Louis Bonaparte』(1852)에서 이 정권을 분석했는데, 이 유명한 책은 오늘날까지도 근대 혁명의 이론과 역사에 관한 가장 중요한 문헌 중 하나다. 그는 이 군사 독재가 기본적으로 지극히 새로운 체제라는 데서 출발했는데, 그의 선견지명은 놀랍다. 그러니까 이전에는 도저히 양립할 수 없을 것처럼 보였던 자유와 억압이 이 체제에서 하나로 융합되어 나타난 것이다. 프랑스 부르주아지는 정치적 발언권은 전혀 갖지 못했으나 경제 및 문화 영역에서는 자유롭게 활동할 수 있었다. 국가는 더 이상 기업과 은행에 간섭하지 않았을 뿐 아니라 종교의 자유를 보장하고 연구를 장려하고 보편적 교육에 재정을 지원했다.[59]

정치적 독재와 경제적 자유의 새로운 결합은 독일에서도 서서히 모습을 드러냈다. 1848년의 혁명은 실패했지만, 프로이센조차 어느 것도 예전과 똑같지 않았다. 여전히 같은 왕이 통치하고 있었음에도 말이다. 프리드리히 빌헬름 4세는 독실한 기독교인으로서 신의 은총을 받아 나라를 다스리고 있다고 느꼈지만, 얼마 안 가 중세 신분 제도의 시대가 마침내 끝났음을 인정할 수밖에 없었다. 따라서 1850년 하해와 같은 은혜를 베풀어 의회 제도를 받아들이기로 결정했다. 물론 보편 참정권이 아닌 차등 참정권이었다. 남성은 거의 모두 투표할 자격이 있었지만, 과세

소득에 따라 세 계급으로 분류되었다. 그러니까 가장 부유한 상위 5퍼센트가 3분의 1의 의석을 가져가고, 11~15퍼센트가 또 다른 3분의 1을, 나머지 80~85퍼센트가 나머지 3분의 1을 차지하는 식이었다.

이러한 차등 제도는 자유주의 부르주아지로선 두 팔 들고 환영할 일이었다. 귀족계급과 손잡고 의회에서 다수를 확보함으로써 수공업자, 농장 노동자, 프롤레타리아가 막강한 권한을 행사할까 봐 걱정할 필요가 없어졌기 때문이다. 부르주아지는 가난한 대중으로부터 자신의 이익을 지키기 위해 왕과 동맹을 맺었다.

이로써 부르주아혁명은 실패했다. 그건 마르크스도 인정할 수밖에 없었다. 그렇다고 프롤레타리아 봉기에 희망을 걸 수도 없는 노릇이었다. 당시의 많은 노동자는 마르크스가 직접 경험했듯이 계급 투쟁가가 아니라 그저 충성스러운 신민이었을 뿐이다. 1848년 8월 프리드리히 빌헬름 4세가 라인란트 지방을 방문했을 때였다. 그날 《노이에 라이니셰 차이퉁》은 발행되지 못했다. 인쇄공들이 죄다 프로이센 왕에게 만세를 외치려고 도로변에 나가 있었기 때문이다.[60]

1849년 5월 마르크스에게 혁명은 끝났다. 그는 프로이센에서 추방되었고[61] 마침내 런던으로 이주했다. 영국은 유럽에서 외국 사회주의자를 스스럼없이 받아주는 유일한 국가였다. 독일에서만 약 2만 명의 전직 혁명가들이 런던으로 도망쳤다. 런던은 당시에 주민 250만 명이 살던, 세계에서 가장 큰 도시였다.

망명자들에 대한 영국의 관용은 마르크스와 엥겔스가 당시 상황을 얼마나 착각하고 있었는지를 보여주는 증거이기도 했다. 두 사람은 도시와 공장에 노동자들이 밀집해 있어서 영국에서만큼은 계급투쟁이 무르익었다고 철석같이 믿었다. 그러나 여기서도 프롤레타리아혁명이 일어날 가능성은 0에 가까웠다. 영국 정부가 외국 사회주의자들의 활동을 태연하게 묵인한 것도 그 때문이었다.

1848년 이후 마르크스는 더 이상 정치적 환상에 빠지지 않았다. 또 다른 혁명이나 계급투쟁을 기대할 수 없다는 것도 여실히 깨달았다. 그러나 변증법적 유물론만큼은 버리고 싶지 않았다. 그러려면 혁명 주체로서 프롤레타리아트가 빠지더라도 사회주의 자체를 만들어낼 행위자는 있어야 했다. 이 파괴적 행위자는 자본주의 그 자체일 수밖에 없었다. 그것을 밝히려면 이 복잡한 시스템 속에 내재된 모순을 찾아내야 했다. 마르크스는 그전에 애덤 스미스와 다른 부르주아 이론가들의 책을 읽었지만 이제야 비로소 경제학자가 되었다. 이로써 사회주의는 그에게 더 이상 유토피아가 아니라 과학이 되었다.

런던에서 불행한 망명 생활을 하다

마르크스는 런던 망명 생활 동안 처음으로 정말 가난했다. 지금까지는 기부금과 책 선금, 상속받은 약간의 재산으로 그리 가난하게 살지 않았는데, 이제는 돈줄이 거의 끊겨버렸다. 결국 그는 소호의 빈민가로 들어갈 수밖에 없었다. 수도도 화장실도 없는 방 두 개짜리 집이었다.

이 집은 식구 수가 점점 불어나는 가족에겐 너무 작았다. 결혼 14년 동안 예니 마르크스는 일곱 번 임신했다. 장녀 예니는 1844년에 태어났고, 1845년에는 라우라, 1847년에는 에트가, 1849년에는 하인리히 귀도, 1851년에는 프란치스카, 1855년에는 엘레아노르가 태어났다. 1857년에도 한 아이가 태어났지만 바로 죽는 바람에 이름도 짓지 않았다.

마르크스는 전형적인 19세기 남자였다. 자신의 생식력에 대한 자부심이 컸고, 더 많은 아들을 낳고 싶어 했다. 당시에 딸은 그저 경제적인 짐일 뿐이었다. 상류층에서는 여성의 노동을 적절치 않은 일로 여겼을 뿐 아니라 딸은 결혼 지참금이나 마련해야 할 거추장스러운 존재였다. 프란치스카가 태어났을 때 마르크스는 엥겔스에게 이렇게 적었다. "안타깝게도 아내는 가르송**이 아니라 계집애를 낳았네."

마르크스 가족이 얼마나 힘들게 살았는지는 기록으로 생생히 남아 있다. 빌헬름 슈티버라는 이름의 프로이센 경찰 정보원 덕분인데, 그가 베를린으로 보낸 보고서를 함께 보자. 문학적 소질이 엿보이고, 그런 만큼 각색의 가능성도 있는 보고서이다. "마르크스는 런던에서도 가장 열악하고 그래서 가장 싼 지역에 살고 있다. 방 두 개짜리 집인데, 거리가 내다보이는 방이 거실이고, 침실은 뒤쪽에 있다. 집 안 어디에도 깨끗하고 제대로 된 가구는 찾아볼 수 없고, 하나같이 부서지거나 깨지거나 낡았다.

**　　garçon. 프랑스어로 '남자아이'를 뜻한다.

집 안 곳곳에 손가락 굵기의 먼지가 달라붙어 있고, 정돈된 것 하나 없이 어지럽다. 거실 한가운데에는 방수포로 대충 만든 식탁보를 씌운 크고 고풍스러운 테이블이 하나 있는데, 그 위에는 원고와 책, 신문, 아이들 장난감, 아내의 바느질 도구가 놓여 있다. 그 밖에 이가 빠진 찻잔 몇 개, 더러운 숟가락, 나이프, 포크, 촛대, 잉크병, 술잔, 네덜란드제 점토 파이프, 담뱃재, 그리고 그 사이사이에 온갖 잡동사니가 뒤죽박죽 쌓여 있다. 모두 거실 테이블 하나에 있는 것들이다. 고물 장수도 이 진기한 앙상블을 보고 너무 부끄러워 뒤로 흠칫 물러날지 모른다. 마르크스의 집에 들어서면 석탄 연기와 담배 연기가 앞을 가린다. 처음에는 무슨 동굴에 있는 것처럼 더듬거리다가 차츰 눈이 연기에 익숙해지면 몇 가지 물체가 안개 속에서 드러나고 … 마르크스 가족은 이 모든 것에 크게 개의치 않는다. 담배 연기와 석탄 연기조차 방해가 되지 않고, 집 안에 있는 모든 것을 기꺼운 마음으로 받아들인다. 부부간의 지적인 대화가 이런 결핍을 부분적으로 보상해주고 불편함을 견디게 해준다. 그러고 나면 심지어 남들과도 잘 지내고, 이 사회를 흥미롭고 독창적이라고 생각한다. 이것이 공산주의 보스 마르크스의 진실한 가정생활 모습이다."[62]

"공산주의 보스"라는 말은 퍽 의미심장하게 들리지만, 사실 런던에 있는 그의 추종자는 고작 12명밖에 되지 않았다. 매주 수요일 밤 소호의 술집 '로즈 앤드 크라운'에서 만나는 그룹이었다. 프로이센이 마르크스를 염탐하려고 최고의 스파이[63]를 파견한 이유가 이 작은 모임 하나 때문일 리는 없다. 여기엔 개인적인 호기심도 결부되어 있었다. 당시 프로이센 내무부 장관은 페르디난트 폰 베스트팔렌이었는데, 예니의 이복오빠였다. 그는 매제 카를이 런던에서 어떻게 지내는지 무척 궁금해했다.

많은 전기 작가가 추측하듯이, 마르크스의 세 자녀가 일찍 죽은 것도 협소한 집 때문이었을 수 있다. 하인리히 귀도는 갑작스러운 발작으로, 프란치스카는 백일해 또는 기관지염으로 사망했다. 둘 다 겨우 한 살이었다. 에트가는 1855년 4월에 8세의 나이로 사망했다. 맹장염일 수 있지만, 장결핵 때문일 수도 있다. 성인이 될 때까지 살아남은 자식은 예니와 라우라, 엘레아노르 세 딸뿐이었다.

전기 작가들 사이에서는 마르크스의 빈곤 문제를 두고 논란이 많았다. 그는 그렇게 돈이 없지는 않았기 때문이다. 객관적인 계산에 따르면 최악의 시기에도 1년에 약 200파운드가 그의 손에 들어왔다. 런던의 비싼 물가를 감안해도 소시민으로 살아가기엔 충분한 돈이었다. 그러나 카를과 예니는 돈을 관리할 줄 몰랐다. 돈이 들어오는 족족 썼다. 마르크스 부부는 사람을 부리는 것도 지극히 당연한 일로 여겼다. 자가自家를 구입할 형편이 아니었음에도 가정부를 고용했을 뿐 아니라 아이들에게 가정교사도 붙여주었다. 심지어 마르크스는 자신의 일을 도와줄 비서까지 두었다.

마르크스는 자본이 전혀 없는 사람이 자본에 관한 글을 쓰는 것의 아이러니를 잘 알고 있었다. 그는 엥겔스에게 보낸 편지에서 영어를 섞어가며 앓는 소리를 했다. 망명 생활 중에 두 사람이 익숙해져 있던 전형적인 독일어-영어 혼합 글쓰기였다. "돈이 이렇게 부족한 상황에서 '돈'에 대해 글을 썼던 사람은 지금껏 없었을 거라고 생각하네. 이 주제를 다룬 대부분의 저자는 이연구 주제와 깊은 평화의 관계를 유지했을 걸세."[64]

이 편지글에서 분명히 알 수 있듯이 마르크스는 돈이 없는 것을 일종의 운명으로 여겼다. 진지하게 일자리를 찾아볼 생각은 단 한 번도 해보지 않은 사람이었다. 게다가 그는 운 좋게도 일할 필요가 없었다. 엥겔스가 평생 경제적인 지원을 해주었기 때문이다.

그런데 망명 생활 초기에는 엥겔스도 형편이 자못 어려웠다. 부모가 더 이상 돈을 부쳐주지 않았던 것이다. 상냥하고 참을성 강한 어머니조차 영원히 혁명가로 살고자 하는 아들의 뜻에 경악하며 이렇게 편지를 썼다. "완곡하게 말해서, 우리가 도저히 인정할 수 없는 길을 가면서도 우리가 그런 너를 계속 지원해줄 거라고는 기대하지 않았으면 좋겠구나. 더구나 네 스스로 밥벌이할 나이도 됐고 그럴 능력도 있다고 생각한다."

결국 엥겔스는 파산했고, 그와 동시에 마르크스 가족까지 함께 곤궁에 빠지는 것을 지켜봐야 했다. 이런 상황에서는 선택의 여지가 없었다. 내키지는 않지만 가업으로 복귀할 수밖에 없었다. 아버지도 아들의 복귀를 두 손 들고 환영했다. 자신의 맨체스터 회사를 감독해줄 믿을 만한 사람이 절실하게 필요한 상황이었기 때문이다. 그럴 만한 사정이 있었다. 여러 정황상 동업자인 에르멘 형제가 자신을 속이고 있다고 의심한 것이다. 그래서 아들에게 회계 장부 조사와 계좌 관리 일을 맡겼다. 엥겔스는 처음엔 그저 평범한 직원에 불과했지만, 나중엔 아버지까지 깜짝 놀랄 정도로 특출한 관리 능력을 보여 곧 회사 이윤도 분배받을 수 있었다.

그때부터 엥겔스는 이중생활을 했다. 겉으로는 건실한 독일 회사의 유능한 대표로 근교의 부촌에 살면서 맨체스터의 모든 중요한 클럽에 가입했다. 심지어 말을 타고 사냥도 다녔다. 고위 귀족과 사회 엘리트만이 경제적으로 감당할 수 있는 취미였다. 그런데 이런 생활과 병행해 다른 곳에 두 번째 집을 마련해두고는 애인 메리 번스와 그녀의 여동생 리지까지 들어가 살게 했다.

1851년부터 1869년까지 엥겔스는 아버지 회사에서 적어도 2만 3289파운드를 벌었고, 그중 3121파운드가 마르크스의 손에 들어갔다. 그러나 초기에는 돈이 빠듯했다. 1853년 엥겔스는 100파운드밖에 벌지 못했고, 그중에서 60파운드를 런던으로 보냈다.[65] 그러나 엥겔스가 얼마를 보내든 상관없이 마르크스에겐 늘 돈이 부족했을 것이다.

결국 마르크스 스스로 수입원을 찾아냈다. 1848년 쾰른에 있을 때 미국 언론인 찰스 A. 데이나를 만났는데, 나중에《뉴욕 데일리 트리뷴New York Daily Tribune》의 발행인이 된 인물이었다. 판매 부수가 20만 부에 이르는, 당시 미국에서 가장 큰 신문이었다. 마르크스에게 깊은 인상을 받았던 데이나는 1852년부터 그를 자사 유럽 통신원에 임명했다.

마르크스는《트리뷴》에 기사 487편을 실었고, 한 편당 1파운드를 받았다. 그런데 몸이 좋지 않거나 마음이 내키지 않을 때는 엥겔스를 자주 대필 작가로 내세웠고, 이로써 기사의 4분의 1가량이 엥겔스에 의해 작성되었다. 하지만 이 일도 1861년에 끝났다. 미국 남북전쟁이 발발하면서 뉴욕의 어느 누구도 더 이상 유럽에 관심을 보이지 않았기 때문이다. 그럼에도 이 기사들은 살아생전에 발표된 마르크스의 글들 가운데 가장 많은 부분을 차지한다.

1848년의 혁명 이후에 마르크스는 자본주의를 나락의 구렁텅이로 빠뜨릴 거대한 경제 위기가 곧 찾아오리라 기대했다. 그러나 아무 일도 일어나지 않았고, 런던의 소수 추종자들은 오지도 않을 위기만 끊임없이 예언하는 스승을 비웃었다. 그러다 1857년 마침내 마르크스의 말이 옳은 것처럼 보였다. 주식시장의 폭락이 미국, 유럽, 인도를 휩쓸었다. 새로운 현상이었다. 지금까지는 일부 지역에서만 제한적으로 위기가 발발했지만 이번에는 나라마다 도산의 물결이 이어졌다. 돌이켜보면 이는 최초의 진정한 세계 경제 위기였다. 미국에서만 5000개 이상의 기업과 은행이 파산했다.[66]

마르크스는 행복했다. 마침내 수년 동안 매달려온 자신의 주저인『정치경제학 비판Kritik der politischen Ökonomie』을 완료할 이상적인 시간이 다가온 것 같았다. 그는 밤을 새워가며 부지런히 글을 썼다. 그러나 그가 쪽수를 채워나가는 동안 위기는 이미 끝나버렸다. 1858년부터 세계 경제는 다시금 성장하기 시작했다.

늘 그랬듯이 마르크스의 연구는 워낙 방대했기에, 1859년

『정치경제학 비판을 위하여Zur Kritik der Politischen Ökonomie』라는 제목을 달기는 했으나 대충의 틀만 담은 책이 먼저 출간되었다. 반응은 좋지 않았다. 마르크스가 대체 뭘 말하고자 하는지 이해하지 못하는 독자가 많았다. 나중에 독일 사회민주당을 설립한 빌헬름 리프크네히트도 그중 하나였다. 그는 충직한 마르크스주의자였지만, 이제껏 이렇게 실망한 책은 없다고 솔직하게 토로했다. 오늘날에는 역사적 유물론을 간명하게 정리해놓은 다섯 쪽짜리 서문만 읽힌다. 거기엔 "실재적 토대"와 "법적 정치적 상부구조"라는 대립 쌍만 언급되는 것이 아니라 마르크스의 가장 유명한 말 중 하나도 나온다. "의식이 인간 존재를 결정하는 것이 아니라 반대로 사회적 존재가 인간 의식을 결정한다."

마르크스의 대표작 『자본론』이 1867년에 마침내 출간되기까지는 그 후로도 8년이 더 걸려야 했다. 작업이 이렇게 더디게 진행된 데에는 늦어도 1863년부터 마르크스가 원인을 알 수 없는 병에 걸렸기 때문이기도 했다. 옹종이라 불리는 주먹만 한 크기의 종기가 그의 몸을 뒤덮기 시작했다. 겨드랑이, 등, 엉덩이, 생식기, 허벅지가 특히 심했다. 마르크스는 앉지도 눕지도 못할 때가 많았다. 피부는 곪을 뿐 아니라 터지기도 했다. 오늘날에도 여전히 의학 전문가들은 마르크스가 정확히 어떤 병을 앓았는지 궁금해한다. 최근의 진단으로는 유전적 자가 면역 질환에 속하는 '화농성 한선염'으로 보인다. 여드름과 비슷하지만 그보다 훨씬 심각하다. 효과적인 약물은 오늘날에도 없고, 고통만 완화할 수 있을 뿐 근본적인 치료는 불가능한 병이었다.

그런데 질병은 일반적으로 유전적 소인만으로 생기지 않는다. 모든 환자의 80~90퍼센트가 심각한 흡연자다.[67] 마르크스도 줄담배를 피웠다. 시가를 끊겠다는 생각은 전혀 하지 않았고, 대신 당시에 기적의 약으로 알려져 있던 비소를 즐겨 투여했다. 효과가 있을 리 만무했다. 비소는 오히려 그의 몸을 천천히 중독시킬 뿐이었다.

효과는 없었지만 마찬가지로 당시에 인기 있던 또 다른 '약물'이 있었다. 바로 술이었다. 당시엔 아스피린이나 이부프로펜 같은 일반적인 진통제가 없었기에 의사들은 환자가 통증을 견딜 수 있도록 알코올음료를 자주 처방했다. 엥겔스가 1864년에 받은 처방전도 결코 이례적인 것이 아니었다. 그는 하루에 보르도 반병에다 셰리 와인이나 포트와인 몇 잔을 마셔야 했다. 혹은 대안으로 두 시간마다 걸쭉한 육수에 샴페인과 브랜디를 섞어서 마셔야 했다.[68] 마르크스가 일찍이 지속적으로 간이 안 좋아 고생한 것도 아마 알코올 섭취의 직접적인 결과로 보인다.

경제적 문제도 마르크스를 재차 곤란하게 했다. 그는 다시 한번 엥겔스와 친척들에게 손을 벌려야 했고, 다시 전당포를 제 집처럼 드나들었다. 카를과 예니가 상속받은 금액은 상당했지만[69] 동시에 지출 또한 늘어났다. 1856년부터 마르크스 가족은 런던 북부의 예쁜 연립주택으로 들어갔고, 1864년에는 같은 동네의 '빌라'로 이사하면서 더더욱 체면을 차렸다. 안락함도 안락함이지만 남들의 이목을 의식한 과시용이었다. 마르크스 부부는 세 딸이 좋은 집안으로 시집가길 원했는데, 집에서 무도회를

열려면 거실이 제법 널찍해야 했다.[70]

부르주아지를 그렇게 경멸하던 마르크스였지만, 딸들만큼은 반드시 부르주아 교육을 받아야 한다고 생각했다. 이렇게 해서 세 딸은 프랑스어와 이탈리아어 수업을 받고, 그림, 노래, 피아노를 배웠다. 또한 당시에는 무척 이례적인 일이었는데 마르크스는 딸들을 중등학교에 진학시켰다. 런던에는 중등 여학교가 12개밖에 없었고, 학생 수도 다 합쳐서 1000명밖에 되지 않았다. 대부분의 여자아이들은 여건이 허락되면 집에서 교육을 받았고, 그것도 읽기와 쓰기 외에는 거의 배우지 못했다.

딸들을 위해 이렇듯 많은 수고와 비용을 들였는데, 라우라가 다른 사람도 아니고 하필 폴 라파르그와 결혼하겠다고 했을 때 마르크스는 경악했다. 라파르그는 사회주의자였지만 정기적인 수입이 없었다. 마르크스는 공산주의 혁명을 바랐지만, 그때까지는 자식들이 잘살았으면 했다. 어떤 경우에도 딸들이 아이들 엄마처럼 사는 것은 원치 않았다. 그는 이런 뜻을 라파르그에게 노골적으로 밝혔다. "라우라와 자네의 관계를 최종적으로 결정짓기에 앞서, 나는 자네의 경제 사정을 명확하게 알았으면 하네. … 내가 혁명 투쟁에 모든 가산을 희생했다는 사실은 자네도 알 걸세. 나는 그걸 후회하지 않네. 아니, 다시 태어나도 똑같이 할 걸세. 다만 결혼은 하지 않을 생각이네. 내 힘으로 할 수만 있다면, 내 딸아이들을 벼랑 끝에서 구해주고 싶네. 아이들 엄마의 삶을 산산조각 낸 그 벼랑 끝에서 말이네." 그럼에도 라우라는 라파르그와 결혼했다.

1867년 9월, 마르크스가 약 20년 동안 공들여온 책 『자본론: 정치경제학 비판』이 드디어 세상에 나왔다. '비판'이라는 용어는 다소 오해의 소지가 있다. 마르크스는 이 책으로 자신이 장담한 것처럼 부르주아 경제학을 결딴낸 것이 아니라 훌륭하게 이어갔기 때문이다. 애덤 스미스부터 시작된 이른바 '고전적' 경제 이론의 큰 줄기는 마르크스에 이르러서야 끝났다(이는 다음 장에서 상세히 설명할 것이다).

이 책은 베스트셀러는 아니었지만, 그때까지 마르크스가 쓴 어떤 저서들보다 훨씬 많이 팔렸다. 초판본 1000부는 4년 뒤에 소진되어 1873년에 벌써 두 번째 판이 출간되었다. 그러나 많은 독자가 이 방대하고 까다로운 작품을 이해하는 데 어려움을 겪었고, 처음 몇 장을 읽다가 포기했다. 그런 까닭에 예니 마르크스는 사회주의자 요한 필리프 베커에게 "처음 몇 장의 지나치게 꼼꼼히 묘사된 변증법 부분"은 건너뛰고 "자본의 본원적 축적과 근대 식민지론을 다룬 마지막 두 장부터 먼저 읽을 것"을 대담하게 조언했다. "당신이 나처럼 이 부분을 정말 만족스럽게 받아들일 거라고 확신합니다."[71]

이 충고가 보여주듯 예니는 처음 몇 장에 나오는 "지나치게 꼼꼼히 묘사된 변증법"이 정확히 마르크스 이론의 핵심이라는 사실을 깨닫지 못했다. 그러나 당황한 이는 그녀만이 아니었다. 대다수 사회주의자는 엥겔스가 마르크스를 좀 더 이해하기 쉬운 언어로 번역한 뒤에야 마르크스를 이해할 수 있었다. 나중엔 『자본론』을 읽지 않고, 1880년 『공상에서 과학으로의 사회주의의 발전Die Entwicklung des Sozialismus von der Utopie zur Wissenschaft』이라는 제목으로 출간된 엥겔스의 요약본을 읽는 것이 통례가 되었다.

원래 『자본론』은 마르크스가 1867년판 서문에서 예고한 대로 3권 4부로 이루어질 예정이었다. "이 저술의 제2권은 자본의 유통 과정(제2부)을, 제3부는 자본주의적 생산의 총 과정을, 제4부는 이론의 역사를 다룰 것이다." 그러나 이 후속권들은 마르크스 생전에 나오지 못했다. 마르크스는 너무 지쳤고, 말년에는 더 이상 어떤 중요한 것도 쓸 수 없었기 때문이다. 이로써 그의 거대한 작품은 팔다리 없이 몸통만 남았다.

마르크스에서 마르크스주의까지

마르크스의 황혼기는 매우 평온했다. 1869년 이후에는 생계 문제를 걱정하지 않아도 되었기 때문이다. 엥겔스는 그에게 연간 350파운드씩 종신 연금을 제공했다. 친구의 사치벽을 알기에 그 금액을 한꺼번에 지급하지 않고 분기별로 나눠서 지급했다. 의료비 같은 특별비용은 거기에 포함되지 않아서 엥겔스가 나중에 추가로 부담했다.

엥겔스가 이렇게 넉넉하게 후원할 만큼 경제적 여력이 생긴 것은 섬유 기업가로서의 증오스러운 실존에서 해방되었기 때문이었다. 그는 자신의 회사 지분을 에르멘 형제에게 1만 2500파운드에 넘겼다. 오늘날의 가치로 환산하면 120만 파운드(약 21억 1100만 원)에 해당하는 거금이었다. 이제 엥겔스는 홀가분한 마음으로 마르크스의 집에서 도보로 10분 거리인 곳으로 이사 갔고, 그의 대변인으로서의 새로운 삶에 뛰어들었다.

1873년 역사상 최악의 주식시장 폭락 중 하나로 꼽히는 세계 경제 위기가 재차 발생했다. 독일에서만 주식 자산의 절반이 사라졌고, 임금은 반토막이 났으며, 물가는 38퍼센트나 떨어졌다.[72] 그런데 세상이 온통 패닉 상태에 빠졌는데도 마르크스는 침착했다. 자본주의가 자체의 위기로 몰락하리라는 기존의 믿음을 버린 상태였기 때문이다.

대신 이제는 자본가들이 스스로를 불필요한 존재로 만들어버림으로써 자본주의가 저절로 소멸되길 소망했다. 그러나 마르크스는 더 이상 그에 대해 쓰지 않았다. 삶의 종말이 너무나 또렷이 눈앞에 보였기 때문이다. 기관지염이 만성화되었다. 어쩌면 결핵일 수도 있었다. 1881년 12월 아내 예니가 간암으로 세상을 떠났고, 1883년 1월에는 딸 예니까지 방광암으로 사망했다. 1883년 3월 14일, 엥겔스가 하루 일과처럼 오후에 방문했을 때 마르크스는 안락의자에 앉은 채로 숨을 거두었다.

런던 하이게이트 공동묘지에 있는 마르크스의 무덤은 오래전부터 인기 명소로 자리 잡았지만[73] 그의 장례식에는 11명만 참석했다. 엥겔스가 추도사를 했다. 단순히 이 소수의 조문객들만을 위한 추도사가 아니었다. 그는 이미 친구의 사후 명성을 위해 노력하고 있었다. 마르크스주의는 마르크스가 죽자마자 시작되었다.

엥겔스는 마르크스의 사생활이나 그의 가족에 대해서는 한

마디도 하지 않았고, 오직 그의 지적 유산에만 집중했다. "다윈이 유기적 자연의 발전 법칙을 발견한 것처럼 마르크스는 인류 역사의 발전 법칙을 발견했습니다."[74] 이는 곧 역사적 유물론을 의미했다. 즉 "한 민족의 모든 경제적 발전 단계가 … 국가 제도와 법체계, 예술, 심지어 종교적 사상까지 발전시킨 토대"라는 것이다.

엥겔스가 칭송 두 번째 주요 통찰은 마르크스가 『자본론』에서 발전시킨 잉여가치론이었다. "또한 마르크스는 오늘날 자본주의 생산 방식의 특수한 운동 법칙도 발견했습니다. … 잉여가치의 발견과 함께 갑자기 이 땅에 갑자기 빛이 생겨났습니다. … 이런 발견을 둘씩이나 해냈다는 것은 한 인간의 삶에 더할 나위 없이 충분합니다. 하나만 발견해도 행복한 삶일 테니까요."

엥겔스는 1895년에 죽었기 때문에 유럽에서 추종자들 수백만 명이 동원된 노동 운동이 실제로 일어나는 것을 목격할 수 있었다. 지난 수십 년 동안엔 아무도 『공산당 선언』에 관심을 보이지 않았지만, 이제 이 책은 약 30개 언어로 번역되었고 판본도 수백 종에 이르렀다. 1917년 러시아혁명 전까지 영어판 34종, 독일어판 55종, 일본어판 3종, 중국어판 1종, 러시아어판 70종, 폴란드어판 11종, 이디시어판 7종, 우크라이나어판 5종; 조지아어판 4종, 아르메니아어판 2종, 헝가리어판 9종, 체코어판 8종, 프랑스어판 26종, 이탈리아어판 11종, 스페인어판 6종, 포르투갈어판 1종, 불가리아어판 7종, 세르비아어판 4종, 루마니아어판 4종, 라딘어판 1종, 덴마크어판 6종, 스웨덴어판 5종, 노르웨

이어판 2종, 핀란드어판 6종이 나왔다.[75]

엥겔스는 이 새로운 노동 운동에 쉽고도 완벽한 마르크스 이론을 제공하고자 했다. 그래서 『자본론』에 누락된 부분을 찾아내기 위해 친구가 남긴 산더미 같은 원고를 하나하나 뒤졌다. 그러나 마르크스의 유산은 너무나 혼란스러워 엥겔스는 곧 절망하고 말았다. 그가 독일 사회민주당 설립자 아우구스트 베벨에게 보낸 편지를 보자. "이럴 줄 알았다면 나는 그 책이 마지막한 자까지 전부 완성되어 인쇄될 때까지 마르크스를 밤낮없이 몰아쳤을 것이네. … 미국과 러시아의 산더미 같은 자료(러시아 자료만 해도 2세제곱미터에 이르네)만 없었더라도 2권은 벌써 오래전에 인쇄되었을 걸세. 이렇게 꼼꼼히 자료를 챙기다보니 작업은 당연히 몇 년가량 늦어질 수밖에 없었지."[76]

비교적 쉽게 정리할 수 있었던 『자본론』 제2권은 1885년에 출간되었다. 그러나 제3권의 메모는 너무 불완전해서 엥겔스는 1894년까지 시간이 필요했을 뿐 아니라 꽤 자유로운 보완과 가공 과정을 거쳐야 했다. 오늘날까지도 연구자들은 제3권에서 어떤 것이 마르크스의 '진짜' 생각이고, 어떤 것이 엥겔스의 머리에서 나온 것인지 밝히기 위해 애쓰고 있다.

그런데 주목할 점은 『자본론』 제2권과 제3권의 핵심적 이념이 1864년과 1865년으로 거슬러 올라간다는 사실이다. 그렇다면 제2권과 제3권의 생각은 마르크스가 1867년에 완성해서 1873년에 두 번째 판본을 위해 다시 한번 개정한 제1권보다 오래되었다. 따라서 마르크스가 타당하다고 생각한 것이 무엇인지 알고 싶다면 책의 순서에 집착하지 말아야 한다. 마르크스의 최종적인 생각을 가장 잘 반영하고 있는 것은 바로 제1권이다.

엥겔스는 식도와 후두에 생긴 암으로 74세에 숨을 거두었다. 죽으면서 마르크스의 딸들과 그 가족에게 상당한 재산을 남겼다. 그가 소유한 주식 가치만 해도 대략 2만 2600파운드에 이르렀다. 투자 여부를 결정하기 위해 늘 부르주아 경제학자들의 책을 열심히 연구했기 때문이다. 그렇다고 자신이 투기꾼으로 활동한 것에 양심의 가책을 느끼지는 않았다. 아우구스트 베벨에게 쓴 편지에서 알 수 있듯이, "증권거래소는 노동자들에게서 이미 훔쳐간 잉여가치의 분배만 바꿀 뿐"이라고 생각했기 때문이다.

5
사회주의가 과학이 되다:
『자본론』(1867)

『자본론』은 수백만 명에 이르는 선의의 독자를 절망감에 빠뜨렸다. 독자들에겐 맨 첫 문장부터 벌써 무리한 요구로 비쳤기 때문이다. "자본주의적 생산 방식이 만연한 사회의 부는 '엄청난 양의 상품 집합체'로 나타나는데, 그 기본 형태는 개별 상품이다. 따라서 우리 연구는 상품 분석부터 시작한다."

문체도 예전보다 훨씬 나빠졌다. 한때 "한 유령이 유럽을 배회하고 있다"라는 신선한 문장으로 『공산당 선언』을 시작한 그 작가가 맞나 하는 의심이 들 정도로 글의 흐름은 추상적이고 까다로웠다.

마르크스 역시 첫 장이 난해하다는 점을 잘 알고 있었다. 초판 서문에서 그는 양해를 구하듯이 이렇게 썼다. "모든 시작이 어렵다는 건 어느 과학이든 마찬가지다. 그러므로 첫 장, 그중에서도 특히 상품 분석을 다룬 절을 이해하는 데 가장 큰 어려움이 따를 것이다."

오늘날까지도 주석가들은 마르크스가 왜 '상품'이라는 주제에서부터 시작했는지 의아해한다. 교수법적으로나 분석적으로 보면 노동자에 대한 착취와 계급투쟁의 역사부터 기술하는 것이 훨씬 더 적절해 보였기 때문이다.[1] 그랬더라면 독자들은 이 책의 주제를 즉각 알아차렸을 것이다. 따라서 엥겔스는 훗날 마르크스 이론을 설명하기 위해 이 순서를 뒤집는다.

게다가 『자본론』의 첫 세 장章은 나머지 부분과 거의 관련이 없다. 이론의 핵을 이루는 '잉여가치'라는 개념이 다른 데서는 전혀 등장하지 않는다. 따라서 마르크스주의 이론가인 루이 알튀세르는 이 책을 처음 읽을 때는 시작 부분을 건너뛰고 제2편 제4장 「돈에서 자본으로의 전환」부터 읽기를 추천한다.[2]

착취는 공정하다: '잉여가치'의 논리

제4장에서 마르크스는 앞서 애덤 스미스와 데이비드 리카도를 절망에 빠뜨린 문제로 돌아간다. 이윤은 어디서 생기는가? 단순한 거래로는 생기지 않는다. 거기서는 늘 똑같은 가치의 물건이 교환되기 때문이다. 물론 개별 자본가가 질 나쁜 상품을 고가에 판매함으로써 이익을 취할 수는 있지만, 그건 마르크스의 지적처럼 극히 일부에서 일어나는 예외적인 경우다. 모두가 속임수를 쓰면 결국에는 공평해지고, 아무도 이익을 내지 못한다. "한 국가의 자본가 계급 전체가 서로를 속여 이익을 취하는 건 불가능하다."

마르크스도 스미스와 리카도처럼 이른바 노동 가치론을 주창했다. 재화의 가치는 그것의 생산에 들어간 노동 시간에 의해 결정된다는 것이다. 그런데 스미스와 리카도가 허우적거리던 논리적 모순에서 처음으로 벗어난 사람은 마르크스였다.

기억을 떠올려보자. 스미스는 이윤이 어떻게 생기는지를 한 번도 제대로 결정할 수 없었다. 마지막에 가서는 서로 호응하지 않는 두 가지 구상을 동시에 내놓았다. 첫 번째 접근 방식은 연역적이었다. 재화의 교환가치는 필요한 노동량에 의해 결정되고, 이 총 가치에서 기업가의 이윤을 뺀다. 노동자는 그 나머지만 받는데, 그 돈은 자신과 가족을 부양할 수 있을 만큼 충분해야 한다.

그런데 스미스는 이 연역적 접근 방식 말고 무엇보다 가산적 관점을 선호했다. 한 상품의 교환가치는 임금, 지대, 이윤의 조합이라는 것이다. 이로써 갑자기 노동자, 지주, 기업가의 소득이 중요해졌다.

반면에 리카도는 연역적 방식에 손을 들어줌으로써 이 개념적 혼란을 해결하고자 했다. 즉 노동 시간만이 상품의 가치를 결정한다는 것이다. 여기까지는 명확하다. 그런데 리카도는 이 말의 폭발성을 간과했다. 오직 노동자만이 사회적 부를 창출한다면 대체 이윤은 어디서 오는가? 기업가들은 완전히 불필요한 존재로 비쳤고, 더구나 노동자에 대한 착취로만 이윤을 얻는 인간으로 해석될 수 있었다.

이런 식의 해석은 많은 초기 사회주의자에게 인기를 끌었지만, 마르크스가 등장하기 전까지는 이 착취가 어떤 식으로 작동하는지 누구도 정확히 설명할 수 없었다. 그의 머릿속에서는, 노동력도 다른 모든 재화와 마찬가지로 사용가치와 교환가치를 갖고 있다는 명석하면서도 누구나 공감할 만한 생각이 떠오른 것이다.

자본가는 노동력을 교환가치의 형태로 구매한다. 그것은 임금으로 지불되는데, 노동자가 가족과 함께 생존할 수 있을 만큼 충분해야 한다. 다시 말해, 임금은 노동자가 식품, 의복, 집을 생산하는 데 투입한 노동 시간과 일치해야 한다. 마르크스는 가상의 계산을 통해 한 노동자 가족의 기초 생계를 보장하는 데 필요한 노동 시간을 일반적으로 여섯 시간으로 상정했다.

그런데 거의 모든 노동자는 자신의 노동력이 다시 생겨나는데 필요한 이 여섯 시간보다 더 오래 일할 수 있다. 그렇다면 노동자의 사용가치는 교환가치보다 크고, 이 추가 노동 시간에서 잉여가치가 발생한다.

따라서 자본가를 도덕적으로 비난할 수는 없다. 노동자를 착취한 건 맞지만, 그게 도둑질은 아니기 때문이다. 노동자는 자기 노동력의 정확한 교환가치를 받았고, 자발적으로 고용주와 계약을 맺었다. 영국의 공리주의자 제러미 벤담의 모토가 실현된 것처럼 보였다. 자본주의가 최대 다수의 최대 행복을 만들어내는 것 같았기 때문이다.

마르크스는 비꼬듯이 이렇게 썼다. "여기서는 오직 자유, 평등, 사유재산, 그리고 벤담이 지배한다. 왜 자유냐고? 노동력도 하나의 상품으로서 그 구매자와 판매자는 서로 자유 의지로 결정하기 때문이다. 그들은 자유롭고 법적으로 동등한 인간으로서 계약을 체결한다. … 왜 평등이냐고? 그들은 오직 상품 소유자로서 서로 관계를 맺고, 등가물과 등가물을 교환하기 때문이다. 왜 사유재산이냐고? 모두 자기 것을 갖고 있기 때문이다. 왜 벤담이냐고? 구매자든 판매자든 각자 자신만 챙기기 때문이다. 그들을 하나로 묶고 하나의 관계로 연결하는 유일한 힘은 각자의 이기심, 특수 이익, 사적 이익이다."

마르크스는 도덕적 범주에서 생각하는 것을 엄격히 거부했다. '죄책감'이나 '도둑질' 같은 용어는 개인에게 책임을 지우는 것을 전제로 하기 때문이다. 마르크스에게 노동자와 자본가는 궁극적으로 '캐릭터 가면'일 뿐이었다. 그들은 시스템이 배당한 역할을 맡은 사람들이다. 극단적으로 말하자면, 그들은 서로의 관계 속에서만 존재한다. 자본가가 있기에 노동자가 있고, 노동자가 있기에 자본가가 있다.

그들은 착취의 새로운 면모를 보여주는 '자본주의'라는 특정 사회 구성체의 화신이다. 착취 자체는 늘 존재해왔다. 초과 노동도 새로운 것이 아니었다. 로마 제국의 노예는 주인을 위해 뼈빠지게 일했고, 중세 시대의 농노는 지주에게 밤낮없이 노동력을 바쳤다. 그런데 이 초기 착취는 거칠고 노골적이면서도 법적으로 정당했다. 노예와 예속된 농민은 법적으로 주인에게 묶인 부자유스러운 존재였다. 반면에 자본주의는 노동자를 자본가와 마찬가지로 법적으로 자기 결정권이 있는 존재로 규정함으로써 실제적인 착취를 은폐했다. 둘은 고용 계약을 맺음으로써 동등한 거래 파트너인 것처럼 보였다. 따라서 자본주의 체제에서야 노동력이 교환할 수 있는 상품이 됨으로써 초과 노동이 잉여가치가 되었다.

덧붙이자면, 마르크스에게 '자본가'는 있었지만 아직 '자본주의'는 없었다. 대신 그는 항상 '자본주의적 생산 방식'에 대해 말했다. 반면에 엥겔스는 편지글에서 '자본주의'라는 용어를 드문드문 언급했지만, 이 간명한 용어가 자리를 잡은 시기는 20세기 초였다.[3]

아무튼 자본주의가 도덕적으로 전혀 비난받을 이유가 없다면 그것을 개혁하겠다는 것은 진부한 생각이었다. 그렇다면 남은 일은 하나였다. 전체로서의 시스템을 극복하는 것이었다. 그러려면 어떻게 해야 할까? 『자본론』 전체를 관통하는 질문이다.

어쨌든 마르크스는 더 이상 혁명적 변혁을 믿지 않았기에 계급투쟁을 곁가지로만 여겼다. 예를 들어, 『자본론』에서는 노동조합과 기업가들이 일일 노동 시간을 두고 집요하게 싸우고 있다는 다소 온건한 지적만 나올 뿐이다.

오늘날까지도 회사 소유주들은 항상 합의된 임금으로 직원들을 가능한 한 오래 일하게 하는 데만 관심을 갖고 있다. 그러나 마르크스의 생시에 이미 이러한 대립을 '자본가계급과 노동자계급 사이의 내전'으로 몰아가는 것은 과도한 억지다. 19세기에도 다양한 파업과 대규모 시위가 있었지만 전반적으로 평화롭게 진행되었다.

그럼에도 노동 시간은 줄었다. 1850년에 독일 노동자들은 하루 14~16시간씩 고된 노동에 시달렸다면, 1870년에는 12~14시간을 일했다. 그러다 1914년에는 평균 10시간으로 축소되었고, 1919년에는 하루 8시간 노동이 정착되었다. 따라서 개혁은 가능했다. 물론 마르크스는 적어도 공식적으로는 이 가능성을 부인했다.

자본은 소유가 아니라 과정이다

마르크스는 자본주의의 본질이 무엇인지를 정의한 최초의 인물이었다. 돈은 상품을 생산하기 위해 투자된다. 상품이 팔리면 더 많은 돈이 들어온다. 즉 이윤이 생기는 것이다. "그렇다면 자본의 일반적 공식은 사실상 'M(돈) - C(상품) - M(돈)'이다."

여기서는 욕구 충족이 목표가 아니라 화폐 축적 그 자체가 목표다. 자본가는 결코 멈추어서는 안 되고 달성한 것에 만족해서도 안 된다. 경쟁에서 살아남으려면 끊임없이 이윤을 재투자해야 한다. "자본으로서의 화폐 유통은 … 자기 목적에 따라 움직인다. 가치의 재활용은 오직 이러한 끊임없이 갱신되는 움직임 속에서만 존재하기 때문이다. 따라서 자본의 이동은 한도 끝도 없다."

개별 기업가는 자율적인 인격체가 아니라 기계 장치의 톱니바퀴에 지나지 않는다. 본인은 자신이 중요한 결정을 내리고 있다고 믿을 수 있지만, 사실 영구적인 가치 재활용의 집행자일 뿐이다. "이러한 이동의 의식적 추진자로서 돈의 소유자가 바로 자본가다. '그'라는 인물 혹은 좀 더 정확히 말해서 그의 주머니는 돈의 출발점과 반환점이다. … 자본가는 의지와 의식의 재능을 가진 의인화된 자본이다." 이 영원한 다람쥐 쳇바퀴 돌기에서 중요한 것은 개인의 개별적인 이윤이 아닌 "오직 이윤의 쉼없는 움직임"이다.

돈은 투자될 때에만 자본이 되고 그로써 이윤이 생긴다. 금고에 가만히 보관되어 있으면 여전히 돈으로 남기는 하지만 실제로는 가치가 없다. 마르크스의 눈에 『크리스마스 캐럴A Christmas Carol』(1843)의 스크루지 영감은 참으로 한심한 인간이었을 것이다. 이 구두쇠 영감은 집에서 금화로 목욕을 하면서 자신이 엄청난 부자라고 믿겠지만, 실제로는 금만 갖고 있을 뿐 그밖에 다른 것은 갖고 있지 않다. 혹은 마르크스의 표현을 빌리면 다음과 같다. "수전노는 돈을 유통시키지 않고 그냥 쌓아둠으로써 가치의 증식을 원하지만, 영리한 자본가는 돈을 항상 유통시킴으로써 가치의 끊임없는 증식을 달성한다."

마르크스는 체계적 과정, 즉 영원한 나선형의 재투자를 강조함으로써 '자본'이라는 개념에 새로운 의미를 부여했다. 그때까지 경제학자들은 자본을 고정된 것으로 보았다. 돈과 기계는 대차대조표 상에 그냥 쉽게 기입할 수 있는 고정 자산 '그 자체'였다. 그러나 마르크스에게 어떤 형태로든 그냥 존재하는 가치는 없다. 자본은 생산이 시작되어 상품이 만들어지고 그로써 이윤이 생길 때에야 비로소 형성된다.[4]

마르크스는 기술적 진보에 매료되었다. 겉보기에 아무리 작은 발명에도 감탄을 터뜨렸다. "1862년 런던 산업 박람회에 전시된 미국의 종이봉투 제작 기계는 종이를 자르고 붙이고 접어 분당 300장을 만들어낸다."

효율성은 산업 생산 과정에서만 증가한 것이 아니라 농업 분야에서도 기계화를 촉발했다. 마르크스의 보고에 따르면, "증기 쟁기는 시간당 0.25실링의 비용으로 66명이 시간당 15실링을 받고 일하는 양만큼 해치운다." 환산하면 이는 곧 생산성의 3960배 증가를 의미했다. 정말 입이 쩍 벌어질 만큼 놀라운 성과였다.

그렇다면 자본주의의 쉼 없는 역동성을 추동하는 힘은 무엇일까? 자본가들은 어떤 이유로 집에 편안히 앉아 노동자들에게서 쥐어짜낸 잉여가치를 즐길 수 있을까? 봉건제하에서 귀족들은 생산에 지속적으로 투자할 생각을 전혀 하지 않았다. 대신 성을 짓고 축제를 열고 예술을 후원했다. 그러나 자본가들은 만족할 줄 몰랐다. 이미 부자가 되었음에도 더 부자가 되고자 했고 공장을 확장했다. 부의 축적은 그 자체가 목적처럼 보였다. 혹은 마르크스의 유명한 표현을 빌리자면 다음과 같다. "축적하고 또 축적하라! 이게 모세와 선지자들의 가르침이다!"

자본의 변증법: 경쟁은 독점으로 끝난다

오늘날 우리는 자본가들의 지속적인 투자를 지극히 당연시한다. 그러나 마르크스 당대에 영구적인 투자 과정은 설명이 필요했고, 마르크스는 거기서 핵심적인 역할이 기술이라는 사실을 처음으로 깨달았다. 기술은 체계적으로 투입되는 순간 자기만의 논리와 역동성으로 끊임없이 발전한다는 것이다.

경쟁사의 장비보다 더 생산성이 높은 기계를 구입하는 것은 모든 기업가에게 매력적인 일이다. 왜냐하면 상품을 더 저렴하게 생산하면 더 저렴하게 판매할 수 있어서 추가 이익을 얻을 수 있기 때문이다. 마르크스가 '추가 잉여가치'라고 부르는 이익이다. 그런데 경쟁업체 역시 시장에서 퇴출되지 않으려면 즉시 새 장비를 사들이고 새 기계에 투자해야 하는데, 그로써 추가 잉여가치는 다시 사라진다.

따라서 모든 자본가는 파산하지 않으려면 보이지 않는 '강제 경쟁법'에 따라야 하고, 경쟁자들의 행동을 주시하고 생산 시설을 확장해야 한다. 하지만 대부분의 시장은 어느 시점에선가 결국 포화 상태에 이르러 더는 추가 상품을 받아들일 수 없다. 그러면 가장 저렴하게 생산하는 기업만 치열한 경쟁에서 살아남는다. 이들은 대개 대기업이다. 그들은 오늘날 경제학자들이 '규모의 경제'라고 부르는 현상의 혜택을 받기 때문이다. 즉, 생산량이 증가할수록 상품의 단가는 점점 낮아진다.

마르크스는 이미 암묵적으로 이 규모의 경제학에서 시작했고, 그로써 자본주의가 지닌 과점의 경향을 명확하게 서술한 최초의 경제학자였다. 그러니까 작은 기업들이 차츰 시장에서 쫓겨나다가 마침내 몇몇 대기업이 경제 부문 전체를 장악한다는 것이다. 이 현상을 마르크스는 "자본가에 의한 자본가의 흡수", 또는 "많은 자잘한 자본의 소수 대자본으로의 전환"이라고 표현한다.

기술은 경쟁 조건을 바꾼다. "자본주의적 생산 방식의 발전과 함께 정상적인 조건에서 사업을 하는 데 필요한 개인 자본의 최소치가 늘어나기" 때문이다. 값비싼 기계를 살 여유가 없는 기업은 경쟁에서 도태되기 마련이다. 마르크스가 정확히 기술했듯이, 자본이 빈약한 기업에 남는 것은 틈새시장뿐이다. "따라서 소자본은 대규모 산업체가 산발적이거나 불완전하게 장악한 생산 영역으로 몰려들 수밖에 없다."

마르크스의 분석은 독일연방통계청의 수치가 말해주듯 오늘날에도 유효하다. 대기업은 독일 전체 기업의 1퍼센트에 불과하지만 2015년 전체 매출의 67퍼센트를 차지한다. 반면에 영세기업은 총 기업의 82퍼센트이지만 2015년도 매출은 다 합쳐서 7퍼센트밖에 되지 않는다.[5] 따라서 독일 경제는 극도로 집중되어 있다. 소수 대기업이 원자재에서 매출에 이르기까지 전체 가치 사슬을 통제한다.

마르크스는 두 자유주의 경제학자 스미스와 리카도를 시종일관 염두에 두고 있었다. 둘 다 입만 열면 아무런 방해가 없는 자유경쟁을 요구했지만, 마르크스는 그런 경쟁을 통해 살아남는 것은 결국 소수의 대기업뿐이라는 사실을 보여주었다. 그에게 자본주의는 뼛속 깊이 변증법이었다. 경쟁은 기업가들을 무한대로 몰아붙여 결국 경쟁에서 아무도 살아남지 못하게 한다는 것이다.

마르크스의 관찰은 완전히 새로운 시장이 생겼을 때도 사실로 확인된다. 인터넷을 예로 들어보자. 인터넷은 국립 연구소에서 개발했지만, 민간에 문을 개방하자마자 아마존과 페이스북, 구글 같은 소수 공룡 기업이 가상 세계를 장악하기까지는 시간이 얼마 걸리지 않았다. 시장에 또다시 과점 현상이 나타났고, 자잘한 인터넷 기업들에게는 이 대기업들이 거의 손을 대지 않는 틈새시장만 남았다.

마르크스는 이러한 집중화 과정을 즐거운 마음으로 지켜보았다. 소수 기업가만 남을 때까지 자본가들이 서로를 흡수하고 말살함으로써 자본주의가 스스로 망하기를 바란 것이다. "자본가 한 사람 한 사람이 다수의 자본가를 죽인다." 이로 인해 혁명은 아주 쉬워진다. 마지막에 "인민 대중"은 "소수의 이 찬탈자들"만 제거하면 되기 때문이다. 즉 "시장의 이 무법자들은 국가에 몰수된다." 그러나 주지의 사실처럼 상황은 다르게 전개되었다. 자본주의는 마르크스의 생각보다 훨씬 더 내구성이 강했고, 대기업의 과점 체제는 몹시 안정적이었다. 그렇다면 그는 무엇을 잘못 본 것이었을까?

오류 1: 노동자들은 가난하지 않다

『공산당 선언』의 강렬한 결론은 오류로 판명되었다. 프롤레타리아는 이제 잃을 게 사슬만이 아니다. 그들은 이전보다 가진 게 훨씬 많았다. 이런 상황에서 오늘날 일부 마르크스주의자들은 이렇게 주장한다. 마르크스는 결코 '절대' 빈곤을 예측하지 않았고, 다만 부의 분배가 점점 불평등하게 이루어지리라는 점을 말한 것뿐이라고. 그렇다면 '빈곤'이라는 용어는 상대적으로 해석되어야 한다. 이는 곧 노동자가 빈곤에서 벗어나기는 하지만 결코 자본가의 생활 수준에는 도달하지 못한다는 것이다.[6]

상황이 여전히 매우 불공평하다는 사실은 의심의 여지가 없다. 최신 통계에 따르면 독일 인구의 하위 절반은 자산이 거의 없고 부채만 있는 반면에 상위 1퍼센트 부자는 국부의 32퍼센트를 소유하고 있다. 심지어 상위 0.1퍼센트의 독일 부자가 차지하는 부는 무려 16퍼센트에 이른다.[7] 이런 불평등도 냉정하게 얘기하면 착취라고 할 수 있지만,[8] 그럼에도 마르크스가 염두에 두고 있었던 것이 절대 빈곤이지 오늘날 우리가 경험하는 상대적 불공정이 아니라는 사실은 분명하다. 그는 노동자들의 생활 수준이 지금처럼 크게 향상되리라고는 생각하지 못했다. 그래서 『자본론』 말미에는 이렇게 적혀 있다. "빈곤, 압박, 예속, 타락, 착취의 규모는 점점 커지고 있다."

동시대인들도 마르크스의 말을 절대 빈곤으로 이해했다. 그렇지 않았다면 독일 사회민주당 이론가 에두아르트 베른슈타인이 1899년 노동자들의 상황이 결코 그리 절망적이지 않다고 냉정하게 말한 것을 두고 많은 사회주의자가 위대한 스승에 대한 배신으로 여기지는 않았을 것이다. 심지어 세무 당국의 자료에 의하면 당시 프롤레타리아 중에는 신분 상승에 성공한 사람도 많았다. "유산자의 수가 증가했지 감소한 게 아니라는 점은 부르주아 경제학자들의 허구가 아니라, 당사자들은 억울하게 생각할지 몰라도 세무 당국에 의해 분명히 밝혀진 사실이다."[9] 마르크스 이론에 대한 베른슈타인의 '수정 판단'은 동지들 사이에서 무게가 있었다. 왜냐하면 런던에서 몇 년 동안 살았던 그는 엥겔스와 교분이 두터웠을 뿐 아니라 엥겔스의 유고 관리인이기도 했기 때문이다.

마르크스가 총체적 빈곤을 예측했다는 사실은 오늘날까지도 비판가들에겐 놀림거리다. 노벨경제학상 수상자 폴 새뮤얼슨은 이렇게 조롱했다. "요즘은 자동차를 몰거나 전자레인지를 사용하는 노동자를 어디서건 볼 수 있는데, 그런 사람들을 보고 찢어지게 가난하다고 할 수는 없을 겁니다."[10] 이 조롱은 좀 유치하다. 나중에 똑똑해지는 건 누구나 쉽기 때문이다. 1867년 『자본론』이 출간되었을 때만 해도 많은 노동자가 여전히 극도로 가난했다. 예를 들어 프롤레타리아트의 생활상을 고발하는 신문 기사나 의회 보고서를 마르크스가 쉽게 찾을 수 있을 정도였다. 『자본론』에서 그는 엥겔스가 1845년 『영국 노동계급의 상황』에서 사용한 것과 같은 전략을 사용했다. 프롤레타리아의 비참한 삶을 선명하게 보여주기 위해 자유주의 부르주아지가 쓴 공식 문헌을 그대로 인용한 것이다.

하층민의 빈곤은 심지어 신체 조건에서도 뚜렷이 드러났다. 1830년에서 1860년 사이 영국군의 평균 신장은 영양실조로 인해 2센티미터가 줄었다.[11] 유럽 대륙에서도 군 당국은 군복무에 적합한 병사를 충분히 찾지 못할까봐 우려했다. 마르크스는 공식 통계를 기꺼운 마음으로 인용했다. "1780년 작센에서 군복무 최소 신장은 178센티미터였지만 지금은 155센티미터이다. 프로이센에서는 157센티미터이다. 1862년 5월 9일자 《바이에리셰 차이퉁Bayerische Zeitung》에 실린 마이어 박사의 보고에 따르면, 지난 9년간 프로이센에서는 평균 1000명의 징집자 중 716명이 병역 불합격 판정을 받았는데 그중 317명이 신장 미달 이었고, 399명이 영양실조였다."

공장의 노동 조건은 영국의 보수 언론조차 책망할 정도로 끔찍했다. 예를 들어 마르크스는 1860년 1월 17일자《데일리 텔레그래프The Daily Telegraph》에서 소름 끼치는 사건을 인용했다. "카운티 치안판사 브라우턴 씨의 전언에 따르면 … 도시의 한 레이스 공장에서는 문명 세계와 전혀 어울릴 것 같지 않은 고통과 결핍이 만연해 있다고 한다. … 새벽 2시, 3시, 4시에 9세에서 10세 사이의 아이들이 더러운 침대에서 끌려나와 맨몸으로 밤 10시, 11시, 12시까지 생계를 위해 일해야 한다. 사지는 보이지 않고, 형체는 오그라들고, 표정은 무감각하고, 동공에는 초점이 없다. 온몸이 마치 돌처럼 딱딱하게 굳은 듯하다."

기대수명도 짧았다. 많은 아이가 성인이 되기 전에 죽었다. 심지어 자유주의 정치인들조차 이를 사회적 수치로 여겼다. 마르크스는 당시 버밍엄 시장이었고 나중에 영국의 중요 정치인이 된 요셉 체임벌린의 연설을 인용했다. "맨체스터의 보건청 관리인 리 박사에 따르면 어느 도시건 할 것 없이 부유층의 평균 수명은 38세인 데 반해 노동계급의 평균 수명은 17세밖에 안 된다고 합니다. 리버풀에서는 그게 각각 35세와 15세입니다. 그렇다면 특권층이 가난한 동료 시민들보다 두 배 이상 오래 산다는 결론이 나옵니다."

현대 복지사회로의 돌파구는 실질 임금이 전반적으로 뚜렷이 상승하기 시작한 1880년경부터 열렸다. 임금 상승은 1871년 영국에서 합법화된 노동조합 덕이 컸다. 그와 함께 대량 구매력이 새롭게 생성되었다. 이것이 자본주의를 다시 한번 획기적으로 변화시켰다. 소비 사회가 생겨난 것이다.

오늘날의 자본주의는 대량 소비 없이는 상상할 수 없다. 그 사이 경제 생산의 약 75퍼센트를 차지한 것이 소비재이기 때문이다.[12] 실질 임금이 오르지 않았다면 자본주의는 19세기에 이미 끝장났거나, 아니면 아마 고비를 넘지 못했을 것이다.[13] 신제품 생산과 새로운 성장 동력은 부자들의 생활 방식만으로는 결코 활성화될 수 없었고, 노동자들의 막대한 수요가 있었기에 가능했다. 역사가 에릭 홉스봄은 이런 상황을 다음과 같이 요약했다. "자동차 산업에 혁명을 일으킨 것은 롤스로이스가 아니라 대량 생산된 포드 T모델이었다."[14]

그러나 이는 미래의 일이었다. 마르크스는 거대한 중산층이 형성되리라고는 미처 알지 못했다.

오류 2: 착취는 있지만 잉여가치는 없다

마르크스는 잉여가치론의 약점을 잘 알고 있었다. 어쩌면 『자본론』 제2권과 제3권을 끝내지 못한 것도 그 때문일지 모른다. 그는 오늘날 흔히 말하는 '가치와 가격의 변환 문제'와 씨름했다. 한 상품의 가치가 어떻게 가격으로 전환되는지 설명할 수가 없었고, 가치의 심층 구조와 가격의 표면 사이에는 어떤 납득할 만한 연관성도 없는 것 같았다.

근대 자본주의에서 이 '변환 문제'가 생긴 이유는 생산 과정에 노동자뿐 아니라 기계도 투입되기 때문이다. 하지만 마르크스의 잉여가치론은 인간 노동만이 가치를 창출한다고 가정한다. 그에 따르면 기계는 새로운 가치를 창출할 수 없고 그저 가치가 저장되어 있을 뿐이다. 모든 상품과 마찬가지로 기계도 그것을 만드는 데 걸린 노동 시간만큼의 가치가 있고, 이 가치는 마모의 비율에 따라 기계로 생산된 상품에 이전된다.

그런데 이 모델의 결과는 분명하다. 상이한 분야에서 상이한 잉여가치가 생긴다는 것이다. 모든 분야에서 동일한 양의 노동과 기술이 투입되지는 않기 때문이다. 예를 들어 건설 산업은 생산 라인에 사람이 거의 투입되지 않는 자동차 산업보다 훨씬 노동 집약적이다. 하지만 마르크스 이론에 따르면 인간 노동만이 잉여가치를 창출할 수 있기에 건설 산업의 이윤은 무척 높아야 하고, 자동차 산업은 무척 낮아야 한다.

그러나 마르크스도 알고 있었듯이 경제는 그런 식으로 돌아가지 않는다. 건설 회사의 수익률은 자동차 회사의 수익률과 비슷해질 수밖에 없다. 그렇지 않으면 주택만 지어지고 자동차는 더 이상 만들어지지 않을 것이다. 마르크스는 이 균일한 수익률을 설득력 있게 설명하는 데 어려움이 없었지만, 안타깝게도 거기서 잉여가치는 더 이상 아무 역할도 하지 못했다. 그의 설명을 정리하면 다음과 같다. 자본가는 특히 높은 이윤을 창출하는 부문에 투자하는 경향을 보인다. 그러나 상품 공급이 증가하면 상품 가격은 하락하고 수익은 다시 하락한다. 이처럼 돈의 영구적인 유통으로 인해 수익률은 모든 부문에서 동일해질 수밖에 없다는 것이다.

마르크스도 지적했듯이 자본가들의 셈법은 아주 간단하다. 생산 비용을 계산한 다음 거기다 이익을 얹는 것이다. 여기서 곧 자본가들이 시장에서 받아내고자 하는 가격이 나온다. 그렇다면 잉여가치는 어디에 있는가? 마르크스는 그에 대한 답을 갖고 있지 않았다.[15]

엥겔스가 마르크스 생시에 이미 잉여가치론을 뒷전으로 밀어내고는 자신의 인기 있는 『자본론』 요약본에서 거의 언급하지 않았던 이유도 어쩌면 해결책을 찾지 못한 이 '변환 문제'에 있었을지 모른다. 엥겔스의 베스트셀러 『공상에서 과학으로의 사회주의의 발전』은 약 40쪽에 달하지만, 거기서 잉여가치론에 대한 설명은 정확히 한 단락밖에 되지 않는다. 마르크스가 프랑스어판 서문까지 직접 썼다는 점을 고려하면 잉여가치론이 뒷전으로 밀려난 게 그의 뜻에 반하는 것이 아니라는 점은 분명해 보인다.

다시 이론적 결론을 도출한 사람은 에두아르트 베른슈타인이었다. 그는 잉여가치라는 "순수 사변적 구성물"을 완전히 포기하자고 제안했다.[16] 왜냐하면 베른슈타인이 올바르게 인식한 것처럼, 자본가의 착취를 비난하는 데 굳이 잉여가치까지 끌어올 필요는 없다고 생각했기 때문이다. 그는 말한다. '소득 통계' 같은 당국의 공식 수치만으로도 극심한 불평등을 탄핵하기에 충분하다. 착취는 "경험을 통해 증명할 수 있는 경험론적 사실이지, 연역적 증거가 필요한 것이 아니다."[17]

그러면서 베른슈타인은 100년 뒤에나 추진될 연구 프로젝트를 제시했다. 100년 뒤 그걸 이끈 사람은 프랑스 경제학자 토마 피케티였다. 그는 1998년부터 자신의 연구팀과 함께 엘리트의 소득과 자산을 파악하기 위해 20개국에서 세금 자료를 수집하기 시작했다. 그에 대한 결과물이 2014년에 세계적인 베스트셀러가 된 『21세기 자본Capital in the Twenty-First Century』이다. 이 제목이 마르크스를 넌지시 암시하고 있는 것은 우연이 아니다.

국가에 따라 18세기로까지 거슬러 올라가는 피케티의 세금 자료는 지난 3세기 동안 불평등이 얼마나 안정적으로 고착화되었는지를 보여준다.[18] 서구의 모든 국가에서 부는 몇몇 가문들에 집중되었다. 두 차례의 세계대전과 1929년의 경제 위기 때만 이 추세가 잠시 뒤집어졌다. 그러나 1980년 이후 소수의 특권계층에 국부가 축적되는 현상이 다시 목격되었다. 부자는 더 부자가 되고, 반면에 하층민은 거의 혜택을 받지 못한다. 물론 노동자와 피고용자가 마르크스 시대보다 뚜렷이 나아진 것은 사실이지만 분배가 훨씬 더 공정해진 것은 아니다. 자본은 고도의 집중력을 보인다.[19]

오류 3: 돈은 상품이 아니다

마르크스는 자본주의 경제에서 돈의 역할을 올바르게 기술한 최초의 경제학자였다. 돈은 나중에 더 많은 돈을 벌어들이기 위해, 즉 이익을 얻기 위해 상품 생산에 투자된다는 것이다. 그의 공식 'M(돈) - C(상품) - M(돈)'은 자본주의의 정곡을 찌르는 표현이다.

그럼에도 마르크스는 궁극적으로 돈이 어떻게 작동하는지 이해하지 못했다. 돈도 일종의 상품이라 잘못 믿었기에 모순의 늪에 빠진 것이다. 이런 인식에서 화폐에도 노동 가치론이 적용되어야 한다는 결론이 나왔다. "돈의 가치는 그것을 생산하는 데 필요한 노동 시간에 의해 결정된다."

이 생각은 화폐가 주로 금이나 은으로 유통되던 시절에나 설득력이 있을 수 있다. 이 귀금속들을 채굴하고 운송하고 주조하는 데 당연히 노동 시간이 필요하기 때문이다. 그러나 마르크스 생시에 이미 그 생산에 노동력과 비용이 거의 들지 않았음에도 동일한 가치가 있는 지폐가 등장했다. 마르크스는 이 역설을 다음의 '규칙'을 천명함으로써만 해결할 수 있었다. "지폐의 발행은 지폐로 상징되는 금(또는 은)이 실제로 유통될 수 있는 양으로 제한되어야 한다"는 것이다. 그렇다면 그는 완전한 금본위제를 요구한 셈이다. 이는 마르크스 시대에 이미 틀렸고, 이후로는 더더욱 잘못된 생각으로 판명되었다.[20]

게다가 마르크스만 틀린 것이 아니었다. 스미스 또한 생산에 들어간 노동이 돈의 가치를 결정한다고 가정했다. 이 오류는 명백하다. 금과 은은 소위 '실물 화폐'이기 때문이다. 그것들은 돈일 뿐 아니라 일반적인 재화이기도 하다. 예를 들어, 금으로는 장신구나 금니를 만들 수 있다. 그렇다면 잘못된 추론이 바로 떠오른다. 상품이 돈이라면 돈도 상품임에 틀림없다는 것이다. 여기서부터 다른 오류까지는 그리 멀지 않다. 돈을 상품으로 간주하면 돈 역시 노동 가치론에 종속될 수밖에 없다.

그러나 돈은 상품이 아니라 사회적 관습이다. 사회 전체가 돈으로 받아들이면 돈이 된다. 그 자체로는 '내재적' 가치가 없지만 사람들이 그것으로 상품을 구입하고 빚을 청산할 수 있기에 돈의 가치가 생겨난다. 오직 기능만이 중요하기에 모든 게 돈이 될 수 있다. 예를 들어 금, 은, 담배, 조개껍데기, 수표, 지폐, 어음이 그렇다. 무엇을 돈으로 볼지 사회적 합의만 이루어지면 되고, 그러면 바로 돈이 된다. 이 인식은 결코 새롭지 않다. 고대 철학자 아리스토텔레스도 다음과 같이 언급했다. "무언가에 '돈 nomisma'이라는 이름이 붙는 데는 원래 그것에 그런 본성이 있어서가 아니라 우리가 그것을 돈으로 '통용하기로nomos' 약속하기 때문이다. 그것을 바꾸거나 폐기하는 건 우리 마음이다."[21]

마르크스는 돈이 금과 같다고 믿었기에 대출이 어떻게 작동하는지 논리정연하게 설명할 수 없었다. 그는 사후에야 『자본론』 제3권에서 공개된 단편들의 한계에서 벗어나지 못했던 것이다. 확고한 마르크스주의자들조차 절망했다. "솔직히 말해 이 챕터는 고무적 통찰력으로 가득 차 있음에도 혼란스럽기 그지없다."[22]

마르크스는 딜레마에 빠졌다. 그는 돈이 상품이라고 믿었기에 돈의 양을 제한할 수밖에 없었다. 금을 마음대로 불릴 수는 없지 않겠는가? 하지만 다른 한편으로 돈의 양이 증가하고 사람들이 끊임없이 대출을 해야만 경제가 성장할 수 있다는 사실도 정확히 알고 있었다. 그렇다면 그 추가적인 돈은 어디서 생길까? 그 돈의 가치는 어떻게 유지될까? 이는 마르크스에게 수수께끼로 남았다.

마르크스는 투자가 가능하기 전에 저축이 먼저 이루어져야 한다고 생각했다. 그러나 본인도 짐작하고 있었듯이, 그때까지 기다리려면 철도는 생길 수 없었다. 왜냐하면 자본의 순수한 '축적', 즉 저축 자산만으로는 철도를 건설하는 데 필요한 금액을 모으기에 충분하지 않았기 때문이다. 독일 철도의 자본금은 1840년에 약 5880만 마르크였고, 1850년에는 벌써 8억 9140만 마르크로 불었다.[23] 그러나 이 엄청난 금액조차 총 비용을 감당할 수 없었다. 단지 레일을 깔고 기관차를 제작하는 것만으로 철도 산업이 유지되는 것은 아니었다. 철도의 발명은 경제 전반에 혁명을 일으켰다. 무엇보다 독일 제철 산업은 새로운 용광로를 갖추는 것은 물론이고 구석구석 현대화되어야 했다.

철도는 문자 그대로 갑자기 '무에서' 유를 창조한 기술혁명이었다. 이전에 들판이었던 자리에 불현듯 철로가 생겨났다. 존 메이너드 케인스에 이르러서야 신용이 어떻게 '아무것도 없는 상태에서' 생겨나 경제 성장에 자금을 지원할 수 있었는지 올바르게 설명할 수 있었다.

반면에 마르크스는 당황했다. 그는 다소 속수무책의 심정으로 이렇게 썼다. "철도 건설을 감당할 수 있을 만큼 개별 자본이 축적될 때까지 기다려야 했다면 세상에는 여전히 철도가 없을 것이다. 집중화 현상이 주식회사라는 수단의 도움으로 손바닥 뒤집듯이 쉽게 이 일을 해냈다." 철도 자금을 조달하기 위해 주식회사가 생겨났다는 이 설명은 정확하다. 그러나 그것으로 돈의 수수께끼가 해결된 것은 아니었다. 주식회사 역시 주로 차입금, 즉 대출을 받아 운영되었다. 그렇다면 마르크스가 대답할 수 없는 질문이 또다시 어른거렸다. 이 모든 돈은 어디서 왔을까?

마르크스는 신용 이론을 연구하지 않았기 때문에 금융 위기도 설명할 수 없었다. 물론 금융 위기는 늘 대출이 너무 과도하게 이루어지면 발생한다는 사실을 엥겔스든 마르크스든 이미 정확히 관찰하고 있었다. 1857년 세계 금융 위기 동안 엥겔스는 맨체스터에 있는 자신의 공장도 타격을 받았지만, 거의 매일 마르크스에게 편지를 써서 신용 시장에서 펼쳐지고 있는 광기와 혼란상을 즐겁고 행복한 마음으로 보고했다. 둘 사이에 오간 편지를 읽는 것은 지금도 꽤 재미있다.

1857년 12월 7일 엥겔스는 이렇게 썼다. "현재 함부르크의 상황은 정말 대단하네. 울베르크와 크라머는 … Mk 은행에 진 빚 1억 2000만 마르크 때문에 파산했네. … 자본금은 30만 마르크를 넘지 않는다고 하더군! … 지금 함부르크만큼 이렇게 완벽하게 패닉에 빠진 적은 없을 걸세. 은과 금을 제외하면 모든 것이 가치를 잃었네. 완전히 가치를 잃었다고."[24]

12월 9일자 편지에는 이렇게 적혀 있다. "리버풀과 런던의 제조업체 가문들은 얼마 안 가 줄줄이 무너질 걸세. 리버풀의 상황은 정말 끔찍하네. 그 인간들은 완전 빈털터리가 돼서 쓰러질

기력조차 없어 보이네. 월요일에 만났던 누군가 그러더군. 증권 거래소에 있는 사람들의 얼굴이 며칠 새에 완전히 시체 같아졌다고."

12월 11일자 편지를 보자. "이 위기에서 과잉 생산은 전례가 없을 정도로 일반적 현상이었네. … 과잉 생산 뒤에 숨어 있는 건 늘 신용의 확장이었지. 정도의 차이는 있지만. 특히 이번에는 부도 어음 유통까지 기승을 부렸네."

12월 17일자 편지에는 이렇게 적혀 있다. "맨체스터는 점점 나락으로 빠지고 있네. 시장에 만성화된 압박은 정말 엄청나네. 물건을 내놔도 팔리질 않아. 매일 들리는 소식이라고는 누군가 공급가를 더 낮췄다는 이야기뿐이네. 여전히 품위를 지키고 싶은 사람은 더 이상 상품을 시장에 내놓지 않지. 방적 기술자와 공장주 사이의 상황은 끔찍하네. 현금이나 보증 없이는 공장에 원사를 제공하려는 중개상이 없어. 몇몇 작은 업체는 이미 무너졌네. 물론 앞으로 벌어질 일을 생각하면 이것은 아무것도 아닐 걸세."

그런데 처음에는 그렇게 절망적으로 보이던 금융 위기도 1859년에 끝나고 경제는 회복되었다. 돈이 아직 빠듯한 상황이었음에도 대출은 다시 시장으로 풍부하게 흘러들어갔다. 마르크스와 엥겔스는 돈의 양이 처음에는 충격적으로 쪼그라들었다가 다시 확장되는 이유를 설명할 수 없었다. 물론 역사상 가장 성공한 투기꾼 중 한 명이었던 리카도조차 통화 이론을 개진한 적이 없었다.[25]

천재도 실수할 수 있다: 마르크스의 의의

마르크스는 몇 가지 오류를 범했지만, 핵심적인 실수들은 모두 이전의 이론가들에게서 물려받았다. 예를 들어 리카도와 스미스도 노동 가치론을 주창했다. 또한 리카도 역시 대중이 빈곤해질 거라는 가정에서 출발했고, 스미스든 리카도든 돈에 대한 합리적인 이론을 갖고 있지 못했다. 이런 이유에서 폴 새뮤얼슨은 이렇게 비웃었다. 마르크스는 "리카도의 이론에 계급투쟁을 얹은" 사람일 뿐이라고.

이 평가는 불공정하다. 마르크스는 역사상 가장 혁신적인 이론가 중 한 명이었고, 그건 그의 이론에 대한 엄청난 반향으로도 이미 증명되었다. 미 경제학자 존 케네스 갤브레이스는 슬쩍 비꼬듯이 이렇게 썼다. "만일 마르크스가 대부분 틀렸다면 그의 영향력은 얼마 안 가 증발되었을 것이다. 그랬다면 혼신의 힘을 다해 그의 오류를 증명하려고 했던 수천 명의 사람들은 다른 직업을 찾아야 했을 것이다."[26]

마르크스의 변하지 않는 업적은 그가 자본주의의 역학을 정확하게 기술한 최초의 사람이라는 점이다. 현대 경제는 지속적인 과정이지 고정된 상태가 아니다. 소유는 그 자체로 존재하는 것이 아니라, 끊임없이 재사용될 때만 존재하는 것이다. 수입 역시 결코 보장되는 것이 아니라 지속적으로 투자될 때만 얻을 수 있다.

근대 자본주의는 마르크스 생전에 아직 완전히 발전하지 않았다. 그럼에도 그는 자본주의에 집중화 경향이 있고, 점점 대형

화하는 기업이 작은 기업들을 몰아내다가 마침내 시장에서 경쟁이 거의 의미가 없어진다는 점을 이미 알아차렸다. 그렇다면 자본주의는 많은 기업이 서로 경쟁하는 시장경제가 아니다. 대신 과점이 만연하고, 주요 산업은 소수 콘체른에 의해 지배된다.

게다가 마르크스는 기술의 중요성을 가장 먼저 이해한 사람이었다. 기계는 단순히 생산의 보조 수단이 아니다. 기술 혁신은 자본주의의 핵이다. 모든 기업가는 시장에서 살아남고 이윤을 높이려면 새로운 공정과 제품에 지속적으로 투자해야 한다.

마르크스의 통찰은 또 다른 경제학자까지 유명하게 만들 정도로 획기적이었다. 보수적 이론가인 요제프 슘페터가 그 주인공이다. 오늘날까지도 그는 "자본주의에 관한 가장 영향력 있는 해석 중 하나"를 제공한 이론가로 여겨진다.[27] 그러나 사실 슘페터는 그저 잉여가치론을 삭제한 채 마르크스의 이론을 좀 더 정교하게 치장하고, 인상적 은유를 사용하고, 새로운 영웅으로서 기업가의 개념을 정착시킨 사람이었을 뿐이다.[28]

마르크스는 자본가들이 제품이나 생산 과정을 개선한다고 뭉뚱그려서 언급한 데 그쳤다면 슘페터는 혁신으로 여겨질 수 있는 것들을 다섯 가지로 제시한다. 신상품, 신기술, 신시장의 개척, 새로운 원료, 새로운 조직 구조가 그것이다.[29] 이런 혁신들 덕분에 기업가는 추가 이익을 거둘 수 있다. 슘페터는 이 추가 이익을 더는 마르크스처럼 '추가 잉여가치'라 부르지 않고 '추가 이윤'이라 부른다. 아무튼 그는 마르크스와 전적으로 일치하게, 기업가는 자신의 독점적 이익을 장시간 누릴 수는 없다고 생각한다. 왜냐하면 새로운 발명을 받아들인 모방자들이 '떼거리'로 나타남으로써 추가 이윤은 신속하게 사라지기 때문이다. 여기까지는 잘 알려진 내용이다.[30]

그런데 자본주의의 핵심 구성원을 바라보는 시각에서 슘페터와 마르크스의 차이는 몹시 컸다. 마르크스에게 자본가는 궁극적으로 시스템에 내재된 힘을 의인화한 '캐릭터 가면'에 불과하다면 슘페터는 기업가를 창의적 '엘리트'의 수준으로 끌어올린다. 그의 '기업가Entrepeneur'는 발명가이자, 창조적 정신이자, '사적 제국'을 건설하려는 에너지 넘치는 지도자이다. 또한 자신의 우월함을 증명하고자 하는 타고난 전사이자, "승리의 의지"와 "창조의 기쁨"으로 똘똘 뭉친 사람이다.[31] 이런 기업가는 아웃사이더로서 자본주의를 반복적으로 뒤흔들고 추동하는 "창조적 파괴의 폭풍"을 일으킨다.

이처럼 자본가를 창조적 엘리트로 무한히 격상시킨 것은 생경할뿐더러 결코 독창적이지도 않다. 그건 그저 마르크스에 대한 안티테제이고, 그의 이론 없이는 생각할 수도 없다. 한 전기 작가의 말마따나 슘페터는 "마르크스를 완전히 뒤집어엎"으려고 시도한 사람일 뿐이다.[32]

그럼에도 슘페터가 자본주의 경제 이론의 중요 부분을 보완한 것은 감사할 일이다. 그는 대출의 역할을 정확히 묘사하고 강조함으로써 '아무것도 없던 상태에서 갑자기' 돈이 생겨나야만 경제 성장이 이루어질 수 있다고 보았다. 물론 수년 동안 돈에 관한 책에 매달렸음에도 총체적인 신용 이론을 개발하는 데는

실패하고 말았다. 책은 출간되지 못했다. 주제 자체가 너무 복잡했던 것이다.[33]

슘페터는 자신의 핵심 아이디어가 마르크스에게서 차용한 것임을 부정하지 않았을 뿐 아니라 선배 연구자를 폭넓게 칭찬하기도 했다. "경제 이론가로서 마르크스는 무엇보다 매우 박식한 사람이었다. 게다가 지칠 줄 모르는 독서가였고, 포기할 줄 모르는 집필자였다. 그는 몇 안 되는 중요한 저서를 꿰뚫고 있었고 … 항상 문제의 토대를 파고들었다. … 마르크스는 산업 변화의 과정을 누구보다 명확히 설명했고, 그 중심 의미를 당대의 다른 어떤 경제학자보다 또렷이 인식하고 있었다."[34]

슘페터도 더 이상 대학 강단에 서지 않았다. 그가 사람들에게 눈에 띄게 무시당했다는 점에서는 스미스, 마르크스, 케인스의 운명과 같다. 대신 '시장'을 절대적으로 여기는 순진한 경제관이 득세했다. 여기선 마치 자본주의가 존재하지 않는 것처럼 가격과 물물교환만이 관건으로 떠오르고, 마치 기술이나 성장, 이윤, 돈이 존재하지 않는 것처럼 정적 균형이 구축된다. '신고전주의'의 이 인위적 세계가 모든 교과서를 지배하게 되는데, 그것은 종종 '신자유주의'라고 불리기도 한다.

자유주의자들은 자신들이 무척 현대적인 이론을 개진한 양 굴 때가 많다. 어쨌든 마르크스나 케인스보다는 훨씬 현대적이라고 생각하는 것이다. 터무니없는 소리다. 오늘날 자유주의자들이 주장하는 바는 대부분 19세기에 나왔다. 그렇다면 잠시 본론에서 벗어나 신고전주의를 살펴보는 것도 도움이 될 듯하다.

6
자본주의에는 관심이 없는
신고전주의자들

애덤 스미스는 후계자들에게 오랫동안 영향을 끼쳤지만, 늦어도 1876년에는 그 영향력이 끝나고 말았다. 『국부론』이 나온 지 100년이 되었을 때 영국의 금융 저널리스트 월터 배젓은 존경심이라고는 찾아볼 수 없는 태도로 이렇게 썼다. "옛 시절에 관한 퍽 재미있는 책이다. 상황 변화에 따라 이제 직접적인 유용성은 상실했지만 … 이전 세계에 대해 이렇게 놀라울 정도로 많은 세부 정보를 담은 책은 드물다. 그냥 아무 쪽이나 펼쳤는데도 이런 대목이 나온다. 당시엔 '두 남자가 몰고 말 여덟 마리가 끄는 바퀴 넓은 마차가 교역을 위해 런던과 에든버러 사이를 오가는 데 대략 6주가 걸렸다'고 한다."[1] 배젓과 그 동시대인들에게 교통 수단이 이렇게 노동 집약적이고 느리다는 것은 상상할 수 없었다. 1876년에는 동일한 코스를 열차로 달리면 불과 10시간 반밖에 걸리지 않았다.

데이비드 리카도도 더 나은 대접을 받지 못했다. 배젓과 같은 시대에 살았던 경제학자 윌리엄 스탠리 제번스는 리카도에 대해 다음과 같이 썼다. "이 유능하지만 고집 센 남자"는 "경제학을 완전히 엉뚱한 궤도 위에 올려놓았다." 제번스는 경멸감에 가득 차서 이렇게 평가했다. "우리 영국 경제학자들은 바보들의 낙원에 살았다."[2]

영국 경제학자들의 이러한 새로운 자신감은 이론적 전환 덕분이었다. 훗날 경제학에서 '한계주의 혁명'이라고 불리는 전환이 일어난 것이다. 경제학자들은 고전 경제학의 특징을 이루던 노동 가치론과 작별하고, 대신 소비자를 중심에 놓았다. 이제는 '호모 에코노미쿠스'의 합리적인 계산이 가격의 형성 과정을 설명한다.

주관적인 이득만이 중요하다

이 새로운 접근 방식도 애덤 스미스를 이미 괴롭힌 바 있던 '고전적 가치 역설'에서 시작한다. 생명에 정말 중요한 물은 왜 쓸모없는 다이아몬드보다 훨씬 쌀까? '한계주의자들'의 답은 분명하다. 결정적인 요소는 주관적 이득이다. 누군가 목이 마르면 첫 모금의 물은 정말 가치가 크다. 그러나 물을 많이 마실수록 갈증은 줄어들고, 결국에는 더 많은 물을 마시기 위해 한 푼도 쓰지 않는다.

소위 한계효용이라는 이 마지막 단위의 이득이 재화의 가격을 결정한다. 누구나 갈증을 해소할 만큼 물이 차고 넘친다면 물의 가치는 0에 가깝다. 반면에 사막에서 생존에 필요한 물은 극도로 비싸다. 한 방울의 물조차 한계효용이 엄청나게 높기 때문이다.

재화의 효용이 중요하다는 이 아이디어는 새로운 것이 아니었다. 13세기 중세 신학자 토마스 아퀴나스도 가격이 효용을 통해 설명될 수 있고 상품의 '내재적' 가치와는 아무 관련이 없음을 이미 알고 있었다. 그는 이러한 사실을 일종의 종교적 역설을 통해 깨달았다. 신이 정한 위계질서에서 노예는 말보다 가치가 높다. 인간은 동물보다 창조주를 더 닮았기 때문이다. 그럼에도 말은 때때로 노예보다 비쌌다. 그렇다면 시장은 종교적 가치 질서를 따르지 않았다. 그것을 본 토마스 아퀴나스는 다음과 같이 말했다. "가끔 말이 노예보다 더 비싸게 팔리는 것을 보면 판매용 물건의 가격은 자연의 질서를 따르는 것이 아니라 그 효용성에 달려 있다. 따라서 판매자나 구매자는 판매되는 물건의 숨겨진 특성을 알 필요가 없고, 오직 인간이 사용하기에 적합한 특성만 알면 된다."[3]

애덤 스미스와 데이비드 리카도 역시 유용성과 희소성의 중요성을 인식했다. 『국부론』에서 '수요'라는 용어는 269번 나오는 반면에 '공급'이라는 말은 144번밖에 언급되지 않는다.[4] 그럼에도 고전주의 경제학자들은 여전히 불변의 객관적인 사용가치가 존재한다고 믿었다. 예를 들어 사과는 유익하기 때문에 교환가치가 있다는 것이다.

그런데 신고전주의자들은 재화에 객관적인 효용성이 있다는 전통적인 생각에 작별을 고했다. 대신 효용성은 이제 주관적인 것으로, 게다가 차츰 감소하는 것으로 정의되었다. 가령 오렌지 두 개를 먹은 사람은 더 이상 세 번째 오렌지를 먹으려고 하지 않는다. 신고전주의자들은 한계margin 효용만 중요시하기에 일명 '한계주의자'라 불리기도 한다. 이 접근법은 다양한 경제학자들에 의해 동시에 개발되어[5] 1871년에 주류로 자리를 잡았다.

이 접근법에서 필연적으로 다음의 결론이 나온다. 개인이 자신의 이익을 극대화하려면 돈을 어떻게 써야 할까? 수학적으로 표현하면, 가격과 한계효용의 비율은 모든 재화에 동일하게 적용되어야 한다.

일상에서 이런 식의 계산법은 누구에게나 익숙하다. 집에 밀가루가 5킬로그램이 있는 사람은 당분간 밀가루를 더 살 생각을 하지 않는다. 그건 한계효용을 0으로 만드는 쓸데없는 짓이다. 대신 케이크를 만드는 데 필요한 달걀을 사는 것이 더 현명하다. 그래야 주관적 한계효용이 매우 높아진다. 달걀 없이는 케이크를 만들 수 없기 때문이다.

그렇다면 목표는 예산의 최적 활용이다. 여기서 사회적 정의는 관심 사항이 아니다. 한계주의자들은 일부 가구가 가난하고 다른 가구가 부자라는 사실에는 일단 눈을 돌리지 않는다. 신고전주의는 단순히 모든 개인이 생계에 필요한 '기본적인 것'을 갖추고 있다는 데서 출발한다. 문제는 개인이 자신이 보유한 수단으로 효용성을 어떻게 극대화하느냐 하는 것뿐이다. 기술적으로 표현하자면, 부족한 자원의 가장 적절한 배분이 중요하다는 말이다. 각 개인이 효용성의 최대치를 달성하는 한 "부유한 가정에서는 고양이에게 마음대로 우유를 먹이지만, 가난한 가정에서는 아이들에게 먹일 깨끗한 물조차 없다"[6]는 사실은 전혀 문제가 되지 않는다.

이 새로운 접근법은 어쨌든 애덤 스미스 이후 골칫거리였던 두 개념 사이의 문제점을 보기 좋게 해결했다는 장점이 있었다. 이제는 더 이상 사용가치와 교환가치를 분리해서 생각할 필요가 없었다. 가치를 결정하는 요인을 주관적 한계효용이라고 보았기 때문이다.

그런데 신고전주의자들에게도 난제가 있다. 그들의 이론을 수렁에 빠뜨린 많은 모순은 오늘날까지도 해결되지 않고 있다. 각 개인이 주관적인 선호도를 갖고 있다는 것만으로는 충분하지 않다. 자신의 이익을 최대한 높이려면 원하는 상품을 손에 넣을 때까지 타인들의 욕구와 조정이 이루어져야 하기 때문이다. 결국 모든 수요가 최적으로 충족되려면 시장에 균형이 있어야 한다. 모든 판매자는 구매자를 찾아야 하고, 그 반대도 마찬가지이다.

여전히 수수께끼로 남은 수수께끼: 가격은 어떻게 생기는가?

그런데 모두가 자기 이익에만 관심이 있다면 시장 전반에 일반적인 균형이 존재할 수 있을까? 이건 프랑스 경제학자 레옹 발라를 사로잡은 질문이었다. 그는 1874년에 실제로 일반적인 균형이 가능하다는 사실을 수학적으로 증명해냈다. 여기서 방점은 '가능하다'에 찍혀 있다. 수학적 해법이 실물 경제에도 통용된다는 보장은 없기 때문이다. 예를 들어 수학에서는 마이너스 가격 및 마이너스 수량이 발생할 수 있고, 방정식의 답이 하나 이상인 경우도 배제할 수 없다.

설상가상으로, 균형을 만들어내려면 시장이 어떤 과정으로 진행되어야 할지 완전히 오리무중이었다. 신고전주의자들은 모든 개인이 서로 완벽한 경쟁 관계에 있다고 생각했다. 그렇다면 개인은 스스로 가격을 정하거나 가격에 영향을 미칠 수 없었다. 하지만 모든 시장 참여자 앞에 이미 가격이 주어져 있다면 이 가격은 대체 어디서 오는 것일까? 이로써 일종의 닭이 먼저냐 달걀이 먼저냐 하는 문제가 발생했다. 설명하면 이렇다. 사람들이 합리적으로 자신의 이익을 최적화하려면 가격이 필요한데, 이보다 앞서 가격을 형성하는 건 바로 최적화 과정이어야 한다는 것이다. 이로써 발라는 같은 자리를 맴돌았다. 신고전주의는 이 근본적인 문제를 지금까지도 해결하지 못하고 있다. 그럼에도 자유주 경제학자들은 일반적인 균형 이론을 전제하는 데 전혀 거리낌이 없다(9장 참조).

사실 '신고전주의'라는 말은 오해의 소지가 있다. '신Neo'이라는 접두어는 그들이 애덤 스미스와 카를 마르크스의 '고전적 경제학'을 보완해서 계속 이어가는 것 같은 인상을 풍긴다. 하지만 실제로 신고전주의자들은 기존의 패러다임을 백팔십도로 바꾸거나, 아니면 심지어 허구적인 중세 시대로 시간 여행을 떠나기도 한다.

신고전주의자들은 실존하는 자본주의와 거리를 두고 대신

순수 물물교환 경제를 묘사했다. 그들은 생산 과정을 무시하고, 마치 상품이 이미 존재하거나 하늘에서 뚝 떨어진 것처럼 굴었다. 시장의 핵심 인물도 이제 더는 자본가가 아니라 소비자였다. 투자, 기술, 노동, 성장 중 어느 것도 본질적인 요소가 아니었다. 자본주의의 격동적인 역학을 파악하는 대신 정적인 '균형'만이 중심에 떠올랐다. 스미스, 리카도, 마르크스를 사로잡았던 사회적 긴장도 경시되었다. 노동자와 기업가 사이의 분배 투쟁은 더 이상 관심사가 아니었고, 오직 자원의 가장 적절한 배분과 개인의 이익 극대화에만 관심을 보였다.

영국 경제학자 조안 로빈슨은 이 신고전주의의 세계가 얼마나 이상한지 쉽게 설명했다. 발라의 상상과 일치하는 유일한 실제 사례가 전쟁 포로수용소라는 사실을 발견한 것이다. 이곳 수감자들은 "어느 정도 관의 공식 배급으로 생활하고 매달 적십자사로부터 소포를 받는다. 이 소포의 내용물은 수령인 개인의 취향에 맞춰져 있지 않기에 각자 자신이 덜 원하는 것을 남이 더 원하는 것과 교환함으로써 자신의 이익을 극대화할 수 있다. 이런 식으로 모든 상품은 수요와 공급이 일치될 때까지 구매와 판매가 이루어지고 … 시장 참여자 누구도 물건을 일반적인 가격으로 교환할 욕구를 느끼지 않는다."[7]

신고전주의는 실제 세계를 반영하지 않았음에도 탁월한 장점이 있었기에 시대의 지배 학설로 부상했다. 경제 모델을 미분과 적분을 활용한 우아한 수학 공식으로 표현한 것이다. 하지만 그와 함께 오늘날까지도 경제학자들이 너무 쉽게 빠져드는 방법론적 오류의 가능성이 있다. 경제에서는 늘 수량과 가격, 즉 숫자가 중요한데, 수학도 숫자를 사용하기에 경제학이 수학 공식을 사용한다는 것은 '과학적으로' 설득력이 있어 보인다는 점이다.[8]

이로써 증명의 부담은 역전되었다. 발라 모델의 뚜렷한 결함은 눈에 띄었지만, 그에 대한 비판은 마찬가지로 수학 공식으로 표현될 수 있을 때만 진지하게 받아들여졌다. 그러나 자본주의의 사회 현실은 방정식이나 함수로 묘사하기에는 너무 역동적이고 복잡하다. 따라서 그들의 이론에는 더 이상 자본주의가 없다. 수학적 모델이 현실을 이긴 것이다.

현실이 무시되다: 대기업은 비경제적이다

신고전주의가 얼마나 비현실적인지는 경쟁과 기업 규모에 관한 문제에서도 드러난다. 이때 출발점은 아직 문제가 없고 스미스와 마르크스도 공유하는 내용이다. 즉 기업가는 이윤의 극대화를 원한다는 것이다. 두 번째 단계도 납득할 만하다. 기업에는 한계비용, 즉 생산량이 한 단위씩 증가할 때마다 늘어나는 비용이 무척 중요하다. 이 한계비용은 한계 수입, 즉 생산량이 한 단위씩 증가할 때마다 늘어나는 수익보다 높아서는 안 된다. 기업 입장에서는 팔아서 손해만 보는 물건을 생산하는 건 말도 안 되기 때문이다.

그런데 다음 단계에 이르면 정말 어처구니없는 일이 일어난다. 설명하면 이렇다. 신고전주의는 기업의 한계비용이 점점 증가할 거라고 가정한다. 노동이든 기계든 자본이 더 많이 투입될수록 생산되는 최종 단위는 더 비싸진다. 이런 이유로 한계주의자들은 거대 공장을 운영하는 것은 그럴 만한 가치가 없다고 진지하게 주장한다. 이 아이디어는 너무 터무니없어서 극단적인 사례를 통해서만 설명이 가능하다. 일례로 밀밭을 떠올려보자. 농부는 빨리 수확하기 위해 점점 더 많은 일꾼을 고용한다. 일꾼이 한 사람씩 늘어날 때마다 총 수확량도 증가하지만, 어느 시점에 이르면 일꾼들은 서로 "눈치를 보면서 빈둥거려" 한계비용은 증가하고 한계 수확량은 0에 가까워지는 경향을 보인다. 따라서 농부는 다른 일꾼을 고용하는 걸 포기한다.[9]

그러나 이 밀밭의 사례는 일반적이지 않다. 애덤 스미스조차 기술의 능률성을 이미 알고 있었다. 유명한 핀 공장의 예가 보여주는 바는 분명하다. 대기업은 소기업이 결코 도달할 수 없는 수준의 생산성을 달성할 수 있다는 것이다. 경제학자들의 말을 빌리자면, 기업의 덩치가 커질수록 규모에 따른 수익성은 점점 증가하고 한계비용은 줄어든다.

원래는 자본주의를 무너뜨리고자 했던 대안 업체들조차 이 쓰라린 논리를 받아들일 수밖에 없었다. 일례로 유기농 상점이 그렇다. 한때는 소규모 상점이 이 바닥을 지배했지만, 지금은 더 이상 그런 이상적인 생태계는 거의 존재하지 않는다. 대신 유기농 체인이 만연하고, 이들의 대형 슈퍼마켓은 2층으로 이루어져 있거나 심지어 가끔은 매장 안에 에스컬레이터도 설치되어 있다. 이처럼 규모의 경제성 논리를 거스를 수 있는 사람은 아무도 없다. 트럭은 사과 한 상자가 아니라 100킬로그램의 과일을 운송할 때 더 저렴하고, 마트의 캐셔는 다음 손님이 올 때까지 두 시간을 기다리는 것이 아니라 항상 바빠야 효율성이 높다.

자본주의는 대기업을 지향한다. 이건 명명백백할 뿐 아니라 예전부터 잘 알려진 사실이다. 1870년 이후 경제계를 지배하고 있는 건 트러스트, 콘체른, 카르텔이다. 당시 독일에는 바스프, 바이엘, 지멘스, 티센, 크루프처럼 오늘날에도 여전히 지배력을 행사하는 대기업이 등장했다. 그러나 신고전주의는 대기업이 아무 가치가 없는 것 같다는 인상을 여전히 꿋꿋하게 풍긴다. 이유가 뭘까?

수학적 모델을 갖춘 신고전주의 이론은 (거의) 완벽한 경쟁이 존재할 때만 작동한다. 그러나 대기업이 경제를 장악하는 순간 경쟁은 사라지고 이른바 과점 현상이 나타난다. 주요 부문을 손에 넣은 소수 기업이 서로 '시장'을 나눠 먹고 가격을 직간접적으로 조종한다.[10]

이게 전부가 아니다. 진정한 경쟁이 존재하더라도 신고전주의 이론은 작동하지 않을 것이다. 무한 경쟁이 그들의 머릿속에서만 존재하는 것은 오히려 다행스러운 일이다. 보수 경제학자 슘페터는 좀 더 완곡하게 표현한다. "완전 경쟁이 규칙이라면 그들이 생각하는 것보다 기뻐할 이유는 별로 없어 보인다."[11]

무엇보다도 고객 입장에서 이미 드러났던 닭과 달걀의 문제가 다시 발생한다. 즉, 모든 기업이 완전 경쟁 상태에 있다면 어떤 기업도 가격에 영향을 미칠 수 없다는 것이다. 그렇다면 가격은 어떻게 결정될까? 개별 기업은 생산에 필요한 원자재 및 중간재 가격을 미리 알고 있을 때만 '한계비용'을 계산할 수 있다. 그런데 이 가격들은 시장에서 형성될 수밖에 없다. 이로써 신고전주의는 재미있는 딜레마에 빠진다. 신발이 집보다 싼 이유는 설명할 수 있지만 신발과 집의 가격이 어떻게 책정되는지는 추론할 수 없는 것이다.[12]

슘페터가 신고전주의를 비웃다: "가련한" 경제 주체들

그런데 신고전주의 이론에서는 가격 형성의 문제만 불분명한 것이 아니다. 그들은 이윤이 어떻게 생겨나는지도 설명하지 못한다. 한계주의자들은 모든 기업이 이윤 극대화를 추구한다고 상정함에도 그들에게 '이윤'의 개념은 모호하게 남아 있다.

신고전주의는 이윤을 기업가가 감수해야 할 위험에 대한 일종의 보상이라고 생각한다. 그러나 그들의 정적인 물물교환 경제에서는 위험이라는 게 있을 수 없다. 아주 작은 기업도 틈새시장에 자리를 잡고 앉아 그들 앞에 이미 주어진 가격에 적응한다. 그렇다면 회사 소유주들은 그저 "지루한 균형 인간"일 뿐이다. 슘페터는 이렇게 조롱한다. "야망도 진취성도 없이, 요컨대 에너지도 생명력도 없이 불안스레 균형만 찾으려 애쓰는 우리의 이 경제 주체들은 얼마나 가련한가!"[13]

이러한 기업가는 "정적인 관리자"에 불과하다. 위험과 기술혁신이 없는 세계에서 기업가가 할 일은 거의 없기 때문이다. 그들은 오직 기업이 지금처럼 계속 돌아가는 일에만 신경 쓴다. 기업가가 설령 원가보다 훨씬 높은 가격에 상품을 팔더라도 그건 이윤이 아니라 그저 생산 과정을 조율한 대가로 받는 통상 임금일 것이다. 이 소득은 근로자의 임금보다 현저히 높겠지만 그럼에도 여전히 임금일 뿐이다.

슘페터가 100년 전에 이미 깨달았듯이 이윤은 성장이 있을 때만 발생할 수 있다. 그러나 신고전주의 이론에서 성장은 없다. 지속적인 확장은 그들이 원하는 균형을 깨뜨리기 때문이다. 그보다 더 나쁜 것은 성장이 항상 혁신을 기반으로 이루어지지만 그들의 한계비용 모델로는 기술 혁신 문제를 처리할 수 없다는 점이다. 왜냐하면 많은 혁신이 특정 상품의 비용 프레임을 바꾸는 데 그치지 않고 그 상품의 존속 자체를 파괴하기 때문이다.

예를 들어 타자기는 컴퓨터가 나온 이후 더 이상 판매되지 않는다. 올림피아 타자기 회사가 망한 것은 한계비용을 잘못 계산했기 때문이 아니라 누구도 더는 이 제품을 찾지 않았기 때문이다. 슘페터의 말을 재차 인용하자면, "경쟁은 ⋯ 기존 기업의 매출과 한계수익에 타격을 가하는 것이 아니라 기업의 토대와 존립을 뒤흔든다." 슘페터는 결정적인 오류를 매우 명료하게 지적한다. 신고전주의자들은 "자본주의가 어떻게 기존 구조를 관리하는지만" 설명하면 된다고 믿었지만, "정작 중요한 것은 자본주의가 기존 구조를 만들어내고 파괴하는 과정"이다.[14]

신고전주의는 성장도 기술도 대기업도 이윤도 모른다. 때문에 슘페터는 1914년에 이미 경멸적인 톤으로, 그들의 적용 분야는 너무 '제한적'이어서 경제학자들이 그들의 '특수 이론'을 배우는 게 여전히 그럴 만한 가치가 있는지 묻지 않을 수 없다고 썼다. 그럼에도 이 피상적인 이론은 오늘날에도 여전히 득세하고 있다.[15]

신고전주의자들은 슘페터의 통렬한 비판에 전혀 개의치 않았다. 오히려 그를 경제학의 신동으로 치켜세우면서 1932년에 하버드대학으로 초빙했다. 신고전주의에 대한 온갖 비판에도 불구하고 슘페터는 위험한 인물이 아니었기 때문이다. 그는 마르크스의 핵심 아이디어를 받아들였지만 여전히 확고한 미시경제학자였다. 게다가 신고전주의자들과 마찬가지로 개별 기업가를 중심에 놓았고, 그를 위해 경제학 주류가 오늘날까지도 즐겨 사용하는 '방법론적 개인주의'라는 용어도 만들어냈다. 이 견해는 경제를 부분들의 합으로 보고, 기업가에게 좋은 것은 모두에게도 좋다고 생각한다.

위기? 어떤 위기?

모순적이지만 편안한 타협이 이루어졌다. 슘페터는 자본주의의 집중화 과정을 계속 설명해나갈 수 있었고, 반면에 다른 신고전주의자들은 여전히 흔들림 없이 완전 경쟁을 꿈꾸었다. 문제는 현실이었다. 심각한 경제 위기는 계속 발생했지만, 신고전주의 이론 역시 위기를 예측하지 못했다.

신고전주의는 정적인 물물교환 경제를 묘사했기에 모든 공장이 항상 완전 가동 상태일 거라는 가정에서 출발했다. 또한 장-바티스트 세의 이름을 따서 명명된 '세의 법칙'에 따라 모든 공급이 자체적으로 수요를 창출하므로 판매 위기는 생길 수 없다고 생각했다.

공급이 항상 수요를 창출한다는 이 생각은 완전히 틀린 것은 아니다. 상품이 생산되자마자 소득이 발생하기 때문이다. 근로자는 임금을 받고, 경영자도 보수를 받는다. 그렇다면 어떤 상품이든 구매할 수 있는 돈은 충분하다. 그 때문에 신고전주의자들은 모든 상품이 자동으로 구매자를 찾을 거라고 낙관했다.

물론 그들도 매출 감소를 완전히 배제하지는 않았지만, 그게 개별 상품에만 해당될 거라고 생각했다. 예를 들어, 청바지가 시장에 너무 많이 나와 있는데 고객들은 블랙진을 선호할 때가 그렇다. 그러면 며칠마다 열리는 장날처럼 가격은 균형을 찾아나간다. 블랙진은 부족하기 때문에 더 비싸질 것이고, 반면에 청바지는 일부 고객이 블랙진에서 청바지로 갈아탈 때까지 점점 싸진다. 이로써 수요와 공급은 다시 균형을 이룬다.

이 모델에는 중요한 약점이 있다. 고객이 돈을 너무 많이 저축하지 않고 지출할 때에만 작동할 수 있다는 것이다. 은행 계좌로 돈이 많이 들어갈수록 소비에 지출할 돈은 사라지고 그로써 판매 위기가 발생한다. 따라서 신고전주의자들은 항상 투자된 금액만큼만 저축이 이루어질 거라고 가정할 수밖에 없었다. 돈의 과잉이 생겨선 안 되니까.

신고전주의자들은 이 문제의 해결책을 찾았다고 스스로 믿었다. 금리가 항상 저축과 투자의 균형을 보장할 거라고 생각한 것이다. 원리는 간단했다. 사람들이 저축을 너무 많이 하면 돈이 과잉 공급되어 금리가 떨어진다. 그러면 기업은 싼 비용으로 대출을 받을 수 있기 때문에 다시 투자에 나서고, 예금자들은 돈을 그냥 은행에 묵혀두는 게 별 이득이 없기에 다시 소비를 시작한다. 이로써 다시 신속하게 아름다운 균형이 회복된다.

이처럼 가격과 이자의 조정 덕분에 심각한 판매 위기는 발생하지 않는다는 것이 그들의 이론이었다. 하지만 한편으론 그럴듯해 보이지만 현실과는 괴리가 컸다. 자본주의 체제에서의 경제 위기는 마르크스와 엥겔스가 1848년에 이미 『공산당 선언』에서 다음과 같이 쓸 정도로 빈번했다. "이 위기에서는 사회적 역병, 즉 과거 시대에는 말도 안 되는 일로 비쳤을 과잉 생산이라는 사회적 전염병이 퍼진다. 갑자기 사회는 일시적 야만 상태로 퇴보하고 … 상공업은 완전히 무너지는 것처럼 보인다. 이유는 무엇일까? 문명의 과잉, 생필품의 과잉, 공업의 과잉, 상업의 과잉 때문이다."

마르크스와 엥겔스가 올바르게 관찰했듯이 판매 위기는 과잉에서 발생한다. 그러나 신고전주의자들은 항상 부족한 상품의 가장 적절한 배분을 예상했기에 이 단순한 사실을 자신들의 모델에 끌어들일 수가 없었다. 결국 과잉은 규정적으로 배제되었다.

그러나 신고전주의는 위기를 설명하는 데만 어려움을 겪은 것이 아니라, 경기 침체가 시작되자마자 사람들이 일자리를 잃고 실업자가 되는 이유도 설명하지 못했다. 노동시장이 감자 시장처럼 돌아간다고 생각했기 때문이다. 감자가 너무 많으면 가격이 계속 떨어지다가도 어느 시점에선 모든 감자가 마침내 구매자를 찾듯이, 임금도 계속 떨어지다 보면 어느 시점에선가 모든 실업자가 다시 일자리를 찾게 된다는 것이다.

이 이론도 곧 밝혀졌듯이 틀렸다. 1873년의 세계 경제 위기 때 임금은 최대 50퍼센트까지 떨어졌지만, 유럽에서는 많은 사람이 일자리를 잃고 그중 수백만 명이 미국으로 이주했다. 이런 상황에서 신고전주의자들은 자신의 이론을 구제하기 위해 놀라운 테제를 내놓았다. 실직자들은 쥐꼬리만 한 임금을 받고 뼈 빠지게 일하느니 차라리 일자리를 포기함으로써 자발적인 실직 상태로 들어간다는 것이다.

이 생각은 냉소적일 뿐 아니라 명백히 잘못되었다. 일찍이 애덤 스미스는 노동자들이 마련해놓은 비상금이 거의 없기 때문에 늘 일에 대한 무한한 압박감에 시달릴 수밖에 없다는 사실을 알고 있었다. 『국부론』에는 이렇게 적혀 있다. "많은 노동자가 일자리 없이는 … 일주일도 버틸 수 없다." 따라서 그들은 굶어죽지 않으려면 최저 임금도 받아들일 수밖에 없다.

이런 명백한 모순에도 불구하고 신고전주의자들은 1929년 세계 대공황이 재차 발발할 때까지 자신들의 비뚤어진 이론을 계속해서 주장해나갔다. 당시 미국에서만 국내 총 생산량은 3분의 1가량 줄었고, 물가는 25퍼센트 하락했으며, 8만 5000개 기업이 도산했다. 또한 미국 은행 중 5분의 1 이상이 문을 닫는 바람에 예금자 800만 명이 돈을 날렸고, 미국인 네 명 중 한 명이 일자리를 잃었다.

독일의 상황은 더 나빴다. 공식적으로는 600만 명이 일자리를 잃었지만, 실제로는 800만 명이 훌쩍 넘었을 것으로 추정된다. 독일인 세 명 중 한 명꼴이었다. 당시 노동조합은 공식 통계보다 훨씬 상세한 자체 통계를 작성했는데, 그에 따르면, 조합원의 46퍼센트가 실직 상태였고, 21퍼센트가 단기 근무자였으며, 33퍼센트만이 정규직이었다. 1933년 오스트리아에서는 대략 27퍼센트가 일자리를 잃었다.[16]

이런 재앙을 보고도 실업자들이 자발적으로 일자리를 포기한다거나, 회사가 시장에 잘못된 상품을 공급했기에 도산했다고 믿는 신고전주의자들의 이론은 정말 터무니없다. 다른 면에서는 그렇게 통찰력이 뛰어나던 슘페터조차 무리수를 두었다. 그는 대공황으로 놀란 하버드 학생들에게 오스트리아 독일어 억양이 섞인 영어로 이렇게 설명했다. "여러분, 불황 문제로 걱정들이 많죠? 하지만 그럴 필요가 없습니다. 자본주의에 불황은 몸에 좋은 냉수마찰과 같습니다."[17]

세계 경제 위기에서 신고전주의 이론은 성장도 이윤도 기술 혁신도 대기업도 모른다는 사실을 훨씬 뛰어넘는 근본적인 오류를 범했다. 그렇다면 문제는 어디에 있었을까? 존 메이너드 케인스가 답을 제시했다. 신고전주의는 돈의 역할을 이해하지 못했다. 그들은 돈이 그저 경제를 '베일처럼' 덮고만 있다고 생각했기 때문이다.

7
돈은 어디에 있을까?!
존 메이너드 케인스

오늘날엔 모든 사람이 케인스주의자다. 케인스 이론을 공식적으로 부인하는 보수적인 경제학자들조차 그의 영향력에서 벗어나지 못했다. 이제는 돈이 자본주의의 핵심이라는 사실을 누구도 의심하지 않기 때문이다.

케인스(1883~1946)가 돈의 중요성을 처음 깨달은 것은 결코 우연이 아니었다. 그럴 만한 이유가 있었다. 돈은 그의 직업이자 학문적 열정이자 취미였다. 케인스는 통화 이론가일 뿐 아니라 금융 정치인이고 증권거래소 투자자였다. 그는 통화와 원자재, 주식에 돈을 걸었고, 파생상품과 대출을 이용했다. 또한 현재 가치로 환산하면 2200만 유로(약 327억 4854만 원)에 이르는 재산을 남겼고, 그가 '금고'를 관리하던 케임브리지의 킹스칼리지도 부자 대학으로 만들어주었다.

케인스는 오늘날 '좌파' 또는 급진주의자로 간주될 때가 많지만, 이건 오해다. 그는 보수주의자로서 자신이 태어난 세상을 구하고 싶었을 뿐이다. 그렇다고 반란군은 아니었고, 영국의 엘리트 집안 출신이었다. 아버지는 존경받는 경제학자였고, 남동생 제프리는 찰스 다윈의 손녀와 결혼했으며, 여동생 마거릿은 1922년에 노벨의학상을 받은 생리학자 아치볼드 비비안 힐과 결혼했다. 케인스는 엘리트 출신만 다니는 영국 이튼 사립학교에 다녔고, 케임브리지에서 공부했으며, 그곳 킹스칼리지에서 학생들을 가르쳤고, 총리에게 조언했고, 백작 부인들과 카드놀이를 했고, '블룸즈버리' 예술가 그룹의 일원이었다. 그의 전기작가 로버트 스키델스키는 이렇게 썼다. "케인스는 그의 삶에서 잉글랜드의 나머지 지역을 … 아득한 높이에서 내려다보지 않은 적이 거의 없었다."[1]

케인스는 굉장히 총명하고 다재다능했다. 그럼에도 케인스가 영국 기득권층이 아니었다면 그의 이론이 그렇게 급속하게 확산되지는 못했을 것이다. 사람들은 그가 '좌파'였기 때문이 아니라 고상한 집단의 일원이었기에 그의 목소리를 귀담아들었다. 케인스는 자유주의자였고, 심지어 자유당원이기도 했다. 그러나 오늘날의 신자유주의자들과는 달리 자유주의적 사고를 새롭게 정의할 필요성을 느꼈다.

케인스가 중요한 이론가라는 사실은 보수주의자들조차 인정해야 하기에, 오늘날 그들은 '위기 경제학자'라는 말로 그의 지위를 격하하곤 한다.[2] 이런 식의 평가는 케인스가 1929년 이후의 세계 경제 위기를 무척 설득력 있게 설명하기는 했지만 나머지 본질적인 부분에는 딱히 기여한 것이 없다는 인상을 풍긴다.

그건 잘못이다. 케인스는 경제 전반을 근본적으로 변화시켰다. 임금, 인플레이션, 이자, 투기, 투자, 통화, 세계무역 할 것 없이 그의 새로운 이론이 영향을 끼치지 않은 영역은 없다. 한마디로 그는 애덤 스미스와 카를 마르크스가 그랬던 것처럼 새로운 경제적 세계관을 설계했다.

부모의 자랑거리: '왕의 학자' 케인스

케인스는 마르크스가 사망한 해인 1883년에 태어났다. 재능은 일찍부터 두드러졌다. 두 돌이 채 지나지 않은 아들이 "뇌를 너무 혹사시키는 건 아닌지" 어머니가 걱정할 정도였다. 그런데 부모는 늘 아들의 건강을 염려했음에도 경주마처럼 아들을 몰아붙였다. 학교에서는 탁월한 성적을 거두어야 하고, 중요한 장학금은 모두 받아야 한다는 것이었다. 다른 아이들 같았으면 부모의 이런 압력을 이겨내지 못했을 테지만, 케인스는 야망이 큰 부모조차 깜짝 놀랄 정도로 자신의 과제를 성공적으로 수행해냈다.

그의 부모는 엄격한 교육이 몸에 밴 사람들이었다. 특히 아버지 네빌은 어릴 때부터 학교에서 최고 성적을 거두어야 한다는 지속적인 압박에 시달려왔다. 그는 이 경험을 장남에게 고스란히 물려주었다.

케인스의 가족사는 자수성가의 역사였다. 할아버지 존은 영국 솔즈베리 출신이었는데, 11세 때 이미 작은 붓 공장을 운영하던 아버지 밑에 들어가 일했다. 이후 사업을 번창시켰지만, 곧 아이템을 바꾸었다. 평소 정원 가꾸는 일을 무척 좋아했는데, 이 취미를 아예 직업으로 삼은 것이다. 이렇게 해서 1841년 스톤헨지에서 달리아 전시회가 열렸는데 수천 명이 찾아올 정도로 성황을 이루었다. 이에 힘을 얻어 얼마 뒤에는 버베나, 장미, 카네이션, 포도나무로 품목을 확장했다. 1876년 그는 솔즈베리 시장에 선출되었고, 1878년 사망 당시에는 4만 파운드가 넘는 유산을 남겼다. 지금으로 환산하면 400만 파운드(약 70억 3672만 원)가량 되는 큰돈이다.

존 케인스의 성공은 빅토리아 시대 영국의 밝은 면을 보여준다. 마르크스와 엥겔스가 줄곧 프롤레타리아트의 빈곤을 묘사하는 동안에도 다른 곳에선 새로운 중산층이 등장하고 있었다. 정원에 어떤 꽃을 심을지 고민할 만큼 돈과 시간적 여유가 있는 사람들이었다.

네빌 케인스는 이 성공한 정원사의 외아들이었는데, 공부에 재능을 보이자마자 학문의 길로 가는 혹독한 훈련이 시작되었다. 그는 처음에는 모든 기대에 부응했다. 케임브리지대학에 들어가서 수학과 경제학을 공부했고, 유명한 두 교수인 헨리 시지윅과 알프레드 마샬에게 깊은 인상을 심어주었다. 특히 매우 성공적인 교과서 두 권을 썼을 때는 출세가 바로 눈앞에 보이는 듯했다. 논리학 입문서인 『형식논리학 연구 및 연습Studies and Exercises in Formal Logic』(1884)은 매우 독창적이어서, 세계적으로 유명한 철학자 G. E. 무어와 버트런드 러셀도 이 책에 영감을 받아 연구를 이어갔다. 또 한 권의 책은 당시의 경제 이론의 방법론을 전반적으로 설명한『정치경제학의 범위와 방법The Scope and Method of Political Economy』(1891)인데, 이것은 신고전주의를 설명할 때 오늘날에도 여전히 인용되곤 한다.[3]

그렇다면 네빌은 특히 경제학자 윌리엄 스탠리 제번스와 알프레드 마셜의 강력한 추천으로 손쉽게 교수가 될 수도 있었을 것이다. 그러나 그는 모든 제안을 거절했다. 런던이든 옥스퍼드든 시카고든, 어디든 가고 싶지 않았다. 두려웠기 때문이다. 성공했음에도 실패에 대한 두려움이 있었다. 앞으로 어떤 책을 쓰든 비판받을 위험은 상존했다. 그는 이런 문제로 스트레스를 받고 싶지 않았다. 따라서 케임브리지대학 행정직으로 자리를 바꾸어 처음엔 시험 관리를 담당했고, 나중엔 대학의 최고 행정 책임자인 행정실장이 되었다.

케인스의 어머니 플로렌스도 당시에는 보기 드문 학자였다. 그녀는 여성들도 케임브리지에서 공부할 수 있도록 1871년에 신설된 뉴넘칼리지를 졸업했다. 플로렌스는 원래 출신 자체가 학자 가문이었다. 침례교 목사였던 아버지는 여가 시간에 필그림 파더스*, 청교도주의, 종교 작가 존 번연에 관한 책을 썼고, 1887년에는 예일대학에서 명예박사 학위를 받았다. 남동생 월터 랭던-브라운 또한 1932년 케임브리지 의학교수로 임명되었고, 3년 후에는 그간의 공로를 인정받아 귀족 작위를 받았다.

플로렌스는 남편에게도 비슷한 성공을 기대했다. 결혼할 당시만 해도 남편이 경제학계의 스타가 될 거라고 생각했다. 게다

---

* 1620년 메이플라워호를 타고 미국 뉴잉글랜드에 정착한 청교도들.

가 본인도 사회적으로 출세했다. 매우 성공적인 지역 정치인으로 활동하면서 1932년에 케임브리지 최초의 여성 시장으로 선출된 것이다. 나머지 에너지는 세 자녀에게 집중했다. 그것도 주로 메이너드에게.

아버지 네빌이 쓴 규칙적인 일기 덕분에 케인스의 생후 발달 과정은 잘 기록되어 있다. 그는 네 살 반 때 이미 이자의 경제적 의미를 깨쳤고, 여섯 살 때는 뇌가 어떻게 작동하는지 고민했으며, 아홉 살 때는 유클리드의 『원론Elements』 제1권을 독파하고 이어 이차방정식과 오비디우스의 라틴어 원전, 존 밀턴의 비극 『투사 삼손Samson Agonistes』에 푹 빠졌다.

케인스가 여덟 살, 동생이 네 살 때 형제는 할례를 받았다. 전기 작가들은 부모가 아들들의 자위행위를 막으려고 할례를 시켰다고 추측하지만, 케인스 부모는 도덕적으로 그렇게 엄격한 사람들이 아니었다. 그렇다면 이미 상류층에 속한다고 생각하던 그들이 그저 왕가의 모범을 따르고 싶어서 그랬을 수도 있다. 당시에는 왕자들도 할례를 받았으니까.

상류층의 모든 아들들처럼 케인스도 명문 사립학교에 가야 했다. 아들의 영특함을 생각하면 당시 최고의 명성을 누리던 이튼 기숙학교를 노린 것도 아버지에겐 결코 주제넘은 짓이 아니었다. 그런데 이튼 학교에는 두 부류의 학생이 있었다. 한 부류는 귀족과 최상위 금융인 들의 자제로서, 교내가 아니라 이튼 시내에서 거주하며 비싼 학비를 내야 했다. '오피던스Oppidans'(시내에 사는 사람들)라 불렸던 이 학생들은 근 1000명에 이르렀다.

두 번째 부류는 70명의 '킹스 스콜라', 즉 왕의 학자들이었다. 엄격한 선발 과정을 거쳐 뽑힌 이들은 모두 장학금을 받으며 교내 기숙사에서 거주했다. 케인스는 아버지의 뜻에 따라 왕의 학자가 되어야 했다.

늘 그래왔듯이 아버지는 아들의 출셋길을 우연에 맡기지 않았다. 그사이 열네 살이 된 장남의 시험 준비를 위해 한 달 동안 특별 과외교사까지 고용했다. 심지어 집에서도 학교처럼 생활하게 했다. 아버지의 일기를 보자. "메이너드와 나는 요즘 매일 아침 일곱 시에 일어나 아침 먹기 전까지 몇몇 필요한 과제를 처리한다. 이튼 장학금 시험에 붙으려면 이런 습관이 몸에 배야 한다." 그런데 오래 지나지 않아 아버지 자신이 이런 습관으로 "무척 피곤해졌다"고 하소연한다.

학업을 따라가는 것이 고단했음에도 케인스는 귀족들에 둘러싸여 지내는 학교생활이 행복했다. 심지어 자기 가문의 족보까지 직접 연구해서 자신의 선조가 1066년에 정복자 윌리엄과 함께 영국으로 온 '기욤 드 카안'이라는 이름의 노르만 기사임을 증명해냈다. 이로써 케인스는 자신도 고결한 신분이라는 자부심을 느꼈다.

이튼의 교육 과정은 엘리트적이고 수준이 높았지만 극도로 편협했다. 학교에선 주로 그리스어와 라틴어, 프랑스어, 수학만 가르쳤다. 케인스의 동창 버나드 스위든뱅크는 훗날 그들이 학창 시절에 무엇을 배웠는지 이렇게 이야기했다. "우리는 십자군 원정에 대해 두루뭉술하게만 들었다. 영국의 몇몇 제후가 거기에 가담했기 때문이다. 교황 이름도 두세 명밖에 알지 못했다. 교황은 영국에 성가신 존재였기 때문이다. 아무튼 이것이 서기 100년부터 1453년까지 유럽 역사에 대해 우리가 알고 있는 지식의 전부였다." 그렇다면 생물학과 물리학, 지질학은 말할 필요조차 없었다.

이튼에서 보낸 5년은 매우 성공적이었기에[4] 아버지는 즉시 아들의 다음 목적지로 눈을 돌렸다. 케임브리지의 킹스칼리지였다. 아버지는 다시 과외 교사를 붙였고, 아들은 탁월한 성적으로 보답했다.

유능한 수학자이지만 수학 천재는 아니다

케인스는 1902년부터 1905년까지 수학과 고전문헌학을 공부했다. 당시 킹스칼리지의 학생 대 교사 비율은 최적이었다. 150명이 채 안 되는 학생 수에 박사과정생과 강사가 각각 30명씩 있었다. 그럼에도 케인스는 즉시 이 대학의 결함을 발견했다. 첫해에 벌써 한 학우에게 케임브리지의 "상당히 비효율적인" 운영 방식을 지적함으로써 감탄을 자아냈다. 사실 이런 식의 지적은 케인스의 전형이었다. 나중에도 그는 항상 어디를 가건 개선의 가능성을 발견했고, 그 사실을 주변 사람들에게 알렸다.

얼마 안 가 인근 트리니티칼리지의 두 학생이 케인스에게 접근했다. 둘 다 나중에 유명해진 레너드 울프와 리튼 스트레이치였다. 레너드는 특히 버지니아 울프의 남편으로 유명해졌고, 스트레이치는 당대의 저명인사들을 냉소적으로 묘사한 책 『빅토리아 시대의 명사들Eminent Victorians』(1918)로 이름을 얻었다. 두 사람은 케인스를 한 비밀 클럽에 끌어들이려고 했다. 공식 명칭은 '케임브리지 좌담회'였지만, 비공식적으로는 '사도使徒들'이라고 불린 모임이었다. 1820년에 설립된 이 엘리트 클럽은 그사이 많은 회원이 세계적으로 이름을 날리면서 덩달아 전설적인 명성을 누렸다. 케인스 당대만 해도 철학자 G. E. 무어, 버트런드 러셀, 알프레드 N. 화이트헤드 같은 사람이 이 작은 클럽에 포함되어 있었다. 케인스는 243호 사도로 가입했고, 평생 이 친구들과 친분을 유지했다.[5]

그런데 대학 수업은 지루했다. 케인스는 항상 수학에서 탁월한 성적을 받았지만, 날마다 여섯 시간씩 투자하기에는 너무 재미없는 과목이라고 생각했다. 그의 전기 작가 로이 해러드는 훗날 이런 판단을 내렸다. "논리적 재능과 정확성, 번개 같은 이해력이 그를 매우 유능한 수학자로 만들었지만, 사실 그는 수학 천재가 아니었다. … 열정적인 수학자들의 가슴을 뜨겁게 할 난해한 영역으로 파고들 생각도 하지 않았다. 케임브리지에서 그가 처음부터 관심을 보인 것은 다른 많은 영역이었다. 그런 사람이 필요한 수준의 수학에 도달할 수 있었던 것은 오직 꾸준한 노력 덕이었다."

그럼에도 케인스는 최소한의 노력으로 놀랄 만큼 좋은 성적을 거두었다. 졸업시험에서 12등을 차지한 것이다. 그런데 이것도 꽤 괜찮은 성적이기는 했지만 케임브리지에서 수학 강사 자리를 얻기에는 충분치 않았다. 아버지는 실망했다. 하지만 케인스는 곧 새로운 관심사를 발견했다. 다름 아닌 경제학이었다. 그는 불과 몇 달도 안 돼 데이비드 리카도에서 윌리엄 스탠리 제번스까지 거의 모든 고전 경제학 책을 섭렵했고, 알프레드 마셜의 『경제학 원리The Principles of Economics』(1890)까지 읽었다.

케인스 가족의 친구였던 마셜은 당대의 지도자급 경제학자였다. 그는 신고전주의 이론에 몇 가지 중요한 세부 사항을 보완했고,[6] 『경제학 원리』로 제2차 세계대전까지 모든 영미 경제학자들에게 큰 영향을 끼친 교과서를 썼다. 1905년 가을 케인스는 마셜의 강의를 신청했다.

마셜은 자신의 새 제자에게 즉시 열광했다. 마셜의 동료이자 훗날 주요 신고전주의자로 자리 잡은[7] 아서 세실 피구 역시 이 전도유망한 신예에게 조언을 해주려고 일주일에 한 번은 함께 아침 식사를 할 정도로 케인스에게 매료되었다. 한 달 후에 벌써 케인스는 리튼 스트레이치에게 다음과 같이 전했다. "마셜은 계속 나보고 경제학자가 되라고 독촉하네. … 내가 원하기만 하면 당장 자리라도 마련해줄 것처럼 아주 열심이네." 사실 케인스에게도 고향 도시는 너무 좁게 느껴졌다. "(케임브리지는) 내게 무덤과 같네. 다만 런던의 정부 직책도 무덤같이 느껴지지 않을까 두렵네." 이미 수도에 살고 있던 스트레이치는 감격스러운 어조로 답신을 보냈다. "우리 같이 뭉치게나. 그래서 우리만의 파티를 열어보자고."

할 일이 없는 인도 사무소에서 박사학위 논문을 쓰다

당시 영국 부처는 규모가 매우 작아서 정부에서 일자리를 구하기는 퍽 어려웠다. 런던은 인도에서 남아프리카까지 이르는 광대한 식민 제국의 중심지였지만, 재무부조차 직원이 약 150명에 불과했고 그중 정부 관리는 3분의 1이었다. 따라서 누구나 탐내는 정부 직책은 3주 동안 온갖 지식을 평가하는 시험을 통과해야만 얻을 수 있었다. 심지어 케인스가 치른 시험에서는 '드라마, 멜로드라마, 오페라'에 관해 논술하라는 문제가 나오기도 했다.

그는 시험에서 차석을 차지했고, 그로써 재무부로 들어가는 길은 막혔다. 수석으로 합격한 사람도 마찬가지로 재무부를 지원했는데, 거기서는 신입 관료가 한 명밖에 필요하지 않았기 때문이다. 따라서 케인스는 인도의 식민 행정을 담당하는 인도 사무소India Office를 선택했다. 어쨌든 이 직책에는 한 가지 장점이 있었다. 어떤 정부 부처도 공식적인 근무일이 여기만큼 짧은 곳은 없었다. 월요일부터 금요일까지 점심시간 한 시간을 포함해 11시부터 5시까지만 근무했고, 토요일에는 오전 11시부터 오후 1시까지만 사무실에 있으면 되었다. 게다가 휴가도 두 달이나 주어졌다.

그러나 이렇게 짧은 근무 시간에도 불구하고 할 일이 없었다. 케인스는 짜증 섞인 어조로 어머니에게 이렇게 썼다. "어제 저는 1분도 일하지 않았습니다." 다른 편지에서도 마찬가지였다. "이번 주는 아마 하루에 한 시간도 일하지 않았을 겁니다."

이렇게 해서 케인스는 사무소에서 일이 없는 시간에 박사학위 논문을 쓰기 시작했다.

개연성 문제를 다룬 그의 논문은 수학에 뿌리를 두고 있었지만 사실은 철학에 더 가까웠다. 그러니까 케인스는 사건의 빈도를 계산하는 통계적 확률에는 관심이 없었다. 오히려 그가 궁금했던 것은, 지식이 전반적으로 불완전하고 불확실하고 제한적일 때 어떤 진술의 참을 어떻게 알아낼 수 있느냐 하는 문제였다. 그는 논리학의 영역을 의견이나 추측 같은 심리 상태로 확장하고자 했다. 또한 '개연성'이라는 개념을 수학적으로 설명하는 대신 심리적으로 기술했다. 그에게 중요한 것은 '논리적 직관', 즉 다른 개념에서 도출하지 않은 근본적인 정신적 태도였다. 케인스는 이런 모호한 상태로도 충분히 잘 살아갈 수 있다고 믿었다. "대부분의 경우 사람들은 '아마도'라는 표현을 늘 거의 똑같은 방식으로 사용한다."

1907년 12월 그는 케임브리지대학에 박사학위 논문을 제출했다. 버트런드 러셀은 나중에 논문 평가서에서, "정말 더할 나위 없이 훌륭한" 글이라고 칭찬하면서도 정작 논문의 핵심 테제는 공유하지 않았다. 러셀의 입장은 확고했다. 개연성, 즉 확률은 명확히 정의내리고 측정할 수 있도록 노력해야 한다는 것이다.[8] 아무튼 케인스의 박사 논문은 논리학으로 떠난 그의 마지막 소풍이었지만, 나중에 그의 또 다른 작품에 깊은 영향을 끼친다. 즉, 우리의 지식은 본질상 불확실하기에 우리는 사람들의 기대에서 추론해낼 수밖에 없다는 생각이 『고용, 이자 및 화폐의 일반 이론The General Theory of Employment, Interest and Money』(이하 줄여서『일반 이론』)이라는 책에서 핵심적인 역할을 한 것이다.

케인스가 보기엔 1908년에 이미 금융 투자자들은 자신의 박사학위 논문을 알고 있기라도 한 것처럼 본능적으로 행동하고 있었다. 그는 매일 신문에서 본 내용들을 아버지에게 전했다. "아침에 몇 시간 동안 침대에 누워 증권시장 참여자들의 개연성을 다룬 칼럼들을 읽고 있습니다." 그가 투자자들의 평균 지능을 얼마나 형편없게 생각했는지는 다음 문장이 뚜렷이 보여준다. "지금까지 그나마 가장 합리적인 진술이라고는 양동이 공장 주가 한 말뿐입니다."

얼마 안 가 케인스는 인도 사무소 생활에 질렸고, 무조건 케임브리지로 돌아가고 싶었다. 그런데 킹스칼리지에서 강사를 두 명 뽑는데, 전도유망한 후보 네 명이 지원한 상태였다. 결국 케인스는 선택받지 못했다. 그의 인생에서 최대의 학문적 패배였다.

문제는 긴 대기 줄이었다. 케인스 대신 뽑힌 사람은 역사가 A.E. 돕스였다. 1901년부터 강사가 되길 학수고대해왔는데 이번에 떨어지면 아예 지원 자체가 불가능한 사람이었다. 아무튼 케인스는 낙방에도 불구하고 아낌없는 격려를 받았다. 1909년에는 분명 강사로 선정될 수 있을 거라고들 했다. 그러나 알프레드 마샬과 아서 세실 피구는 그들의 애제자를 그때까지 기다리고 싶지 않아 케인스가 즉시 강의를 시작할 수 있도록 사재로 100파운드를 기부했다. 거기다 케인스의 아버지도 아들이 인도 사무소에서 받던 급여를 보전해주려고 100파운드를 추가로 내놓았다.

케인스는 정확히 스물다섯 번째 생일에 정부 관리직을 사퇴하고 케임브리지로 돌아갔다. 런던에서 보낸 시간은 겨우 21개월밖에 되지 않았다. 언뜻 보기에 이 짧은 외유는 다소 불필요해 보일 수 있지만, 사실 인도 사무소에서의 근무 경험은 앞으로의 삶에 결정적인 의미를 갖고 있었다. 이제 행정을 알게 되었고, 정치 기구가 어떻게 작동하는지 감을 잡게 된 것이다. 그가 두 차례의 세계대전 중에 정부의 가장 중요한 경제 고문이 된 것도 한편으로는 그 덕분이었다.

케인스는 케임브리지에서의 첫 강의부터 자신의 오랜 관심사였던 돈으로 시작했다. 그럴 수 있었던 것은 처음엔 우연의 힘이었다. 피구 밑에는 케인스 말고 돈 문제를 가르칠 사람이 없었던 것이다. 이렇게 해서 케인스는 약 15명의 학생들 앞에서 '화폐, 신용, 가격'에 대해 이야기했다. 강의 제목은 추상적이었지만, 케인스는 구체적으로 설명했다. 우선 섬유업계의 통계로 이윤론을 설명했고, 금 생산의 통계로는 통화량을 풀이했다. 케인스는 항상 이론과 경험을 연결했다. 그에게 경제학은 현실과 동떨어진 수학적 피난처가 아니라 세상을 설명하는 학문이어야 했다.

1909년 3월 케인스는 마침내 킹스칼리지의 정규직 강사로 임명되었고, 1912년에는 저명한 경제학 학술지 《이코노믹 저널 The Economic Journal》의 발행인이 되었다. 그는 이 잡지를 1945년

4월까지 이끌었는데, 모든 글을 직접 골랐기 때문에 전 세계 주요 경제학자들과 꾸준히 접촉할 수 있었다. 또한 경제학계에서 일어나고 있는 일들도 훤히 꿰차고 있었다. 심지어 자신의 연구 분야가 아닌 영역까지도.

1913년 그는 인도 사무소에서의 경험을 토대로 『인도의 통화 및 금융Indian Currency and Finance』을 출간했다. 이 책은 즉시 찬사를 받았고,[9] 그 덕분에 케인스는 왕실 위원회에 자리를 얻었다. 왕실 위원회는 주로 인도에서 금본위제를 정착시키는 방법과 식민지에 자체 중앙은행이 필요한지 여부를 다루는 기관이었다. 이로써 케인스의 지위는 한순간에 바뀌었다. 그때까지는 케임브리지 밖에선 거의 알려져 있지 않던 인물이 지금은 인도 위원회에서 재무부 최고위 관리들을 만났다. 그것도 동등한 자격으로 말이다. 케인스는 이제 더 이상 인도 사무소의 말단 행정관이 아니라 국무장관들이 찾는 대화 상대였다. 1년 후 제1차 세계대전이 발발했을 때 재무부 관리들의 머릿속에 가장 먼저 떠오른 인물은 케임브리지 출신의 이 총명한 통화 전문가였다.

전쟁 배상금의 지불 불능 논리: 케인스가 베스트셀러를 쓰다

케인스는 제1차 세계대전이 시시각각 다가오는 것을 알지 못했다. 1914년 7월 30일까지도 막 수리를 마친 킹스칼리지의 자기 연구실에만 관심을 보였다. 그는 아버지에게 이렇게 썼다. "이 큼직한 연구실에 어떤 카펫을 깔아야 할지 여전히 결정을 내리지 못하고 있습니다." 8월 1일 독일은 중립국 벨기에를 침공했고, 8월 4일 영국은 전쟁을 선포했다.

전쟁 발발을 예측하지 못한 것은 케인스만이 아니었다. 마지막 순간까지도 경제학자와 기업가들은 실제로 전쟁이 일어날 거라고 믿지 않았다. 유럽 경제는 이미 다방면으로 촘촘하게 네트워크화되었고, 모든 국가는 수입과 수출로 밀접하게 연결되어 있었다. 이런 공급망과 신용 사슬이 끊어지면 천문학적인 손실이 생기고, 그로 인해 지금까지 쌓아온 유럽의 번영은 한순간에 파괴될 것이다. 이처럼 기업 대표들은 돈의 논리를 믿었다. 전쟁은 비용이 너무 많이 들기에 불가능하다고 여긴 것이다.[10]

처음에 투자자들은 오스트리아 왕위 계승자가 6월 28일 사라예보에서 총에 맞아 암살당한 일도 대수롭지 않게 여겼다. 이른바 7월 위기도 기업가들에게는 별다른 영향을 주지 못하고 지나갔다. 외교관들이 긴급히 전보를 주고받는 동안에도 주식시장은 평온했고 주식은 평소처럼 거래되었다. 전쟁 발발 일주일 전까지도 많은 투자자는 군사적 충돌이 일어나리라고 믿지 않았다. 그러다 7월 27일이 되어서야 시장이 급격하게 흔들리면서 급기야 빈의 증권거래소가 문을 닫았다. 이를 신호탄으로 유럽 대륙의 나머지 증권거래소도 7월 30일까지 차례로 그 뒤를 따랐다. 7월 31일에는 런던과 뉴욕의 거래소까지 문을 닫았고, 이튿날 세계대전이 발발했다. 투자자들로선 도저히 믿을 수 없는 전쟁이었다.

8월 4일 영국이 전쟁을 선포하기 전에 이미 케인스는 재무부로부터 편지를 받았다. "조국의 안녕을 위해" 급히 런던으로 와 달라는 호출이었다. 정부로서는 그의 조언이 절실한 상황이었다. 영국이 심각한 금융 위기에 빠질 처지에 있었기 때문이다.

1914년까지 영국은 '세계의 채권자'로서 주로 글로벌 대출을 통해 먹고살았다. 그런데 전쟁이 발발하자 이러한 대부 체계의 상당 부분이 더 이상 정상적으로 돌아가지 않았다. 환어음이 특히 문제였다. 전쟁이 시작되었을 때 약 3억 5000만 파운드가 미결제 상태였고, 그중 최소한 1억 2000만 파운드가 상환되지 못할 것으로 예상되었다. 채무자가 독일과 오스트리아, 러시아에 집중해 있었기 때문이다. 결국 영국의 모든 은행이 파산 위기에 처했다.

또 다른 문제도 있었다. 전쟁이 발발하자 일반 예금자들도 은행에 맡겨놓은 돈을 걱정하기 시작했다. 따라서 일단 은행으로 달려가 예금을 찾았고, 그런 다음 중앙은행으로 달려가 지폐를 금으로 교환했다. 단 이틀 만에 중앙은행의 금 보유고 절반이 사라졌다. 통제 불능의 '뱅크런' 사태가 발생한 것이다. 이런 식으로 많은 예금자가 공포에 젖어 돈을 일거에 빼가면 영국의 금융 시스템이 붕괴되는 건 시간문제였다.[11]

처음에는 영국 정부도 은행가들이 이 금융 위기를 해결할 방법을 찾아내리라고 여전히 기대했다. 그러나 전문가라고 하는 사람들의 머릿속에서는 아무것도 나오지 않았다. 당시 총리였던 허버트 헨리 애스퀴스는 아내에게 보낸 편지에서 은행가들을 이렇게 조롱했다. "세상에 그런 얼간이들이 없어요! 시골 마을의 티 테이블에 모인 노파들처럼 하나같이 벌벌 떨기만 하는

꼴이라니." 애스퀴스 내각의 재무장관 데이비드 로이드 조지도 비슷한 경험을 했다. "잔뜩 겁을 먹고 허둥대는 금융가들의 모습은 썩 좋아 보이지 않습니다." 케인스는 8월 6일 아버지에게 다음과 같이 썼다. "은행가들은 완전히 정신이 나간 사람처럼 망연자실하고 있어요. … 파산의 위험이 없는 은행이 아직 있을까 의문스럽습니다."

은행가들이 해결책을 제시할 수 없는 상황이라면 정치인이라도 창의력을 발휘해야 했다. 핵심 인물로 떠오른 정치인은 1908년부터 재무부를 이끌어온 데이비드 로이드 조지였다. 그는 전쟁 발발 전까지 여섯 해나 국가 예산을 의회에 제출한 경험이 있지만, 처음에 그의 경제 지식은 충분치 않았다. 재무부 직원들조차 로이드 조지에게 위기관리 능력이 있는지 걱정스럽게 자문自問하곤 했다. "그는 이제껏 어음을 한 번도 본 적이 없었고, 국제무역을 움직이는 까다롭고 복잡한 메커니즘에 대해 아는 것이 전무하거나 거의 없었다."

이렇게 해서 케인스는 재무부 고위 관료로부터 로이드 조지가 현 상황을 제대로 이해할 수 있도록 공식 보고서를 작성해달라는 부탁을 받았다. 결과는 기대 이상이었다. 케인스는 보고서에서 파운드의 금본위제를 공식적으로 포기하지 말라고 긴급하게 조언했는데, 로이드 조지가 이 조언을 정확히 따랐다. 한 재무부 관료는 자신의 일기에 이렇게 적었다. "장관님은 케인스의 보고서 내용 대부분을 제대로 소화한 것이 분명했다. 이제야 우리 모두 일할 기분이 났다."[12]

케인스는 전쟁 첫 몇 개월을 케임브리지에서 보냈다. 그러다 1915년 1월 재무부에 정식으로 고용되어 전쟁 물자 조달을 조정하고 다른 동맹국들에 대출을 제공하는 일을 맡았다. 당시 일화 중 하나를 살펴보자. 어느 날 스페인 통화 페세타가 급히 필요했는데, 케인스는 실제로 많지 않은 금액이지만 페세타를 마련하는 데 성공했다. 재무부 장관은 이제 당분간 페세타 걱정은 할 필요가 없겠다며 안심하는 투로 말했다. 그런데 케인스의 대답이 상사를 기함하게 했다. "이런, 저는 페세타를 즉시 되팔았습니다. 페세타 가치를 떨어뜨리려고요." 케인스는 전형적인 외환 투기꾼처럼 행동했고, 그의 계획은 성공했다. 그가 갑자기 시장에 페세타를 던지자 스페인 통화의 가격은 곤두박질쳤고, 이후 필요한 만큼의 페세타를 정말로 싼 가격에 되살 수 있었다.

케인스는 곧 대체 불능의 인물이 되었고, 그 덕분에 1919년 1월부터는 영국대표단의 일원으로 베르사유 평화회의에 참가했다. 여기서는 독일에 얼마나 배상금을 물려야 하는지를 두고 반년 가까이 치열한 샅바 싸움이 벌어졌다. 케인스는 특히 프랑스가 계속 터무니없는 액수를 요구하자 금세 역겨움을 느꼈다. 파리에서 어머니에게 보낸 편지에는 이렇게 적혀 있다. "저는 완전히 탈진 상태입니다. 한편으론 과중한 일 때문이기도 하고, 다른 한편으론 … 평화란 파렴치하고 불가능할 뿐 아니라 오직 불행밖에 가져오는 게 없기 때문입니다."

1919년 6월 그는 항의의 표시로 대표단을 사임한 뒤 영국으로 되돌아가서, 분노에 젖어 격문을 썼다. 『평화의 경제적 결과

The Economic Consequences of the Peace』라는 이 짧은 책자는 그를 유명하게 만들었는데, 탁월한 수사와 신랄한 풍자, 날카로운 분석이 결합되어 있어서 곧 세계 문학의 반열에 오르기도 했다. 한마디로 어떤 최고위급 정치인도 인정사정없이 비판한 내부자 보고서였다.

이 책에서 케인스는 당시 미국 대통령 우드로 윌슨에 대해 이렇게 적었다. "이 대통령은 가만히 앉아 있을 때 오디세우스처럼 더 똑똑해 보였다." 윌슨은 항상 도덕군자처럼 점잔 빼는 말을 일삼지만 안타깝게도 "계획도 전략도 건설적인 아이디어도 없는" 인물로 묘사되었다. 반면에 영국 총리 로이드 조지는 주로 자국의 유권자를 의식하기에만 급급한 전술가이자 기회주의자로 그려졌다. 조르주 클레망소 프랑스 총리만 전략적 정교함과 명확한 목표를 갖춘 인물로 묘사되었다. 그는 독일이 다시는 프랑스를 공격할 수 없도록 독일을 완전히 파괴해버리기를 원했다. 그의 믿음은 확고했다. "독일인은 겁을 줘서 못하게 하는 것 말고는 행동을 저지할 수 없습니다. … 그들은 명예니 품위니 자비 따위를 알지 못하는 민족입니다." 또한 "독일인들과는 결코 협상을 해서는 안 되고, 독일이 다시는 일어나지 못하도록 만드는 게 상책"이라고 단호하게 주장했다.

그러나 케인스가 이 책에서 보여주었듯이 천문학적 배상을 요구한 받아쓰기식 평화는 제대로 작동할 수 없었다. 독일이 314억 달러 혹은 독일 화폐로 환산해서 1320억 골트마르크를 배상해야 한다는 말은 겉보기엔 그럴싸해 보였다.[13] 하지만 이 돈을 어디서 구할 수 있을까? 독일은 세계 시장에서 막대한 수출 흑자를 기록할 때에만 이 배상금을 지불할 수 있었다. 그러나 독일이 세계에서 두 번째로 큰 산업국이긴 했지만 수출만으로 배상금을 충당하기엔 터무니없이 부족했다. 이론적으로 보자면, 독일이 계속 수출을 늘려나가는 상황을 상상해볼 수 있지만, 그리 되면 프랑스와 영국이 시장 점유율을 잃고 위기에 빠질 가능성이 컸다. 결국 독일로부터 배상금을 받으려다가 자국의 일자리가 없어질 판이었다.

결국 연합국은 모순에 빠졌다. 독일은 수백억 달러를 지불해야 했지만, 그 돈을 세계 시장에서 벌어들일 가능성은 없었다. 그렇다면 남은 방법은 하나뿐이었다. 연합국으로부터 대출을 받는 것이었다. 그래서 대출금을 받자마자 즉시 연합국에 다시 배상금 명목으로 이체해야 했다.

오늘날까지도 독일이 마지막까지 얼마를 지불했는지를 두고는 논란이 분분하다. 추산 주체가 연합국이냐 독일이냐에 따라 추정치는 208~677억 골트마르크 사이를 크게 출렁인다.[14] 그러나 독일 제국이 얼마를 배상했든 간에 변하지 않는 게 있다. 독일은 이 돈을 갖고 있지 않았고, 필요한 금액을 미국에서 빌렸다는 사실이다. 결국 1930년대에야 미국 스스로 뒤늦게 인정했듯이 독일 배상금을 지원한 나라는 미국이었다.[15]

케인스의 책은 엄청난 성공을 거두었다. 승전국뿐 아니라 패전국도 이 책을 열심히 읽었다. 케인스의 주장을 반박할 수 있는 사람은 아무도 없었다. 그의 주장은 모든 주요 신문에 널리 언급되었다. 책이 출간된 지 6개월 동안 영국과 미국에서만 10만 부가 팔렸다. 이어 독일어, 프랑스어, 네덜란드어, 덴마크어, 스웨덴어, 이탈리아어, 스페인어, 루마니아어, 러시아어, 일본어, 중국어로도 빠르게 번역되었다.[16]

이 책은 수십 년 뒤에도 여전히 유효했다. 제2차 세계대전이 끝났을 때 이제는 서방에서 누구도 독일이나 일본에 막대한 전쟁 배상금을 요구하지 않았다. 이제 정치인들은 알아차렸다. 돈은 단순히 이전될 수 없다는 사실을.

대학 강사 수입은 너무 적다: 케인스가 투기꾼이 되다

세계대전 후 케인스는 케임브리지에서 계속 연구교원으로 남고 싶었지만, 전임으로 가르치고 싶지는 않았다. 일주일에 몇 차례 강의를 하고 개인 과외가 필요한 학생에게 보충 수업을 하고 시험을 관리하기에는 그의 시간이 너무 소중했다. 그렇다면 어떻게 먹고살아야 할까? 베스트셀러 저자가 된 이후 케인스는 언론에서 자주 찾는 필자였지만, 그의 수입은 런던의 정부 부처에서 근무하던 시절에 익숙해져 있던 사치스러운 생활을 감당하기에 충분치 않았다. 결국 그는 이 딜레마를 해결할 방법을 찾았다. 전문 투기꾼이 되는 것이었다.

처음에는 일이 잘 풀렸다. 고정 환율을 보장하는 국제 금본위제가 전쟁으로 무너지자 케인스는 1919년 8월 외환시장에 뛰어들었다. 개별 통화는 이제 격렬하게 요동쳤고, 그는 이 극심한 변동을 기회로 삼았다. 또한 이익을 늘리려고 파생상품의 도움으로 이른바 '선물 거래'를 체결하기도 했다. 통화 자체를 사지 않고 시세 흐름에 베팅한 것이다. 그가 노린 바는 파생상품이 제공하는 '지렛대 효과'였다. 이는 최소한의 자본으로 최대의 이익을 얻을 수 있지만, 판돈을 잘못 걸면 안타깝게도 최대의 손실이 생길 수도 있었다.

케인스는 파생상품으로 이익을 냈다. 일단 달러, 노르웨이 크로네, 덴마크 크로네, 인도 루피를 샀다. 이 통화들의 가치가 오를 거라고 예상했기 때문이다. 동시에 프랑스 프랑, 네덜란드 길더, 이탈리아 리라, 독일 마르크를 팔았다. 이 거래로 케인스는 1920년 1월 2일까지 6154파운드, 오늘날의 가치로 환산하면 약 15만 유로(약 2억 2227만 원)를 벌었다.

케인스의 성공은 친척과 동료, 친구에게도 투기에 뛰어들어야 한다는 확신을 심어주었다. 이렇게 해서 1920년 1월 말 3만 파운드를 굴리는 '신디케이트'가 결성되었다. 이들은 4월 말에 이미 약 9000파운드의 수익을 올렸다.

그런데 5월에 들어서자 판이 바뀌었다. 기대와 달리 달러화는 약세를 보였고 마르크화는 회복되었다. '신디케이트'는 2만 2573파운드의 막대한 손실을 안고 해체될 수밖에 없었다. 물론 길게 보면 케인스의 예측이 옳았다. 1923년에 마르크화가 바닥까지 떨어졌으니 말이다. 하지만 어쨌든 단기적으로는 망했다. 이 일을 통해 케인스는 오늘날에도 여전히 통용되는 사실을 깨달았다. "시장은 채무자의 상환 능력이 없어진 뒤에도 꽤 오랫동안 비합리적으로 행동할 수 있다."

그러나 케인스는 물러서지 않고 계속해서 투자를 이어갔다. 이번에는 통화뿐 아니라 면화, 납, 주석, 아연, 구리, 고무, 밀, 설탕, 황마, 아마유 같은 원자재에도 투자했다. 이렇게 해서 불과 2년 만에 그간의 빚을 모두 갚고, 친척들에게는 이자까지 쳐서 손실을 보전해주고, 자신의 자산도 2만 1000파운드 이상으로 불렸다.

당시 케인스는 여전히 경기 흐름을 예측할 수 있다고 믿었기에 단기 투자에 주력했다. 그러나 일시적 이익만 노린 전략은 별로 성공하지 못했다. 물론 수익이 나기는 했다. 1927년에 그의 자산이 4만 4000파운드 정도로 불었으니까. 하지만 그가 보유한 주식은 대표적인 주식시장 지수의 상승률을 밑돌았다.

그의 계좌는 곧 빈 깡통이 되었다. 케인스는 대공황을 예측하지 못해 1929년에 재차 파산한 것이다. 불과 7년 만에 보유 자산을 두 번이나 잃은 케인스는 투자 전략을 바꿨다. 이제 더는 단기 투자가 아닌 장기 투자에 나섰고, 또한 수많은 종목으로 자잘하게 분산하지 않고 몇 가지 주식에 집중 투자했다.

그는 자신이 신뢰하는 회사에만 투자했고, 위험을 분산하는 것을 더는 중요하게 생각하지 않았다. 그는 영국의 속담까지 꺼내들며 이렇게 썼다. "어느 바구니의 바닥에 구멍이 있는지 밝혀낼 시간이나 기회가 없다면, 달걀을 많은 바구니에 나눠서 담는 것은 위험과 손실을 증가시키는 가장 확실한 방법이다."

세계적 경제 위기는 몇 가지 유망 주식을 집중적으로 고를 수 있는 기회로 판명되었다. 시세가 곤두박질치는 바람에 많은 기업이 저평가되었고, 케인스는 굉장히 싼 가격에 원하는 주식을 살 수 있었다. 주로 오스틴이나 레이랜드 같은 자동차 회사 주식을 사들였지만 금광과 미국 식품업체, 항공기 제조업체에도 투자했다. 이 전략은 처음으로 대성공을 거두었다. 1945년까지 그의 주식 자산은 23배나 불어났다. 같은 기간 월스트리트 지수는 3배 증가했고, 심지어 런던 거래소는 정체 상태였던 점을 감안하면 엄청난 성공이었다.

그러나 케인스는 개인 투자자였을 뿐 아니라 재무 관리 전문가이기도 했다. 보험 회사 두 곳에서 감사직을 맡은 것이다. 주식시장에 대한 이런 깊은 지식은 나중에 『일반 이론』으로 흘러들어간다. 금융시장에 대한 훌륭하고도 무척 재치 있는 장章이 포함된 책이다.

케인스의 사생활: 블룸즈버리와 리디아 로포코바

케인스는 경제학의 매력에 푹 빠졌지만 경제계와는 거리를 두었다. 그의 가장 가까운 벗들은 항상 경제학을 전혀 모르는 예술가들이었다. 케인스가 경제학을 그렇게 침착하면서도 편견 없이 바라볼 수 있었던 것도 어쩌면 이런 사생활 때문이었을지 모른다. 그는 심지어 자신의 이론조차 결코 신성불가침의 영역으로 여기지 않았고, 스스로 더 이상 확신이 가지 않는 이론은 바로 내던져버렸다. 이런 식으로 케인스는 평생을 새롭게 배워나갔다. 그걸 보고 많은 동시대인이 당혹스러워했는데, 한 비판가에 대한 그의 답변은 아주 유명하다. "나는 사실이 바뀌면 내 견해도 바뀝니다. 당신은 어쩌시나요?"

케인스의 사생활은 후대에 잘 알려져 있다. 목록 작성에 열심이었던 그의 습관 덕분이었다. 이 습관은 아버지에게서 물려받았는데, 그중에는 그의 남성 연인 목록도 전해져온다. 여기에는 1903년부터 1905년까지 성적 접촉이 '0'이라고 기록되어 있다. 1911년에는 여덟 번, 1913년에는 아홉 번이었다. 일부 연인은 길거리나 기차에서 만나기도 했지만, 평생 가장 중요한 연인은 두 명이었다. 리튼 스트레이치와 무엇보다 화가 던컨 그랜트였다.

케인스는 여섯 살 때 이미 자신이 못생겼다고 확신했다. 스물세 살 때는 연인 관계였던 스트레이치에게 이렇게 편지를 썼다. "내 사랑, 나는 지금껏 도저히 없어지지 않는 강박관념에 늘 시달려왔고, 앞으로도 그럴 거라고 생각해. 내가 육체적으로 너무 혐오스러워서 누군가 다른 사람에게 이런 몸을 들이미는 것이 주제넘은 짓이라는 강박이었지. 이 생각은 너무 단단하고 지속적이어서 나는 언젠가 어떤 사람이 … 그런 내 열등감을 흔들수 있으리라고는 상상하지 못했어."

그의 얼굴에서 특히 눈에 띄는 부분은 두꺼운 입술이었다. 버지니아 울프는 나중에 케인스를 "살찐 바다표범"과 "잔뜩 부풀어 오른 뱀장어"에 비유했다. 그럼에도 그에게는 어떤 누구도 거역할 수 없는 카리스마가 있었다. 얼굴은 약간 특이할 수 있었지만, 인간적으로는 재치 있고 지적이고 생기가 넘쳤다. 케인스는 매 순간을 강렬하게 즐겼고, 이 에너지를 남들에게도 옮겼다.

행복해질 수 있는 보기 드문 재능을 가진 사람이었다.

케인스는 자신의 동성애를 결코 부끄러워하지 않았지만 현실 사회의 가혹한 처벌을 피하려면 철저하게 비밀에 부쳐야 했다. 사적이든 공개적이든 두 남자의 '음행'은 최대 2년의 징역형에 처해질 수 있었고, 성행위를 하다가 체포되면 종신형도 가능했다. 다들 오스카 와일드의 운명을 알고 있었다. 이 유명 작가는 동성애를 이유로 2년 동안 강제 노동에 처해졌고, 1900년에는 건강이 망가지고 가난에 찌든 상태에서 파리에서 쓸쓸하게 사망했다.

케인스는 리튼 스트레이치와 던컨 그랜트를 통해, 1909년부터 자신에게 제2의 가족과도 같은 '블룸즈버리' 예술가들을 알게 되었다. 이 모임은 친자매 버지니아 울프와 버네사 벨을 중심으로 돌아갔는데, 대부분의 구성원이 런던의 블룸즈버리 지구에 살았기 때문에 이런 이름이 붙었다. 모두 상류층 출신이었고, 거의 모든 남자 회원은 케임브리지에서 공부했으며, 다들 집에 하인을 두는 것을 당연한 일로 여겼다. 블룸즈버리 예술가들은 피카소나 마티스 같은 화가를 영국에 소개함으로써 영국의 예술적 취향을 현대화하는 데 기여했지만, 그들 자신은 사실 현대적이지 않게 스스로를 귀족적 엘리트라 여겼다.

이 예술가 그룹은 사방에서 기대한 걸작을 만들어내지는 못했음에도 오늘날에도 여전히 전설적이다. 실제로 유명해진 사람은 버지니아 울프뿐이었고, 그다음으로 작가 E. M. 포스터도 나름 이름을 날렸다. 이들의 공통점은 독창성에 대한 선호였다.

물론 가끔은 그게 지나쳐 가식적인 형태로 나타날 때도 있었지만 말이다. 아무튼 중요한 점은 지적이어야 한다는 것과 결코 지루해서는 안 된다는 것이었다. 따라서 각자 말을 마칠 때는 똑똑하면서도 재치 있는 말로 끝맺곤 했다.

이러한 대화 문화는 케인스가 1921년 처음으로 여성과 사랑에 빠졌을 때 심각하게 망가졌다. 상대였던 러시아 발레리나 리디아 로포코바는 지식인이 아니었기 때문이다. 미술 평론가 클라이브 벨은 한 편지에서 이렇게 불평을 늘어놓았다. "리디아는 우리의 대화 분위기를 망칠 때가 많아. … 대화가 지적으로 흐른다 싶으면 따라오지를 못하고, 대화가 내밀한 쪽으로 흐르면 무슨 이야기를 하는지 알아차리지를 못해. … 입만 열면 러시아 발레 이야기나 하고 … 하나 마나 한 뻔한 소리만 늘어놓지. 얼마나 지루한지 자네는 아마 상상도 못 할 걸세."

리디아는 1891년 상트페테르부르크에서 극장 좌석 안내인의 딸로 태어났다. 아버지는 극장의 인맥을 통해 다섯 자녀 중 넷을 황실 발레 학교에 보내는 데 성공했다. 그중에서 가장 성공한 것은 리디아였다. 그녀는 1910년부터 '발레 뤼스' 발레단의 단원이 되었다. 세르게이 디아길레프 단장이 세계에서 가장 혁신적인 댄스 앙상블을 만들어 전 유럽을 감격에 빠뜨린 발레단이었다.

리디아는 스타였지만, 수석 발레리나의 전형적인 외모와는 거리가 멀었다. 체구는 땅딸막했고, 얼굴은 그리 예쁘지 않았다. 버지니아 울프는 나중에 그녀의 얼굴을 "물떼새의 알"에 비유했다. 그러나 리디아는 개성이 강했고, 매력적이고 웃기고 사람의 마음을 움직일 줄 알았다. 관객들은 그런 그녀를 사랑했다.

1925년 8월 케인스와 리디아의 결혼은 전 세계 언론이 주목하는 일대 사건이었다. 두 사람의 결혼 생활은 몹시 행복했다. 케인스는 누군가를 보살피는 것을 좋아했고, 리디아는 매우 의존적인 성향이었기 때문이다. 하지만 다른 한편으론 퍽 기발하고 명석한 사람이어서 남편에게 의외의 모습을 보여주기도 했다. 그렇다고 정식 교육을 받은 적이 없는 리디아가 명문 학교를 졸업한 케인스가 생각지도 못한 말을 했다는 것은 아니다. 다만 남편을 웃길 줄 알았다. 블룸즈버리 예술가들은 그녀를 지루하게 생각했음에도.

신혼 여행지는 러시아였다. 레닌그라드에 사는 리디아의 형제자매를 방문하기 위해서였다. 케인스는 공포 분위기를 조성하는 스탈린주의에 역겨움을 느꼈다. "막대한 돈을 들여 가정마다 밀정을 심는 데 혈안이 된 정치 체제에 어떻게 호감을 느낄 수 있겠는가?" 그가 신혼여행에서 돌아와 한 신문에 썼던 내용이다.[17] 케인스는 원래 공산 체제에 의구심을 갖고 있던 사람이었다. 케임브리지 졸업생의 자부심에서 비롯된 의구심이었다. 그는 "저속한 프롤레타리아트를 예찬하고 부르주아지나 지식인보다 우대하는" 공산주의가 영 불쾌했다. 그가 보기에는, 이 엘리트 집단이야말로 "모든 인간 진보의 씨앗을 품고 있었기" 때문이다.

케인스는 마르크스에 대해서도 처음으로 언급했다. 『자본론』은 "시대에 뒤떨어진 교과서다. 내가 아는 한, 이건 과학적으로 잘못되었을 뿐 아니라 현대 세계에 어떤 의미도 어떤 적용 가능성도 없는 책이다." 이후로도 케인스는 마르크스를 자주 폄하하곤 했다. 그의 작품들을 읽은 적도 없으면서 말이다.

평소에는 자기 자신에게조차 비판적 입장을 견지하던 케인스였지만 가끔은 편견에 이끌리기도 했다. 거기엔 그가 속한 여러 모임들에서 당연시되던 경박하고 무반성적인 반유대주의도 포함되어 있었다. 예를 들어 그는 어떤 글에서 러시아 공산주의가 "유대인을 상당히 탐욕스럽게 만들" 거라고 지나가듯이 언급했다. 그런데 유대인들에 대해서만 나쁘게 말한 것은 아니었다. 당시에는 거의 모든 민족에게 부정적인 고정관념을 덧씌우는 일이 흔했다. 케인스는 러시아인의 "본성"에 "야수의 잔학성"과 비슷한 면이 있다고 썼다. 본인은 정작 러시아 여자와 결혼했음에도 말이다. 당시만 해도 이런 식의 민족적 편견은 아직 악의 없는 험담 정도로 받아들여졌다. 그러다 국가사회주의자들의 인종적 광기가 수백만 명의 목숨을 앗아가면서 바뀌었다.

신고전주의와의 기나긴 작별

케인스는 40세가 가까워서야 처음으로 신고전주의에 의심을 품었다. 그때까지는 부분적인 비판은 했지만, 어릴 때부터 아버지에게서 듣고 나중에는 스승 알프레드 마샬에게서 배운 신고전주의의 중심 이론을 의심 없이 받아들였다. 그런데 제1차 세계 대전 이후 도저히 알 수 없는 새로운 현상이 나타났다. 실업률이 떨어지지 않는 것이다. 영국에서만 수년 동안 실업률이 약 10퍼센트로 지속되었다. 신고전주의자들은 어찌할 바를 몰랐다. 그들의 이론적 모델은 균형에서 출발했다. 그렇다면 실업은 기껏해야 잠시 나타났다가 다시 사라져야 했다. 그런데 당시에는 약 백만 명이 실직 상태였다. 그들의 이론에 무엇이 잘못되었을까?

케인스는 즉시 첫 번째 대답을 준비했다. 영국은 제1차 세계대전 중에 무너진 금본위제로 돌아가선 안 된다. 전쟁 전에 1파운드의 가치는 4.86달러였는데, 그사이 영국 물가가 미국보다 더 가파르게 상승했음에도 영국 정부는 이 환율을 다시 도입하기를 원했다. 그런데 현실이 이렇게 바뀐 상태에서 예전의 금본위제로 복귀하면 영국 수출품은 10퍼센트가량 더 비싸지고, 그러면 세계 시장에서 경쟁력을 갖추지 못할 것이었다. 따라서 예전의 경쟁력을 회복하려면 영국의 임금이 정확히 그 10퍼센트만큼 떨어져야 했다. 케인스는 이런 임금 삭감이 "사회적으로나 정치적으로 불가능할" 것이라고 침울하게 예언했다.

케인스는 동포들을 설득하려고 일단 신문에 칼럼을 썼고, 1923년에는 『통화 개혁에 관한 소고A Tract on Monetary Reform』를 출간했다. 이 책에는 누구나 인정하는 케인스의 가장 유명한 문장이 나온다. "장기적으로 보면 우리 모두는 죽는다." 훗날 신고전주의자들은 케인스가 결국 실체 없는 임시방편용 이론만 펼쳤다고 비방하기 위해 이 말을 무책임하게 계속 퍼뜨렸다. 그러나 그건 문맥을 싹둑 잘라먹고 그 문장만 자의적으로 해석한 주장일 뿐이다. 전체 구절은 이렇다. "장기적으로 보면 우리는 모두 죽는다. 폭풍우가 거세게 몰아치는 시기에 경제학자들은 말한다. 폭풍우가 지나고 나면 바다는 다시 잠잠해질 거라고. 그러나 이건 정말 너무 안이한 태도다." 케인스는 여기서 노동자들에게만 큰 희생을 요구하는 신고전주의의 성향을 조롱하고 있다. 그것도 먼 미래에는 모든 것이 다시 좋아질 거라는 막연한 약속과 함께 말이다.[18]

케인스는 많은 경제학자의 안이한 태도에 반복해서 격분을 토해냈다. 자기들은 월급 걱정 없이 편안히 교수 자리에 앉아 있으면서, 남들보고는 불편함을 감수하라고 설교한다고 보았다. 이 그림에 딱 맞아떨어지는 것이 금본위제였다. 수출 산업 노동자들의 임금은 떨어졌지만, 교수들의 월급은 떨어지지 않았기 때문이다.

케인스는 금본위제를 둘러싼 전투에서 패했다. 런던의 유력자들이 모든 로비력을 동원했기 때문이다. 금융계를 주무르는 소수 권력자들은 예전과 같은 파운드의 가치 회복을 '국가 명예'의 문제로 선전했다. 은행들은 파운드가 다시 기축통화로 자리 잡길 희망했지만, 역사를 되돌릴 수 없다는 사실을 깨닫지 못했다. 제1차 세계대전 이후 경제계의 초강대국으로 부상한 나라는 미국이었고, 이제는 월스트리트가 국제 금융 흐름을 조종했다.

당시 영국 재무장관은 윈스턴 처칠이었다. 훗날 영국 총리로서 제2차 세계대전을 이끌어 명실상부 20세기 영국의 가장 중요한 정치인으로 꼽히는 인물이었다. 처칠은 케인스의 주장을 알고 있었고 심지어 제대로 이해하기까지 했지만 치명적인 실책을 저질렀다.[19] 1925년 4월, 예전의 금본위제를 다시 도입한 것이다. 케인스는 베르사유 평화 협상 때와 마찬가지로 즉시 분노의 나팔을 불었다. 그가 출간한 책은 『처칠 씨의 경제적 결과 The Economic Consequences of Mr. Churchill』였는데, 이전과 제목만 살짝 바꾸었다.

케인스는 임금과 물가가 10퍼센트 하락하면 누가 이득을 보고 누가 손해를 보는지 일반인들도 알 수 있을 만큼 쉽게 설명했다. 이득을 보는 사람은 갑자기 똑같은 1파운드로 더 많은 것을 살 수 있는 자산가들, 즉 돈 있는 사람들이다. 반면에 패자는 노동자에 국한되지 않고 대출을 받아 생산 시설에 투자한 모든 기업가들이다. 상품 가격의 하락은 판매 감소를 의미하기에 대출 또한 점점 더 힘들어진다.

그렇다면 디플레이션은 사회 정의에 지극히 어긋난다. 이자로 생활하는 자산가들은 점점 더 부자가 되고 피고용인과 기업가는 더 가난해진다. 다시 말해 가만히 앉아 소득을 올리는 사람은 상을 받고, 열심히 일하는 사람은 벌을 받는 격이다. 신고전주의의 주장과 달리 돈은 중립적이지 않고, 일부 집단에 유리하고 다른 집단에는 불리할 수 있다.

예전의 금본위제가 다시 도입되자마자 고통의 비명을 지른 것은 특히 잉글랜드 북부의 산업 지대였다. 당시 석탄은 중요 수출품이었는데, 그게 갑자기 너무 비싸졌다. 따라서 광부들은 임금 일부를 포기해야 했다. 케인스는 비통한 심정으로 이렇게 썼다. "광부들은 기아와 예속의 기로에 서게 되었고, 예속을 선택함으로써 다른 계급이 이익을 얻었다."[20]

케인스가 강조했듯이 돈은 계급투쟁의 수단이 될 수 있다. "진실은 우리가 두 경제 이론의 중간쯤에 서 있다는 사실이다. 한 가지 이론은 임금이 계급 간에 '공정하고 적절하게' 책정되어야 한다고 주장한다. 반면에 경제를 우선시하는 다른 이론은 임금이 경제적 압력, 즉 소위 '엄격한 사실'에 의해 결정되고, 다른 모든 것은 우리의 거대한 기계가 개별 집단에 대한 우연한 결과는 무시하고 오직 일반적인 균형에만 신경 쓰면서 완전히 으스러뜨릴 거라고 말한다. 금본위제는 그에 내재된 순수한 우연에 대한 의존성, '자동 반사적인 적응'에 대한 믿음, 그리고 사회 현상에 대한 전반적인 무관심을 토대로 우리 시스템의 최상위 계층을 차지하는 사람들의 중심적 상징이자 우상이 되었다."[21]

신고전주의에 대한 케인스의 신랄한 공격은 그가 그사이 아버지와 알프레드 마샬에게서 물려받은 이론 체계에 얼마나 불만을 품고 있었는지를 보여준다. 그러나 아직 자기만의 대안은 없었다. 그의 제자 오스틴 로빈슨은 나중에 이 국면에 대해 다음과 같이 썼다. "만일 메이너드 케인스가 1925년에 죽었다면 그의 정신적 힘과 독창성을 아는 사람들은 그것을 모르는 사람들을 납득시키기 어려웠을 것이다."

케인스의 예측처럼 금본위제로의 복귀는 영국에 재앙이 되었다. 백만 명이 넘는 사람이 실업자가 되었고, 많은 회사가 수익을 거의 내지 못했다. 그렇다고 중앙은행은 금리를 낮출 수도 없는 상황이었다. 그리되면 돈이 해외로 빠져나가 1파운드당

4.86달러의 고정 환율이 위협받을 수 있었기 때문이다.

당시 유럽 전역을 통틀어 영국은 특별한 경우였다. 다른 국가들은 자국 통화를 평가 절하한 뒤에야 금본위제를 채택했기 때문이다. 특히 프랑스는 세계 시장에서 자국 상품이 영국보다 약 30퍼센트 저렴했기에 호황을 누렸다. 게다가 독일 경제도 1924년부터 다시 눈에 띄게 되살아났다. 이런 가운데 대영제국만이 고가의 파운드에 묶여 경기 침체에서 여전히 벗어나지 못했다.

이 절망적인 상황에서 케인스는 한 가지 계획을 제시했는데, 이 해결책은 오늘날에도 심각한 위기가 발생할 때면 늘 쓰인다. 나중에 '적자 지출deficit spending'이라는 말로 정착된 케인스의 계획은 분명했다. 정부는 경제를 활성화하고 실업자를 고용하기 위해 대출을 받아 투자 프로젝트를 진행해야 한다는 것이다. 이런 프로젝트는 케인스가 열거했듯이 도처에 널려 있었다. 주택을 짓고, 전화선을 깔고, 철로를 놓고, 늪을 메우고, 런던 지하철을 확장하고, 새로운 도로와 항구 시설을 건설하는 사업들이었다.

케인스는 당시 야당으로서 선거 슬로건이 필요했던 자유당을 설득해서 이 계획을 받아들이도록 하는 데 성공했다. 1929년 3월, 자유당의 전 총리 로이드 조지는 연간 1억 파운드의 비용이 드는 고용 프로그램을 공약으로 발표했다. 그러나 보수당 정부는 "불건전한" 예산을 거부하고 '안전제일'이라는 슬로건으로 맞섰다. 늘 그래왔듯이 케인스는 이번에도 열정적으로 정치판에 뛰어들어 자신의 소신을 알리기 위해 다음과 같은 소책자를 썼다. 「로이드 조지가 해낼 수 있을까?*Can Lloyd George Do It?*」

케인스는 1억 파운드가 비싸게 들릴 수도 있지만, 실제로는 거의 공짜나 마찬가지라고 이야기한다. 활기찬 문체로 쓰인 소 책자에는 이를 쉽게 설명하기 위해 생생한 비교가 등장한다. 처 음엔 불완전고용 상태가 얼마나 비용이 많이 드는지에 대한 설 명부터 시작한다. 1921년 이후 영국은 실업자 지원을 위해 5억 파운드 넘게 지출했다. 환산하자면 "영국의 세 가정 중 하나에 자동차 한 대씩 무상으로 제공할 수 있는 액수"였다.

실업이 야기하는 더 나쁜 것은 전체 경제에 미치는 피해였 다. 근로자 한 명이 평균적으로 1년에 생산하는 경제적 가치는 약 220파운드였다. 따라서 1921년부터 완전고용 상태였다면 약 20억 파운드의 가치가 더 생산되었을 것이다. "이는 연합국이 독일에 배상금으로 요구한 총액보다 크다."

케인스는 균형 잡힌 국가 예산이 결코 그 자체로 가치 있는 것이 아님을 동포들에게 설득하려고 했다. "소파에 등을 기대고 의심스럽게 고개를 젓는 건 퍽 현명해 보일 수 있지만, 우리가 그렇게 손을 놓고 기다리는 동안에도 실업자들의 사용되지 않 은 노동은 우리의 계좌에 쌓이지 않고 … 돌이킬 수 없는 손실로 계속 빠져나간다."

장차 케인스 이론에서 막대한 역할을 하게 될 아이디어가 처 음 등장한 것도 이 책자였다. 국가가 투자하는 모든 돈은 다시 소비되어 또 다른 수요를 창출한다는 것이다. 이것이 이른바 훗날 '승수 효과multiplier effect***'라는 개념으로 이어진다. 그러나 당시만 해도 케인스는 이 "간접 고용의 요인"을 아직 정량화할 수 없어서 다소 속수무책의 심정으로 이렇게 말했다. "어떤 식으로든 이 효과를 정확하게 적시하는 것은 가능하지 않다."

'적자 지출'은 혁명적인 제안이었지만, 처음에는 사실 현재 위기를 극복하려는 실용적인 목적뿐이었다. 그러니까 고평가된 파운드화로 인한 결과가 이 제안으로 완화되기만 바란 것이다. 따라서 케인스는 이것을 아직 광범한 이론적 인식으로 짜 맞추지 못했다. 게다가 부분적으로는 신고전주의와 결별한 상태였지만, 영국처럼 잘못된 환율에 묶여 있지만 않으면 경제는 원래 균형으로 나아가는 경향이 있다고 여전히 믿고 있었다.

케인스는 세계적인 명성을 누린 지 이미 오래됐지만, 아직도 자신의 경제 이론서를 내지 못하고 있었다. 동료들은 특히 돈에 관한 그의 책을 간절히 기다려왔는데, 1930년에 마침내 『화폐론A Treatise on Money』이 출간되었다. 그러나 케인스는 5년을 공들여 쓴 이 책이 마음에 들지 않았다. 어머니에게 쓴 편지에는 이렇게 적혀 있다. "예술적으로 보면 이 책은 실패입니다. 시간이 지나면서 제 의견이 수도 없이 바뀌는 바람에 통일성을 갖추지 못하고 있어요." 그는 잠재적인 독자들에게도 서문에서 이미

** 어떤 변화가 촉매제 역할을 해서 결과적으로 총 변화량을 몇 배나 더 큰 폭으로 증가시키는 효과. 예를 들어 정부가 지출을 늘리면 일차적으로 가계 소득이 늘어난다. 소득이 늘어난 가계는 소비를 제외한 금액을 금융기관에 예치하고, 이 저축액은 기업의 투자 자금으로 흘러가 생산을 늘리고 관련된 사람들의 소득과 소비 지출을 연달아 올린다. 이처럼 정부 지출의 소득 증대 효과가 연쇄적으로 이루어지면서 최종적인 소득 증대는 처음 1차 때보다 더욱 커진다.

이렇게 밝혔다. "처음부터 새롭게 다시 쓴다면 훨씬 더 간결하고 훌륭하게 쓸 수 있을 것 같다. 나는 내가 마치 혼란스러운 정글을 뚫고 길을 낸 사람 같다는 생각이 든다. 그 길을 떠나고 나서야 좀 더 빨리 가는 길을 찾을 수도 있었음을 깨닫는다."

게다가 경제적 현실도 바뀌고 있었다. 처음엔 다들 세계 경제 위기가 곧 끝날 거라고 믿었지만, 1931년부터는 오히려 심각한 금융권 위기로까지 치달았다. 금본위제는 붕괴되고 배상금 지급은 중단되었다. 그렇다면 케인스의 예측이 사실로 입증되었다. 하지만 그조차도 그에겐 아무 도움이 되지 않았다. 세계 경제 위기는 그의 작품 속에 담긴 핵심 전제가 옳지 않다는 점도 보여주었기 때문이다. 그러니까 금리만으로는 경제가 조종되지 않았다.

그의 『화폐론』은 여전히 중앙은행이 어떤 불황에도 대처할 수 있다고 가정했다. 경기가 과열되면 중앙은행은 금리를 높임으로써 대출을 비싸게 만들어 경기를 식히면 되고, 투자가 이루어지지 않으면 금리를 낮춤으로써 기업가가 대출을 받아 생산 시설을 확대하도록 유도하면 된다는 것이다.

그런데 이제 그런 중앙은행의 무력함이 여실히 드러났다. 금리가 낮은 상태임에도 돈을 빌리거나 빌려주려는 사람이 없었다. 이미 많은 은행이 파산을 신청하고 시장에서 사라졌다. 나머지 금융기관들도 대출 위험이 너무 높아 보여 대출을 중단했다. 그와 동시에 대출을 받으려는 기업가도 거의 없었다. 기업들은 이미 과잉 설비로 어려움을 겪고 있어서 투자와 생산을 늘리는 건 무의미해 보였다. 케인스는 수년 동안 중앙은행의 통화 정책을 연구해왔지만, 이제 그건 아무 도움이 되지 않았다.

근 50세에 가까워진 케인스는 이 필생의 작품에 담긴 이론이 무너져 내리는 것을 지켜보아야 했다. 그러나 낙담하지 않고 곧장 새 책의 집필에 들어갔다. 얼마 지나지 않아 그는 이 책이 세상에 이론적 혁명을 일으킬 것이라는 확신에 휩싸였다. 1935년 1월 1일 작가 조지 버나드 쇼에게 보낸 편지에는 이렇게 적혀 있다. "지금 내가 경제를 바라보는 세상의 인식을 혁명적으로 바꿀 경제 이론에 관한 책을 쓰고 있다는 생각이 듭니다. 당장은 아니지만 향후 10년 안에 말입니다."

이 "혁명"은 예상보다 훨씬 빨리 찾아왔다. 1936년 케인스가 『고용, 이자 및 화폐의 일반 이론』을 출간한 것이다. 그의 전기 작가 도널드 모그리지는 이 책을 한마디로 요약했다. "이후 역사가 만들어졌다." 이 책은 출간 즉시 세계적인 논쟁을 불러일으킨 동시에 경제학을 영구히 바꿔놓았다(다음 장 참조).

불치병

케인스 자신은 출간 이후 『일반 이론』에 별 신경을 쓰지 못했다. 자신의 핵심 테제를 좀 더 명확히 하려고 논문을 몇 편 더 쓰기는 했지만 1937년에 죽을병에 걸렸다.

그는 심근경색을 앓았는데, 그 뒤로 다시는 완전히 회복되지 못했다. 게다가 편도선은 연쇄상구균에 만성 감염된 것으로 드러났고, 심장 판막에도 같은 균이 자리 잡고 있었다. 당시에는 항생제가 아직 없어서 효과적인 치료는 불가능했다.

케인스는 2년 동안 시골 별장에 내려가 살았고, 그 덕분인지 제2차 세계대전 중에 다시 재무부 일을 거들 수 있을 만큼 회복되었다. 그런데 그의 지위가 독특했다. 무보수의 민간인 신분이었지만 개인 여비서를 데리고 다녔다.

제1차 세계대전 때와는 달리 이번에는 무력 충돌이 빨리 끝나리라고 예상하는 사람은 아무도 없었다. 영국인들은 히틀러를 물리치려면 경제를 총동원해야 한다는 사실을 알고 있었다. 이러한 깨달음은 즉시 영국 경제가 실제로 얼마나 강력한지에 대한 질문으로 이어졌다. 그러나 당시에는 경제적 총생산량에 대한 개념이 없었기에 이 질문에 명확히 답해줄 사람이 없었다.

그렇다면 이제 전체 주민을 굶주리게 하지 않으면서 영국이 얼마나 많은 무기와 비행기, 탱크를 생산할 수 있는지 추정할 통계를 최대한 빨리 개발해야 했다. 이와 관련해서 다른 경제학자들의 예비 연구들이 이미 존재했지만[22] 케인스는 그 모델을 획기적으로 바꾸었다. 더는 국민소득으로 계산하지 않고 생산으로 초점을 옮긴 것이다. 현대적 개념의 국내총생산GDP이 탄생하는 순간이었다.

미국 경제학자 존 케네스 갤브레이스가 나중에 적었듯이 이 논리정연한 계획의 영향력은 놀라웠다. 당시 영국 경제력은 독일보다 30퍼센트 정도 뒤졌지만, 영국인들은 1941년에 이미 독일보다 군수 물자를 더 많이 생산했다.[23] 제2차 세계대전 이후 국내총생산의 개념은 전 세계에서 자리 잡았고, 일부 역사가들

은 이를 "아마도 케인스의 가장 지속적이고 커다란 업적"으로 평가하기도 한다.[24]

이어서 정치적 인정도 뒤따랐다. 1942년 그는 틸튼의 케인스 남작으로 귀족 작위를 받고 상원의원이 되었다. 어머니는 자부심에 가득 차서 아들에게 이렇게 썼다. "이제 네가 우리 가문에 최고의 영예를 안겨주었구나!"

케인스는 어쩌면 더 오래 살 수 있었을지 모르지만 1943년부터는 더 이상 자신의 약한 심장을 고려하지 않기로 결심한 듯했다. 전쟁 채권과 전쟁 이후 통용될 새로운 세계 통화 시스템을 협상할 목적으로 몇 달 동안 미국을 부지런히 오간 것이다.

마지막 미국 여행에서 돌아왔을 때는 얼굴이 창백하고 완전히 탈진한 상태였다. 그러다 몇 주가 지난 1946년 4월 21일 결국 심부전으로 숨을 거두고 말았다.

8
확실한 건 불확실성뿐이다:
『일반 이론』(1936)

존 메이너드 케인스는 원래 뛰어난 필자였지만, 『일반 이론』은 독자 입장에서 읽어내기가 퍽 힘들었다. 오늘날까지도 경제학자들은 이 책이 얼마나 어려운지 불평을 쏟아낸다. 그중 몇 가지를 소개하면 다음과 같다. "특히 2부는 악몽이다."[1] "이 책이 기초적이면서도 난해하다는 점에서는 모두가 동의한다."[2] "구조가 잘못 짜여 있고 불명확한 지점도 더러 눈에 띄는 복잡한 책이다."[3] 케인스도 이 책이 완벽하지 않다는 사실을 알고 있었다. 서문에서 그는 독자들에게 양해를 바라듯이 이렇게 썼다. "필자 입장에서 이 책을 쓰는 것은 기존의 낡은 사고 패턴을 깨부수는 길고도 힘든 투쟁이었다."[4]

반면에 제목은 훌륭했다. 『일반 이론』이라는 두 단어는 사실 그렇게 특별할 게 없다. 다만 오만함에 가까운 자부심과 이중적 의미를 담은 케인스의 관심사를 정확히 드러낸다. 첫 번째 독법은 분명하다. 케인스는 오직 자신만이 경제 과정을 올바르게 설명했다고 주장한다. 그의 이론은 '일반 보편적으로' 적용되어야 한다는 것이다. 호황기에도 위기 상황에도. 이로써 신고전주의 는 운 좋게 완전고용이 이루어질 때에만 이론적으로 타당한 '특 수 케이스'로 격하된다.

그런데 『일반 이론』이라는 제목에는 많은 독자가 처음엔 놓 친 두 번째 의미가 숨어 있다. 그 때문에 케인스는 1939년 프랑 스어판 서문에서 자신이 어떤 뜻으로 '일반'이라는 단어를 사용 했는지 좀 더 자세히 설명한다. "나는 무엇보다 전체로서의 경 제 시스템에 관심이 많다." 그러니까 신고전주의와는 달리 개별 고객이나 개별 회사에서 출발하지 않고 전체 수요와 전체 투자 로 시선을 돌린다. 이는 혁명이었다. 경제 전반의 '일반적인' 규 칙성을 다루는 '거시경제학'이라는 새로운 분과를 케인스 단독 으로 만들어낸 것이다.

제목의 나머지 부분도 케인스의 관심사를 정확히 보여준다. 전체 제목은 다음과 같다. 『고용, 이자 및 화폐의 일반 이론』. 이 세 가지 주제의 조합은 입만 열면 돈이 '중립적'이라고 주장하는 신고전주의에 대한 정면 공격이다. 그들은 돈이 경제에 '베일'처 럼 드리워져 있고, 실업률이나 공장 가동률에 전혀 영향을 끼치 지 않는다고 생각한다. 그러나 케인스는 '고용'과 '이자', '돈'을 병치함으로써 돈이 결코 중립적이지 않고 자본주의에서 엄청나 게 중요하다는 사실을 분명히 한다.

자기 자신의 이론도 제대로 이해 못 하는 신고전주의

케인스가 『일반 이론』을 쓸 당시 실업자는 수백만 명에 달했다. 신고전주의는 이 대대적인 사회적 불행을 설명할 수가 없었다. 그들은 노동시장을 채소 시장과 비슷하게 상상했기 때문이다. 예를 들어 감자가 너무 많으면 모든 감자가 구매자를 찾을 때까지 가격은 떨어진다. 마찬가지로 임금도 계속 떨어지다 보면 결국 실직한 모든 사람이 일자리를 찾게 된다는 것이다.

그러나 이 아름다운 이론은 신고전주의의 생생한 실습장이었던 미국에서도 작동하지 않았다. 미국에는 피고용인의 권리를 보호하는 법이 거의 없었기에 1929년 대공황이 시작되었을 때 임금은 급격히 떨어졌다. 그럼에도 신고전주의가 예측했던 완전고용은 이루어지지 않았고, 오히려 실업률만 재앙에 가까운 25퍼센트로 치솟았다.

그렇다면 고용시장이 감자 시장처럼 돌아가지 않는 것은 분명했다. 이유가 뭘까? 케인스의 설명은 신고전주의에 치명적이었다. 그들의 오류를 드러내기 위해 굳이 새로운 이론을 내놓을 필요조차 없었다. 대신 케인스는 신고전주의가 자신들의 이론을 논리정연하게 끝까지 생각하지 않았음을 보여주었다.

임금이 하락하면 기업가의 비용도 줄어들고, 그와 함께 상품 가격도 떨어진다. 여기까지는 신고전주의의 생각이 맞다. 그러나 그들은 이것이 의미하는 바를 더 깊이 숙고하지 않았다. 설명하면 이렇다. 상품 가격이 하락하면 회사 매출도 하락한다. 결국 기업가는 노동자에게 명목상으론 더 낮은 임금을 지불하지만,

그들 역시 돈을 적게 벌어 실질적으론 아무것도 변한 게 없다. 임금과 수입의 비율은 계속 동일하게 유지되는 것이다.[5] 따라서 회사 사장은 임금 하락으로 득을 보지 않는다.

노동자도 모든 것이 예전과 동일하다. 급여는 줄었지만 상품 가격도 함께 떨어져 실질 구매력은 변하지 않는다. 근로자는 임금을 적게 받지만 지금은 물건값이 싸져서 예전만큼 많은 물건을 살 수 있다.

이 이론적 결과의 핵심은 다음과 같다. 임금 조정은 전혀 도움이 되지 않는다. 실업은 '노동시장'에서 생기는 것이 아니고, 완전고용은 임금을 낮춤으로써 달성되는 것이 아니다.[6]

신고전주의는 자기들의 이론에 전형적이라고 할 오류를 범했다. 경제를 거시적으로 생각하지 않고 미시경제학에 갇혀서 전체 경제가 마치 개별 기업처럼 작동한다고 순진하게 믿은 것이다.

개별 회사의 입장에서는 사실 인건비를 줄여 상품 가격을 낮추면 생산 시설을 확장할 수 있다. 그러면 경쟁력이 생겨 더 많은 직원을 고용할 수 있다. 그러나 신고전주의자들은 개별 기업의 이 메커니즘을 전체 경제에는 적용할 수 없다는 사실을 간과했다. 모든 기업에서 임금이 하락하면 특정 기업만 경쟁력의 우위에 서는 것은 생각할 수 없다. 다들 상품 가격만 낮춘 상태로 이전과 똑같이 생산한다. 결국 피고용인의 수와 실업률은 동일하게 유지된다.

케인스는 신고전주의의 이런 오류가 훨씬 더 일찍 발견되지 않은 것을 놀라워했다. 그는 보수주의 이론이 그렇게 끈질기게 지속된 이유가 오직 엘리트의 이익에 복무하는 데 있다고 추정했다. 신고전주의에 관한 그의 언급을 보자. "신고전주의가 일반인들의 기대와 완전히 다른 결론에 도달했다는 것은 그들의 지적 위신을 더욱 높여주었다. 그들의 이론이 실천에 옮겨지는 순간 금욕적으로 비치고 대중적 인기를 누리지 못한 것은 그들의 이론을 더욱 도덕적으로 돋보이게 했다. 그들이 자체로 논리적인 거대한 상부 구조를 지지한 것은 그들의 이론에 아름다움을 더했다. 그들이 사회적 불의와 공공연한 곤경을 진보에 따르는 불가피한 부수 현상으로 설명한 것은 … 정부 부처들로부터 사랑을 받았다. 그들이 개별 자본가의 자유로운 기업 활동에 어느 정도 정당성을 부여한 것은 정부 배후에 있는 지배계급의 지지를 확보하는 데 도움이 되었다."[7]

케인스의 신고전주의 경제학자 동료들은 자신들이 무례하게 지배계급의 하수인 정도로 낙인찍히는 것이 마음에 들 리 없었다. 피구는 한 평론에서 케인스가 "악의적일 만큼 신랄한 말로" 다른 모든 경제학자를 "무능하고 어설픈 무리"로 매도하고 있다고 항변했다.

케인스는 자신이 무엇을 하고 있는지 정확히 알고 있었다. 그는 『일반 이론』을 인쇄에 맡기기 전에 교분이 있는 동료 학자와 학생들에게 먼저 원고를 여러 차례 보여주었다. 그중에서 케인스에게 신고전주의 동료들을 정면 공격하지 말라며 적극 막아선 사람은 경제학자 로이 해러드였다. 그러나 그의 반대는 오히려 어떤 식의 온정도 베풀지 않겠다는 케인스의 의지를 더욱 굳건히 했다. 케인스는 이런 답신을 보냈다. "자네 반응을 보니 … 내가 고전주의 학파[8]에 대한 공격을 누그러뜨리기보다 더한 층 강화해야겠다는 생각이 드네. 물론 나도 이 책이 읽히지 않기를 바라는 것은 아닐세. 사람들이 읽고 제대로 이해해주기를 바라는 게 솔직한 심정이지. 다만 걱정이 있다면 자네에게서도 확인했듯이, 사람들이 내 이론을 받아들이는 것처럼 굴다가 차츰 자신들이 깊이 사랑하는 견해를 구제할 생각으로 타협점을 찾는 것이네. 하지만 그건 내 이론을 부분적으로라도 잘못 해석할 경우에만 가능한 이야기일 걸세. … 이를테면 나는 회오리를 일으키고 싶네. 그로 인해 발생하는 거센 찬반논쟁을 통해서야 내가 말하고 싶은 바가 이해될 것이기 때문이네."[9]

케인스의 걱정은 마치 족집게 도사의 말처럼 사실로 입증되었다. 신고전주의자들은 케인스 이론을 일단 위조한 다음 자신들의 이론에 축약시킨 상태로 삽입함으로써 그의 이론을 중화시키고자 했다.

저축은 미덕이 아니라 위험이다

케인스는 신고전주의를 무너뜨렸지만 풀리지 않은 질문은 여전히 남아 있었다. 실업은 어떻게 설명할 수 있을까? 케인스의 대답은 이랬다. 얼마나 많은 사람이 고용될지는 전체 사회적인 수요가 결정한다. 이로써 그는 일반인들도 익히 알고 있는 이론을 표현한 셈이다. 컨베이어벨트에서 일하는 익명의 노동자가 한 유명한 말이 있다. "아무도 자동차를 사지 않는다면 자동차를 만드는 건 쓸데없는 짓이다."[10]

수요는 수시로 변동한다. 돈이 존재하고, 사람들은 저축을 할 수 있기 때문이다. 소비자는 소득을 전부 지출하지 않고 일부를 불확실한 미래를 위해 남긴다. 그런데 이 돈이 은행 계좌로 이동하자마자 위험해진다. 생산된 상품을 전부 팔아치우기 위한 수요가 부족해지기 때문이다. 그러면 판매 위기가 닥친다.

신고전주의자들도 사람들의 저축 습관을 당연히 알고 있었다. 그러나 그들은 저축의 위험성을 보지 않고 오히려 검소함을 미덕으로 여겼다. 은행 계좌에 최대한 많은 돈을 모으는 일을 모범으로 삼은 것이다. 물론 이런 입장이 완전히 터무니없지는 않다. 모든 돈이 소비로 흘러들어가지 않을 때만 투자가 가능해지기 때문이다.

다만 돈은 한쪽으로 너무 쏠려서는 안 된다. 따라서 신고전주의자들은 저축액이 항상 투자금과 동일한 비율로 이루어져야 한다고 가정했다. 이 균형을 보장하는 것이 금리였다. 그들의 생각은 이랬다. 너무 많이 저축하면 이자율은 떨어진다. 기업들은 이제 저렴하게 대출받을 수 있기 때문에 다시 투자에 나선다. 동시에 예금자들도 은행에 돈을 맡기는 것이 별 이득이 없기에 더 많이 소비한다. 그와 함께 아름다운 균형은 즉시 회복된다.

신고전주의자들은 돈을 마치 자동차 같은 상품처럼 취급했다. 차가 너무 많으면 가격은 떨어지고, 모든 차가 구매자를 찾을 때까지 할인 행사가 쏟아진다. 마찬가지로 돈이 너무 많으면 이자율도 떨어지는 식이다.

그리하여 신고전주의자들은 케인스의 비난처럼 물물교환 경제 모델에 갇히게 되었다. 그들은 돈을 마치 장터에서 거래를 도와주는 수단처럼 다룰 뿐이었다. 그로써 신고전주의는 돈이 자본주의에서 두 가지 핵심 기능이 있음을 간파하지 못했다. 돈은 교환 수단일 뿐 아니라 자산 저장고이다.

사람들은 오직 이자를 얻기 위해서만 저축하지 않는다. 돈에는 현재와 미래를 연결하는 독특한 능력이 있다. 저축하는 사람은 현재의 시점에서 내일을 준비하고자 한다. 이로써 문제가 생긴다. 우리는 미래에 대해 아무것도 모른다. 미래는 깜깜한 어둠이나 다름없다. 우리는 불안한 미래를 위해 막연하게 저축한다. 여기서 우리를 이끄는 것은 우리의 감정, 곧 희망과 기대다.

그렇다면 신고전주의의 신념과는 달리 이자는 현존하는 돈의 양이 만들어내는 가격이 아니다. 금리는 오히려 사회가 얼마나 불안한지를 재는 척도다. 미래가 암울하다고 추정되면 저축자와 금융 투자자는 돈과 이별할 준비를 하지 않는다. 그래서 돈이 투자에 사용되도록 내놓지 않고, 이를테면 은행 계좌에 돈을 맡기는 식으로 일단 곁에 쟁여두고자 한다. 돈은 이미 충분한데도 이자율은 터무니없이 높아지고, 이러한 상황은 모든 경제 활동을 옥죈다. 반면에 미래가 낙관적으로 비치면 금리는 떨어지고, 사람들은 즐겁게 투자에 나선다. 따라서 판매 위기는 사람들의 심리만으로도 충분히 발생할 수 있다. 공포, 낙관 또는 불안과 같은 감정이 경제에 영향을 미친다.

금리를 돈의 도매가격이 아니라 심리적 지표로 해석한 것은 신고전주의자들에겐 너무 생소해서 다들 처음엔 『일반 이론』을 철저히 오해했다. 케인스의 책은 즉시 전 세계적인 논쟁에 불을 붙였고, 모든 주요 경제학자들이 이 논쟁에 뛰어들었다. 그런데 케인스는 공개된 논평들을 보고 충격에 휩싸였다. 전체 이론을 처음부터 다시 설명하는 일이 시급해 보였다. 이렇게 해서 그는 1937년 「고용의 일반 이론The General Theory of Employment」이라는 제목의 14쪽짜리 짧은 글을 썼다.[11]

이 글은 사람들이 아는 케인스 스타일 그대로 재치 있고 명료한 문체로 쓰였다. 핵심만 축약해서 보니 『일반 이론』이 왜 그렇게 혁명적인지 또렷이 드러났다. 케인스는 금융시장을 중심에 놓았고, 자본주의를 주식시장과 통제되지 않은 돈의 창출, 그리고 투기로 굴러가는 사회 시스템이라고 설명했다. 그는 돈과 생산이 어떤 관련이 있는지를 처음으로 제대로 이해한 사람이었다.

케인스가 이 글에서 아무리 명료하게 이야기하더라도 이건 일반인들을 염두에 두고 쓴 글이 아니었다. 현대적 신용 창출이 어떻게 작동하는지 독자들이 이미 알고 있다는 가정하에서 쓴 글이라는 말이다. 따라서 돈에 관한 짧은 여담이 필요해 보인다.

짧은 여담: 돈은 어디서 올까?

돈은 미스터리다. 누구나 사용하지만 그에 대해 제대로 아는 사람은 거의 없다. 이런 당혹감에 대해 쿠르트 투홀스키는 반어적으로 정곡을 찔렀다. "경제 이론이란 사람들이 왜 나한테는 돈이 없을까 의아해하는 것과 다름없다."[12]

돈은 참 이상하다. '아무것도 없는 데서 갑자기' 생기는데도 가치가 있다. 국가는 최대 500유로까지 명목 가치가 있는 지폐를 인쇄하지만, 사실 그것은 생산하는 데 몇 유로센트밖에 들지 않는 종잇조각에 불과하다. 훨씬 더 놀라운 것은 당좌 예금이나 저축성 예금 계좌에 보관된 돈이다. 이건 은행 컴퓨터에 기록된 숫자일 뿐이다. 그런데도 이 '장부상의 돈'은 왜 가치가 있을까?

돈은 사람들이 그것으로 상품과 서비스를 구매할 수 있다는 사실을 일상에서 경험할 때만 가치가 있다. 그렇지 않으면 신뢰는 즉시 무너진다. 따라서 돈이 가치를 지니려면 모든 사람이 그것으로 월세를 지불하거나 비행기를 예약하는 경험을 할 수 있어야 한다. 결국 돈은 경제력과 일치한다.

왜 그럴까? 돈의 양과 물건의 양은 어떤 관련이 있을까? 이 지점에서 자주 오해가 발생한다. 그러니까 많은 사람이 다음과 같이 상상한다. 예금자는 먼저 돈을 은행에 맡기고, 은행은 이 돈을 기업가에게 빌려주고, 기업가는 이 돈을 투자와 생산 확대에 쓴다.

그러나 현실은 달라 보인다. 은행은 대출을 제공하기 위해 예금자가 필요 없다. 은행은 대출을 줄 때 대출 신청자의 계좌로 돈을 이체한다. 그뿐이다. 저축은 나중에야 이루어진다.

작은 예를 들어보자. 건설 회사 A는 10만 유로짜리의 새 승합차가 필요해 주거래 은행에 대출을 신청한다. 금융기관은 대출을 승인하고 10만 유로를 A의 당좌 계좌에 입금한다. 그러면 A는 이 돈을 자동차 딜러 B의 계좌로 이체하고 승합차를 받는다. B는 이제 계정에 10만 유로가 더 생겼고, 이 수입을 저축할지 다시 지출할지 결정할 수 있다.

이 한 번의 대출로 시중에 10만 유로의 화폐가 증가했다. 건설사 A사는 그전에 없던 돈으로 승합차 대금을 지불했다. 물론 반대로 대출금을 상환하면 통화량은 다시 줄어든다. 총액 면에서 금융 자산은 대출이 늘어나는 것만큼 빠르게 증가한다.

통화량의 증가는 대출금이 실제로 실물 경제에 투입되는 한 위험하지 않다. 그러면 생산되는 상품의 양도 마찬가지로 증가해서, 새로운 돈은 경제 생산량의 증가로 이어진다.

신고전주의가 풀지 못한 미스터리: 이자는 어떻게 작동할까?

이처럼 대출을 통한 화폐량의 증가, 즉 신용 창출은 19세기 말에 이미 일부 경제학자가 지적한 것처럼 두 가지 당혹스러운 질문을 제기한다. 첫째, 은행들이 자율적으로 돈을 생산할 수 있다면 저축은 왜 해야 할까? 둘째, 투자자와 저축자가 아무 관련이 없다면 경제가 어떻게 균형을 찾을 수 있을까?

첫 번째 질문에 대한 답은 쉽게 나왔고, 오늘날에도 유효하다. 저축은 자본재*의 생산에 투입할 노동력을 대기시키기 위해 필요하다. 그러니까 모든 가계가 전혀 저축을 하지 않고 자동차

---

* 다른 재화를 생산하기 위해 사용되는 생산재 중 토지와 노동 이외의 재화. 공장 건물과 기계, 설비 등이 있으며 고속도로와 항만 시설, 교량 등도 넓은 의미의 자본재에 포함된다.

나 휴가 같은 소비재에만 돈을 쓴다면 사용 가능한 노동력은 이 소비재를 생산하는 일로만 바쁠 것이다. 그러면 사회 구성원들은 무척 즐거울 수 있겠지만 미래가 없이 사는 것이나 다름없다. 사회 발전을 담보할 기존의 토대를 점점 갉아먹으면서 사는 셈이니까. 하지만 저축을 하면 일부 돈은 소비로 흘러들어가지 않는다. 그와 함께 노동력 전체가 소비재 생산에 투입되는 대신 기계나 주택 같은 자본재 생산에 투입될 인력이 남는다.

반면에 두 번째 질문은 머리를 쥐어뜯게 하는 큰 골칫거리였다. 사람들은 정해진 패턴에 따라 저축하는 것이 아니라 내키는 대로 저축하고, 은행은 그와 무관하게 대출로 돈을 벌 수 있다고 생각할 때마다 돈을 만들어낸다. 이처럼 은행이 '무無에서' 대출을 통해 돈을 창출해낼 수 있다면 이자가 여기서 얼마나 중요한 역할을 하는지는 불분명하다.

케인스도 그전에 이 수수께끼를 풀려고 여러 번 시도했는데,[13] 그러다 마침내 『일반 이론』에서 돌파구를 찾아냈다. 돌이켜보면 케인스의 핵심 아이디어는 정말 놀라울 정도로 단순하다. 그냥 가계와 금융 투자자, 기업가가 실제로 돈을 다루는 방법을 유심히 살펴보고는 여기서 이자가 신고전주의자들이 생각한 것과는 완전히 다른 역할을 한다는 사실을 밝혀낸 것이다.

케인스의 첫 번째 깨달음은 이렇다. 대부분의 저축자는 이자에 크게 관심이 없다. 그들은 미래를 대비하려고 저축할 뿐이다. 나중에 실직하거나 노년에 연금이 충분하지 않을 때를 위해 안전장치를 마련해두는 것이다. 혹은 자식의 교육비를 마련하거나 훗날 유산을 남겨주려고 저축할 수도 있다.

따라서 소비와 저축률은 이자율과 상관없이 비교적 안정적이다. 다만 저축률을 결정하는 요소는 주로 사람들이 벌어들이는 수입이다. 케인스의 깨달음은 간단했다. 더 많이 벌수록 더 많이 저축할 수 있다는 것이다.

이 아이디어는 첫눈엔 그렇게 혁명적으로 비치지 않을 수 있지만 결과는 혁명적이었다. 가계들이 비교적 꾸준히 저축한다면 판매 위기가 발생하지 않기 위해서는 자본재에 대한 지출도 마찬가지로 매우 규칙적으로 이루어져야 한다. 그러나 케인스가 보여준 것처럼 투자는 결코 안정적이지 않고 변동성이 매우 크다.

그렇다면 신고전주의의 믿음과는 달리 투자 여부를 결정하는 것은 단순히 회사 소유주, 즉 '진짜' 기업가만이 아니다. 상황은 훨씬 더 복잡하다. 핵심 '투자자'는 금융시장에서 바쁘게 움직이는 투자자와 투기꾼이다. 자본 투자가 수익성이 있는지 판가름 나는 곳은 증권거래소다. 현대 자본주의는 투기에 의해 움직인다.

많은 신고전주의자는 이 생각을 이해하는 데 큰 어려움을 겪었다. 주식시장을 내부에서 관찰한 적이 없었기 때문이다. 그들은 대출 계약서에 그렇게 명시되어 있다는 이유로, '이자'를 대출에 대해 지불해야 할 고정된 명목 퍼센티지로 생각했다. 그러나 케인스는 전문 투기꾼이었다. 금융 투자자에게 중요한 것은 금융시장에서 형성되고 명목 이자율과 큰 차이를 보일 수 있는 실질 수익이었다. 따라서 그는 자신의 짧은 글 「고용의 일반 이론」에서 자본시장이 어떻게 작동하는지 처음부터 다시 한번 동료들에게 설명하고자 했다.

관건은 이자가 아니라 투기다

금융시장의 함정은 공포가 시장을 사로잡을 때 특히 뚜렷이 드러난다. 투자자는 기업들이 얼마 안 가 줄지어 파산할 거라는 생각이 들면 자신의 자산을 지키려고 주식과 회사채를 팔아치운다. 그런데 모든 투자자가 동시에 매도를 원하기에 유가증권의 가격은 폭락하고, 이는 거꾸로 유가증권의 수익률을 천문학적인 수준으로 끌어올린다.

가상의 예를 하나 들어보자. 한 회사가 공장 신축 자금을 조달하려고 만기 5년 연리 5퍼센트(5000유로) 조건으로 10만 유로 상당의 채권을 발행했다. 그런데 갑자기 2년 뒤 금융시장에 패닉이 찾아왔고, 모든 투자자가 동시에 유가증권을 팔아치우려 했다. 그 바람에 채권 가격은 절반으로 떨어졌다. 원래 10만 유로짜리를 5만 유로에 구입할 수 있게 된 것이다.

그렇다면 수익률은 어떻게 될까? 채권 만기가 아직 도래하지 않았다면 이제는 이자 수익률이 5퍼센트가 아니라 10퍼센트로 치솟는다. 채권의 새 소유자는 5만 유로를 투자해 5000유로의 연 이자를 받기 때문이다. 그보다 한층 더 좋은 것은 채권 기간이 만료되어 회사가 돈을 상환하면 유가증권의 새 소유자는 10만 유로를 받게 된다는 점이다. 5만 유로를 투자해 10만 유로를 받으니까 또다시 100퍼센트의 수익을 거둔다.

물론 이 멋진 계산에는 한 가지 함정이 있다. 수익이 굉장히 높을 수도 있지만, 불확실성 역시 그에 못지않게 상당하다는 것이다. 투자자는 회사가 실제로 파산해서 이자든 원금이든 전혀 받지 못할 가능성을 배제할 수 없다. 그러면 채권 구매자는 단 한 푼의 수익도 거두지 못하고 5만 유로만 날려야 한다. 많은 투자자는 이러한 도박을 원치 않고, 돈을 안전한 곳에 넣어두는 쪽을 택한다.

그렇다면 수익률은 케인스의 표현을 빌리자면 '유동성 선호**'의 기준이다. 또한 금융시장에서 대출 이자를 어느 수준에서 책정할지 결정하는 불확실성 프리미엄이 수익률이기도 하다. 패닉이 시장을 뒤덮는 시기에 수익률과 이자 비용은 기업주가 더는 투자를 할 수 없을 정도로 극단적으로 높아진다.

유사한 메커니즘은 주식에서도 찾아볼 수 있다. 투자자가 불안에 떨고 주가가 급락하면 아무도 더는 새 기계에 투자하지 않는다. 기존 회사의 유가증권을 사는 것이 새로운 생산 시설에 투자하는 것보다 훨씬 저렴하기 때문이다.

불안은 단순히 감정에 지나지 않는 것 같지만, 그 결과는 실질적이다. 투자에 나설 의향을 없애버리기 때문이다. 이는 연쇄 반응을 일으켜 경제 전반을 빠른 속도로 무너뜨린다. 주문이 들어오지 않기 때문에 기계공학이나 건설 쪽에서 일하는 사람들

** 사람들이 금융시장의 위험을 회피하기 위해 자산 일부를 유동성 있는 현금의 형태로 갖고 있으려 하는 경향. 이자율은 돈의 공급량과 유동성 선호(사람들의 화폐 수요)에 따라 결정된다는 것이 케인스의 유동성 선호 이론이다.

이 제일 먼저 해고된다. 이 사람들은 예전과 같은 수준으로 소비재를 구입할 여유가 없기에 이제는 소비재 부문에서 일하는 사람들이 일자리를 잃는다. 수요가 계속 줄어들면서 더 많은 일자리가 사라지고, 경제는 끝없이 추락한다.

깊은 추락은 늦어도 사회가 더 이상 저축을 할 수 없을 만큼 가난해질 때 멈춘다. 그렇다면 이 새로운 균형은 신고전주의자들이 그렇게 낙관적으로 기대했듯이 완전고용과 함께 이루어지는 것이 아니라 대량 실업이 고착화될 때 나타난다.

케인스는 마르크스와 엥겔스가 『공산당 선언』에서 이미 묘사한 바 있는 그 수수께끼를 푼 최초의 경제학자였다. 사회는 부유한데 빈곤은 왜 발생할까? 실업자는 일하고 싶어 하는데 공장은 왜 돌아가지 않을까? 케인스는 그 이유를 설명한다.

열쇠는 돈이다. 미래가 너무 불안해 보이면 사람들은 돈을 쥐고 내놓지 않으려 한다. 따라서 포인트는 기대와 우연, 그리고 인간의 집단 본능이다.

그렇다면 인간이 비용과 이익을 수학적으로 정확하게 계산하고 자신의 재산을 전략적으로 불리는 호모 에코노미쿠스라고 선언한 신고전주의 모델은 시대에 뒤떨어졌다. 케인스는 그들의 이 구상이 터무니없다고 생각했다. "자산은 고전 경제학의 방법론에는 특히 적합하지 않은 주제다."

케인스는 올바른 인간상이 무엇인지에 대해서는 관심이 없었다. 투자자가 합리적인 존재인지 아닌지에 대해서도 판단하려고 하지 않았다. 그의 논점은 단순했다. 완벽한 호모 에코노미쿠스조차 자신의 자산을 어떻게 극대화할 수 있는지 모른다는 것이다. 이유는 분명하다. 최상의 방법을 계산해낼 자료가 없기 때문이다. 확실한 건 오직 불확실성뿐이다.[14]

오늘날까지도 많은 신고전주의자가 이 생각을 이해하지 못한다. 그들은 여전히 저축자와 투자자가 합리적인 결정을 내릴 수 있고 '위험'만 잘 산정하면 자산을 올바로 투자해서 불릴 수 있다고 주장한다(다음 장 참조).

많은 신고전주의자가 케인스를 오해한 것은 그의 잘못이 아니다. 그 자신은 더할 나위 없이 명확하게 설명했기 때문이다. '위험'이라는 문제도 우연으로 보지 않았다. 산정 가능성의 허구성을 다루는 부분은 정밀하기 짝이 없다. 『일반 이론』조차 케인스가 투자자들의 실제적인 고민을 다루는 순간 더는 지루하지 않고 무척 흥미로워진다.[15]

호모 에코노미쿠스에게는 기회가 없다:
위험이 존재하지 않기 때문이다

요즘은 은행에 가서 돈을 맡기려고 하면 고객의 '투자 성향'을 묻는 서류를 필수적으로 작성해야 한다. 항목은 크게 네 가지로 나뉜다. 당신의 투자 성향은 "안전 지향적인가", "보수적인가", "이익 지향적인가", 아니면 "공격적인가?" 이 자기 평가에 따라 위험성이 없는 양도성 예금 증서를 추천할지, 아니면 과감한 부동산 펀드를 소개할지가 결정된다.

얼핏 보면 은행의 이런 방식은 충분히 이해할 만하고 고객에게 초점을 맞춘 것처럼 보인다. 다만 한 가지 함정이 있다. 금융 투자의 위험도는 믿을 만하게 계산해낼 수 없다는 점이다. 따라서 고객의 투자 성향에 따른 금융 상품의 분류는 존재하지도 않는 안전이 존재하는 것처럼 믿게 만든다. 왜냐하면 '위험'에 대한 구상은 위험이 확률로 표현될 수 있음을 전제로 하기 때문이다. 은행은 마치 미래가 다음번에 던져서 1이 나올 확률이 정확히 6분의 1인 주사위 게임이라도 되는 것처럼 군다.

그러나 미래는 위험한 것이 아니라 원칙적으로 알 수 없을 뿐이다. 케인스는 예를 들어가며 설명한다. "유럽에서 전쟁이 일어날 가능성은 불확실하다. 또한 20년 후의 구리 가격과 이자율, 새로운 발명품이 사장될 가능성, 그리고 1970년의 사회 질서에서 사적 자산이 어떤 역할을 할지도 확실하지 않다. 이런 문제들에서 어떤 형태로든 산정 가능한 확률을 제시할 과학적 근거는 존재하지 않는다. 우리는 미래를 그냥 모른다."

인간은 행동의 성공 여부를 가늠할 수 없음에도 행동해야 한다는 딜레마에 빠져 있다. 우리는 이런 현실을 감정적으로 견디기 어렵기 때문에 그것을 무시하고 객관적 불확실성을 주관적 확실성으로 바꾼다. 케인스는 우리가 "합리적이고 경제적인 존재로서 체면을 지키려고" 사용하는 세 가지 술수를 강조한다.

첫째, 우리는 마치 미래가 현재와 똑같을 것처럼 행동한다. 현상 유지는 무한히 지속된다. 새로운 일이 끊임없이 일어나고 있다는 것은 누구나 알지만 이 불편한 사실을 외면한다. 둘째, 오늘의 주가가 기업의 미래 가치를 정확히 반영하고 있다고 가정한다. 셋째, 개인은 자신이 틀릴 수도 있다고 생각하기에 군중의 의견을 따르는 쪽을 선호한다. 다수는 결코 틀리지 않을 거라고 믿기 때문이다. 이것이 곧 그 유명한 집단 본능으로 이어진다. 모든 금융 투자자가 동일한 결정을 내리는 것이다.

이런 행동은 비합리적이지 않다. 인간에게는 더 나은 길이 없기 때문이다. 우리가 갖고 있는 건 기대뿐이다. 우리는 그에 기대어 방향을 정립하고, 이는 매우 독특한 형태의 합리성을 만들어낸다. 중요한 건 더 이상 불확실하고 낯선 미래가 아니다. 우리의 지침은 타인들의 기대와 소망이다. 투기꾼은 다른 투자자들의 감정과 희망을 제대로 파악할 때 특히 큰 성공을 거둔다.

케인스는 주식시장을 지역 신문의 미인 대회에 비유한다. 전문적인 자본 투자는 "투표 참여자들이 100장의 사진 중에서 가장 예쁜 얼굴 여섯 장을 선택하도록 요청받고, 그 결과 전체 투표자의 평균 선호도를 가장 근접하게 맞힌 투표자에게 상금을 수여하는" 미인 선발 대회와 비슷하다. 그런데 이 과정은 생각만큼 그렇게 단순하지 않다. "여기선 자기가 볼 때 실제로 가장 예쁘다고 생각하는 얼굴이나 평균적인 의견에 따라 가장 예쁜 얼굴을 고르는 것이 아니다. 우리는 우리의 지능을 사용해서 평균적으로 기대되는 것이 무엇이고, 평균적으로 어떤 의견이 나올지 예측하는 3단계에 도달했다."

케인스는 타인들의 집단행동을 잘못 예상했을 때 얼마나 값비싼 대가를 치러야 하는지를 쓰라린 경험을 통해 알고 있었다. 1919년 외환 투기를 시작했을 때 그는 통화 전문가로서 자신의 지식과 통찰력을 믿었고, 그거면 충분하다고 생각했다. 그래서 앞서 설명했듯이 마르크의 가격이 떨어질 거라는 쪽에 베팅했다. 그러나 그의 예상과 달리 독일 마르크화는 그사이 회복되었고 대신 달러화가 하락하면서 2만 2573파운드의 막대한 손실을 입었다. 물론 장기적으로는 케인스의 말이 맞았다. 1923년까지 마르크화는 바닥을 모를 만큼 급락했으니까. 그러나 단기적으로는 망했다.

그제야 케인스는 알아차렸다. 비결은 다른 투자자들의 기대를 정확히 예측하고, 일이 잘못될 것 같으면 얼른 그 대열에서 빠져나오는 것이었다. 케인스는 주식시장을 "예루살렘으로의 여행"에 비유했다. 거기서도 제때, 하지만 너무 이르지 않게 안전한 곳으로 대피하는 사람만이 승리를 거둔다.

아무튼 대다수 투자자의 이런 집단 전략은 예상치 못한 사건이 일어나지 않을 거라는 잘못된 전제가 웬만큼 맞아떨어지는 한 비교적 잘 들어맞는다. 그러나 갑자기 발생하는 불쾌한 변수는 피할 수도 없거니와 별로 드물지도 않다. 케인스는 위에서 내려다보듯이 이렇게 쓴다. "견고한 판자를 덧댄 이사회 회의실에나 어울릴 법한 이 모든 아름답고 점잖은 기술들은 … 다시 무너지게 마련이다." 그런데 집단의 행로를 순순히 따랐음에도 손실을 볼 경우 투자자들에게는 아직 위안이 하나 남아 있다. 아무도 그들의 실패를 비난하지 않는다는 것이다. "인생 경험에 따르면, 이례적인 방식으로 성공하는 것보다 평범한 방식으로 실패하는 것이 평판에 더 좋다."

이런 생각과 함께 케인스는 자신의 박사 논문 주제로 돌아간다. 당시 그는 인간의 지식이 일반적으로 불완전하고 불확실하고 제한적인 상황에서 진술의 진실성을 어떻게 판단할 수 있을까 하는 문제에 집중했다. 이제는 이 문제를 주식시장에 적용했고, 인간들이 미래를 알 수 없음에도 어떻게 기대를 하게 되는지 연구했다.[16] 이렇듯 금융 투자자들의 심리에 몰두함으로써 케인스는 수십 년 뒤에나 번성할 한 연구 분야를 선취했다. 바로 행동경제학이다.

우위에 선 금융시장

케인스는 자신이 전문 투기꾼이었기에 주식 투자 자체가 목적이 되고, 기업의 예상 수익보다 금융 투자자의 집단행동만이 중요해지는 위험성을 경고했다. 그가 쓴 글을 보자. "투기꾼은 기업가 정신의 안정적인 강물에 거품처럼 떠 있을 때만 해를 끼치지 않는다. 반면에 기업가 정신이 오히려 투기의 소용돌이 속에서 거품에 불과해지면 상황은 심각해진다. 한 나라의 자본 형성이 도박 카지노의 부산물이 되면 소기의 성과를 거두기 어려워진다." 여기서 케인스는 길이 남을 은유를 만들어냈다. 이제는 금융시장을 언급할 때 '카지노 자본주의'라는 말이 관용적 표현이 된 것이다.

케인스는 주식과 파생상품에 대한 투기를 억제하기 위해 모든 금융 거래에 판매세를 부과하자고 제안했다. "일반적으로 카지노는 접근하기 어렵고 비싸야 한다는 것이 공익에 부합한다고들 생각한다." 오늘날에도 이 아이디어는 **Attac**(금융 거래세 도입을 위한 시민 연합) 같은 세계화 반대자들에게만 인기가 있는 것이 아니라 유럽연합 재무장관들 사이에서도 논의되고 있다.[17]

그리하여 케인스는 신고전주의와는 완전히 다른 시나리오를 설계했다. 그의 선행자들은 투자 행위를 너무 단순하게 상상했다. 기업가는 은행에 대출을 신청하고 은행은 너무 위험하지 않으면 기꺼이 대출을 승인하는 식이다. 그러나 케인스는 금융시장이 투자를 매우 복잡한 과정으로 만들었음을 보여주었다. 그가 볼 때 '투자'라는 개념은 모호했다. 추가 수익을 얻기 위해 생산 시설을 확장하는 '정상적' 기업이 여전히 존재했지만, 그들은 대개 필요한 자금을 은행 대출로 조달하는 것이 아니라 주식이나 회사채를 발행해서 이런 유가증권에 '투자하고자' 하는 금융 투자자에게 판매했다. 케인스 시대에는 은행이 오늘날처럼 금융기관으로 존재한 것이 아니라 채권과 주식의 최대 거래자라는 이유로 금융 투자자로 간주되었다. 따라서 각자 기대하는 것이 다른 두 부류의 투자자가 있었다. 기업가는 매출을 늘리고 싶어 하고 장기 수익에 관심을 두지만, 금융 투자자는 주로 증권거래소의 단기 가격 상승에 관심을 보였다.[18]

케인스는 급진적인 아이디어도 외면하지 않는 사람이었기에 『일반 이론』에서, 만연한 투기를 끝내기 위해 증권거래소를 아예 없애버리는 것이 좋지 않을지도 생각했다. 그의 요점은 이렇다. 금융 투자자와 주식 및 채권의 관계는 일종의 '결혼'과 비슷하다. 금융 투자자는 자신이 투자한 이 유가증권에 영구적으로 묶여 있어야지, 이것들을 손쉽게 처분할 수 있어서는 안 된다. 관건은 "투자자들이 장기적인 관점에 집중하도록 만들어야 한다"는 것이다.

케인스는 이 아이디어가 매력적이라고 생각했지만 카지노 도박판과 같은 주식시장을 완전히 닫을 경우 생길 수밖에 없는 '딜레마'로 고민했다. 금융 투자자는 모두 도망칠 것이다. 게다가 자신이 소유한 유가증권을 언제든 팔아치울 수 없다면 더는 투자를 하지 않을 것이다. "개인 투자자는 자신의 유가증권을 언제든 현금화할 수 있다고 믿기 때문에 … 불안감을 접고 기꺼이 위험을 감수할 준비를 한다. 만일 유가증권의 환금성이 떨어지면 신규 투자는 한층 더 어려워질 것이다."

케인스는 금융시장을 중심에 놓고 분석한 최초의 경제학자였다. 한 사회의 투자액이 얼마나 될지 결정하는 곳이 바로 금융시장이기 때문이다. 하지만 아쉽게도 그런 투자가 경제를 안정시키기에 충분하다는 보장은 어디에도 없다. 가계는 기업이 생산 시설에 투자하는 것보다 훨씬 더 많은 돈을 저축하고 그로 인해 수요의 공백이 생기는 일도 언제든 가능하다.

판매 위기가 발생하면 위험에 빠지는 건 일자리만이 아니다. 저축 자산도 일부 사라진다. 케인스는 '저축의 역설'을 내세웠다. 더 많이 저축할수록 결국엔 예금액이 줄어든다는 것이다. 케인스의 생각은 처음엔 이상하게 들릴 수 있지만 이런 일은 일상에서 쉽게 관찰된다. 경제가 위축되고 회사는 파산하고 주식 가치는 떨어지고 대출은 이루어지지 않고 사무실은 빈다. 어제는 아직 남아 있던 자산이 오늘은 가치가 없다.

대부분의 신고전주의자들은 저축이 먼저 견실하게 이루어져야 나중에 투자가 가능하다고 생각했다. 케인스는 이 생각을 뒤집었다. 저축액의 규모를 결정하는 것은 투자라는 것이다. 투자가 이루어지지 않으면 예금 자산은 가치를 잃고, 다시 사라진다.

오늘날까지도 많은 신고전주의자가 이 생각을 이해하지 못한다. 그들은 자산을, 늘 거기 존재하고 자신이 부자임을 즐겁게 확인할 때만 여는 보물 상자처럼 여기는 경향이 있다. 그러나 자본주의는 그런 식으로 돌아가지 않는다. 애덤 스미스나 카를 마르크스와 마찬가지로 케인스도 자산, 즉 자본이 과정에서 생긴다고 강조한다. 연말에 결산을 할 수 있지만, 그것도 고정 금액이 아니다. 다음 결산일에는 얼마든지 사라질 수 있다.

그렇다면 케인스는 흔히 말하듯 단순히 위기 이론만 제시한 사람이 아니다.[19] 그의 이론은 책 제목처럼 실제로 일반적이고, 혁명과 다름없다. 신고전주의와의 근본적 차이를 다시 한번 요약해보자. 케인스는 정적으로 생각하지 않고 과정 속에서 생각했다. 그에게 돈은 단순히 교환의 수단을 넘어 부의 저장고였다. 그는 이자를 금융시장에서 생성된 자본 수익률로 새롭게 정의했다. 그가 볼 때 호모 에코노미쿠스는 이미 시효가 지났다. 우리는 미래를 모르고, 위험을 예상할 수 없기 때문이다. 대신 경제는 집단적 기대, 조금 속되게 표현하자면 집단 본능에 따라 움직인다. 이제 결정적인 것은 노동시장이 아니라 금융시장이다. 위기 상황에서 임금을 삭감하는 것은 무의미하고 심지어 해롭

기까지 하다. 관건은 총수요이기 때문이다.[20] 게다가 케인스는 최초의 진정한 거시경제학자였다. 그는 경제가 각 부분들의 합이상임을 깨달았다. 따라서 개별 기업이나 가계는 그의 관심사가 아니었다. 그가 집중한 것은 투자나 소비 지출 같은 '총합'이었다.

케인스는 시장이 왜 균형으로 나아가지 않는지, 그리고 실업이 왜 그렇게 자주 발생하는지를 처음으로 설명한 사람이었다. 또한 이론적 분석뿐 아니라 정치적 해법도 제시했다. 기업가가 충분히 투자하지 않을 경우 국가가 개입해야 한다는 것이다.

시장이 실패하면 국가의 개입이 필요하다

원칙적으로 국가는 경제를 조종할 두 가지 방법을 갖고 있다. 중앙은행의 '통화 정책'과 정부의 '재정 정책'이다. 일반적인 경우는 주로 중앙은행이 나선다. 그들의 기본 업무 중 하나는 단기 금리를 정하는 것인데, 이것만으로도 민감한 금융 투자자 무리를 지휘하기에 충분할 때가 많다.[21]

그러나 심각한 금융 위기 상황에서 중앙은행은 무력하다. 경제가 '유동성의 덫'에 걸려 있기 때문이다. 기준 금리가 0퍼센트여도 대출을 받으려는 사람이 없다. 투자할 데도 없다. 기업은 과잉 생산 시설로 어려움을 겪고 있다. 또한 많은 회사가 과도한 부채에 시달리고 있기에 새로운 대출을 받기보다 기존 대출을 줄이는 쪽을 선호한다.

따라서 금리 정책은 효과가 없다. 중앙은행이 아무리 돈을 풀어도 경기 침체와 미래에 대한 불확실성으로 인해 아무도 돈을 쓰려고 하지 않기 때문이다. 이런 상황에서 나설 곳은 정부뿐이다. 기업에 투자를 기대하는 대신 정부 스스로 대출을 받아 투자에 나서는 것이다. 오늘날 이 전략은 '반순환적 경제 정책'이라 불린다.

그러나 케인스는 많은 정치인이 정부의 차입 정책에 단호한 거부 입장을 보이고 국가 예산이 "건전해야" 한다고 확신하고 있음을 쓰라린 경험으로 알고 있었다. 케인스는 『일반 이론』에서 "금광 터로 알려진 땅에만 계속 구멍을 파는 것" 같은 무의미한 조치들만 받아들여질 것이라고 냉소적으로 썼다. 그래서 차라리 그럴 거면, "재무부가 오래된 병을 지폐로 가득 채워서 폐광 깊숙한 곳에 묻어두고 그 위를 쓰레기로 덮으라고" 제안했다. 그런 다음 정부는 자유방임주의 원칙에 따라 개인 투자자들에게 이 탄광에 대한 지분을 경매에 붙이고, 경매를 따낸 투자자들은 실업자들을 고용해서 지폐를 파내리라는 것이다. "물론 주택이나 다른 건물을 짓는 편이 훨씬 현명하겠지만, 정치적 현실적 문제로 인해 그게 불가능하다면 이 제안이 차라리 아무것도 하지 않는 것보다는 나을 것이다."[22]

케인스는 경제 활성화를 위한 정부의 부양책이 그렇게 큰 규모로 이루어질 필요가 없음을 보여주었다. '승수 효과' 덕분이었다. 즉, 정부가 투자하는 모든 돈은 다시 지출됨으로써 즉시 추가 수요를 창출해낸다는 것이다.[23] 그리하여 케인스는 서방 세계에, 자본주의가 멸망하지 않는다는 복음을 전했다. 대공황은 끔찍혔지만 고장 수리는 어렵지 않았다.

케인스는 경기 침체의 대응책만 제시하려고 했던 것이 아니라 자본주의 전체 시스템을 재건하고 금융시장의 힘을 제한하는 것이 필요하다고 생각했다. 그 때문에 공기업 강화를 요구했다. 공기업에 경제를 안정시키는 힘이 있기 때문이다. 오늘날까지도 신고전주의자들은 '정부 지출 비율'이 증가하고 정부가 공적 독점을 주도할 때마다 비명을 지른다. 반면에 케인스는 철도나 상수도 사업이 이익을 내지 않으면서도 비용과 수입을 확실하게 계산할 수 있다는 점을 장점으로 여겼다. 그리되면 금융 투자자들의 집단 본능에 지배당하지 않는 업종이 일부라도 존재하게 되기 때문이다.

그러나 케인스는 금융시장의 완전한 폐쇄를 원하지는 않았다. 소련에서 국가 주도의 계획경제가 얼마나 비효율적이고 잔인할 수 있는지를 생생하게 목격했기 때문이다. 그의 생각에, 국가와 민간 경제가 서로 보완하는 혼합 시스템이 가장 좋아 보였다. 그는 빈정거리듯이 다음과 같이 썼다. "인간의 위험한 성향은 돈과 자산을 축적할 가능성이 있을 때 비교적 무해한 방향으로 유도할 수 있다. … 같은 시민을 괴롭히는 것보다는 자신의 은행 계좌를 괴롭히는 것이 더 낫다. … 그렇다고 이런 성향을 충족시키려고 지금처럼 큰돈을 걸고 도박할 필요는 없다."

금융시장을 견제하기 위해 케인스는 큰 자산에 세금을 부과하자고 했다. 대상은 주로 상당 재산을 물려받는 피상속인이었다. 이들은 부의 창출에 기여한 것이 전혀 없기 때문이다. 이 제안은 혁명적으로 들릴지 모르지만, 케인스 본인은 이 방식이 좌파적이 아니라 오히려 '중도 보수적'이라고 생각했다. 그는 자본주의를 없애는 것이 아니라 고치고 싶었다. 부자에 대한 과세를 늘리는 데 찬성했지만, 원한에 찬 적개심에서가 아니라 오히려 자산가들을 보호하기 위해서였다. 그들은 너무 많이 저축하는 경향이 있었기 때문이다. 부자가 돈을 쓰지 않으면 수요가 줄어 경제가 위축된다. 그러다 결국 다른 이들도 모두 부를 모으려고만 할 것이기 때문에 사회의 전체 자산은 쪼그라든다.

부자들은 혼자 힘으론 이 '저축의 역설'에서 벗어날 수 없다. 그래서 국가가 필요하다. 정부는 부자들에게 세금을 부과함으로써, 재앙을 가져오는 저축의 일부를 흡수해야 한다. 케인스의 판단에 따르면, 국가의 이점 가운데 그때까지 인정받지 못하던 하나가 있다. 저축을 하지 않고, 세금이 들어오면 즉각 지출함으로써 경제에 활기를 준다는 점이다.

따라서 케인스에게는 계급투쟁도 없고, 빈부 간의 필연적인 대립도 없다. 물론 그도 착취가 널리 퍼져 있음을 너무 잘 알고 있었다. 그러나 그가 볼 때 착취는 자본주의 체제 본연의 속성이 아니었다. 반대로 부의 집중은 해로울 뿐 아니라 자본주의의 찬란한 발전을 가로막는다고 보았다. 따라서 케인스는 "이자 생활자의 죽음"을 희망했다.[24]

자유로운 돈 거래는 안 된다

『일반 이론』은 일반적이기는 하지만 모든 것을 포괄하지는 않았다. 케인스는 대량 실업이 어떻게 발생하는지를 설명하고 싶었기에 경제 위기와 직접적인 관련이 없는 측면은 모두 생략했다. 따라서 이 책에는 대외무역과 국제 통화 관계에 대한 서술이 없다. 그것도 하필 케인스가 평생 연구해온 주제가 말이다.

제2차 세계대전이 그 이론적 공백을 메울 기회를 제공했다. 케인스도 대부분의 영국인처럼 히틀러와의 전쟁에서 승리할 것이라고 처음부터 확신했다. 이번에도 미국이 재차 유럽에 개입하는 것이 시간문제라고 보았기 때문이다. 그렇다면 역사는 반복되는 것처럼 보였다. 하지만 한 가지 중요한 차이가 있었다. 제1차 세계대전에서 영국인들이 19세기의 상태를 복원하는 것을 목표로 삼았다면, 제2차 세계대전에서는 모든 국가가 유럽의 영구적 평화를 위해 새로운 세계 질서가 필요하다는 사실을 직감했다.

케인스는 1941년에 이미 '케인스 계획Keynes Plan'이라는 이름으로 역사에 오를 세계 통화 시스템을 설계하기 시작했다.[25] 그는 돈에 관한 한 '자유방임'을 믿지 않았고, 외환의 자유 거래를 허용해서는 안 된다고 생각했다. 제1차 세계대전이 끝나고 그 자신이 엄청난 이득과 손실을 본 외환 투기를 근절하고 싶었다. 그는 금융 투자자들이 마음대로 외환 시세를 끌어올리면 천문학적인 피해가 발생한다는 사실을 경험으로 알고 있었다. 통화 투기꾼들의 그런 공격을 받는 국가는 나락으로 떨어질 수밖에 없었다. 자신들의 수출품이 세계 시장에서 갑자기 너무 비싸졌기 때문이다.

그와 동시에 케인스는 세계가 너무 융통성 없는 금본위제로 돌아가는 것을 막으려 했다. 예전 시스템은 한 국가가 수출보다 수입이 많을 경우 원칙상 실제 금을 달라고 요구할 수 있었다.[26] 20년 넘게 금본위제와 싸워온 케인스는 이번에야말로 드디어 "이 야만적인 유물"을 완전히 떨쳐버릴 수 있으리라는 희망에 차 있었다. 대다수 국가가 자국의 통화 가치에 해당하는 금을 갖고 있지 않았기 때문이다. 세상의 거의 모든 금은 이제 미국의 수중에 들어가 있었다. 미국인들은 두 차례의 세계대전에서 상당수 무기를 공급하면서 그 대가로 동맹국들에 금을 요구했다. 이렇게 해서 금이 미 연방 금괴 저장소인 포트 녹스Fort Knox에 차곡차곡 보관됨에 따라, 이제는 별 쓸모가 없어졌다는 사실이 모두에게 분명해졌다.

금본위제를 대체하기 위해 케인스는 국제 중앙은행 격인 '국제 청산 은행International Clearing Bank'을 구상했다. 이 은행에는 모든 국가가 해외 결제를 처리하는 계좌가 하나씩 있다. 수입보다 수출이 많은 나라는 이 청산 은행의 계좌에 받아야 할 돈이 잔고로 쌓이고, 반대로 수출보다 수입이 많은 나라는 계좌에 부채가 찍힌다.

결제는 '방코르'라는 인공 통화로 이루어진다. 서류상의 순수한 결제 수단이다. 모든 국가는 방코르에 대해 고정 환율을 갖고 있고, 이 통화는 공식적으론 금과 연동되어 있지만 금과 교환되지는 않는다.[27] 사실 금과의 연동은 아무 쓸데가 없었지만, 케인스는 여전히 많은 나라에서 발언권이 센 금 숭배자들을 너무 겁주고 싶지는 않았다.

그런데 어느 개별 국가가 수출보다 수입을 더 많이 함으로써 행복하게 부채만 계속 쌓아가는 현상은 당연히 방지할 필요가 있었다. 따라서 방코르 체제에서는 무역 적자가 너무 높아지면 벌금 이자가 부과된다. 또한 만성 적자 국가는 자국 생산품이 세계 시장에서 더 저렴해지고 경쟁력이 높아질 수 있도록 자국 통화를 평가 절하해야 한다.

하지만 케인스는 적자 국가만 처벌한 것이 아니라 높은 흑자를 기록한 국가에도 그들의 계좌에 쌓인 방코르에 벌금 이자를 부과함으로써 제재한다. 게다가 "수출 세계 챔피언"은 자국 통화를 절상하도록 강요해 그들의 수출품이 시장에서 더 비싸지게 한다. 케인스는 수출국이 흑자에 안주하는 일은 무조건 막고자 했다. 흑자가 지속되면 자국의 실업률을 이웃 국가들로 떠넘기는 셈이었기 때문이다.

케인스의 시스템은 무엇보다 '진짜' 돈의 입금이 필요 없다는 점이 더할 나위 없이 매력적이었다. 그러면서도 실질적인 압박을 가할 수 있는 회계 시스템이었다.[28] 수출 흑자국은 장기적으로 수입을 늘려야 하고, 적자 국가는 수출을 늘려야 했다. 방코르는 통화 투기꾼들의 손발을 묶었을 뿐 아니라 어떤 국가도 파산에 이르지 않도록 보장했다.

이 전체 시스템은 다소 기술적이고 복잡하게 들릴 수 있지만, 약간의 적응 기간만 주어진다면 오늘날의 유로 위기를 막을 시스템이 될 수도 있다(10장 참조).

케인스는 말년을 자신의 세계 통화 시스템을 관철하는 일에 몰두했다. 그러나 영국 측의 제안은 먹히지 않았다. 경제 부문의 초강대국이던 미국은 자신의 지위를 방코르 체제에 양보할 생각이 전혀 없었다. 대신 자신의 이익에 부합하고 달러를 세계 기축 통화로 굳힐 수 있는 자신만의 계획을 제시했다.[29]

1944년 7월 미국의 브레턴우즈 협정에서 새로운 세계 통화 체제가 국제적인 승인을 받았다. 체제의 핵심 사항은 미국의 이익과 전적으로 일치했다. 방코르가 사라진 대신 이제 모든 통화는 달러와 연결되었고, 달러는 다시 금과 연결되었다. 금 1온스(약 31.1그램)당 35달러의 고정 환율로 말이다. 그런데 여기서 달러는 방코르와 달리 순수 회계 기능만 담당하는 것이 아니라 실제로 금과 교환될 수 있었다. 그러니까 원하는 사람은 누구나 미국 돈을 금으로 바꿀 수 있었다.

이는 허구로 밝혀졌다. '금 위기'를 몇 차례 겪은 뒤, 리처드 닉슨 미 대통령은 1971년 언제라도 달러를 금으로 교환해주기로 한 국제 협정을 더는 준수하지 않겠다고 일방적으로 발표했다. 그와 함께 브레턴우즈 통화 질서는 만신창이가 되었다(다음 장 참조).

이후 외환시장에 혼란이 만연했고, 현재 매일 약 4조 달러가 외환 투기를 위해 전 세계를 돌아다닌다. 정말 매일 그렇다. 케인스가 이론적으로 설명한 일이 정확히 일어났다. 자본주의가 금융시장에 장악된 채 글로벌 카지노로 변모하고 있는 것이다.

그럼에도 대학에서는 케인스를 거의 가르치지 않는다. 대신 돈 문제를 무시하거나 아니면 알아볼 수 없게 난도질한 신고전주의의 현대적 변종이 강단을 지배하고 있다. 어떻게 이런 일이 일어날 수 있었을까?

9
오늘날의 주류:
어떤 자본주의도 해결책이 아니다

케인스는 엄청난 재능을 가진 경제학자였지만 신고전주의자들은 그를 재빨리 뒷전으로 밀어버리는 데 성공했다. 이유는 간단했다. 케인스의 『일반 이론』은 성급한 추론이라는 것이다. 스미스와 마르크스는 자신들의 작품을 수십 년에 걸쳐 썼고, 이어 또 수년 동안 자신들의 책이 올바로 해석되었는지 다시 한번 확인할 수 있었다. 반면에 케인스는 『일반 이론』을 단기간에 완성했고, 그 뒤에는 더 이상 이 작품에 신경을 쓰지 못했다. 1937년에 그는 심각한 심근경색에 걸렸고, 이후 남은 몇 년 동안에는 다른 거대한 사건들이 전면에 등장했다. 처음엔 제2차 세계대전이었고 그다음에는 새로운 세계 통화 질서였다.

따라서 케인스의 대표작을 해석하는 작업은 후대의 몫이 되었다. 그런데 안타깝게도 이 책에는 혼란스러운 구석이 많았다. 케인스는 "이론적 혁명"을 이루어냈지만, 신고전주의의 개념에서 완전히 벗어나지는 못했다. 본인도 서문에서 그 점을 인정했다. "난관은 새로운 생각의 구상이 아니라 이전의 생각에서 벗어나는 데 있었다."

따라서 신고전주의 입장에서는 『일반 이론』을 수중에 넣고 자기 식으로 해석하기가 쉬웠다. 이런 해석이 가능했던 이유는 케인스가 신고전주의 동료들의 이론적 내용을 인정했기 때문이다. 그는 의도적인 빈정거림으로 도발하기는 했지만, 동시에 오랜 정치 고문 활동을 하면서 상대를 설득할 수 있는 유일한 방법이 외교적인 언사라는 사실을 잘 알고 있었다. 그런 연유로 『일반 이론』에서 암묵적으로 타협안을 제시했다. 자신의 새로운 모델은 총수요와 총투자라는 거시경제적 측면에서만 통용되고, 반면에 개별 고객 및 기업과 관련된 미시경제적 측면에서는 신고전주의가 여전히 규범이 될 수 있다는 것이다.

케인스는 이런 전술적 양보의 위험을 과소평가했다. 신고전주의자들은 즉시 인과 관계를 뒤집어버렸다. 그들의 미시경제학은 '토대'로 선언되었고, 케인스의 거시경제학에 대해서는 더 이상 의미가 없어질 때까지 이론적 핵심을 제거해나갔다.

신고전주의의 외형적 승리는 이론적 책략만으로는 설명할 수 없다. 그보다 훨씬 중요한 것은 현실이 바뀌었다는 사실이다. 제2차 세계대전이 끝나자, 『일반 이론』이 탄생한 불황의 시기와는 닮은 점이 거의 없는 '경제 기적'의 시기가 찾아온 것이다.

경제학은 사회 과학이기에 환경의 영향을 받지 않을 수 없다. 경제 이론은 과학적 '진리'를 드러내지 않을뿐더러 한 사회의 분위기와 선호도를 반영하기도 한다. 케인스가 왜 그렇게 무

시되고 왜곡되었는지를 이해하려면 전후 시대로의 짧은 여행이
필요하다.

'경제 기적'의 한복판에서:
신자유주의자들이 승리의 진군을 계획하다

제2차 세계대전 이후 생산이 급속도로 증가하면서 '경제 기적'
이라는 말이 회자되기 시작했다. 1950년부터 1973년까지 서유
럽의 1인당 국민소득은 매년 4.1퍼센트 증가했다. 심지어 서독
은 5퍼센트, 일본은 8.1퍼센트라는 경이로운 수치를 기록했다.
미국 경제만 조금 느리게 성장해서 연간 1인당 2.5퍼센트의 상
승률을 기록했다. 그러나 이 성장률 역시 역사적으로 유일무이
했다.[1]

이런 상승세가 나타난 한 가지 이유는 아주 단순했다. 전쟁
으로 인한 막대한 피해를 복구해야 했기 때문이다. 그렇다면 일
본과 서독에서 특히 강하게 나타난 성장은 진정한 의미의 '경제
기적'이라고 할 수 없었다. 상당 부분이 파괴된 국토를 재건한
것에 불과했다. 제2차 세계대전 중에 독일은 주택 3분의 1이 폭
격을 맞았고 철도, 교통망, 수도, 전기, 전화 시설이 심하게 파손
되었다. 게다가 난민 수백만 명도 먹여 살려야 했다. 이 엄청난
수요는 자동으로 경제에 활력을 불어넣었다.

그에 못지않게 중요한 이유도 있다. 그동안 전 세계적으로
새로운 기술이 줄줄이 발명되었는데, 이제 그것들이 명실공히
실용화의 길로 들어선 것이다. 1914년 이후 많은 신제품이 개발

되었지만, 두 차례의 세계대전과 한 차례의 세계공황으로 인해 지금까지 소량만 생산되거나 아니면 아예 생산되지 않았다. 그러다 이제야 기술적 발명이 모두 상품화되었다. 예를 들면 (컬러) 텔레비전, 35mm 카메라, 헤어드라이어, 토스트기, 온갖 플라스틱, 나일론, 냉장고 같은 것들이다. 1946년에는 전자동 세탁기까지 이 대열에 합류해 새로운 편안함의 대명사가 되었다. 게다가 제트비행기도 새로 발명되어 점점 더 저렴한 비용으로 휴가를 떠날 수 있게 되었다. 자동차는 20세기 전환기부터 이미 존재했지만, 유럽에서는 이제야 대부분의 가정이 개인 승용차를 구입할 수 있었다. 이렇듯 서구 세계는 소비 광풍에 휩싸였고, 이 광풍은 20년 동안 완전고용을 보장했다.

대량 소비는 실질 임금이 생산성만큼 빠르게 상승했기에 가능했다. 이번에는 기술 진보와 성장의 과실이 기업가들뿐 아니라 노동자들에게도 골고루 분배되었다. 온 사회가 완전고용 상태였기에 기업은 직원을 붙잡아두려면 높은 급여를 제공해야 했다. 1950년에서 1970년 사이에 독일의 실질 임금은 연간 평균 7퍼센트씩 증가했다.[2] 하지만 인건비 상승은 기업에 부담이 되지 않았고, 기업은 예전만큼 많은 돈을 벌었다. 임금 상승으로 직원들의 구매력이 늘어나면서 상품 생산도 꾸준히 확대되었기 때문이다. 경제학자 하이너 플라스베크의 총평처럼, 당시의 "경제 기적은 임금 기적이었다."[3]

전반적으로 금융시장이 휴점 상태였기에 기업들은 아무런 방해 없이 성장할 수 있었다. 파생상품은 거의 전면 금지되었고,

브레턴우즈 협정의 발효와 함께 외환 투기도 불가능해졌다. 따라서 자본 투자자들은 수익을 얻으려면 회사에 투자해야 했다. 그와 함께 기업은 저렴하게 대출을 받을 수 있었다. 이처럼 전후 시기엔 금융 자본주의가 아니라 진정한 자본주의가 지배했다.[4]

당시에는 월스트리트에서도 별다른 일이 일어나지 않았다. 기업이 확장을 원할 경우 은행은 새로운 주식과 채권을 발행하고, 이 유가증권들을 소규모로 거래했지만 실적은 신통치 않았다. "1949년 한 해 동안 거래된 주식은 2억 7200만 주에 불과했다. 오늘날로 치면 한나절 거래에도 못 미치는 양이다." 백만장자 헨리 카우프만이 월스트리트의 초창기 시절을 떠올리면서 쓴 대목이다.[5]

그렇다면 기업에는 최고의 호시절이었고, 그럼에도 이익은 그 어느 때보다 고르게 분배되었다. 북아메리카와 서유럽에서는 점점 부를 키워가는 중산층이 폭넓게 형성되었다. 1953년 태생의 폴 크루그먼은 미국이 최소한 백인들에게는 동등한 나라였던 자신의 어린 시절을 그리워하며 이렇게 회상했다. "당연히 일부 부유한 사업가나 피상속인은 평균적인 미국인보다 훨씬 잘살았다. 하지만 … 웬만큼 형편이 괜찮은 사람들도 일주일에 한 번 정도는 청소 도우미를 불러 일을 시키고, 1년에 한 번 유럽으로 여름휴가를 떠났다. 다만 이들은 남들처럼 자녀를 공립학교에 보내고 자기 차를 타고 출근했다."[6]

알다시피 그런 시절은 이미 오래전에 끝났다. 모든 선진국에서 불평등이 다시 심화되고 있다. 특히 독일에서는 1퍼센트의 부자가 국부의 약 30퍼센트를 소유하고 있다. 유럽에서는 오스트리아를 제외하고 부가 그렇게 불평등하게 분배되는 나라는 없다.[7]

그럼에도 전후 시대를 목가적인 풍경으로 묘사하는 건 오해의 소지가 있다. 대다수 사람이 과거 어느 때보다 잘살았지만 정치에 감사하지는 않았다. 많은 시민이 국가를 불신했다. 아마 그런 잠복된 긴장감을, 나중에 미국 대통령에 오르게 될 타고난 실용주의자 로널드 레이건만큼 일찍 감지한 사람은 없을 것이다.

레이건의 생애는 사회 분위기가 어떻게 변했는지를 완벽하게 실증한다. 그는 우파 공화당으로 집권했지만, 정치는 좌파 민주당으로 시작했다. 그가 할리우드의 젊은 스타였을 때는 파티 자리에서 다른 손님들이 지루해할 정도로 뉴딜 정책의 장점에 대해 끝없이 설명을 늘어놓곤 했다.[8] 그가 좋아하던 다른 주제는 노조의 권리, 단체 협약의 중요성, 제2차 세계대전 참전용사들에 대한 복지였다.[9]

정치적 입장의 변화는 서서히 찾아왔다. 레이건은 주연을 맡기에 나이가 많던 1954년에 제너럴 일렉트릭사와 홍보 계약을 체결했는데, 이 활동을 통해 자신에게 연사로서의 재능이 있음을 알아차렸다. 계약 내용은 텔레비전에 나가 회사의 토스트기나 주방 오븐을 홍보할 뿐 아니라 1년에 한 번은 회사의 139개 공장을 일일이 방문해 인사말을 하는 것이었다. 회사는 유명 배우와의 만남을 통해 직원들의 사기를 높여주고 싶었다.

공장을 방문할 때면 레이건은 처음엔 할리우드 파티에서 자주 했던 말을 들려주었다. "나눔의 기쁨"과 "민주주의의 축복"에 관한 이야기였다. 그러나 얼마 안 가 사람들이 훨씬 더 좋아하는 이야기가 있음을 알아차렸다. "큰 정부"의 위험성에 관한 문제였다. 정부가 "너무 크고, 너무 강력하고, 너무 요구 사항이 많다"라고 얘기하면 청중은 연설이 끝나고 사인을 받기 위해 줄을 섰다. 그때 레이건은 이미 자신을 1981년에 백악관으로 데려다줄 정치적 신조를 발견했다. "국가는 우리 문제의 해결책이 아니라, 문제의 원인"이라는 것이다.[10]

1950년대에 레이건이 공장 방문을 통해 알아차렸듯이 당시엔 노동자들조차 국가는 단지 방해만 되고 '자유시장'만이 자신들을 더 부유하게 만들 거라고 믿었다. 이처럼 신자유주의의 진군은 이미 일찌감치 시작되었다.

'신자유주의'라는 용어는 1938년에 만들어졌다. 당시 급진적 시장경제주의자들은 파리에서 열린 한 국제 학술 대회에 모여 자유주의를 어떻게 새롭게 부흥할 수 있을지 논의했다. 그러다 1947년에 유명 경제학자 프리드리히 아우구스트 폰 하이에크가 이 프로젝트를 이어받아, 비슷한 생각을 가진 학자 36명을 제네바 호수로 초대했다. 미국의 골수 보수 재단인 '윌리엄 폴커 기금'의 대대적인 지원으로 이루어진 행사였다. 회의가 몽펠르랭산 인근에서 열렸기 때문에 이 모임은 이후 '몽펠르랭 소사이어티The Mont Pèlerin Society'라고 불렸다. 당시 그들이 선언한 목표는 미래 세대에 '자유시장경제'의 축복을 믿게 하고 케인스주의에 맞서 싸우는 것이었다.

신자유주의는 정치적인 면에선 신고전주의와 차이가 없었지만, 이론적 기반은 일부 달랐다. 예를 들어 하이에크는 호모 에코노미쿠스의 합리성을 명시적으로 상정하지 않았고, 아마 가장 유명한 신자유주의자라고 할 수 있을 밀턴 프리드먼은 수학에 치중한 신고전주의적 경향을 잘못으로 여겼다. 그러나 신고전주의와 신자유주의는 정치적 입장이 매우 유사했기 때문에 일상어에서 '신자유주의'는 두 방향을 모두 아우르는 개념으로 자리 잡았다.[11]

신자유주의자들은 전 세계를 향해 승리의 진군을 계획했지만, 굳이 정복하지 않아도 되는 나라가 하나 있었다. 서독이었다. 여기서는 신자유주의자들이 처음부터 권력을 잡고 있었다. 오늘날까지도 많은 독일인이 스스로 '사회적 시장경제' 속에 살고 있다고 믿지만 사실 독일 역사는 한층 더 복잡하다.

산업 로비스트: 루트비히 에르하르트

독일의 '경제 기적'에는 간판스타가 있다. 바로 루트비히 에르하르트(1897~1977)다. 그는 화폐 개혁의 아버지라 불리며 『모두를 위한 번영Wohlstand für alle』(1957)이라는 책으로 이른바 이론적 걸작을 남겼다. 이 영웅적 이야기에서 에르하르트는 독일을 곤경에서 구한 걸출한 경제학자이자 정치인으로 알려져 있다.[12]

그러나 이 중에서 어떤 것도 사실이 아니다. 에르하르트는 흥미로운 이론가도 유능한 실무자도 아니고 무엇보다 노회한 기회주의자이자 로비스트였다. 경력을 쌓기 시작한 건 1928년

뉘른베르크의 '독일 완제품 경제 관찰 연구소'였다. 여기서 그는 산업계의 이익을 학문적으로 포장하는 일을 하면서 국가사회주의 체제에서 털끝 하나 다치지 않고 무사히 살아남았을 뿐 아니라 무엇보다 당시 독일의 당면 문제, 즉 점령 영토인 폴란드와 로렌, 오스트리아를 어떻게 히틀러의 천년제국에 경제적으로 통합시킬 수 있을지를 연구했다.

하지만 에르하르트의 경력이 힘찬 동력을 얻은 것은 전후에 미영 점령 지구의 경제장관으로 임명되면서였다. 전임자인 요하네스 젬러는 1948년 1월 해고되었다. 이유는 미국의 식량 원조를 "닭 모이"라고 폄하했기 때문이다. 전술적으로 별로 현명하지 않은 언사였다.

미국 총사령관 루시어스 D. 클레이 장군은 젬러의 후임으로 에르하르트를 지명했다. 그가 "매우 선량한 데다 자유로운 기업가 정신에 대한 이해도가 높다"라는 이야기를 주위에서 들었기 때문이다. 클레이는 갑자기 뒤통수를 치는 예측 불가의 독일인을 다시는 원하지 않았다. 어쨌든 당시 미국 정부의 주문으로 독일 땅을 돌아다니던 하버드 경제학자 존 케네스 갤브레이스의 보고가 그렇다.[13]

1948년 6월 20일, 10라이히스마르크를 1도이치마르크로 바꿔주는 화폐 개혁을 실시했을 때 에르하르트는 그 자리에 앉은지 불과 5개월밖에 되지 않았다. 아무리 검증된 통화 이론가라고 해도 그렇게 짧은 시간에 새로운 도이치마르크화를 설계하고 도입하는 일은 불가능했을 것이다. 게다가 에르하르트는 통화 부문에선 아마추어였고, 그런 사람이 할 일은 별로 많지 않았다. 사실 그의 기여는 필요 없었다. 미국인들이 오래전부터 세부 사항까지 통화 개혁을 철저하게 계획해두었기 때문이다.[14] 그럼에도 에르하르트는 훗날 분에 넘치는 칭찬을 받았다.

화폐 개혁은 독일의 위대한 신화 중 하나다. 그전에는 텅텅 비어 있던 상점이 하루아침에 가득 찼기 때문이다. 예를 들어 냄비, 칫솔, 책처럼 일반 소비자가 수년 동안 구경하지 못한 상품이 진열창에 다시 등장했다. 폭스바겐 차량도 5300도이치마르크 가격으로 8일 이내에 배송되었다. 경제사학자 베르너 아벨스하우저는 이렇게 재미있게 표현했다. "젖소들조차 화폐 개혁에 긍정적인 반응을 보였다. 도이치마르크 첫 주에 이미 전주보다 훨씬 더 많은 유제품이 시장에 공급되었기 때문이다."[15]

이런 새로운 풍요는 경제가 이미 그전부터 다시 원활하게 돌아가고 있었기에 가능했다. 1947년 초부터 상품 생산량은 급격히 증가했고, 1948년 6월에는 이미 전쟁 전 생산량의 57퍼센트에 이르렀다.[16] 그럼에도 기업들은 새 화폐가 나올 때까지 일부러 상품을 시장에 내놓지 않았다. 나치 시대에 통용되던 별 가치 없는 라이히스마르크를 괜히 쌓아두고 싶지 않았기 때문이다.

이건 사실 '쇼윈도 효과'에 지나지 않았지만, 심리적 효과는 엄청났다. 산업의 부흥이 모두 화폐 개혁 덕분이라고 믿는 독일인이 많았던 것이다. 에르하르트는 이런 착각을 이용해서 자신을 독일 경제 기적의 천재적인 연출자로 만들었다.

에르하르트의 이런 태도는 그가 화폐 개혁에 아무런 역할을 하지 않았기 때문에만 뻔뻔한 것이 아니라 그가 그해 여름날 아주 잘못된 결정을 내렸다는 점에서 더더욱 염치가 없다. 그러니까 거의 모든 가격을 시장에 맡기기로 결정한 것이다. 다만 식료품과 임대료, 일부 원자재에만 상한선을 제시했다. 이 결정과 함께 인플레이션은 즉각 14퍼센트까지 치솟았다. 그로써 이제 기존 상품을 월등하게 높은 가격에 판매할 수 있게 된 기업가들만 이익을 보았다. 게다가 국가가 임금 인상을 허용하지 않고 몇 달 동안 임금을 동결했기 때문에 기업가들의 이윤은 특히 더 불어났다.[17] 이렇게 해서 에르하르트는 자신의 신조에 맞게 산업계의 로비스트 역할을 했다.

이런 속사정을 알고 나면 에르하르트가 자신을 천재라고 당당하게 자처한 것은 놀랍기 그지없다. 다만 그에게는 남들에게 없는 한 가지 재능이 있었다. 부끄러움 없이 자신을 연출할 수 있는 능력이었다. 자기 자신에 대한 의심이 전혀 없다는 점도 그런 연출에 도움이 되었다. 갤브레이스는 수십 년 뒤 에르하르트를 다시 만났던 일을 약간 빈정거리듯이 이렇게 묘사했다. "그와는 평생 몇 번 만나지 않았지만, 마지막으로 만난 장소가 멕시코시티였다. 그가 죽기 1, 2년 전이었다. 우리는 둘 다 강연을 했다. 그때 그가 내게 물었다. 굳이 멕시코까지 와서 자신의 진실을 의심해야 할 이유가 뭐냐고."[18]

이는 에르하르트의 진면목을 잘 보여주는 일화다. 그는 자기 자신을 '진실'의 소유자로서 독일인들에게 끊임없이 중요한 통찰을 제공한 위대한 사상가라 여겼다. 이 자기 과신에 대한 증거가 바로 『모두를 위한 번영』이었다. 1957년에 출간된 이 책은 마치 중요한 이론서인 것처럼 여전히 독일에서 경외심을 갖고 인용된다.[19]

심지어 이 책은 에르하르트가 혼자 쓴 것도 아니었다. 조력자가 있었다. 당시 독일 경제 전문지 《한델스블라트Handelsblatt》의 본 지사장이던 볼프람 랑거가 그 주인공이다. 물론 랑거도 저술 작업에 많은 힘을 보태지는 않았다. 에르하르트의 연설문을 본문 곳곳에 이어 붙였을 뿐이다.

『모두를 위한 번영』이라는 제목은 마치 에르하르트가 일종의 사회적 균형을 요구한 것처럼 들린다. 그러나 이는 심각한 오해다. 에르하르트는 신자유주의의 독일식 변형인 '질서자유주의자'였다. 그의 메시지는 다음과 같다. 번영은 저절로 찾아온다.[20] 국가는 경쟁만 보장하면 되고 그 밖에는 아무것도 하지 말아야 한다. 심지어 분배에도 관여해서는 안 된다. 왜냐하면 경쟁 원칙을 기반으로 움직이는 시장이 이미 사회적이기 때문이다.[21] 에르하르트는 거의 매 쪽마다 경쟁의 사회적 축복을 칭송한다. 몇 문장만 인용해보자. "모든 형태의 번영을 달성하고 보장하는 가장 유망한 수단은 경쟁이다."[22] "경쟁의 길 위에서야 말 그대로 진보와 이익의 사회화가 달성될 수 있다."[23] "'모두를 위한 번영'과 '경쟁을 통한 번영'은 떼려야 뗄 수 없는 관계다."[24] 인용문의 돋움체는 에르하르트가 직접 강조한 것이다. 똑같은 말을 수없이 늘어놓는 것도 성에 차지 않아 독자들에게 경쟁의 복음을 전하기 위해 핵심 내용을 돋움체로 표현한 것이다.[25]

바람직한 경쟁을 담보하기 위해 에르하르트는 기업들의 담합 및 독점을 규제하는 카르텔청까지 설립했지만, 당시에도 이 기관은 대체로 별 효과가 없었다. 바이어, 바스프, 폭스바겐, 크루프, 티센 같은 거대 콘체른은 수십만 개의 일자리가 사라진다는 이유에서 당연히 해체되지 않았기 때문이다. 따라서 에르하르트는 괜히 다음과 같이 개탄만 했다. "현대 기술의 발전은 그 자체로 독점화 경향을 조장할 수밖에 없기에 곳곳에서 경쟁 조건의 평등성은 심각하게 훼손된다."[26] 그러나 이러한 인식에서도 결과는 아무것도 나오지 않았다. 에르하르트는 모든 주요 경제 부문이 안타까운 '독점화 경향'을 보일 수밖에 없다면 자신의 '시장경제'에서 과연 무엇이 남을 것인지 자문했어야 했는데 그러지 않았다.

에르하르트는 1949년부터 1963년까지 경제장관을 지냈고, 이어 1966년까지는 연방 총리를 역임했다. 따라서 그가 경제학 박사로서 '경제 기적'을 지극히 제한적인 단계에 머물러 있던 경쟁으로만 설명할 수 있다고 진지하게 믿은 것은 단순한 개그 수준을 훌쩍 뛰어넘는다. 그의 연설문 내용이 보여주듯, 독일의 '질서자유주의자들'은 자신이 어떤 세계에 살고 있는지 알지 못했다. 그들은 실제로 존재하는 자본주의를 다루지 않았다. 대신 소상인들이 서로 경쟁하는 상상의 장터 세계에 갇혀 살았다.

전 세계 신자유주의 핵심 이론가들은 자유시장의 은총을 찬양할 때면 에르하르트를 어떻게 활용해야 할지 알고 있었다. 그들은 꾸준히 그를 "독일 경제 기적의 아버지"로 떠받들었는데,

프리드먼조차 『자본주의와 자유Capitalism and Freedom』(1962)의 1971년 독일어판 서문에서 다음과 같이 썼다. "가격을 시장에 맡기고 시장에 대한 모든 개입을 철폐한 루트비히 에르하르트의 용감한 결정이 독일인들에게 경제 기적을 안겨다주었다."[27]

사실은 그 반대였다. 독일의 경제 기적은 에르하르트가 선사한 것이 아니었다. 경제적 동력 자체가 워낙 강력해서 경제에 대해 잘 모르는 경제장관이자 총리조차 경기 활성화에 방해가 되지 않았던 것이다.

그러나 1960년대 말에 이르자 전후 시대의 세계적 호황은 끝났다. 전쟁 피해는 대부분 복구되었고, 지난 수십 년 동안 발명된 기술은 모두 상품으로 전환되었다. 그렇다면 이제부터는 '정상적인' 성장 궤도로 넘어갈 수 있었다. 하지만 그 대신 찾아온 것은 위기의 시기였다. 브레턴우즈 통화 체제가 잘못 구축되었다는 사실이 점점 더 뚜렷이 드러나고 있었다.

1973년의 전환점: 금융 카지노가 다시 문을 열다

제2차 세계대전이 끝나자 초강대국의 지위에 오른 미국은 달러를 세계 기축통화로 밀어붙였다. 앞서 설명한 대로 1944년 7월부터 서방의 모든 통화는 달러와 연동되고 달러는 금 1온스당 35달러로 고정되어 있었다.

이 경직된 시스템은 실패할 수밖에 없었다. 달러를 기반으로 하는 금본위제가 딜레마에 빠졌기 때문이다. 1958년 벨기에 경제학자 로버트 트리핀이 처음 설명했다고 해서 '트리핀 딜레마'

라고 불리는 그 내용은 다음과 같다. 세계 경제가 빠르게 성장함에 따라 국제무역을 결제하기 위해 점점 더 많은 달러가 필요해졌다. 하지만 미국의 금 보유고는 그만큼 증가하지 않았기에 금본위제는 점점 허구가 되어 갔다.

사실 이런 식의 금본위제는 언젠가는 어차피 무너질 수밖에 없었겠지만, 1965년부터 미국이 뛰어든 베트남전이 그런 흐름에 기름을 부었다. 미 정부는 전쟁 비용을 충당하기 위해 빚을 냈다. 그러니까 달러를 대량으로 찍어낸 것이다. 이렇게 해서 1965년부터 몇 차례 '금 위기'가 찾아왔다. 미국의 금 보유고와 찍어낸 달러의 양이 더는 일치하지 않는다는 사실이 명백해졌기 때문이다. 1971년 드디어 한계 상황에 이르렀고, 리처드 닉슨 미 대통령은 앞으로는 달러를 더 이상 금으로 교환해줄 수 없다고 일방적으로 선포했다.[28]

'닉슨 쇼크' 이후 미국의 발권 은행은 처음엔 환율을 안정시키려고 시도했고, 그제야 사람들은 뒤늦게 케인스가 늘 언급했던 사실을 깨달았다. 금은 국제 통화 시스템에서 결코 필요하지 않고, 각국의 중앙은행이 협력하기만 하면 국제 결제 시스템은 얼마든지 원활하게 돌아갈 수 있다는 것이다.

그러나 이러한 협력은 이루어지지 않았다. 미국 연방준비제도이사회가 자국 통화를 지지하는 데 손을 놓고 있었기 때문이다. 사실 연준은 달러 가치의 하락을 막기 위해 금리를 인상했어야 했다. 그러나 이는 미국 경제에 부담을 주었을 것이다. 따라서 환율 유지비용은 그냥 유럽의 중앙은행들로 전가되었다.

이런 상황에서 특히 독일 중앙은행은 시장에 지속적으로 개입해서 달러를 사들여야 했다. 마르크화가 점점 안전한 피난처로 변해갔기 때문이다. 투자자와 투기꾼 들은 브레턴우즈 통화체제가 언젠가 완전히 무너지고 달러화의 가치가 극단적으로 떨어지리라는 사실을 너무나 잘 알고 있었다. 따라서 자신들의 돈을 되도록 빨리 안전한 곳으로 돌리기 위해 달러를 마르크로 바꾸었다. 이로써 도이치마르크는 지속적으로 절상되었고, 이는 독일 중앙은행이 마르크화의 환율을 떨어뜨리기 위해 다시 달러를 살 수밖에 없도록 만들었다. 1973년 3월 1일 마침내 피할 수 없는 일이 일어났다. 독일 중앙은행이 그간의 노력을 중단하고 달러화 매집을 거부한 것이다. 이는 획기적인 변화를 위한 신호탄이었다. 달러는 폭락했고, 심지어 1979년에는 도이치마르크 대비 가치가 절반으로 떨어졌다.

이러한 추락을 보면서 사람들은 처음엔 그냥 어깨만 으쓱하고 말았다. 자유 통화 시장에 내재한 위험을 인식한 사람은 거의 없었다. 오히려 대부분의 유럽 정치인들은 마침내 브레턴우즈의 구속에서 벗어나게 되었다고 기뻐했다. 달러 환율이 조정되자마자 외환 시세가 안정적으로 균형을 이룰 거라고 순진하게 예상한 사람도 있었다. 심지어 밀턴 프리드먼과 같은 신자유주의 선구자들은 한 걸음 더 나아가 엄청난 성장을 예언하기도 했다. "환율에도 자유시장경제 체제가 도입되면 '경제 기적'이 일어날 것이다."[29]

착각도 이런 착각이 없다! 외환 시세가 자유시장에 맡겨지자마자 산업국들은 깊은 불황에 빠졌다. 베르너 아벨스하우저가 "소규모 세계 경제 위기"라고 부를 정도로 광범하고 심각한 불황이었다.[30] 브레턴우즈 체제의 붕괴는 연쇄 반응을 일으켰고, 그 여파는 오늘날에도 여전히 느낄 수 있다.

첫 번째 여파는 1973년의 '석유 파동'이었다. 아랍 국가 지도자들은 달러 가치 하락으로 인한 엄청난 손해를 그냥 손 놓고 지켜볼 마음이 없었다. 1971년 석유 1배럴(약 159리터)당 가격은 2달러가 채 되지 않았는데, 달러 가치가 계속 떨어지면서 석유는 거의 공짜나 다름없었다. 결국 산유국들은 담합해서 배럴당 가격을 계속 올렸고, 1980년에는 무려 35달러가 넘으면서 사상 최고치를 기록했다.[31]

산업국들은 석유 가격의 폭등으로 가만히 앉아 뒤통수를 세게 한 방 맞았다. 지금까지는 석유 가격이 계속 싸게 유지될 거라고 맹목적으로 믿어 왔다. 여전히 식민주의적 습성에 젖어 산유국들이 영원히 힘없는 원자재 공급자로 남으리라고 생각한 것이다. 석유 파동으로 전후 시대의 경제 기적은 급격하게 끝나고 말았다. 1975년 서독에서만 갑자기 백만 명이 넘는 실업자가 생겼다.

그럼에도 서독의 위기 상황은 비교적 양호한 편이었다. 달러 대비 마르크화의 가치가 높아 유가 상승분을 일부 상쇄했기 때문이다. 반면에 미국과 영국은 극심한 타격을 입었다. 자국의 통화 가치가 급격히 하락하면서 석유뿐 아니라 모든 수입품이 비싸졌다. 신자유주의가 하필 이 두 나라에서 크게 번성하고 거의 동시에 권력을 잡은 것은 결코 우연이 아니었다. 1979년에는 마거릿 대처가 영국 총리에 선출되었고, 1980년에는 로널드 레이건이 미국 대통령이 되었다. 거기엔 이유가 있었다. 두 나라 모두 임금-물가의 악순환적 상승이라는 치명적인 덫에 걸려 있었기 때문이다. 여기에는 노동조합의 잘못된 정책도 책임이 상당했다. 노조는 인플레이션 시엔 '공급 쇼크'가 문제가 된다는 걸 알지 못했다. 이 쇼크는 산유국들이 석유 가격을 계속 올렸기 때문에 도저히 어떻게 해결할 방법이 없었다. 이런 상태에서 노조는 계급투쟁 태세로 전환했고 고임금 협약을 관철함으로써 물가 상승으로 인한 손해를 보상받기를 원했다. 이렇게 해서 영국에서는 생산 단가가 부분적으로 연간 30퍼센트 치솟았고, 미국도 그보다는 낮지만 10퍼센트 증가했다.

그 결과 몇 년 동안 극심한 인플레이션이 지속되었다. 미국은 1974년에 물가가 약 12.3퍼센트 올랐고, 1979년 2차 석유 파동 이후에는 다시 한번 13.3퍼센트 상승했다. 영국의 상황은 더 심각했다. 1975년에 인플레이션이 무려 25퍼센트에 달했다.

노조가 임금 인상을 고집한 것은 안타까운 일이다. 이는 경기 침체기에 물가가 오르는 '스태그플레이션'을 야기하기 때문이다. 이로써 노동자들은 이론적으로나 경제적으로 수세에 몰렸다. 일단 이론적으로 보자면 '스태그플레이션'이 보여주는 바는 명백해 보였다. 경제는 거시경제학적으로 조종될 수 없고, 케인스의 이론이 틀렸다는 것이다. 따라서 다수 유권자는 신자유주의적 대안을 지지하고 나섰고, 레이건과 대처의 자유시장에 희망을 걸었다. 그러나 이 위기는 케인스의 이론과 아무 상관이 없었다. 그는 항상 임금이 경제적 생산성보다 더 빨리 오르면 인플레이션이 올 거라고 경고했다.

동시에 노조는 경제적 출구 전략이 부족했다. 인플레이션 비율이 두 자릿수까지 오르는 현상은 절대 무시해서는 안 되었다. 중앙은행이 금리를 대폭 올리리라는 것은 쉽게 예견할 수 있었다. 그 결과도 마찬가지로 분명했다. 경기는 위축되고 실업률은 급격히 상승하고, 그로써 노동조합의 힘은 약화될 것이다. 노조는 자신들에게 해를 끼칠 뿐인 통화 정책을 도발함으로써 몰락을 자초했다.

1979년 10월 6일 마침내 워싱턴의 중앙은행이 나섰다. 새로임명된 미 연준 의장 폴 볼커는 통화량을 제한했고, 그로써 기준금리는 거의 20퍼센트로 치솟았다. 인플레이션 비율은 원하는 수준으로 떨어졌지만 미국은 제2차 세계대전 이후 최악의 경제 위기를 겪었다. 이 과정에서 로널드 레이건이 이데올로기에 구애받지 않고 일종의 '부자들을 위한 케인스주의' 정책을 실시한 것은 역사의 아이러니다. 그러니까 그는 최상위 소득자에 대한 세금을 낮추고, 군비를 늘리고, 막대한 재정 적자를 집행했다. 이 프로그램에서 유일하게 신자유주의적인 면은 부유층에게만 혜택을 주었다는 점이지만, 나머지는 모두 고전적인 경제 정책에 기반을 두고 있었다.

그런데 레이건이 실물 경제의 충격을 완화하는 정책을 폈음에도 볼커의 개입은 세계 금융 역사에서 전환점이 되었다. 그때부터 일반 기업에 투자하는 것보다 금융 투기가 훨씬 수익성이 높았기 때문이다. 유명한 헤지펀드 매니저 조지 소로스는 말한다. 1980년 이후 전 세계적인 "슈퍼 버블"의 크기가 점점 커지기 시작했다고.[32] 더구나 이 버블은 지금도 여전히 터지지 않고 있고, 2008년의 금융 위기 때 공기만 약간 빠졌을 뿐이다.

당시 로널드 레이건과 마거릿 대처는 금융 카지노 시장을 다시 활짝 열어젖혔다. 둘 다 1976년 노벨경제학상을 받은 밀턴 프리드먼의 열렬한 지지자로서 그의 말을 맹신했기 때문이다. 이 신자유주의 선구자는 이렇게 말했다. 정부가 개입하지 않는 한 심각한 금융 위기는 불가능하고, 각국의 중앙은행이 통화 공급만 잘 조절하면 된다는 것이다. 케인스가 주장한 중앙은행들 간의 국제 협력은 도외시되었다. 이로써 글로벌 자본 흐름은 '시장'에 맡겨졌고, 이는 외환 투기꾼들을 부자로 만들었다.

프리드먼은 자신감에 관한 한 타의 추종을 불허하는 사람이었다. 자신은 스승이고, 정부 수반은 순진한 학생 정도로 여겼다. 1978년 그는 아직 총리가 아니었던 마거릿 대처를 처음 만났다. 이어 한 편지에서 그녀에 대해 이렇게 썼다. "매력적이고 흥미로운 여성이더군요. 다만 영국에 지금 절실하게 필요한 능력을 정말 갖추고 있는지는 의문으로 보입니다."[33]

밀턴 프리드먼: 케인스에 맞선 '반혁명'

밀턴 프리드먼(1912~2006)은 평생 케인스 이론에 천착했다. 심지어 처음에는 그의 신봉자이기도 했다. 1950년대에 완전한 반대자로 돌아서기 전까지 말이다. 케인스가 '혁명'을 추구하고 성취했다면 프리드먼은 이제 '반혁명'의 시동을 걸었다.

프리드먼이 친구든 적이든 논쟁을 부채질하는 데 필요한 단호한 성격을 지녔다는 점에서는 이견이 없다. 예를 들어 신자유주의 경제학자 마크 스쿠젠은 감탄하듯이 이렇게 말한다. "그의 공격적인 열정은 … 케인스주의자들과 맞붙기에 정말 이상적이었다."[34] 케인스학파로서 프리드먼과의 논쟁에 상대 파트너로 자주 초대된 존 케네스 갤브레이스는 그를 자신의 생각에 대해 "의심이라고는 전혀 없는" 사람이라고 묘사했다.[35]

밀턴 프리드먼이 신자유주의의 국제적 선구자로 부상하게 된 데에는 비슷한 생각을 가진 동료들 중에 경쟁자가 없었다는 점도 한몫했다. 다른 시장 급진주의자들은 대중성이 떨어지거나, 아니면 아예 경제학계를 떠나버렸다. 특히 프리드리히 폰 하이에크에 대한 동료들의 실망은 컸다. 그가 확고한 근거로 케인스를 비판해주기를 기대했는데, 정치철학으로 판 자체를 옮겨 갔기 때문이다.[36]

프리드먼은 케인스의 작품을 아주 잘 알고 있었다. 대학생 때 이미 읽었기 때문이다. 1932년 그는 시카고대학 경제학 석사 과정에 등록했는데, 당시 학과 커리큘럼에는 케인스의 『통화 개혁에 관한 소고』(1923)와 『화폐론』(1930)이 포함되어 있었다. 프리드먼은 케인스의 이론을 부지런히 정리했다. 『화폐론』에 관한 기록만 87쪽에 달했다.[37]

훗날 프리드먼은 케인스를 반박할 때 고전적 수법을 사용했다. 마치 케인스에겐 1929년 이후의 세계공황을 설명하는 이론 하나밖에 없는 것처럼 취급했던 것이다. 그런 다음엔 이 불황에 대한 대안적 해석을 제시했다.[38] 프리드먼에 따르면, 이 재앙의 전적인 책임은 미국 연방준비제도이사회에 있었다. 이 기관이 금리를 빠른 속도로 충분히 낮추지 않아 부실 은행을 구제하지 못했다는 것이다. 이 설명에서는 증권거래소에서의 천문학적인 투기는 뒷전으로 밀렸고, 금융시장 붕괴 이전에 금융 투자자들이 쌓아둔 산더미 같은 빚도 언급되지 않았다.[39]

그렇다면 프리드먼의 메시지는 분명했다. 실패한 것은 자유(금융)시장이 아니라 국가다! "무능한" 정부가 "경미한 불황"을 세기 최악의 공황으로 키웠다.[40] 이 깜짝 놀랄 만한 해석은 저명한 경제사학자 찰스 P. 킨들버거에 의해 즉시 반박되었지만[41] 프리드먼은 시종일관 그런 반박을 무시했다.

결국 그에게는 자신만의 의제가 있었다. 프리드먼은 '통화주의monetarism'를 관철하고 싶었다. 라틴어로 동전을 뜻하는 '모네타moneta'에서 유래한 용어다. 이미 이름 자체에서 알 수 있듯이 이 이론은 통화의 공급량만이 인플레이션과 경제 위기를 막는 데 중요하다고 주장한다. 나머지 거의 모든 것은 '자유시장'이 알아서 처리한다는 것이다. 프리드먼은 의도적으로 자신의 묘비에 다음과 같은 글귀를 적게 하겠다는 말을 자주 했다. "인플레이션은 언제 어디서나 화폐 현상이다."[42]

이처럼 한 가지 원인에만 집착하는 이 견해에 모든 동료가 동의한 것은 아니었다. 예를 들어 노벨경제학상 수상자 로버트

솔로는 이렇게 빈정거렸다. "밀턴은 무엇을 보든 돈의 공급만 떠오르는 모양인데, 글쎄, 난 무엇을 보든 섹스가 떠오른다고 해서 그걸 내 논문에 쓰지는 않는다."[43]

프리드먼은 화폐시장이 이른바 감자 시장처럼 작동한다는 그 케케묵은 구상을 다시 대변했다. 감자가 너무 많으면 감자 하나하나는 거의 가치가 없어져 감자 가격은 내려간다. 마찬가지로 시중에 돈이 너무 많으면 개별 통화 단위도 가치를 잃고 인플레이션으로 이어진다는 것이다.[44]

이 설명은 언뜻 그럴듯해 보이지만 실제 현실과는 전혀 관련이 없다. 1970년대에 물가가 상승한 것은 통화량이 바뀌어서가 아니라 유가가 폭등하고 노조가 높은 임금을 요구했기 때문이다. 그렇다면 인플레이션을 일으킨 것은 중앙은행이 아니라 실물 경제였다.[45] 그러나 이런 현실에도 프리드먼의 이론은 흔들리지 않았다.

이 케케묵은 이론에 걸맞게 프리드먼은 정치적으로도 19세기로 돌아가 극단적인 자유방임주의를 선전했다. 그는 스스로 강조하듯 "무정부주의자는 아니었지만" 결국 국가를 '야경국가' 수준으로 돌려놓았다. 즉, 국가는 경제에서 완전히 손을 떼고 오로지 "치안과 질서만 유지하고, 재산권을 규정하고 … 계약 준수를 강요하고, 경쟁을 장려하고 … 정신 질환자들과 아이들을 돌보는" 일에만 치중해야 한다는 것이다.[46] 프리드먼은 진정한 자본주의에는 관심이 없었다. 그의 이론에도 '독점'이라는 용어가 등장하지만, 그것이 '자유시장'의 이론에 논리적으로 반영되지는 않았다.

이처럼 프리드먼은 그냥 케인스 이전의 이론 세계로 돌아가 케인스를 '반박'했다. 새로운 아이디어라고는 중앙은행이 더는 금리를 조작하지 말고 통화 공급을 직접 조종해야 한다는 점뿐이었다. 그런데 프리드먼은 통화 공급조차 지극히 기계적인 작업 정도로 상상했다. 그러니까 연준에 컴퓨터를 설치해놓고, 바람직한 성장 속도에 따라 통화 공급을 매년 3~5퍼센트씩 자동으로 높이고 싶었을 것이다.[47]

그런데 이 구상은 지극히 단순했음에도 1979년 신임 연준 의장 폴 볼커가 통화량을 조정하려 했을 때는 작동하지 않았다. 이유는 분명했다. 돈이 무엇인지, 그 본질을 명확히 규정할 수 없음에도 프리드먼은 그 사실을 간과했기 때문이다. 돈에 대한 이론적인 정의는 간단하다. 일반적으로 돈은 상품과 서비스를 구매할 때 사용하는 수단이다. 그런데 현실로 오면 복잡해진다. 구체적으로 어떤 것이 돈일까? 저축 계약이나 정기예금, 혹은 머니마켓펀드MMF도 돈일까?

'통화량'의 개념을 명확히 규정할 수 없다면 당연히 통화량의 조정도 순조롭게 이루어질 수 없었다. 볼커 연준 의장은 처음엔 여전히 확고한 통화주의자였다. 그러나 통화량의 개념을 여러 차례 바꾼 뒤에도 통화량이 계속 흔들리자 결국 낙담한 채 포기하고 말았다. 그러고는 고전적 통화 정책으로 돌아섰고, 인플레이션을 잡기 위해 금리를 고정했으며, 더 이상 구체적인 통화량에는 관심을 갖지 않았다. 그 후로 이제는 모든 중앙은행이 이

런 태도를 보이고 있고, 전 세계 누구도 더는 통화주의를 따르지 않는다.[48]

그런데 통화주의가 실패했음에도 안타깝게 그 파장은 없지 않았다. 프리드먼은 "20세기 후반의 가장 영향력 있는 경제학자"로 여겨진다.[49] 이유는 1980년 이후 자유화된 금융시장이 주도권을 되찾을 수 있었던 게 무엇보다 그의 이념적 영향 덕분이라고 생각되기 때문이다.

통화주의는 실패했지만 금융시장은 호황을 누리다

밀턴 프리드먼은 수시로 서방 정부에 변동 환율제를 도입하라고 촉구했다. 그러면 '경제 기적'이 찾아올 거라고 장담했다. 사실 이 기적은 금융 산업계의 경제 기적이기도 했다. 케인스가 앞서 예측한 파생상품들이 돌아왔기 때문이다.

이러한 베팅 거래는 환율과 금리, 유가의 자유로운 변동을 허용하는 순간 더는 막을 수가 없다. 왜냐하면 많은 기업이 거래상의 위험을 줄이려고 스스로 안전장치를 마련하기 때문이다. 예를 들어 독일의 수출 기업은 미국 고객이 대금을 지불할 3개월 후에 달러 가치가 얼마일지 알고 싶어 하고, 항공사는 미래에 사용할 기름에 대한 산정 기준이 필요하고, 지불 기한에 합의한 기업들은 안정적인 이자율을 원한다.[50]

파생상품은 고객이 원하는 안전을 담보해줄 수 있다. 예를 들어 '선물 거래'는 특정 시점에 금리와 원자재 가격, 혹은 환율이 얼마나 높을지 미리 확정해둔다. 계약은 보통 3개월 동안 진행되며 단지 약간의 수수료가 든다. 따라서 파생상품은 실제로 영리한 발명품이다. 그러나 안타깝게도 그에 따른 '지렛대 효과'가 엄청나기 때문에 투기에 이상적이다. 최소한의 투자로 최대한의 이익을 낼 수 있다는 말이다. 그러나 일이 잘못되면 손실 또한 막대하다.

금융 저널리스트 마이클 루이스는 파생상품을 "가상의 카지노에서 1000달러의 가치가 있지만 가격은 3달러밖에 안 되는 슈퍼칩"에 비유했다. "그러나 실제 카지노에는 슈퍼칩이 존재하지 않고, 현실 도박판의 어떤 것도 파생상품과 일치하는 것은 없다. 카지노조차 그 위험성이 너무 높다고 생각하기 때문이다."[51]

당국이 파생상품을 허용하자마자 사실상 도박판에 필요한 모든 것을 허용한 셈이었다. 1982년부터는 주식에도 선물 계약이 허용되었다. 사실 이게 경제적으로는 아무 의미가 없고 오직 투기에만 이용되는 수단이었는데도 말이다. 하지만 이조차도 좀 더 지혜로운 손이 금융시장을 관장하고 있다고 믿던 시절에는 문제가 되지 않았다.

파생상품의 판매는 폭발적으로 이루어졌다. 사실 '폭발적'이라는 단어조차 이 시장의 엄청난 성장세를 설명하기에는 턱없이 부족해 보인다. 잠시 현재로 훌쩍 돌아오자면, 2017년 1분기 장외에서 거래된 파생상품의 명목 가치는 약 500조 달러였다.[52] 그런데 이들 베팅은 실제 기업의 실제 거래에 '안전장치'를 마련하는 것과는 아무 상관이 없었다. 왜냐하면 2017년도 세계 총생산량조차 약 74조 달러에 불과했기 때문이다. 투기는 이미 오래

전부터 현실과 분리된 채 자기만의 삶을 이어가고 있었다.

파생상품은 처음엔 모든 도박과 마찬가지로 제로섬 게임이다. 누군가 돈을 벌면 누군가는 잃는다. 그럼에도 파생상품 거래는 안타깝지만 파장이 없지 않다. 현실에 도로 영향을 미치기 때문이다. 베팅은 시세를 왜곡하고 거칠게 흔들어댄다. 원자재든 통화든, 혹은 금리든 모든 가격이 끊임없이 움직인다. 현실 세계에서는 아무것도 변하지 않는데도 말이다. 전문 용어로 표현하자면, 파생상품은 시세 변동성을 높인다.

이러한 시세 변동은 지극히 비합리적이고, 아무도 계산해낼 수 없다. 그 때문에 일반 기업은 이 변동성으로부터 안전장치를 마련하려고 파생상품을 구매할 수밖에 없고, 은행은 이 상품을 팔아 수수료를 챙긴다. 그렇다면 투자 은행은 자신의 주도하에 도박 거래를 진행할 뿐 아니라 은행들이 인위적으로 만들어내는 금융 난기류로부터 스스로를 지켜내야 할 실물 경제에서 일종의 특별세를 징수한다.

미국 투자 은행은 2017년 파생상품 거래로만 약 240억 달러를 벌어들였고, 이 사업의 90.2퍼센트는 단 4개의 대형 은행에 집중되어 있다.[53] 투자 은행은 그런 식으로 시장을 조작해서 수익을 보장받는 세계 유일의 부문이다. 이것만 봐도 '금융시장'은 진정한 시장이 아님을 알 수 있다.

이 기생적인 사업 모델은 일반적으로 성가시고 비용이 많이 든다. 심지어 식량과 관련해서는 생명을 위협하기도 한다. 투기꾼들로 인해 주기적으로 밀이나 옥수수 가격이 올라가기 때문에 수백만 명의 사람이 굶주릴 수밖에 없다. 결국 파생상품은 살인 도구가 될 수 있다고 해도 과언이 아니다.[54]

파생상품 거래만 폭발적으로 증가한 것이 아니다. 이는 주식과 부동산의 엄청난 '가치 상승'으로 이어지기도 했다. 1988년부터 독일 DAX 주가 지수는 당시 1000포인트에서 2018년 2월 거의 1만 2500포인트로 상승했다. 12배가 넘는 상승률이다. 그러나 같은 기간 독일 경제 생산량은 명목 기준으로 두 배밖에 증가하지 않았다. 따라서 주가도 현실과 동떨어진 가상 세계에서 움직이고 있다.

이게 주식이 아니라 평범한 빵이라고 가정해보자. 처음에는 1유로에 불과하던 빵 한 덩어리의 가격이 나중에 12유로가 되면 다들 "말도 안 되는 인플레이션"이라고 비명을 지를 것이다. 그러나 주식이나 부동산이 갑자기 그런 식으로 터무니없이 비싸지면 "가치 상승"이라고 말한다.

그런데 이 거대한 투기 거품은 점점 더 커지고 있다. 그건 수치로도 명확히 증명된다. 1980년 글로벌 금융 자산은 1.2:1의 비율로 글로벌 경제 생산량과 거의 비슷했다. 하지만 2007년에 이미 그 비율은 4.4:1로 치솟았다.[55]

자산 '가치'는 대출을 통해 새로운 돈이 이 시스템 속에 지속적으로 유입될 때만 증가할 수 있다. 1950년 선진국에서 민간 대출의 총합은 경제 생산량의 약 50퍼센트였다. 그러던 것이 2006년에 이미 170퍼센트가 되었다.[56]

그런데 그때까지는 어쨌든 '진짜' 대출이 주를 이루었다. 그러다 1980년경부터 새로운 형태의 대출이 등장했다. 은행들이 서로 돈을 빌려주기 시작한 것이다. 이로써 그들은 '진짜' 고객을 상대하지 않고도 돈을 벌었다. 서로의 투기 사업에 필요한 돈을 거침없이 허구로 만들어낸 것이다. 2008년 주요 투자 은행의 결산표에서 최소한 절반 이상은 펀드와 은행 간에 주고받은 대출로 구성되어 있었다.[57]

금융 가치가 이런 식으로 폭발적으로 증가하는 것은 결코 건전하지 않다. 이런 자산은 배당금과 임대료, 혹은 이자를 벌어들일 때만 진짜 가치가 생기기 때문이다. 이러한 수입은 지속적인 경제적 생산 과정에서 발생해야 한다. 연간 국민소득의 증가 없이 금융 자산만 지속적으로 증가하면 언젠가는 폭락할 수밖에 없다. 2007년 이후의 상황이 그랬다. 월스트리트뿐 아니라 유럽에서도 거의 모든 대형 은행이 무너지면서 국가에 손을 내밀어야 했다.[58]

경제학자들은 이 거대한 위기가 올 거라고 생각하지 않았다. 아니, 상황은 반대였다. 경제학계의 주류는 경제 침체의 시대가 끝났다고 확신했다. 이와 관련해서 노벨경제학상 수상자 로버트 루카스의 말은 전설적이다. 그는 2003년에 의기양양하게 이렇게 선언했다. "경기 침체 예방이라는 핵심 문제가 해결되었습니다. … 그것도 앞으로 몇십 년 동안."[59]

나중에 미 연준 의장에 임명된 벤 버냉키도 2005년 미국의 주택 가격이 지난 2년 동안 무려 25퍼센트나 오른 현상에 대해 전혀 걱정하지 않았다. 오히려 그는 미 의회에서 이 주택 가격의

인상이 "무엇보다 강력한 경제 펀더멘털을 반영하고 있다"고 자신 있게 말했다.[60]

그러나 주택 가격을 실제로 끌어올린 것은 경제 펀더멘털이 아니었다. 주범은 가계 대출이었다. 그사이 대출이 유례없는 규모로 폭발적으로 증가한 것이다. 2001년 5조 3000억 달러였던 미국의 모기지론 총액은 2007년 10조 5000억 달러로 급증했다. 이 금액은 수치 자체로도 놀랍지만, 과거와 비교해보면 훨씬 더 충격적이다. "불과 6년 만에 미국 가계의 모기지 부채는 지난 200년 동안의 상승분만큼이나 급증했다." 2011년에 미국 금융 위기 조사 위원회가 2008년의 금융 위기에 대해 놀라워하며 보고한 내용이다.[61]

버냉키를 비롯한 대다수 경제학자는 이런 산더미 같은 대출에 주목하지 않았다. 그들의 이론에는 대출이 등장하지 않기 때문이다. 대신 그들은 금융시장이 항상 '효율적'이라고만 생각했다. 결국 경제학자들은 금융 위기를 가능하게 만든 공범이다. 그것도 막대한 책임이 있는 공범이다.

잘못된 이론의 대가는 비싸다:
금융 위기가 발생하면 수조 달러의 비용이 든다

가장 최근에 일어난 금융 위기는 전문가라는 사람들이 얼마나 순진했었는지를 보여준다는 점에서 오늘날까지도 충격적이다.[62] 2006년 당시 국제통화기금IMF은 한 보고서에서 "금융 혁신이 금융 시스템의 저항력을 증가시켰다"라며 감격조로 이야기했다.[63] 여기서 "금융 혁신"이 지칭하는 것은 정확히 파생상품, 신용 부도 스와프Credit Default Swap, 금융 증권화securitization였는데, 이것들은 불과 1년 뒤 독성 부실 채권으로 판명되었다.

전문가들은 다들 잘못된 이론에 매달렸기 때문에 하나같이 틀렸다. 그들은 개인 투자자가 언제나 '합리적'이고 금융시장은 언제나 '효율적'이라고 믿었다. 통화주의가 주류에서 배제된 1980년경부터 이 경제학자들을 사로잡은 건 급진적인 신고전주의였다.

그들은 로버트 루카스를 필두로 하여 경제 전체가 항상 균형으로 나아간다는 가정을 다시 출발점으로 삼았다. 이 이론의 이름은 흔히 줄여서 'DSGE'라고 부르는 '동태 확률 일반 균형Dynamic Stochastic General Equilibrium'이다. 이 모델은 이미 레옹 발라를 괴롭힌 바 있던 동일한 질문을 다루었다. 모든 가구가 자기 이익에만 관심이 있다면 일반적인 균형은 나타날 수 있을까?

제2차 세계대전 후 신고전주의 경제학자 케네스 애로우와 제라르 드브뢰는 이 문제와 관련해서 깔끔한 수학적 해답을 제시했지만, 이는 극한 상황에서나 통용될 수 있는 공식이었다. 예를 들어 소비자와 생산자는 지극히 합리적으로 행동해야 하고, 자신의 경제적 이익을 극대화하는 것 외에는 관심이 없어야 한다. 이 말을 풀이하자면, 여기서 소비자와 생산자는 보통 사람이 아니라는 말이다.

게다가 모든 상품에 대해 완벽한 시장이 있어야 할 뿐 아니라 미래의 모든 우발적인 상황에 대해서도 곧바로 손익이 계산되고 안전장치가 확보되어야 한다. 다시 말하면, 모든 가구는 질병과 실업, 이혼, 계획되지 않은 자녀 출생에 대비하기 위해 다양한 파생상품을 구입해야 한다는 말이다. 알다시피 그런 파생상품은 존재하지 않는다.

그 밖에 절대적인 투명성도 전제되어야 한다. 모든 사실은 공개되어야 하고, 모든 가구는 그 정보를 갖고 있어야 한다. 다시 말하면, 개별 소비자는 온라인 백과사전인 위키피디아보다 더 많은 지식을 알고 있어야 한다는 말이다. 마지막으로 완벽한 경쟁도 보장되어야 한다. 독점이나 과점이 있어선 안 된다. 규모의 경제가 늘어나는 것도 배제되어야 한다. 이 말을 풀이하자면, 대기업 없는 세상이어야 한다는 말이다.[64]

애로우와 드브뢰는 일반 균형에 대한 통찰로 각각 1972년과 1983년에 노벨경제학상을 받았다. 하지만 그들의 분석으로 이제 진정한 자본주의는 결코 균형으로 나아가지 못한다는 사실은 더욱 분명해졌다. 그들이 상정한 어떤 조건도 충족되지 않았고, 충족될 수도 없기 때문이다. 그렇다면 경제학자들이 균형이라는 허구를 포기할 거라고 예상할 수 있다. 그러나 한참 빗나간 예상이었다. '문외한들'만 그런 생각을 가질 수 있었다.

반면에 경제학계는 반대 방향으로 나아갔다. '일반적인 균형'을 더욱 정제해서 보편적 '거시경제'로 승격한 것이다. 사실, 2008년 금융 위기 이전에는 모든 중앙은행이 DSGE 모델[65]을 사용했다. 거기엔 은행과 대출이 거의 등장하지 않는데도 말이다. 예전의 신고전주의 이론과 마찬가지로 이 모델에서도 돈은 다시 실물 경제를 덮은 '베일'로 전락했다. 그렇다면 중앙은행 입장에서는 금융 위기를 예측하는 것이 불가능했다. 그들의 이론에서는 오래전부터 폭락의 가능성이 배제되어 있었다.

신고전주의자들은 어떤 경우에도 케인스의 거시경제학으로 돌아가는 것을 피하기 위해 현실을 희생시켰다. 그들의 관점에서 보면 케인스 이론에는 치명적인 결함이 있었다. 미시경제와 거시경제 사이에 연결점이 없다는 것이다. 케인스 이론에서 중요한 것은 '총합', 즉 모든 투자의 합계 또는 전반적인 저축률이었다. 여기서 개별 가구의 비중은 미미했고, 전체 통계에서 적은 숫자에 불과했다.

신고전주의는 이를 받아들이고 싶지 않았다. 그들은 '미시적 기초'를 고집했다. 전체 경제는 부분의 합이어야 한다는 것이다. 이렇게 해서 '미시를 기반으로 삼은' 거시경제학이 만들어졌다. 그것이 일반 균형론이다. 여기서는 어떤 불균형도 원칙적으로 배제된다. 그렇지 않으면 개별 가구들은 더 이상 전체 경제 상황을 반영하지 못할 것이기 때문이다.

이어 일반인들도 깜짝 놀랄 만한 두 번째 주장이 제기된다. '합리적 기대 이론'이 그것이다. 로버트 루카스와 그의 동료들은 모든 인간이 삶의 매 순간 오직 자기 이익의 극대화에만 관심이 있다고 주장한다. 이 이론은 얼핏 듣는 것보다 훨씬 극단적이다. 사람들이 미래를 알고 있다고 가정하는 것이나 다름없다. 예를 들어 우리는 10년 후의 사건을 현재처럼 알고 있다는 것이다.

루카스는 터무니없을 만큼 대담한 이 가정을 내세울 수밖에 없는 사정이 있었다. 왜냐하면 DSGE 모델이 성립하려면 인간이 합리적으로 행동하고 싶어하는 것만으로는 충분하지 않고, 객관적이어야 하기 때문이다. 하지만 이건 인간이 미래를 알 때나 가능한 일이다.[66]

빵 칼에 손을 베여본 사람이라면 누구나 알 듯이, 미래를 아는 건 당연히 말도 안 된다. 만일 칼에 곧 손가락이 베일 걸 안다면 그런 사고는 절대 일어나지 않을 것이다. 일부러 빵 칼에 손을 베이고 싶은 사람은 없을 테니까.

이런 평범한 진실과는 별개로, 루카스의 이 주장에서는 정말 깜짝 놀랄 결과들이 도출된다. 예를 들어 증권거래소에서는 더 이상 투기 행위가 벌어지지 않으리라는 것이다. 모든 사람이 미래를 뻔히 알고 있다면 어떻게 주가에 돈을 걸 수 있겠는가?[67]

게다가 인간은 합리적이지 않다. 그건 애덤 스미스도 이미 관찰을 통해 밝힌 바 있다. 그는 '복권'의 예를 들어 '합리적 기대 이론'을 단호히 부정한다. 복권은 사실 미래가 빤히 들여다보이는 무척 드문 경우다. 복권으로 돈을 잃을 가능성이 지극히 높다는 사실은 누구나 쉽게 예측할 수 있다. 하지만 대부분의 참가자는 그걸 알면서도 자신의 행운을 시험하는 일을 단념하지 않는다. 스미스는 인간들의 이런 행동에 깜짝 놀란다. "우리는 복권이라는 도박의 성공을 보면서 당첨 가능성이 터무니없이 과대평가되어 있음을 알 수 있다."[68]

'합리성'이 인간의 두드러진 특성이 아니라는 사실은 그사이 행동경제학이 제시한 무수한 예를 통해 증명되었다. 이쯤 됐으면 '합리적 기대 이론'이 순식간에 사라져도 이상할 것이 전혀 없다. 그러나 또다시 정반대 일이 일어났다. 이 이론이 비이성적인 극단으로 치달은 것이다.

신고전주의의 가장 큰 문제는 처음엔 누구도 예상하지 못한 지점, 즉 이론의 기반인 소비자와 생산자에게서 나타난다. 왜냐하면 개별 가구만 관찰하는 것은 별 의미가 없기 때문이다. 경제학은 경제 전반을 아우르는 진술에 도달하길 원한다. 그러려면 모든 소비자의 합을 찾아야 한다. 즉, 모든 소비자의 이해타산을 '집계'해야 한다.

그러나 다음의 간단한 예가 보여주듯 이건 불가능하다. 소비자 A는 원래 과자보다 바나나를 좋아한다. 그런데 소비자 B도 바나나를 구매하면 이 열대 과일의 가격은 상승한다.[69] 따라서 소비자 A는 자신의 전체 이익을 최대한 끌어올리려면 바나나 대신 과자를 구입하는 편이 더 나을 수 있다.[70] 수십억 명의 사람이 수조 건의 구매 결정을 내리는 이런 과정을 상상해보면 모든 소비자의 이해타산을 집계하는 건 불가능하다.[71]

따라서 신고전주의는 거시경제학을 단 한 명의 표본적 인물로 환원시킴으로써 이런 이론적 문제를 회피하는 모델을 발전시켰다. 이 모델은 소설 속의 로빈슨 크루소와 비슷하다. 세계경제가 유일한 소비자이면서 동시에 유일한 생산자인 한 사람으로 이루어져 있는 것이다.[72] 로빈슨 크루소가 목숨을 구해준 원주민 프라이데이조차 이 세계에 발을 들여놓아선 안 된다. 한 사람만 더 추가돼도 이론적으로 삐걱거릴 수밖에 없는 세계이기 때문이다. 게다가 이론 속의 로빈슨 크루소는 보통 사람이 아니라 영생을 누리는 사람이다. 그렇다면 신고전주의는 노화가 소비를 어떻게 변화시키는지 모델링하지 못한다. 그 밖에도 신고전주의 모델에 따르면 로빈슨은 평생 단 하나의 상품만 만들어낸다. 재화가 한 개만 더 있더라도 이 이론은 혼란에 빠질 것이기 때문이다.

따라서 이 신고전주의적 이론 세계에서의 삶은 무척 이상해 보인다. 영원히 사는 단 한 명의 소비자가 모든 상품을 소비한다. 물론 상품이라고 해봤자 단 한 곳의 회사가 생산해내는 단 하나의 상품이 전부이고, 회사 역시 유일한 소비자의 소유이며, 단 한 명의 직원도 역시 동일인이다.[73] 이 모델에서는 은행과 대출뿐 아니라 심지어 돈도 필요 없다.

이러한 허구적 삶은 자본주의와 아무 상관이 없다. 노벨경제학상 수상자 로널드 코스는 1992년 다음과 같이 매섭게 쏘아붙인다. 신고전주의는 "숲 가장자리에서 딸기와 견과류를 거래하는 외톨이들"만 분석할 수 있을 뿐이라고.[74]

신고전주의는 이 "외톨이들"을 다소 거창하게 "대표 행위자representative agent"라고 부르는데, 그걸 듣고 한 똑똑한 대학생이 이렇게 물었다. "이 대표 행위자는 대체 누구를 또는 무엇을 말하는 건가요?"[75] 그에 대한 대답은 없다. 신고전주의는 가계들의 상이한 수요가 상호 상쇄되면서 균형을 이루고 그 때문에 단한 명의 "대표 소비자"에게서 출발해도 된다고 주장하지만, 사실 이는 말만 다른 동어 반복에 지나지 않는다. '미시적 기초'에 의해 먼저 증명되어야 할 거시경제적 균형이 이미 전제 조건으로 주어져 있기 때문이다.

DSGE 모델은 이처럼 기괴함에도 불구하고 중앙은행들은 이를 사용해왔다. 금융감독원도 마찬가지로 안이한 태도를 보였다. 은행과 대출이 전체 시스템에 대수롭지 않다는 사실을 로빈슨 크루소의 허구적 세계가 증명해주는 것 같았기 때문이다.

따라서 거시경제적으로 볼 때 사람들은 생계를 걱정할 필요가 없어졌고, 미시경제적 관점에서도 금융시장이 항상 효율적이라는 것을 의심하지 않았다. 이는 '효율적 시장 가설'이라는, 마찬가지로 매우 이상한 이론에 의해 '증명'되었다.

금융시장은 항상 옳고, 늘 주식과 채권의 '진정한' 가치를 반영하고 있음을 증명해주는 세 가지 가정이 있다. 첫째, 투자자는 합리적이다. 둘째, 투자자가 합리적이지 않아도 상관없다. 그들의 비합리적인 결정은 시장에서 서로 상쇄되기 때문에 전체로서의 시장은 다시 합리성을 되찾는다. 셋째, 시장이 실제로 비합리적으로 돌아가면 주식과 채권이 '실제' 가치에서 벗어난 것을 즉시 깨닫고 그에 베팅하는 투기꾼들이 분명 생길 것이다. 그러면 시장은 즉각 다시 균형을 되찾는다.[76]

이 아름다운 인공 세계에서 미래는 현재만큼 인간에게 잘 알려져 있다. 투기꾼들은 결코 무리를 따르지 않고, 시스템으로 끊임없이 대출 금액이 흘러들어옴으로써 투기 거품이 부풀어 오르는 일은 생각할 수 없다. 신고전주의 경제학자들은 이론적으로 시장의 붕괴를 배제했기에 금융 위기를 예측할 수 없었다.

시장의 효율성에 대한 그들의 믿음은 맹목적이다. 그게 얼마나 터무니없는지는 경제학자들조차 이런 농담을 주고받을 정도다. 한 예를 들어보자. "한 경제학자와 친구가 길을 가다가 우연히 길거리에서 100달러짜리 지폐를 발견한다. 친구가 허리를 숙여서 지폐를 집어 들려고 하자 경제학자가 말한다. '괜한 짓 하지 마라. 그게 진짜 100달러 지폐라면 누군가 벌써 주워 갔을 거야.'"[77]

결과만 너무 비극적이지 않다면 이건 아마 그냥 웃고 넘길 수 있는 이야기일 것이다. 그러나 금융 위기의 대가는 너무 비쌌다. 전 세계적으로 피해 금액이 무려 수조 달러에 달했다.[78] 여기엔 '합리적 기대 이론'을 믿고 금융시장의 자유를 밀어붙인 경제학자들 책임도 크다. 이들의 이론적 오만함은 로버트 루카스의 말에 생생하게 담겨 있다. 금융 위기 전에 그는 이렇게 말했다. "경제학자로서 케인스의 영향력은 현재 거의 0에 가깝습니다. 과거 50년 동안 아예 0이었던 것에 비하면 좀 나아진 편이지요. 아무튼 케인스는 특별히 뛰어난 경제학자가 아니었습니다. 그는 경제학 분과의 발전에 별로 기여하지 않았습니다."[79] 착각도 이런 착각이 없다.

위기 후가 곧 위기 전이다

시장 붕괴를 이끈 것은 주류 경제학자들이었지만, 정작 이들은 이 사태를 어떻게 해석해야 할지 몰랐고, 그러다 보니 해결책도 당연히 제시할 수 없었다. 80년간의 연구가 전반적으로 쓸모없는 것으로 취급당했다.

신고전주의자들이 우왕좌왕하는 사이 각국 정부는 다시 케인스로 돌아가, 은행을 구제하고 경기 부양 프로그램을 수립하고 막대한 '적자 지출'을 실시했다. 이러한 구조 노력은 엄청난 성공을 거두었다. 1929년과 같은 대공황을 피할 수 있었으니까 말이다.

그런데 금융 위기가 끔찍한 상황으로 번지지 않았던 게 신고전주의자들에게는 오히려 그들의 이론을 지킬 기회가 되었다. 그들은 자신들의 실패를 진지하게 돌아보거나 이론에 대해 치열한 논쟁을 벌이도록 강요받지 않았다. 주류 경제학자들은 그저 잠시 충격으로 어찌할 바 몰라 하다가 다시 원기를 회복하고는 이전의 확실성을 꿋꿋이 주장했다. 가령 벤 버냉키는 2010년 연설 당시 자신 있게 말했다. "전체 분과를 새로 설계하라는 요구는 너무 과하다고 생각합니다. … 저는 금융 위기가 본질적으로 경제 거버넌스와 관리 차원의 실패였지 경제학 자체의 실패는 아니라고 말씀드리고 싶습니다."[80]

그렇다면 버냉키는 "경제 거버넌스"가 진공 상태에서 생겨나고, 경제학 이론은 은행을 어떻게 감독해야 하는지에 대해 전혀 영향을 끼치지 않는다고 믿는 듯하다. 이게 사실이라면 경제학은 필요 없다.

그러나 현실은 반대였다. 신고전주의가 옛 이론을 여전히 고수하고 있기에 금융시장에서도 큰 변화는 일어나지 않았다. 금융 위기 이후 수천 쪽에 이르는 새 규정이 마련되기는 했지만,

시스템상의 핵심 장치는 바뀌지 않았다.[81] 파생상품은 별 변함없이 계속 거래되고 있는데, 앞서 언급한 바와 같이 약 500조 달러의 규모에 이른다. 그렇다면 위기 후가 곧 위기 전이다.

현재 우리의 자본주의는 전혀 통제되지 않은 채로 나아가고 있다. 주류 경제학이 현실 자본주의와 무관한 이론을 펼치고 있기 때문이다. 그건 대기업을 비롯해 생산도 대출도, 심지어 화폐도 없는 이론이다. 모든 경제학자의 약 85퍼센트는 스스로 신고전주의자라고 생각한다.[82] 그들은 다시 실패할 것이고, 수조 달러의 비용을 발생시킬 것이다.

10
스미스, 마르크스, 케인스에게서 무엇을 배울 것인가?

경제학은 자연과학이 아니다. 이 말은 사소해 보일 수 있지만, 신고전주의는 19세기 이후 자신들의 이론을 물리학의 변형으로 선전하고자 애써왔다. 전형적인 예가 노벨경제학상 수상 연설에서 다음과 같이 말한 밀턴 프리드먼이다. 경제 예측은 때로 틀릴 수 있지만 그런 오류는 물리학이나 생물학, 의학 또는 기상학에 비하면 더 잦지 않다는 것이다.[1]

이 견해는 정말 터무니없을 만큼 놀랍다. 그런데 신고전주의자들은 자신들의 이론을 과학으로 만들고 싶은 이유가 있었다. 과학이 되면, '정치'라는 성가신 문제에서 벗어날 수 있기 때문이다. 왜 세상의 일부는 부유하고 다수는 가난할까, 하는 정치적 쟁점에 신경을 쓰지 않아도 된다는 말이다. 이로써 불평등은 변경할 수 없는 자연 법칙으로 격상된다.[2]

여기서 인간은 외롭게 궤도를 도는 원자로 규정된다. 마거릿 대처는 이러한 소설 같은 이론을 놀랍게도 하나의 유명한 문장에 담아냈다. "사회 같은 건 없다."

대처와 신고전주의자들의 말이 사실이라면, 런던과 같은 도시에는 로빈슨 크루소 870만 명이 각자 별도의 섬에 거주하고 있다. 그러나 이 외톨이 모델로는 사회 전체의 복잡한 상호 작용으로 돌아가는 자본주의를 결코 이해할 수 없다.

결국 경제학이 유의미한 지식을 생산하려면 스미스, 마르크스, 케인스로 돌아가야 한다. 그러나 변하지 않는 '진리'를 찾겠다던 신고전주의의 실수를 되풀이해서는 안 된다. 자본주의는 매우 역동적이어서 시대에 따라 관점과 문제는 끊임없이 변할 수밖에 없다. 각 세대는 각자의 경제학을 발명해야 한다. 다만 그 과정에서 스미스, 마르크스, 케인스는 아주 중요한 팁을 줄 수 있을 것이다.

일단 미시경제학에서 시작해보자. '한계비용' 또는 '한계생산성'으로 가격이 결정된다는 신고전주의의 견해는 틀렸다. 대신 가격이 비용 플러스 이윤으로 구성된다는 애덤 스미스의 '가산적 접근 방식'은 옳다. 오늘날 대다수 기업도 이 방법을 채택하는데, 기업 경영자들을 상대로 한 최근 설문 조사에 따르면 그들은 비용을 계산하고 거기다 이윤율을 얹는 식으로 가격을 책정한다고 한다.[3]

물론 회사가 고객을 속이기 위해 사용하는 추가 술책은 무수한데, 이런 방법은 경영진을 위한 컨설팅 저서들에 이미 폭넓게 설명되어 있다. 그러나 이런 '가격 바이블'에서조차 한계효용이나 한계비용, 또는 한계수익과 같은 용어는 전혀 등장하지 않는다.[4] 그렇다면 신고전주의는 기업 현실과 아무 연결 고리가 없는 허구 세계에 갇혀 있다.

신고전주의가 현실과 너무 동떨어져 있기 때문에, 경영학에서는 이제껏 한 번도 그 모델이 채택된 적이 없다.[5] 그러나 다른 곳에서는 이 잘못된 가격 이론이 여전히 막대한 피해를 입히고 있다. 특히 임금 정책에서 말이다.

신고전주의자들은 영향력이 매우 큰 데다 각 부처에 자문을 제공하는 모든 전문가 그룹을 장악하고 있다. 정부는 이들로부터 임금이 개별 근로자의 '한계생산성'에 상응해야 한다는 권고를 지속적으로 받는다. 이 말을 풀이하자면, 실업자가 생기면 임금을 낮춰야 한다는 말이다. 실업률 상승은 현재의 노동자 임금이 너무 비싸다는 것을 보여주는 지표로 기능하기 때문이다. 이는 고전적 순환 논법이지만, 논쟁이 한창 뜨거울 때는 밖으로 잘 드러나지 않는다. 또한 대부분의 정치인은 신고전주의가 로빈슨 크루소라는 허구적 인물을 모델로 한 이론에 기초하고 있다는 사실을 모른다.

신고전주의 이론이 순환 논법에 갇혀 있다는 사실은 신고전주의자들이 임금 상승을 지지한 적이 거의 없다는 점에서도 드러난다. 이 경제학자들은 실제 상황과 완전히 동떨어진 상태에서, 급여가 너무 높은 경향이 있고 임금 인상은 자제해야 하고 최저 임금 제도는 극도로 위험하다고 판단한다.

그런데 최소한 한 가지 두드러진 모순은 바로 눈에 띈다. 신고전주의자들은 동독 미용사의 '한계생산성'에 대해서는 열심히 분석하지만 이 이론을 자기 자신들에게는 적용하려 하지 않는다. 그러니까 심각한 금융 위기를 초래하고 그로써 수조 달러의 피해를 야기한 이론에 꿋꿋하게 집착하는 경제학 교수들의 '한계생산성'이 실제로 얼마나 되는지는 묻지 않는 것이다. 세계가 실제로 신고전주의적으로 돌아간다면 모든 신고전주의자들은 '한계생산성'이 분명히 0보다 한참 밑일 것이기 때문에 이미 오래전에 해고되어야 했다.

그러나 임금은 신고전주의가 믿는 것과는 다르게 형성된다. 임금 수준은 개별 노동자의 '한계생산성'에 좌우되지 않는다. 결정적인 요인은 한 사회의 경제적 기술적 수준이다. 경제 생산량이 높을수록 개인의 임금도 높아진다. 한국의 경제학자 장하준은 버스 운전사 두 명을 비교함으로써 이 효과를 무척 알기 쉽게 설명한다. 스벤은 스웨덴에, 람은 인도에 산다. 둘 다 사람들을 버스로 운송하기에 '생산성'은 동일하다. 그럼에도 스벤은 람보다 50배나 많은 임금을 받는다.[6]

성공적인 투자자 워런 버핏도 자신이 미국에서 태어났기 때문에 수십억 달러를 벌 수 있었다는 사실을 정확히 알고 있었다. "개인적으로 나는 내가 이런 수입을 얻게 된 것이 본질적으로 이 사회 덕분이라고 믿습니다. 만일 내가 방글라데시나 페루 어딘가에서 태어났더라면 내 재능이 그런 환경에서는 얼마나 쓸모없는지 금방 드러났을 겁니다. 아마 나는 30년 후에도 여전히 먹고살기 위해 열심히 싸우고 있었겠죠."[7]

신자유주의자들은 애덤 스미스를 인용하기 좋아하지만, 분업의 원칙에서 어떤 결과가 나오는지는 전혀 이해하지 못했다. 설명하면 이렇다. 각 개인은 한 팀의 일원이고, 개인의 성과는 타인들과의 협업에 좌우되기에 매우 제한적으로만 측정될 수 있다. 자본주의에서 성공한 사람은 다른 많은 사람이 그 성공을 도왔기 때문에 가능하다. 따라서 비서의 월급이 회사 대표의 보수와 비교해서 얼마가 되어야 할지는 과학적으로 결정할 문제가 아니다. 신고전주의가 그렇게 두려워하는 단어를 다시 한번 사용하자면, 이는 '권력'의 문제다.

예를 들어 독일 주요 기업의 경영자들은 일반 직원들보다 평균 50배를 더 번다.[8] 하지만 그들이 직원 50명만큼의 성과를 낸다고 믿기는 어렵다.

따라서 케인스는 왜 실업이 발생하는지 알아내기 위해 '노동시장'으로 눈을 돌리는 것은 불필요한 짓이라고 여긴다. 옳은 말이다. 고용률은 완전히 다른 곳에서 결정된다. 바로 금융시장이다. 투자자들은 '진짜' 회사에 '진짜' 투자를 할 가치가 있는지, 즉 직원을 고용할 가치가 있는지, 아니면 파생상품이나 채권, 주식, 부동산 등에 투기하는 것이 수익성이 더 나을지 결정한다.

그런데 금융시장의 고유한 논리는 케인스처럼 거시경제적 관점과 총합 면에서 생각할 때만 이해할 수 있다. 그래야 세계경제 총생산량이 연간 73조 달러에 불과한데도 불구하고 매일 외환 투기를 위해 전 세계를 떠돌고 있는 4조 달러가 순전한 투기라는 사실이 즉각 명확해진다.

반면에 신고전주의는 미시경제학에 집착해서 개별 파생상품에만 관심을 보이므로 이러한 투기 현황을 전혀 알지 못한다. 그들은 '금융시장'이 정상적인 가격이 형성되는 실제 시장이라고 여전히 꿋꿋하게 가정한다. 이는 명백한 오류다. 감자가 비싸지면 많은 고객이 국수를 구매하는 쪽으로 돌아선다. 그러나 주가가 오르면 주식을 더 적게 사는 것이 아니라 더 많이 산다. 주식 시세가 오르기 시작하자마자 투기꾼들은 '랠리'를 놓치지 않으려고 더욱 추격 매수에 나선다는 말이다. 개별 금융 투자자의 입장에선 무리 전체가 잘못된 방향으로 가더라도 무리를 따르는 것이 합리적이다.

금융 투자자 무리의 움직임은 그들이 뛰노는 방목지 울타리를 완전히 차단해야만 중단시킬 수 있다. 케인스가 최적의 세계 통화 시스템을 관철하려고 평생을 바친 것은 결코 우연이 아니었다. 외환 투기를 묶어야만 자본주의가 제대로 돌아갈 수 있음을 알고 있었던 것이다. 케인스의 시스템은 현재도 시사하는 바가 크다. 왜냐하면 그의 인공 화폐 방코르는 달러든 금이든 어디에도 연결되어 있지 않기 때문이다. 그로써 브레턴우즈 체제가 빠졌던 함정을 정확히 피해갔다.

그런데 고정 환율 시스템을 추진할 때는 한 가지 조건을 고려해야 한다. 대외무역이 균형을 이루어야 한다는 것이다. 일부 국가가 지속적으로 수출 흑자를 기록해서도 안 되지만, 나머지 국가들도 태평하게 적자를 쌓아가서도 안 된다. 따라서 방코르 시스템은 흑자국이든 적자국이든 모두 벌금 이자를 부과하는 방향으로 설계되었다.

안타깝게도 케인스의 이 똑똑한 아이디어는 유로화를 도입할 땐 고려되지 않았다. 통화 동맹에서는 흑자든 적자든 불이익을 주는 것이 훨씬 더 필요한 일이었을 텐데 말이다. 왜냐하면 방코르를 사용하면 어떤 한 나라가 너무 과도하게 수출하거나 너무 과도하게 수입할 경우 중앙은행들이 나서서 환율을 재설정하는 것이 언제든 가능하기 때문이다. 그러나 다들 알다시피 유로화 체제에서는 그게 되지 않는다. 모든 회원국이 같은 화폐를 쓰기 때문이다.

그사이 유로존은 거의 작동하지 않는다. 독일은 계속 막대한 수출 흑자를 축적하는 반면에 그리스나 스페인 같은 국가는 상당한 대외 외채를 안고 있다. 흑자든 적자든 모두 심각한 불이익을 당하게 되리라는 사실이 처음부터 명확했다면 이러한 불균형은 애초에 생기지 않았을 것이다.

독일이 매년 기록하는 막대한 수출 흑자를 여전히 자랑스럽게 생각하는 독일인이 많다. 그러나 이 흑자는 다른 국가에서 적자가 발생했기에 가능했다. 게다가 채무국들이 앞으로도 계속 부채를 갚을 수 없다는 점을 감안하면 이 흑자는 아무 가치가 없고, 그저 은행 컴퓨터의 가상 숫자로만 남을 뿐이다.

특히 그리스의 예가 이를 뚜렷이 보여준다. 이 나라는 독일이 전쟁 배상금을 지불해야 했던 1919년부터 걸렸던 바로 그 덫에 걸려 있다. 당시 케인스가 문제 해결책으로 제시한 방식은 오늘날에도 그대로 적용할 수 있다. 이런 식이다. 외채를 갚으려면 수출 흑자가 필요하다. 그런데 그리스에는 그런 잉여 이익이 없다. 그렇다면 유로 위기 국가들의 부채를 탕감하는 것이 합리적이다. 다른 식으로는 구제할 방법이 없으니까.[9]

유로존이 작동하지 않는 이유는 이 경제 공동체 역시 신고전주의적 오류에 빠져 있기 때문이다. 그들은 개별 국가가 마치 기업처럼 작동한다고 가정한다. 이 해괴한 오해는 '경쟁력'이라는 그들의 인기 있는 슬로건에서 명확히 드러난다. 즉, 개별 기업이 최소한 경쟁 기업들만큼 저렴하게 상품을 생산해야 시장에서 살아남듯이 개별 국가도 물건을 저렴하게 생산해서 흑자를 쌓아야 '경쟁'에서 이길 수 있다는 것이다. 이런 논리에 따라 독일은 1996년 이후 다른 유로 국가들보다 상품을 싸게 공급하려고 의도적으로 실질 임금에 하방 압력을 가했다.

그러나 국가는 기업과 달리 서로 경쟁하는 관계가 아니다. 오늘날의 신고전주의는 애덤 스미스가 중상주의자들의 오류라고 지적한 것과 똑같은 오류를 범하고 있다. 그러니까 이웃 국가들을 빈곤하게 만드는 전략을 쓰고 있다는 말이다.

애덤 스미스도 분명히 깨달았듯이 그런 식의 국가 간 경쟁은 결코 작동할 수 없다. 만일 다른 나라들이 물건을 수입할 돈이 없다면 수출국은 어디로 수출할 수 있을까? 자본주의 국가들은 서로 경쟁하고 싸우는 것이 아니라 함께 협력해야만 부자가 될 수 있다.

따라서 유로존이 살아남으려면 독일은 막대한 수출 흑자와 시급히 작별해야 한다. 많은 독일인이 이 소식을 듣자마자 손실을 두려워하겠지만, 이 두려움은 역시 오해에서 비롯되었다. '수입 세계 챔피언'이어야 계속 '수출 세계 챔피언'으로 남을 수 있기 때문이다.[10] 그렇다면 중요한 건 딱 하나다. 모든 국가가 함께 성장할 수 있으려면 대외무역이 균형을 이루어야 한다!

독일이 '수입 세계 챔피언'이 되려면 국내 임금이 대폭 상승해야 한다. 그러면 좋은 소식이 찾아온다. 독일 노동자들이 더 많이 벌면 독일 기업가뿐 아니라 유럽 전역의 많은 사람이 더 부유해지라는 것이다. 이게 바로 고전적인 상생 모델이다. 다만 개별 기업의 관점에서 벗어나지 못하고 있는 신고전주의자들만 이를 모른다.

대외무역을 바라보는 신고전주의자들의 시각은 무척 협소하다. 그들은 대외무역을 상품의 자유무역으로만 생각한다. 만연한 외환 투기는 외채 문제와 마찬가지로 도외시한다. 그런데 신고전주의적 자유무역의 개념이 이례적으로 축소되기는 했지만, 그들은 이 축소된 버전이 세상을 구할 거라고 생각한다. 따라서 신고전주의는 자유무역을 성장의 핵심 동력으로 치켜세우고 있고, 그 바람에 현재 약 110개국이 22개의 지역 무역 협정을 맺느라 바쁘다.

그들의 이론에서는 자유무역이 원칙적으로 효율적이라는 사실이 무비판적으로 전제된다. 또한 리카도의 비교 우위론은 모든 교과서에 상세히 설명되어 있다. 이 모델은 실제로 수학적으로 아주 깔끔하다. 그러나 케인스의 지적처럼 이 모델은 도처에 완전고용이 실현된 조건하에서만 온전히 적용할 수 있다.

게다가 리카도는 자잘한 기업들만 있던 시대에 살았다. 그는

200개 다국적 기업이 전 세계 경제 생산량의 약 10퍼센트를 차지하는 지금의 모습을 상상도 못했을 것이다. 현재 세계무역의 약 50퍼센트는 더 이상 국가 간에 이루어지지 않고, 초국적 기업들 간의 기업 내 무역intra-firm trade을 통해 이루어진다.[11]

그렇다면 완벽한 경쟁 시스템으로 돌아가는 '자유시장'이 별로 없듯이 고전적인 자유무역도 거의 존재하지 않는다. 대신 세계 경제는 마르크스와 엥겔스가 처음 인식했듯이 대기업이 지배한다. 그런데 이런 집중화 과정은 사악한 자본가들의 음모가 아니라 경쟁의 역설이다. 다시 말해, 경쟁의 원칙은 결국 과점을 부를 수밖에 없다는 것이다. 이유는 분명하다. 모든 기업가는 경쟁에서 살아남으려면 지속적으로 효율성을 높이고 더 많은 상품을 생산해야 하는데, 언젠가 시장이 포화 상태에 이른다면 소수 거대 기업만 살아남을 것이기 때문이다.

그렇다면 권력 문제는 결코 무시할 수 없다. 대기업과 금융 시장이 경제를 지배하는 현실을 인정해야 한다. 이런 현실에서 국가는 시장의 균형을 잡는 데 없어서는 안 될 존재이자, 자본주의의 고장을 단순히 고치는 수리점 이상의 역할을 해야 한다. 국가 없이는 자본주의가 발전할 수 없다. 기업가들에게 새로운 아이디어를 제공하는 것은 무엇보다 국가이기 때문이다.

신고전주의자들은 대개 주요 발명품이 천재들 개개인 덕분이라고 생각한다. 그러나 그렇지 않다. 오늘날 연구는 집단적으로 이루어지고, 국가에서 대부분 자금을 지원한다. 최근에 이탈리아계 미국인 경제학자 마리아나 마추카토는 구글, 스마트폰,

혹은 복잡한 암 치료법 같은 새로운 상품을 만들어낸 기술이 어떻게 발명되었는지를 연구했다. 결과는 다음과 같다. 기술 발명에 필요한 발견은 항상 국립 연구소에서 생겨난다. 민간 기업은 이러한 혁신을 '단지' 시장성 있는 상품으로 조립할 뿐이다. 예를 들어 스티브 잡스는 국가적 지원으로 이루어진 지식을 신제품으로 전환하고 그로써 이윤을 사유화하는 데 특히 천재적인 능력을 보였다.[12]

따라서 신고전주의가 그렇게 고대하던 완벽한 시장은 존재하지 않는다. 그게 낫다. 시장이 항상 옳다면 경제 이론은 불필요할 것이다.

자본주의는 결코 하나로만 해석될 수 없다. 경쟁적인 해석은 늘 존재해왔고, 언제나 존재할 것이다. 그러나 어떤 이론도 자본주의를 대출이 없는 가상의 물물교환 경제로 환원할 만큼 진부해서는 안 된다.

자본주의는 스미스, 마르크스, 케인스도 알고 있었듯이 아주 복잡하고, 중단을 모르는 끝없는 과정이다. 게다가 안정적이지 않고, 늘 호황과 불황 사이를 오간다. 또한 자산은 그 자체로 가만히 멈춰 있을 땐 의미가 없고, 끊임없이 다시 사용될 때만 존속된다. 수입은 그냥 보장되는 것이 아니라 지속적으로 투자가 이루어질 때만 발생한다.

게다가 자본주의는 지극히 역설적이다. 예를 들어 저축은 개인에겐 의미가 있지만, 전체 사회에는 위험할 수 있다. 저축으로 소비가 줄기 때문이다. 기업은 서로 경쟁을 벌이지만, 어느 시점에 이르면 경쟁은 사라지고 오직 대기업만 살아남는다. 그렇다면 자본주의 체제에서는 시장이 존재하기는 하지만 자본주의가 '시장경제' 체제는 아니다. 기계는 보조 수단일 뿐이지만, 이런 기술 혁신은 현실을 규정하고 변화시킨다. 자본주의는 막대한 부를 창출하지만 동시에 빈부격차를 더욱 벌린다. 사회 전체에 풍요가 만연하다가도 한순간에 거대한 궁핍이 찾아올 수 있다. 돈은 '아무것도 없던 상태에서 갑자기' 생기지만, 결코 아무것도 아닌 게 아니라 핵심 권력이다. 왜냐하면 금융 투기는 실물경제를 빨아먹고 짓누르기 때문이다. 자본주의는 국가와 반대되는 것처럼 보이지만 국가 없이는 존재할 수 없다.

자본주의는 인류가 발명한, 정말 유일무이한 역동적 사회 시스템이다. 경제학은 현실을 배제하지 않은 채 자본주의를 연구해야 한다.

추천의 말

이 책은 경제학도는 물론 문외한에게도 오늘날 자본주의 경제가 왜 전망이 어두운지, 기존 경제학이 어떻게 우리의 현실 인식을 왜곡하는지 친절히 설명한다. 삶과 유리된 잘못된 경제학이 생명을 죽인다!

기존 신고전주의 경제학은 수학적 모델이나 '한계생산성', '호모 에코노미쿠스' 등 허구적인 개념을 동원해서, 국가가 개입하지 않는 자유시장과 무한경쟁을 정당화한다. 그러나 이는 현실을 정직하게 해명하기보다 자본의 입장에서 현실 경제를 구축하려는 시도일 뿐! 동시에 이는 국내외 빈부격차, 노동 소외와 실업, 경쟁의 역설, 투기·부채 경제와 금융 위기, 자원 고갈 및 기후 위기 등으로부터 눈을 돌리게 만드는 무책임성마저 드러낸다.

언론인이자 작가인 울리케 헤르만은 오늘날 우리의 뒤틀린 현실을 제대로 알고 극복하기 위해, 주류 경제학이 '유령' 취급해온 스미스, 마르크스, 케인스를 새롭게 읽자고 제안한다. 특히 이 책은 자본주의가 자기 생명을 유지하려고 국가와 시장을 어떻게 활용하는지 설명함으로써 '어떤 자본주의도 답이 아님'을 제시한다.

우리는 이 책을 통해 이 위대한 학자들의 인생과 이론을 그 혁신성과 모순성까지 포함해 보다 세밀히 알 수 있다. 나아가 역동적으로 변신하는 자본주의를 비판적으로 보는 관점은 물론, 대안의 실마리까지 얻을 수 있다. 감히 일독을 권한다.

강수돌
고려대 융합경영학부 명예교수
『자본이 사람을 멈추기 전에, 부디 제발』 저자

주

한국 독자들에게

1 Chang, Ha-Joon, *Bad Samaritans. The Myth of Free Trade and the Secret History of Capitalism*, Bloomsbury, 2008, p. 3ff〔장하준 지음, 이순희 옮김, 『나쁜 사마리아인들』, 부키, 2023〕.

2 https://data.worldbank.org/indicator/NY.GNP.PCAP.PP.CD?year_high_desc=true

3 https://statnano.com/report/s135

4 *Op. cit.*, p. 15.

1. 들어가는 글: 오늘날의 경제 위기

1 Tim Besley, Peter Hennessy, 2009년 7월 22일 여왕에게 보낸 편지 "The Global Financial Crisis – Why didn't Anybody Notice?", British Academy Review, Issue 14, 2009. 11.

2 앙겔라 메르켈, 제5회 린다우 경제학 학회 연설, 2014. 8. 20.

3 Paul Romer, "Mathiness and Academic Identity", 2015. 5. 27. https://paul-romer.net/mathiness-and-academic-identity/

4 이 책의 원제는 필자가 중앙 일간지 《타게스차이퉁Die Tageszeitung》에서 일하던 시절의 동료 기자이자 지금은 고인이 된 크리스티안 젬러에 대한 아릿한 추억이기도 하다. 그가 쓴 기사들 가운데 일부는 2013년 그의 사후에 『어떤 공산주의도 해결책이 아니다Kein Kommunismus ist auch keine Lösung』라는 제목으로 출간되었다.

2. 경제학을 발견한 철학자: 애덤 스미스

1 Owen Jones, *The Establishment: And How They Get Away With It*, Allan Lane, 2014, pp. 22~23.

2 Christopher J. Berry, Maria Pia Paganelli, Craig Smith (Eds.), *The Oxford Handbook of Adam Smith*, Oxford University Press, 2013, p. 15.

3 Moses I. Finlay, The Ancient Economy, Penguin, 2nd edn, 1985, pp. 17~18.

4 케인스 전집은 총 30권이다. 이마저도 자료를 다 담지는 못했다. 전집 발행인 도널드 모그리지의 말에 따르면, 만일 케인스의 편지와 자료를 모두 포함했다면 전집은 총 100여 권에 이르렀을 것이라고 한다(Donald E. Moggridge, *Maynard Keynes: An Economist's Biography*, Routledge, 1992, p. XV). 마르크스-엥겔스 전집은 지금까지도 완결되지 못했다. 2025년에 총 114권의 분량으로 완성될 예정이다. 반면에 스미스의 경우는 그가 쓴 편지 193통과 그가 받은 편지 129통만 전해진다. 이 자료들의 절반 이상이 말년의 기록들이다. 젊은 시절과 글래스고에서 교수로 있던 시절에 대한 기록은 거의 남아 있지 않다.

5 인용문을 포함해 스미스의 삶에 대한 설명은 따로 명기하지 않는 한, 다음 두 전기에서 따왔다. Ian S. Ross, *The Life of Adam Smith*, Oxford University Press, 2nd edn, 2010〔이언 심프슨 로스 지음, 조재희 옮김, 『애덤 스미스 평전』, 글항아리, 2024〕: Nicholas Phillipson, *Adam Smith: An Enlightened Life*, Penguin, 2011〔니콜라스 필립슨 지음, 배지혜 옮김, 『애덤 스미스』, 김광수 감수, 한국경제신문, 2023〕.

6 아버지 애덤 스미스에게는 '알렉산더'라는 이름의 형제가 있었는데, 그는 처음엔 스코틀랜드 세무청장으로 일하다가 1699년부터는 스코틀랜드 우체국장으로 근무했다.

7 잉글랜드 북부의 노동자들은 연간 30파운드를 벌었는데, 이는 스코틀랜드 임금과 대략 비슷한 수준이었다고 한다. 런던 노동자들은 거의 60파운드를 벌었지만, 물가가 다른 곳보다 비싸다는 점을 감안해야 한다(Robert C. Allen, *The British Industrial Revolution in Global Perspective*, Cambridge University Press, 2009, p. 43 참조). 영국 국립 보존 기록관The National Archives(https://www.nationalarchives.

gov.uk/currency/)의 환산표에 따르면 당시 300파운드는 오늘날의 구매력으로 약 2만 5000파운드(약 4357만 원)에 해당한다. 그러나 이 수치는 오해의 소지가 있다. 사회 전체적인 부의 증가를 반영하지 못하고 있기 때문이다. 1720년에는 누구도 오늘날의 가치로 환산해서 2만 5000파운드에 해당하는 돈을 벌지 못했다. 오늘날의 영국인 평균 임금보다 훨씬 적은 액수다.

8 책도 유산 목록에 제목까지 정확히 기록되어 있는데, 당시 스미스 아버지가 남긴 책은 약 80권에 이르렀다. 눈에 띄는 점은, 스미스의 아버지가 법률가였음에도 법률서는 거의 없었다는 사실이다. 대신 종교 관련 논문 32권, 문학 서적 24권, 역사 관련 서적 10권이 있었다. 당시의 교양 있는 계층은 조너선 스위프트와 알렉산더 포프의 책을 특히 즐겨 읽었는데, 스미스 아버지의 서재에는 그런 베스트셀러가 없었다.

9 Dugald Stewart, *Account of the Life and Writings of Adam Smith LL.D.*, 1793(https://socserv2.socsci.mcmaster.ca/econ/ugcm/3ll3/smith/dugald). 스튜어트(1753~1828)는 스코틀랜드의 주요 철학자이자 수학자로서 에든버러대학에서 학생들을 가르쳤고, 스미스와 친분이 두터웠다. 스미스가 죽자, 에든버러 왕립학회는 스튜어트에게 그의 전기를 쓰게 했다. 그런데 스미스가 생전에 자신의 모든 개인 자료를 파기했기에 스튜어트는 아직 살아 있는 그의 동료와 친구들에게 최대한 협조를 구했다. 스튜어트의 전기는 스미스의 생에 대한 가장 중요한 자료 중 하나이다.

10 *Ibid.*

11 우리가 커콜디의 소금 공장에 대한 정보를 잘 알고 있는 것은 스웨덴 정보원 헨리크 칼메테르가 1719, 1720년에 스웨덴 정부의 명령으로 영국 각지를 돌아다니며 산업 시설을 염탐한 덕분이기도 하다. 산업 스파이는 현대의 새로운 발명품이 아니다(Ian S. Ross, *The Life of Adam Smith*, p. 9).

12 데이비드 흄이 글래스고대학의 철학 교수가 되는 것을 막은 것도 아가일 공작이었다. 흄이 무신론자였기 때문이다(*Ibid.*, pp. 112~113)

13 1742년부터는 상황이 좀 나아졌다. 스미스가 8파운드 5실링 상당의 워너 장학금도 받았기 때문이다.

14 교수들의 독신 생활만 허용하던 옥스퍼드대학은 여성의 입학을 허가하지 않았다. 1920년에 최초로 여학생들이 입학하기는 했지만, 성별 분리는 계속 엄격하게 유지되어 여성들은 별도의 칼리지에 다녀야 했다. 진정한 남녀 공학은 1974년에야 이루어졌다.

15 흄은 죽기 직전에 재미있고 자조적인 짧은 자서전을 썼다. David Hume, *My Own Life*, 1776. http://socserv2.socsci.mcmaster.ca/econ/ugcm/3ll3/hume/humelife

16 에든버러를 중심으로 사용되던 스코틀랜드식 영어는 영국인들에게 퍽 낯설었다. 마치 거의 다른 언어 같았다. 1876년 『국부론』 출간 100주년을 기념하기 위해 영국의 경제 저널리스트 월터 배젓은 스미스의 짧은 전기를 썼는데, 여기서 그는 스미스의 영어가 우아하지는 않았지만 어쨌든 올바르기는 했다고 호의적으로 평가했다. 반면에 흄은 모든 관용적 표현을 "항상 틀리게" 사용했다고 한다. "따라서 그가 쓴 최고의 구절 중 많은 부분이 이상하게 어색하고 혼란스럽다. 영국인이 말하는 것과 매우 비슷한 느낌이 들지만, 영국인은 어쨌든 결코 그렇게 말하지 않는다." 배젓은 이러한 당혹스러운 언어적 차이를, 흄이 영국에서 공부한 적이 없고 에든버러에서만 학교를 다녔다는 사실로 설명했다(Walter Bagehot, "Adam Smith as a Person", 1876, *The Works of Walter Bagehot*, Volume III, Hartford, 1891, pp. 296~297).

17 거울 뉴런은 우리 뇌의 공명 시스템이다. 이 신경 세포들은 누군가 어떤 행위를 관찰하기만 해도 바로 신호를 보내, 마치 눈에 보이는 것을 자신이 경험하는 것처럼 반응하게 한다. 이 거울 뉴런 덕분에 우리는 공감 능력을 가진다.

18 스미스의 친구 알렉산더 칼라일은 자신의 자서전에서 이렇게 썼다. "사람들과 같이 있을 때 스미스는 줄곧 입술을 달싹거리며 혼잣말을 중얼거렸다. 내가 본 사람들 중에서 가장 산만했다. 그런 그를 자기만의 공상에서 깨워 대화에 동참시키면 그때부터는 폭포수처럼 말을 쏟아냈는데, 자신이 알고 있는 것을 최고의 철학적 통찰력으로 모두 쏟아낼 때까지 말은 그치지 않았다."(Ian S. Ross, *The Life of Adam Smith*, p. 143)

19 블랙은 나중에 스미스의 유언 집행자 두 명 중 한 명이었다.

20   스미스가 『국부론』을 정확히 언제 쓰기 시작했는지는 불분명하지만, 그와 관련된 사유의 많은 부분이 글래스고 시절에 형성된 것은 분명해 보인다.

21   스미스와 그의 제자는 파리로 가는 길에 제네바에 들렀다. 당시 이 도시는 자치 공화국이었는데, 스미스가 지금껏 본 적이 없는 정부 형태였다. 게다가 그 김에 자신이 무척 우러러보고 심지어 집에 흉상까지 갖고 있는 철학자 볼테르를 만날 기회도 생겼다. 그러나 이 두 경험에서 그가 얻은 것은 별로 없어 보인다. 제네바든 볼테르든 『국부론』 어디에도 등장하지 않기 때문이다.

22   역사적·정치적 맥락에 대한 탁월한 감각을 갖고 있던 스미스는 중농주의의 출현이 프랑스의 특수 상황에 기인했다고 보았다. 다른 모든 유럽 궁정들과 마찬가지로 파리에서도 경제 정책의 핵심은 중상주의 이념이었다. 그러니까 수출과 공장제 수공업을 촉진하고, 수입을 억제하고, 농업을 비본질적인 것으로 여긴 것이다. 그런데 농업은 특히 프랑스에서 어려움을 겪고 있었다. 국내 시장이 없는 데다 각 지방의 경계를 넘어 곡물을 판매하는 것이 불가능했기 때문이다. 따라서 스미스는 중농주의를, 농업을 복권시키고 행정적 족쇄에서 해방하려는 프랑스의 전형적인 시도로 해석했다. 그러면서 중농주의자들이 이 일에 성공했다고 호의적으로 평가하기도 했다. 게다가 근본적인 차이에도 불구하고 스미스와 중농주의자들 사이에는 공통점이 있었다. 스미스와 마찬가지로 그들 역시 금화가 국부의 토대가 아니라 지불 수단일 뿐이라고 생각했다. 또한 케네와 스미스는 최대한 무제한적인 자유무역에 찬성했다. 다음 장 참조.

23   Vera Linß, *Die wichtigsten Wirtschaftsdenker*, Marix, 2014, p. 26 참조.

24   여기에 버클루 공작이 여행에 동행해준 것에 대한 사례로 지급하는 300파운드의 돈이 추가되었다. 스미스는 이 돈을 사양했지만, 공작이 극구 밀어붙였다. 자기 주머니의 돈을 아끼려고 스미스를 세관 감독관으로 만들었다는 인상을 주고 싶지 않았던 것이다.

25   스미스와 마찬가지로 로버트 애덤도 커콜디 출신이었다. 나이는 스미스보다 다섯 살 아래였다. 그의 무덤은 지금도 에든버러의 캐넌게이트 공동묘지에 가면 볼 수 있다.

26   스미스 전기 작가들에게는 다행스럽게도, 스미스의 모습을 담은 작은 유리

메달이 전해진다. 보석상 제임스 태지가 1787년에 제작한, 높이 7.3센티미터의 메달이다. 스튜어트는 이것이 스미스의 옆모습을 "정확히 표현하고" 있다고 말한다.

3. 제빵사의 이기심에서 자유무역의 원리로: 『국부론』(1776)

1 『국부론』에서 인용한 부분은 별도로 표기하지 않았다. 인용문은 모두 필자가 직접 영어 원본을 번역한 것들이다.

2 Tony Aspromourgos, "Adam Smith on Labour and Capital", Christopher J. Berry et al. (Eds.), *The Oxford Handbook of Adam Smith*, pp. 267~289. 여기서는 p. 267.

3 원래 제목은 '국부의 본질과 원인에 관한 연구'로 더 길다. 하지만 스미스의 묘비에서 알 수 있듯이 생전에 이미 '국부론'이라는 약칭이 통용되었다.

4 중상주의자들은 스스로를 '중상주의자'라고 부르지 않았다. 이것은 그들을 비판하는 사람들이 사용한 명칭이다. 중상주의자 미라보 후작은 1763년에 처음으로 "상업적인 시스템"을 언급했고, 애덤 스미스는 이 표현을 『국부론』에 받아들였다.

5 T. C. Smout, "Where had the Scottish Economy got to by the third quarter of the eighteenth century?", Istvan Hont, Michael Ignatieff (Eds.), *Wealth and Virtue*, Cambridge University Press, 1983, pp. 45~72. 특히 p. 49 참조.

6 *Ibid.*, p. 65.

7 *Ibid.*, p. 62. 스코틀랜드 경제에 대한 통계는 무척 이른 시기부터 작성되었는데, 이는 정치인이자 농업 저술가인 울브스터의 존 싱클레어 덕분이었다. 그는 1790년 스코틀랜드 교구 사제들 900명에게 주로 지리, 인구, 농업 생산, 산업 생산과 관련된 질문 160개를 담은 설문지를 보냈다. 독일 설문 조사를 참조한 싱클레어 경은 '통계'라는 단어를 영국에 처음 도입한 인물이었다.

8 *Ibid.*, p. 63.

9 Kathryn Sutherland, "Notes", Adam Smith, *Wealth of Nations*, Oxford University Press, 2008, p. 467. 핀은 주로 영국 글로스터에서 생산되었다. 1802년 이곳에는 노동자 1500명을 고용한 아홉 곳의 핀 공장이 있었다. 주민이 7600명에

불과한 이 도시에서 핀 공장은 가장 중요한 생산 부문이었다. 그런데 스미스가 런던과 에든버러를 오가는 경로에 있는 게 아니라 웨일스 국경과 가까운 곳에 있던 글로스터에 직접 갔을 가능성은 지극히 낮아 보인다.

10 특히, Karl Marx, *Das Kapital*, MEW, Band 23, p. 375, 각주 2 참조. 여기서 마르크스는 스미스가 한 구절을 풍자 작가 버나드 맨더빌의 작품에서 "상당히 그대로" 베꼈음을 증명했다.

11 Kathryn Sutherland, "Introduction", Adam Smith, *Wealth of Nations*, p. XXIII.

12 Ulrich Fellmeth, *Pecunia non olet: Die Wirtschaft der antiken Welt*, Wissenschaftliche Buchgesellschaft, 2008, p. 129.

13 Dugald Stewart, *Account of the Life and Writings of Adam Smith LL.D.*

14 스미스의 주장처럼 상업이 실제로 인간의 '자연스러운' 특성인지는 사회학자들과 역사학자들 사이에서 오랜 논쟁거리였다. 예를 들어 칼 폴라니는 시장이 항상 국가 개입을 통해 생겨났다는 점을 보여주려고 했다.

15 오늘날 스미스에 대한 간략한 설명을 보면 제빵사와 양조업자에 대한 스미스의 언급을 곧장 '보이지 않는 손'과 연결하는 경향을 보인다. 하지만 사실 '보이지 않는 손'은 훨씬 나중에 다른 맥락, 즉 장거리 상업에서 처음 등장한다. 시장과 보이지 않는 손의 이러한 연결은 1946년에 폴란드 경제학자 오스카 랑게가 처음 시도한 것으로 보인다(Ian S. Ross, *The Life of Adam Smith*, p. XXVI).

16 *Ibid.*, p. 439.

17 스미스만 의도하지 않은 결과에 관심을 가진 것은 아니었다. 당시의 많은 스코틀랜드 계몽 사상가는 다른 분과에서도 나타나는 이 현상에 주목했다. 예를 들어 스코틀랜드의 역사가 애덤 퍼거슨은 이렇게 말했다. "역사는 인간 행위의 결과이지 인간 계획의 산물이 아니다." Heinz D. Kurz, Richard Sturn, *Adam Smith für jedermann: Pionier der modernen Ökonomie*, Frankfurter Allgemeine Buch, 2013, p. 120.

18 『꿀벌의 우화』는 맨더빌이 계속 덧붙이고 덧붙여서 나온 결과물이다. 처음에 출간된 것은 풍자시집 『불평하는 벌집: 또는, 정직해진 건달들 The Grumbling Hive: or,

Knaves turn'd Honest』(1705)이었다. 이 시구들은 1714년, 1723년, 1729년에 차례로 산문으로 확장되었다. 그러다 마지막에 933쪽의 작품이 완성되었는데, 그중 원래의 풍자시는 24쪽밖에 되지 않았다. 케인스는 맨더빌을 자신의 수요 이론의 선구자로 격상시키면서 『꿀벌의 우화』를 상세히 인용했다(John Maynard Keynes, *The General Theory of Employment, Interest and Money*, 1936, chapter 23, VII).

19 물-다이아몬드 역설은 스미스의 발명품이 아니라 1672년 독일 철학자 자무엘 폰 푸펜도르프가 처음 제기한 것이다(Kathryn Sutherland, "Notes", Adam Smith, *Wealth of Nations*, p. 474).

20 노동 가치론 역시 스미스 혼자 개발한 것이 아니었다. 그 발단은 아리스토텔레스를 비롯해 영국 철학자 존 로크, 버나드 맨더빌, 데이비드 흄에게서도 이미 나타난다(Kathryn Sutherland, "Notes", Adam Smith, *Wealth of Nations*, p. 474).

21 H.-C. Kraus, *Englische Verfassung*, pp. 46~47.

22 Nerio Naldi, "Adam Smith on Value and Prices", Christopher J. Berry et al. (Eds.), *The Oxford Handbook of Adam Smith*, pp. 290~307 참조.

23 Ronald. L, Meek, *Precursors of Adam Smith*, p. VIII 참조.

24 스미스가 살던 시대에 임금을 비용이 아니라 수요라고 생각한 것은 이례적인 일이었다. 그럼에도 임금 상승을 성장 동력으로 본 것은 그가 최초는 아니었다. 대니얼 디포는 1726년에 이미 자신의 책 『완전한 영국 상인The Complete English Tradesman』에서 대중의 구매력 증가가 소비를 일으킨다고 설명했다. Kathryn Sutherland, "Notes", Adam Smith, *Wealth of Nations*, p. 481 참조.

25 스미스는 임대료와 임금, 이윤에도 세금을 부과해야 한다고 생각했다. 다시 말해 모든 소득에 세금을 매겨야 한다는 것이다. 당시에는 아직 그런 소득세가 없었다. 대신 토지세가 있었지만, 낡고 신뢰할 수 없는 토지대장을 기반으로 했기에 별무신통이었다. 따라서 당시 국가의 주요 수입원은 간접세였다. 구체적으로는 '악치즈Akzise'라는 이름의 소비세와 수입 관세였다. 그런데 이 소비세는 특히 하층민들에게 과도한 부담을 안겨주었다. 그들은 부자와는 달리 저축할 여력이 없어 돈이 들어오는 족족 소비했기 때문이다(Eckart Schremmer, *Steuern und Staatsfinanzen während der Industrialisierung Europas*, pp. 8~10 참조). 소득세는 나폴

레옹전쟁의 경비를 조달할 목적으로 1798년에 일시적으로 도입되었다. 그러나 이 새로운 세금은 반발이 너무 심해 나폴레옹이 워털루에서 패배하자마자 1816년에 즉각 폐지되었다. 소득세가 정부 수입의 영구적인 원천이 된 것은 1842년에 이르러서였다.

26 스미스는 이 아이디어도, 분업의 부정적인 결과를 이미 지적한 바 있는 아담 퍼거슨에게서 가져왔다. 그러나 이번에도 평소 그의 스타일대로 각주를 생략했고, 마르크스는 이를 놓치지 않았다. Karl Marx, *Das Kapital*, MEW, Band 23, pp. 383~384, 각주 70 참조.

27 영국과 포르투갈은 이미 1703년에 '메투엔 조약'이라는 무역협정에 서명했다. 영국이 특혜 관세로 직물을 포르투갈에 수출하고, 포르투갈은 거꾸로 와인을 영국에 수출하는 식이었다. 이 무역협정은 언뜻 보기엔 상호 호혜적으로 보이지만, 포르투갈이 훨씬 불리했다. 영국의 값싼 직물이 포르투갈의 섬유 산업을 파괴했기 때문이다. 하지만 포르투갈로서는 다른 선택의 여지가 없었다. 스페인으로부터 자신을 지키려면 영국의 해군력에 의존할 수밖에 없었다.

28 흄도 이미 프랑스와의 무역 전쟁이 터무니없는 짓이라고 한탄했다. "우리는 이제 우리의 양모 제품을 판매할 프랑스 시장을 잃었고, 대신 낮은 품질에 가격만 비싼 스페인과 포르투갈산 와인을 수입하고 있다."(David Hume, "Of the Balance of Trade", *Essays*, p. 315)

29 흄은 1758년에 이미 징벌적 관세로 이웃 국가를 경제적으로 파멸시키는 것은 정말 안타까운 일이라고 썼다. 7년전쟁 중에 그는 군사적 적을 무역의 적으로 취급하지 말라고 경고했다. "만일 우리의 편협하고 악의적인 정책이 성공을 거둔다면 우리는 모든 이웃 국가를 모로코를 비롯한 바르바리 해안 국가들에서 만연한 타성과 무지의 상태로 되돌려놓을 것이다. 그리 되면 어떤 결과가 생길까? 그들은 우리에게 물건을 보내지 못할 뿐 아니라 우리에게서 어떤 물건도 가져가지 못할 것이다. … 우리 스스로도 얼마 안 가 우리가 그들을 몰아넣은 것과 같은 비참한 상황에 빠질 것이다. 그러므로 나는 인간으로서뿐 아니라 영국 시민으로서 독일과 스페인, 이탈리아, 심지어 프랑스와도 무역이 활성화되기를 기도한다고 감히 고백한다."(David Hume, "Of the Balance of Power", *Essays*, p. 333)

30   흄은 그전에 자유무역이 왜 위험하지 않는지에 대해 다른 논거를 대며 설명한다. 원칙적으로 모든 국가의 대외무역수지는 자동으로 균형을 찾아가는 경향을 보인다. 만일 한 국가가 수입보다 수출을 지속적으로 더 많이 하면 돈이 그 나라로 유입된다. 그러면 화폐량의 증가로 물가는 상승한다. 수출국은 물가 상승으로 경쟁력을 잃게 되고, 그로써 상품을 수입하는 편이 더 매력적으로 느껴진다. 그러면 수출 흑자는 사라지고 새로운 균형이 생겨난다. 노벨경제학상 수상자 폴 크루그먼은 흄의 이론을 "현대적 경제 사상의 첫 번째 예"라고 불렀다(Paul Krugman, "Hume Day", 크루그먼의 뉴욕타임스 온라인 블로그 "어느 자유주의자의 양심" 중에서, 2011. 5. 8. https://archive.nytimes.com/krugman.blogs.nytimes.com/2011/05/08/hume-day/). 스미스도 이 이론을 알고 있었지만 『국부론』에서는 언급하지 않았다.

31   스미스가 1763년 4월 노동 분업에는 큰 시장이 꼭 필요하다는 테제를 처음 주창했다는 사실은 글래스고 시절의 두 강의 노트 덕분에 밝혀졌다. (Nicholas Phillipson, *Adam Smith*, p. 178).

32   18세기에 아프리카는 특별한 지위를 갖고 있었다. 영국은 아직 거기서 전능한 식민 지배자가 아니었다. 아프리카 해안은 파도가 거칠고 곳곳에 모래톱이 도사리고 있어서 침공에 적합하지 않았다. 따라서 유럽인들은 대부분 먼 바다에 닻을 내리고 현지 어부들의 안내로 해변에 당도했다. 노예무역은 토착 지배자들이 기꺼이 협력했기에 가능했다. 그들은 내륙으로 인간 사냥을 나가 전리품을 유럽인들에게 넘겨주는 대신 천과 보석, 그리고 무엇보다 무기를 받았다. 서아프리카의 토착 통치자들은 노예무역으로 무장이 가능했기에 처음에는 그들의 영토를 정복하는 것은 생각할 수도 없었다. 영국이 1808년부터 노예무역을 금지하고 아프리카에 무기 공급을 중단하자 그제야 토착 지배자들의 군사력은 약해졌다(John Darwin, *Unfinished Empire*, pp. 43~44). 이후 19세기 말부터 아프리카 식민지 쟁탈전이 시작되었고, 1884년 베를린 회의에서 유럽 열강은 아프리카를 나누어 가졌다.

33   18세기에 인도는 영국의 공식 식민지가 아니라 민간 주식회사인 영국 동인도회사의 통제를 받았다. 이 회사는 1757년 플라시 전투에서 벵골 통치자들을 실

질적으로 무력화했고, 이후 토착 지배자들은 영국인들의 꼭두각시로 전락했다. 인도에서 동인도회사는 세금을 부과하고 자체 국가를 보유할 수 있었다는 점에서 국가 안의 또 다른 국가였다. 인도는 1857년에야 온 나라가 영국 의회의 통제 아래 들어가고 빅토리아 여왕을 수반으로 받들면서 진정한 식민지가 되었다.

34　Irfan Habib, *Indian Economy*, p. 31.

35　John Darwin, *Unfinished Empire*, p. 77.

36　Kathryn Sutherland, "Notes", Adam Smith, *Wealth of Nations*, p. 558. 영국인들은 자신의 제국이 점점 커질수록 자연스럽게 고대의 가장 강력한 제국인 로마와 비교하게 되었다. 그러나 이러한 유사성은 많은 영국인을 불안에 빠뜨리기도 했다. 스미스의 『국부론』과 같은 시기에 에드워드 기번의 획기적인 작품 『로마 제국 쇠망사』 제1권이 1776년에 출판되었는데, 이 책에서 저자는 로마 제국이 "과도한 확장"으로 결국 몰락했다고 확신하고 있었다. 그렇다면 영국도 이제 그 실수를 반복하는 것처럼 보였다(John Darwin, *Unfinished Empire*, pp. 272~273). 스미스와 기번은 서로 잘 아는 사이였고, 런던에서 같은 클럽을 자주 드나들었다.

37　그렇다고 스미스는 정착형 식민지의 완전한 독립을 무조건 찬성하지는 않았다. 오히려 대서양 양안의 영국 시민들이 하나의 공통 국가 안에서 동일한 권리를 가지는 연방제를 훨씬 더 선호했다.

38　이 논쟁과 관련해서 가장 최신 견해는 독일계 미국인 역사가 스벤 베커트가 내놓았다. 그는 『면화의 제국Empire of Cotton. A Global History』(2014)에서 아프리카, 카리브해, 유럽 사이의 삼각무역으로 이루어져 있고 노예제도 당연히 그 일부에 속하는 '전쟁 자본주의'가 있었기에 산업 자본주의가 등장할 수 있었다고 주장한다[스벤 베커트 지음, 김지혜 옮김, 『면화의 제국』, 휴머니스트, 2018].

39　7년전쟁(1756~1763) 중에 네덜란드인들은 돈을 안전하게 지키려고 영국에 막대한 돈을 투자했다. 영국의 승리에 돈을 건 도박이었다. 많은 네덜란드 중개회사는 현지에서 이 투자금을 관리하기 위해 런던으로 직원들을 파견했다. 그중에 아브라함 리카도가 있었다. Arnold Heertje, "Jewish Bankground", Heinz D. Kurz, Neri Salvadori (Eds.), *The Elgar Companion to David Ricardo*, Edward Elgar Publishing Ltd, 2017, pp. 216~224 참조.

40　19세기 초에는 백만 파운드 이상의 돈을 가진 사람이 179명, 50만 파운드 이상을 가진 사람이 338명이었다(John E. King, *David Ricardo*, p. 16). 오늘날의 구매력으로 환산하면 리카도는 3억 5000만에서 4억 파운드 사이의 돈을 갖고 있었다(*Ibid.*, p. 6). 그에 비하면 리카도 아버지의 유산은 얼마 되지 않았다. 아브라함은 1812년에 죽었는데, 대략 4만 5000파운드를 남겼다(Arnold Heertje, "Jewish Bankground", Heinz D. Kurz, Neri Salvadori (Eds.), *The Elgar Companion to David Ricardo*, p. 219). 오늘날의 기준으로 약 2300만 파운드에 해당한다(John E. King, *David Ricardo*, p. 3).

41　데이비드 리카도는 등록 유권자가 12명밖에 안 되는 아일랜드 포탈링턴의 의원이 되었다. 그런데 여기 유권자들은 누구에게 투표하고 싶은지 스스로 결정할 수 없었고, 지주인 포탈링턴 경의 명령에 따라야 했다. 포탈링턴 경은 의원직의 대가로 리카도에게서 4000파운드를 일시불로 받았고, 거기다 연리 6퍼센트 조건으로 2만 5000파운드를 더 빌렸다. (Murray Milgate, "Member of Parliament", Heinz D. Kurz, Neri Salvadori (Eds.), *The Elgar Companion to Ricardo*, pp. 322~331 참조.) 1688년의 '명예혁명'에도 불구하고 대영제국은 여전히 진정한 민주주의와는 거리가 멀었다. 1867년 선거 개혁이 이루어져서야 마침내 의회 의석의 실질적인 사적 소유가 폐지되었다. 리카도에게는 아들 셋과 딸 다섯이 있었는데, 두 아들 역시 의회 의원이 되었다.

42　리카도는 11세 때 네덜란드어, 프랑스어, 스페인어를 배우기 위해 2년 동안 암스테르담의 친척집에 보내졌다. 그러나 향수병이 너무 심해, 그 자신의 표현에 따르면 "어쩔 수 없이 배워야 하는 네덜란드어 외에는 아무것도" 받아들이지 않았다고 한다. Arnold Heertje, "Life and Activities", Heinz D. Kurz, Neri Salvadori (Eds.), *The Elgar Companion to Ricardo*, pp. 264~272 참조.

43　리카도가 주고받은 편지는 온전히 잘 보존되어 있다. 총 555통의 편지가 전해지는데, 그중 259통은 리카도가 쓴 것이고, 296통은 그가 받은 것이다. 가장 빈번하게 서신을 주고받은 사람을 순서대로 나열하면 다음과 같다. 경제학자 토마스 맬서스(167통)과 제임스 밀(107통), 리카도의 증권거래소 친구 허치스 트라워(99통), 훗날 그의 전기를 쓸 J. R. 맥컬로치(76통), 프랑스 경제학자 J. B. 세(17통).

John E. King, *David Ricardo*, pp. 53~54 참조.

44 리카도와 밀 사이의 편지 내용은 모두 다음 글에서 따왔다. Piero Sraffa, "Introduction to Ricardo's Principles", Piero Sraffa (Ed.), *The Works and Correspondence*, Cambridge University Press, 1981, pp. XIII~LXV.

45 Op. cit., p. XXII, 주석 3. 책의 구성에 대한 또 다른 제안은 다음 책 참조. John E. King, *David Ricardo*, p. 55. 리카도도 정확히 알고 있었듯이, 이 책은 전체 구성만 혼란스러운 것이 아니라 개별 장도 뒤죽박죽이었다. 그 때문에 그는 1821년 제3판에서 "가치"에 대한 첫 절을 대폭 재정비했다. 그런데 제3판 서문에서 1장에 "몇 가지 보완만" 했을 뿐이라고 주장했지만, 스라파가 증명했듯이 그렇지 않았다. 단락 전체가 앞에서 뒤로 이동하거나, 아니면 뒤에서 앞으로 이동했다. (Piero Sraffa, "Introduction to Ricardo's Principles", Piero Sraffa (Ed.), *The Works and Correspondence*, p. XXXVII ff.)

46 David Ricardo, *The Principles of Political Economy and Taxation*, 1821 (Dent, 1911), p. 1. 달리 명기되지 않는 한, 다른 모든 인용문도 이 책에서 따왔고 필자가 직접 번역했다.

47 Paul Krugman, "Economists and Inequality", 《뉴욕타임스The New York Times》, 2016. 1. 8.

48 Robert C. Allen, *The British Industrial Revolution in Global Perspective*, Cambridge University Press, 2009, p. 39.

49 리카도가 정확히 무엇을 예측하고 있는지 다소 혼란스럽다. 어떤 때는 "일반적인 이윤율의 하락"에 대해 말하다가 어떤 때는 "이윤의 자연스러운 하락 경향"에 대해 말한다.

50 리카도는 1819년까지 부동산에 약 27만 5000파운드를 투자했고, 추가로 토지 소유자에게 담보로 20만파운드를 빌려주었다. 프랑스 채권에는 14만파운드를 넣어두었다. 그의 연간 이자 및 임대 수입은 약 2만 8000파운드였다. 오늘날 기준으로 약 1500만 파운드(약 262억 원)에 해당하는 거금이다. (John E. King, *David Ricardo*, pp. 6~7.)

51 *Op. cit.*, pp. 108~110. 리카도는 자신의 현재에서 미래를 추론하는 전형적

인 오류를 범했다. 그의 생애 동안 인구는 농업 생산량보다 정말 빠르게 증가했기 때문이다. 실질 임금도 1760년부터 1820년까지 단 4퍼센트만 증가했다. (*Op. cit.*, pp. 15~16)

52 *Op. cit.*, pp. 82~84.

4. 한 공산주의자가 자본주의를 분석하다: 카를 마르크스

1 마르크스의 아버지가 보낸 편지들은 마르크스-엥겔스 전집, III부(서신 교환) 289쪽 이하에 나온다.

2 별도의 언급이 없는 한, 마르크스의 생애는 다음 책에서 따왔다. Jonathan Sperber, *Karl Marx: A Nineteenth-Century Life*, Liveright, 2013. 제목에서 알 수 있듯이 스퍼버는 19세기의 맥락에서 마르크스와 그의 이론을 해석한다. 이러한 접근 방식은 마르크스의 생애에 대한 세부적인 내용을 알고 있는 한 무척 생산적이지만, 우리가 그의 사상을 완전히 과거의 것으로 돌리고 프랑스혁명과 헤겔 철학, 초기 영국 산업화의 결과로만 파악한다면 마르크스의 이론이 왜 오늘날까지도 계속 매력적인지를 설명하지 못한다(Sperber, p. XIII). 독일 역사가 게르트 코에넨의 올바른 지적처럼 "그(스퍼버)는 이 정신적 혼합의 '혁명성'이나 충격적인 면이 무엇인지를 놓치고 있다(《프랑크푸르터 알게마이네 차이퉁Frankfurter Allgemeine Zeitung》, 2013. 5. 26.).

3 마르크스의 부계 쪽 선조는 17세기에 이미 트리어의 랍비 가문이었다. 그의 증조부, 조부, 백부가 모두 랍비였다. 트리어의 유대인 공동묘지는 국가사회주의의 참혹한 난도질에서도 용케 살아남아 마르크스 가족의 묘비 네 개는 여전히 남아 있다. 그중에서 중요한 건 조부 모르데하이 할레비 벤 슈무엘 포스텔베르크(1804년 사망)와 증조부 아브라함 모세 벤 헤셸 르보르(1788년 사망)의 묘비다. 마르크스의 조모와 대고모의 묘비도 보존되어 있다. 조부 모르데하이 할레비는 마르크스 레비라고도 불렸다. 따라서 그의 가족은 1808년 프랑스가 앞으로는 유대인도 모두 고정된 성을 가져야 한다고 지시했을 때 '마르크스'를 가문의 성으로 결정했다. 그전까지는 아들이 아버지의 이름을 성으로 삼는 것이 관례였다.

4   트리어의 프로테스탄트 공동체는 1817년 이 도시에 대한 프로이센의 병합 과 함께 많은 프로테스탄트가 이주해 들어오면서 생겨났다(Angelika Limmroth, *Jenny Marx. Die Biographie*, Dietz Verlag Berlin, 2018, p. 46).

5   어머니의 여동생 조피는 사업가 리온 필립스와 결혼했는데, 1838년 하인리히 마르크스가 사망하자 그가 처형 헨리에테의 재산을 관리했다. 훗날 조피와 리온 필립스의 손자는 같은 이름의 전기 회사를 차렸다.

6   Klaus Körner, *Karl Marx*, dtv Verlagsgesellschaft mbH, 2008, p. 17. 이 집의 현주소는 지메온가세 8번지이다. 가족은 카를 마르크스가 생후 15개월일 때 이 집 으로 이사했다. 브뤼켄슈트라세 10번지에 있는 그의 생가는 1928년 독일 사회민 주당이 구입해서 역사박물관 '카를-마르크스-하우스'로 꾸몄다.

7   이 목록은 하인리히 마르크스가 사망한 1838년에 작성되었는데, 거기엔 상속 재산이 상세히 기재되어 있다.

8   사실 '팔라티아 군단'이라는 이름은 1838년에야 만들어졌다. 마르크스의 학 창 시절에는 그냥 '트리어 저녁 모임'이라고 불렸다. 일부 전기에서는 마르크스 가 심지어 이 모임을 이끌었다고 주장하지만, 그에 대한 증거는 어디에도 없다. 남 아 있는 것이라고는 1836년에 트리어 출신 학생들의 모습을 담은 석판화 한 점뿐 이다. 다비트 레비 엘칸이 제작한 이 석판화에서 마르크스는 뒷줄 오른쪽에서 여 섯 번째 학생으로 추정된다. 그러나 이 석판화에는 이름이 적혀 있지 않아 그마저 도 불명확하고, 이름은 1890년에야 추가로 기재되었다. 그러나 이런 불확실성은 쉽게 무시된다. 마르크스의 젊은 시절 사진은 남아 있는 것이 없고, 또 "오른쪽에 서 여섯 번째" 청년이 그와 유사해 보인다는 이유만으로 이 석판화는 사진을 첨부 한 마르크스 전기라면 어디든 빠지지 않고 등장한다. Ingrid Bodsch, "Karl Marx und Bonn", 1835/1836 및 1841/1842, Ingrid Bodsch (Ed.), *Dr. Karl Marx*, Verlag Stadtmuseum, pp. 9~27, 여기서는 특히 pp. 18~20 참조.

9   Manfred Kliem, *Karl Marx und die Berliner Universität 1836 bis 1841*, Beiträge zur Geschichte der Humboldt-Universität zu Berlin, 1988, p. 27.

10   마르크스가 수강한 강의 중에는 하나만 알려져 있다. 그는 매주 화요일 오후 6시부터 7시까지 학생들 68명과 함께 늙은 아우구스트 빌헬름 슐레겔의 강의실에

앉아 『프로페르티우스 비가 선집』을 공부했다고 한다. 나중에 시인이 될 에마누엘 가이벨도 이 강의를 들었는데, 어머니에게 보낸 편지에서 슐레겔에 대해 이렇게 썼다. "물론 그의 허영기는 거의 모든 강좌에 나타납니다. 하지만 늙은 남자의 그런 허영기는 참을 수밖에 다른 도리가 없습니다. 웅변가인 키케로조차 노인이 되었을 때는 자신의 명성을 떠벌리는 것을 멈추지 못했으니까요." (Ingrid Bodsch, "Karl Marx und Bonn", 1835/1836 and 1841/1842, Ingrid Bodsch (Ed.), Dr. Karl Marx, pp. 9~27, 여기서는 특히 pp. 16~18.)

11   예니의 조모 제인 위샤트 피타로는 앤 캠벨의 딸이었고, 앤은 다시 존 캠벨 오차드의 외동딸이었다. 따라서 예니는 애덤 스미스와도 깊은 관련이 있는 막강한 아가일 공작의 먼 친척이었다.

12   예니는 이름만 '귀족'이었음에도 불구하고 '남작의 딸'이라는 칭호를 사용했고, 런던에서는 그에 상응하는 명함을 찍기도 했다. 그로써 그녀는 신분 상승을 꾀했다. 독일과는 달리 영국에서는 남작도 어쨌든 서열이 낮기는 하지만 귀족에 속했기 때문이다.

13   Angelika Limmroth, *Jenny Marx. Die Biographie*, 2018, p. 51. 예니가 그전에 다른 남자와 약혼한 사실도 트리어에서는 비밀이 아니었다. 그녀는 1831년 17세의 나이로 28세의 카를 폰 파네비츠 중위와 약혼했다가 반년 뒤 파혼했다.

14   1836년 베를린대학에는 학생 1696명이 있었는데, 그중 511명은 법학부에, 322명은 철학부에 등록했다. 게다가 전임 교수는 88명이었고, 강사는 37명, 어학 및 기예 강사는 7명이었다. 법학부는 정교수가 8명뿐이었지만 철학부는 무려 21명이나 되었다.(Manfred Kliem, *Karl Marx*, pp. 18~19)

15   Kurt Adamy et al. (Eds.), *Brandenburgische Geschichte*, De Gruyter Akademie Forschung, 2014 edn, 1995, pp. 436~438. 향후 수십 년 동안 산업은 급속도로 발전했지만, 1875년 베를린 전체 노동자의 94.5퍼센트가 여전히 5인 미만의 회사에서 일했다.

16   *Op. cit.*, pp. 450~452. 여기서 '신원 미상 범죄자'란 경찰이 거주지를 모르거나 신원을 파악하지 못하는 범죄자를 가리킨다

17   카를 마르크스, "1837년 11월 10일 아버지에게 보낸 편지", MEW, Band 40, pp. 3~12. 대학 시절에 마르크스가 쓴 편지 중에서 유일하게 전해지는 편지다. 요한 고틀리프 하이네키우스(1681~1741)와 안톤 프리드리히 유스투프 티바우트 (1772~1840)는 주로 '학설휘찬', 즉 후기 고대 로마 법학자들의 학설집을 연구한 독일 법학자였다. 특히 티바우트는 로마의 법률 문헌을 과학적 법률 시스템으로 확대 발전시키려고 애썼다. 이 노력 끝에, 주로 로마법에 기반을 둔 민법$_{BGB}$이 1900년에 탄생했다. 법학자 에른스트 페르디난트 클라인(1744~1810)은 프로이센 형법 전문가였다. 카를 빌헬름 페르디난트 졸거(1780~1819)는 독일의 낭만주의자이자 이상주의자로서 나중에 베를린대학의 총장에 올랐는데, 헤겔을 베를린대학에 임명하는 데 결정적인 역할을 했다..

18 별도로 표시하지 않는 한, 이 인용문과 이하 인용문들의 출처는 모두 주석 1 아니면 17의 출처와 같다.

19 콜레라는 인도에서 러시아를 거쳐 프로이센으로 퍼졌다. 1831년 12월까지 베를린에서만 2249명이 병에 걸렸고 그중 1417명이 목숨을 잃었다. 이 전염병은 주로 빈민가에서 만연했지만, 헤겔을 포함해 프로이센 장군 폰 그나이제나우도 이 병으로 죽었다.

20 Christopher Clark, *Iron Kingdom*, Belknap Press, 2006, p. 433 [크리스토퍼 클라크 지음, 박병화 옮김, 『강철왕국 프로이센』, 마티, 2014].

21 Wilhelm Weischedel, *Die philosophische Hintertreppe*, Lambert Schneider, pp. 213~214 [빌헬름 바이셰델 지음, 이기상·이말숙 옮김, 『철학의 뒤안길』, 서광사, 1991].

22 Friedrich Engels, *Herr Eugen Dühring's Revolution in Science*, pp. 22~23.

23 Karl Marx, Zur Kritik der Politischen Ökonomie, Vorwort, MEW, Band 13, pp. 7~11, 여기서는 특히 p. 9 참조.

24 헤겔 좌파의 종교 비판은 1835, 1836년 『예수의 생애: 비판적 고찰$_{Das\ Leben\ Jesu\ -\ kritisch\ bearbeitet}$』을 출간한 다비트 프리드리히 슈트라우스에서부터 시작되었다. 그는 바우어와는 달리 그리스도의 실존을 의심하지 않으면서도 복음서를 역사적 문화적 틀 안에서 해석했다. 신약은 더 이상 신의 거룩한 말씀이 아니라 인간의 작품이라는 것이다.

25 마르크스의 베를린대학 수료증에는 그가 "빚 때문에 여러 번 고소를 당했다"라고 기재되어 있다. 1838년 9월 초, 재단사 크렘링은 마르크스에게 40탈러와 $2\frac{1}{2}$은그로셴을 요구했고, 1838년 10월 초에는 또 다른 재단사 젤레가 41탈러와 10은그로셴을 갚으라고 했다. 또한 옷감 상인 하벨은 1839년 1월 말에 15탈러를 청구했고, 서점주인 에센하르트는 1839년 2월 중순에 48탈러와 4은그로셴의 청산을 요구했다. 이 청구서의 대부분은 아예 지불되지 않았거나 일부만 결제되었다. (Manfred Kliem, *Karl Marx*, pp. 66~67) 당시 의류 생산은 아직 수작업으로만 이루어졌기 때문에 재단 비용은 무척 비쌌다. 재봉틀은 1851년에야 출시되었다.

26 Klaus Körner, *Karl Marx*, 2008, p. 19.

27 게다가 베를린에서는 박사학위 논문을 반드시 라틴어로 제출해야 했지만, 예나대학에서는 독일어로 논문을 제출해도 되는 장점이 있었다(Manfred Kliem, *Karl Marx*, p. 81). 작곡가 로베르트 슈만도 1840년 2월, 오늘날에도 여전히 의미가 있는 음악 이론에 관한 여러 논문을 제출해 예나대학에서 원거리 박사학위를 받았다. (Joachim Bauer, "Thomas Pester: Die Promotion von Karl Marx an der Universität Jena 1841. Hintergründe und Folgen.", Ingrid Bodsch (Ed.), *Dr. Karl Marx*, pp. 47~82, 여기서는 p. 51) 심지어 시인 에마누엘 가이벨은 논문을 보내지 않고도 예나의 '원거리 박사학위 제도'를 이용해 학위를 받았다.

28 Sylvia Nasar, *Grand Persuit*, Simon & Schuster, 2011, p. 34〔실비아 나사르 지음, 김정아 옮김, 『사람을 위한 경제학』, 반비, 2013〕 참조.

29 MEGA, Abteilung I, Band 1, pp. 13~81.

30 마르크스는 브루노 바우어 밑에서 교수학위 논문을 쓰려고 했으나, 바우어가 종교 비판으로 프로이센 당국의 눈 밖에 나 1842년 3월 본 대학에서 쫓겨나면서 무산되었다. 이로써 마르크스를 본 대학에 앉히려던 바우어의 계획도 물거품이 되었다.

31 마르크스와 루게는 프랑스 필자들을 끌어들이는 데 실패했고, 그로 인해 프랑스에서는 『독일-프랑스 연감』이 팔리지 않았다. 더구나 독일어판 800부가 프로이센 국경 수비대에 의해 압수되면서 이 프로젝트는 재정적으로 완전히 파탄 나고 말았다.

32 마르크스의 글「헤겔 법철학 비판. 서론」에는 경제와 관련된 대목이 딱 한 군데 등장한다. 지나가는 말로 언급된 보호 관세가 그것이다.

33 Karl Marx, Zur Kritik der Hegelschen Rechtsphilosophie. Einleitung. MEW, Band 1, pp. 378~391. 이 장의 후속 인용문도 모두 이 텍스트에서 가져왔다.

34 아편과 종교를 최초로 결합한 사람은 마르크스가 아니었다. 시인 하인리히 하이네는 1840년에 이미 다음과 같이 썼다. "고통받는 인류의 쓰라린 목구멍에 마취약과도 같은 달콤한 몇 방울의 정신적 아편, 몇 방울의 사랑과 희망, 믿음을 부어넣는 종교여, 만세!" 마르크스는 이 생각을 날카롭게 벼려서 압축했다. 마르크스와 하이네는 파리에서 알게 되었는데, 두 사람은 심지어 친척이었다. 물론 둘다 그 사실은 몰랐다. 그들은 마르크스 외가 쪽으로 고조부가 같았다.(Angelika Limmroth, *Jenny Marx. Die Biographie*, 2018, pp. 99~100)

35 Karl Marx, Zur Kritik der Politischen Ökonomie, Vorwort, MEW, Band 13, pp. 7~11, 여기서는 특히 p. 10. 상황이 이런데도 일부 마르크스 전기 작가들이 엥겔스의 글을 숨기려는 경향을 보이는 것은 더더욱 놀라운 일이다. 예를 들어 스퍼버는 엥겔스를 단 두 줄만 언급하고 만다(Jonathan Sperber, *Karl Marx*, 2013, p. 139 및 p. 144). 이런 식의 태도는 일부 전기 작가들이 정신적으로 중요한 엥겔스의 자극을 인정하는 것이 마르크스의 천재성을 약화시킨다고 느낄 만큼 마르크스에 대한 동일시화에 대한 증거로 볼 수 있다.

36 Friedrich Engels, Umrisse zu einer Kritik der Nationalökonomie, MEW, Band 1, pp. 499~524. 달리 명시되지 않는 한 이 장의 모든 후속 인용문은 이 글에서 가져왔다.

37 프랑스 공산주의자이자 아나키스트인 피에르-조제프 프루동은 1840년『소유란 무엇인가?Qu'est ce que la propriété?』에서 사유재산에 대해 퍼부은 공격은 대중의 폭넓은 호응을 얻었다. 이후 사유재산이 도둑질이라는 프루동의 간결한 논제는 세계적으로 유명해졌다. 엥겔스의 새로운 점은 그가 사유재산 자체만 비판한 것이 아니라 경쟁이 임금, 무역, 위기, 물가에 미치는 영향을 밝히고자 한 것이다. 전체적으로 보면 마르크스와 엥겔스는 공산주의를 뒤늦게 발견한 사람들이다. 독일 최초의 공산주의자는 1838년에『인류의 현실과 이상Die Menschheit, wie sie ist und wie sie sein sollte』에서 사회주의 유토피아를 설계한 재단사 빌헬름 바이틀링이었다. Eric Hobsbawm, *How to Change the World*, Yale University Press, pp. 16~18〔에릭 홉스봄 지음, 이경일 옮김, 『세상을 어떻게 바꿀 것인가』, 까치, 2012〕 참조.

38 엥겔스 본인은 자신의 위기 이론이 1835년 『중산층과 노동자 계층의 역사 History of the Middle and Working Classes』라는 책을 출간한 영국 출판인 존 웨이드에게 신세진 바가 크다고 밝혔다. 게다가 5년에서 7년마다 경제 위기가 발생한다는 아이디어도 웨이드에게서 차용한 것인데, 나중에 엥겔스는 이 기간을 10년으로 연장했다.

39 위기의 역사와 관련해서는 필자의 다음 책 참조. Ulrike Herrmann, *Der Sieg des Kapitals*, Westend, 2013, pp. 153~155〔울리케 헤르만 지음, 이미옥 옮김, 『자본의 승리인가 자본의 위기인가』, 에코리브르, 2014〕.

40 엥겔스의 생애에 관한 이야기는 별도로 명기하지 않는 한 다음 두 책에서 빌려왔다. Gareth Stedman Jones, "Engels and the History of Marxism", Eric Hobsbawm (Ed.), *The History of Marxism*, Indiana University Press, 1982, pp. 290~326. Tristram Hunt, *The Frock Coated Communist*, Allen Lane, 2009.

41 Michael Knieriem, *Die Herkunft des Friedrich Engels*, Friedrich-Ebert-Stiftung, 1991, p, 600.

42 Friedrich Engels, Briefe aus dem Wuppertal, MEW, Band 1, pp. 413~443, 여기서는 p. 413.

43 Friedrich Engels, Briefe aus dem Wuppertal, MEW, Band 1, pp. 413~432.

44 *Ibid.*

45 Friedrich Engels, Ludwig Feuerbach, MEW, Band 21, pp. 291~307, 주석 1.

46 Kurt Adamy et al. (Eds.), *Brandenburgische Geschichte*, 1995, p. 449. 심지어 작가 베티나 폰 아르님조차 『이 책은 왕의 것이다 Dies Buch gehört dem König』 (1843)라는 제목으로 빈곤에 관한 작품을 썼다.

47 Friedrich Engels, *Die Lage der arbeitenden Klasse*, MEW, Band 2, pp. 225~506.

48 이 책에서 엥겔스는 독일어에서는 일반적이지 않은 단어 '중산층'을 사용

했다. 영국 노동자들에게 호소하기 위해 처음에는 책의 서문을 영어로 썼기 때문이다. 영어에서 기업가나 유산자를 칭하는 용어는 부르주아지가 아니라 '중산층 middle classes'이었다. 하지만 이런 영어 서문에도 불구하고 엥겔스의 작품은 영어권에서는 받아들여지지 않았다. 영어 번역본은 미국에선 1887년에, 영국에선 그보다 늦은 1892년에야 출간되었다.

49 달리 명기되지 않는 한, 이 인용문과 후속 인용문들의 출처는 미주 47과 동일하다.

50 덧붙이자면, 엥겔스는 영국 도시들이 어떻게 분리되고, '나쁜' 동네와 '좋은' 동네로 어떻게 나뉘는지 처음으로 설명했다는 점에서 도시사회학의 선구자였다. 그는 맨체스터에 대해 이렇게 썼다. 상류층은 "낡고 깨끗한 공기를 마실 수 있는 전원의 화려하고 편안한 주택에 살았고, 이들 동네에는 30분 혹은 15분 간격으로 도시로 가는 옴니버스가 다녔다. 여기서 가장 좋은 점은 이 부유한 돈 귀족들이 시내 중심가에 있는 사업장으로 가는 길에 더럽고 비참한 동네 근처로 들어선다는 느낌을 조금도 받지 않은 채 노동자 동네를 후딱 지나갈 수 있다는 것이었다. 증권거래소를 중심으로 사방으로 뻗은 대로 양편에는 상점들이 끊이지 않고 줄지어 서 있었고, 이 거리들은 자기 이익을 위해 단정하고 깔끔하게 외모를 꾸밀 수 있는 중하위 부르주아지가 장악하고 있었다." 엥겔스는 "이런 위선적인 건축 형태가 모든 대도시에 정도의 차이만 있을 뿐 공통적으로 나타난다"라고 씁쓸하게 말했다. 이처럼 "노동자계급을 대로로부터 체계적으로 차단하고, 부르주아지의 눈과 신경을 더럽히는 모든 것을 세심하게 은폐하는" 시스템이 도시 곳곳에 마련되어 있었다. (Friedrich Engels, *Lage der arbeitenden Klasse*, MEW, Band 2, pp. 225~506, 특히 pp. 279~280) 심지어 엥겔스는 노동자 동네의 건축 방식이 얼마나 건강에 해로운지 그림까지 그려가며 설명했다.

51 벨기에는 1830년 이후에야 지상에 존재했다. 그전까지는 네덜란드 속국이었다. 네덜란드는 개신교인데 반해 벨기에의 왈롱과 플랑드르는 가톨릭이었다. 짧은 독립 전쟁 끝에 벨기에는 왕이 거의 모든 것을 대변하기는 하지만 어쨌든 자유민주주의 체제였다. 표현의 자유가 있었기에 전 유럽의 급진적 민주주의자들이 탄압을 피해 브뤼셀로 몰려들었다.

52   Kurt Adamy et al. (Eds.), *Brandenburgische Geschichte*, De Gruyter Akademie Forschung, 2014 edn, 1995, p. 450.

53   Hans-Ulrich Wehler, *Deutsche Gesellschaftsgeschichte*, C. H. Beck, pp. 210~212.

54   Eric Hobsbawm, *The Age of Capital*, pp. 34~35〔에릭 홉스봄 지음, 정도영 옮김, 『자본의 시대』, 한길사, 1998〕.

55   『공산당 선언』은 마르크스 혼자 썼음에도 항상 엥겔스가 공동 저자로 명기된다. 그가 두 편의 초안을 사전에 제공했기 때문이다. 이 초안들은 기독교 교리문답 형식으로 작성되었다. 그러니까 25가지 질문을 던지고 답하는 식이었다. 그런데 4번 문항 "프롤레타리아트는 어떻게 생겨났을까?"에서부터 답이 너무 방대해서 엥겔스는 이 공산주의 교리문답이 역부족임을 깨달았다. Friedrich Engels, *Grundsätze des Kommunismus*, MEW, Band 4, pp. 361~380 참조.

56   Karl Marx, Friedrich Engels, *Manifest der Kommunistischen Partei*, MEW, Band 4, pp. 459~493. 이 장의 모든 인용문은 달리 표시하지 않는 한 이 텍스트에서 가져온 것이다.

57   Robert Misik, *Marx verstehen*, Anaconda Verlag, 2012, p. 67. 마르크스는 『공산당 선언』의 일부 구절도 다른 저자들의 글을 그대로 차용했다. 예컨대 헤겔주의자 에두아르트 간스의 글에서 빌려온 부분은 다음과 같다. "자유민과 노예, 귀족과 평민, 영주와 농노, 장인과 도제, 간단히 말해 모든 억압자와 피억압자는 끊임없는 상호 대립 상태에 있다. … 그런데 우리 시대, 즉 부르주아 시대의 두드러진 특징은 이런 계급적 대립들이 단순한 구도로 바뀌었다는 사실이다. 다시 말해 전 사회가 두 개의 거대한 적대 진영, 즉 부르주아와 프롤레타리아트라는, 서로 직접적으로 대립하는 두 개의 거대한 계급으로 점점 분화되고 있다는 것이다." 마르크스는 자신의 가장 중요한 스승이었던 간스가 1839년 42세에 뇌졸중으로 사망할 때까지 그 밑에서 공부했다. Jonathan Sperber, *Karl Marx*, 2013, pp. 208~209 참조.

58   『공산당 선언』은 불멸의 선언만 담고 있는 것이 아니라 당시를 증언하는 사료다. 텍스트의 약 3분의 1이 오늘날엔 아무도 모르는 여러 사회주의 경쟁 이념

을 다루고 있다. 나중에 마르크스와 엥겔스도 이런 기술들이 "시대에 뒤떨어졌다"는 사실을 인정할 수밖에 없었지만 현실에 맞는 업데이트는 자제했다. 두 사람은 1872년 독일어 재판 서문에서 이렇게 썼다. "이 '선언'은 우리가 더는 변경할 권리가 없는 역사적 문서다."(Karl Marx, Friedrich Engels, *Manifest der Kommunistischen Partei*, neue Ausgabe, MEW, Band 18, pp. 95~96.)

59   Hauke Brunkhorst (Comm.), Karl Marx, *Der achtzehnte Brumaire des Louis Bonaparte*, pp. 226~227.

60   Christopher Clark, *Iron Kingdom*, Belknap Press, 2006, p. 483. 프리드리히 빌헬름 4세는 시대 반동적 인물이었음에도 '독일 통일'을 즐겨 입에 올림으로써 모든 계층에 인기가 무척 좋았다. 당시 많은 독일인에게는 의회민주주의보다 민족 국가가 더 중요했다.

61   마르크스는 1845년 프로이센 시민권을 포기했기에 프로이센 당국으로부터 '기피 외국인'이라는 명목으로 추방되었다. 그런데 마르크스 입장에서는 자신이 이제 프로이센 시민이 아니기에 프로이센 첩자들이 더 이상 자신에게 관심을 가지지 않기를 바랐지만 이 희망은 실현되지 않았다. 그 후로도 그는 프로이센 당국의 지속적인 관찰 대상이 되었다.

62   Angelika Limmroth, *Jenny Marx. Die Biographie*, 2018, p. 146.

63   법학박사였던 빌헬름 슈티버는 훗날 비스마르크 총리 밑에서 정보기관 수장이 되었다. 그와 동시에 1859년부터 1874년까지는 러시아 스파이로 활동하기도 했다.

64   Robert Misik, *Marx verstehen*, Anaconda Verlag, 2012, p. 83[로베르트 미직 지음, 이희승 옮김, 『마르크스』, 생각의나무, 2010].

65   Klaus Körner, *Karl Marx*, 2008, p. 95. 엥겔스는 마르크스를 물질적으로만 지원한 것이 아니었다. 카를과 예니의 결혼 생활을 유지시키기 위해, 마르크스가 가정부 헬레네 데무트와 관계해서 낳은 아들의 비공식 친부 역할도 떠맡았다. 이 거짓을 완벽하게 만들려고 그 아이는 엥겔스의 성을 따랐고, 하리 프레데리크라는 이름으로 세례를 받았다. 그럼에도 나중에 프레디 데무트는 양부모에게 보내졌다. 당시엔 사형 선고나 다름없는 조치였다. 그러나 프레디는 혹독한 어린 시절에도

불구하고 살아남아 1929년 77세의 나이로 사망했다.

66 Ulrike Herrmann, *Der Sieg des Kapitals*, Westend, 2013, pp. 156~158.

67 2008년 6월 19일 마르부르크대학의 보도 자료 제목은 다음과 같다. 〈흡연이 카를 마르크스의 종기를 유발하다. 피부과 전문의들이 밝힌 피부병 원인〉

68 Angelika Limmroth, *Jenny Marx. Die Biographie*, 2018, p. 198.

69 예니의 삼촌 하인리히 게오르크 폰 베스트팔렌은 1855년에 사망했고, 예니의 어머니 카롤리네는 1856년 여름에 죽었다. 마르크스의 어머니 헨리에테도 1863년 11월에 그 뒤를 따르면서 아들 카를에게 580파운드를 유증했다. 게다가 정말 뜻밖에도 마르크스의 오랜 친구였던 빌헬름 볼프도 1864년 세상을 떠나면서 700파운드를 마르크스에게 남겼다. 그러나 늘 그래왔듯이 마르크스는 1300파운드(오늘날의 가치로 환산하면 약 13만 파운드, 한화로는 약 2억 2750만 원)에 가까운 돈을 1년 만에 다 탕진했다.

70 마르크스의 발자취를 쫓고 싶은 사람들을 위한 팁: 마르크스 가족은 소호의 딘 스트리트 28번지에 살았고, 이어 켄티시 타운의 그래프턴 테라스 9번지(오늘날의 그래프턴 테라스 46번지)로 이사했다. 그다음엔 메틀랜드 파크 로드 1번지에 있던 모데나 빌라에 들어갔다. 이 집은 더 이상 남아 있지 않고, 1900년경에 다른 집으로 재건축되었다. 딸들이 출가하자 마르크스 부부는 규모를 줄여 메틀랜드 파크 로드 41번지로 이사했다. 이 집은 제2차 세계대전 중에 파괴되었고, 나중에 공공임대주택이 지어졌다. 엥겔스는 1870년부터 리젠츠 파크 로드 122번지에서 쭉 살았다.

71 Angelika Limmroth, *Jenny Marx. Die Biographie*, 2018, pp. 207~208.

72 Ulrike Herrmann, *Der Sieg des Kapitals*, Westend, 2013, pp. 158~160.

73 무덤은 1956년 영국 공산당이 기증한 웅장한 마르크스 흉상으로 장식되어 있다. 원래의 묘비는 소박했다.

74 이 인용문과 이하 인용문들은 다음에서 따왔다. Friedrich Engels, Das Begräbnis von Karl Marx, MEW, Band 19, pp. 335~339.

75 Eric Hobsbawm, *How to Change the World*, pp. 104~105. 그런데 부수를 많이 찍지를 않았다. 예를 들어 러시아에서는 70쇄를 찍었지만 모두 합쳐서 수천 부

밖에 되지 않았다.

76   마르크스는 차르 제국의 통계를 더 잘 이해하기 위해 1870년에 러시아어를 별도로 배웠다.

5. 사회주의가 과학이 되다: 『자본론』(1867)

1   David Harvey, *A Companion to Marx's Capital*, Verso, 2nd edn, 2010, p. 9[데이비드 하비 지음, 강신준 옮김, 『데이비드 하비의 맑스 자본 강의』, 창비, 2011].

2   Fredric Jameson, *Representing "Capital": A Reading of Volume One*, Verso, 2011, p. 11 참조. 마르크스가 첫 세 장을 얼마나 불만스럽게 생각했는지는 1873년 재판에서 이 부분들을 대폭 수정했다는 사실에서도 알 수 있다. 1장에서는 그전까지 부록 정도에 그쳤던 "상품의 물신 숭배적 특성"에 관한 절이 추가되었다. 이 부분은 오늘날까지 문학 이론가와 철학자들에게 감동을 안겨주지만, 마르크스의 잉여가치론에는 기여하는 바가 없다. 화폐에 관한 세 번째 장도 마찬가지다. 마르크스는 『자본론』의 나머지 부분에서 더 이상 자신의 화폐 이론으로 돌아가지 않는다. 이 역시 잘못되었다고 판단한 것이다(*Op. cit.*, pp. 189~191 참조).

3   독일에서 '자본주의'라는 용어는 주로 다음 두 책을 통해 일반화되었다. 베르너 좀바르트의 『근대 자본주의Der moderne Kapitalismus』(1902), 막스 베버의 『프로테스탄트 윤리와 자본주의 정신Die protestantische Ethik und der Geist des Kapitalismus』(1905).

4   이와 관련해서 유명한 구절이 있다. "돈은 상품의 형태를 취하지 않고는 자본이 되지 않는다. ⋯ 자본가는 모든 상품이 아무리 허접해 보이고 좋지 않은 냄새가 나더라도 진실로 돈 그 자체이고, 내면적으로 할례를 받은 유대인이고, 게다가 돈이 더 많은 돈을 만드는 기적의 수단임을 안다."

   이 구절이 유명한 것은 'M – C – M'이라는 공식을 알기 쉽게 요약하고 있기 때문만이 아니라 마르크스가 여기서 유대인을 은근히 빈정거리는 것이 당혹스러움을 안겨주기 때문이기도 하다. 물론 마르크스는 『자본론』에서 더 이상 유대인을 언급하지 않지만, 엥겔스에게 보낸 편지에서는 그가 "이치히 남작"이라고 경멸스럽게 부르곤 하던 유대인 출신의 노동계 지도자 페르디난트 라살을 비꼬는 대목이 나온다. 이런 측면에서 유대인 문제에 관한 마르크스의 초기 저작(1843)은 오늘날 까지도 여전히 논란거리다.

이 자리는 마르크스와 유대인의 관계를 상세히 다루는 공간이 아니지만, 그와 관련된 역사적 맥락은 중요하다. 반유대주의는 마르크스 생전에 문화적으로 뚜렷 이 형성되었다. 유대인은 주로 종교적인 이유로 거부당했는데, 마르크스 아버지의 삶이 그에 대한 전형적인 사례다. 유대인에게 기독교로 개종하면 주류 사회로 들 어갈 수 있는 길이 열린 것이다. 물론 유대인을 태생적으로 열등한 민족으로 간주 하고, 20세기에 히틀러의 유대인 말살 정책으로 이어질 인종차별적 반유대주의는 아직 등장하지 않았다.

마르크스는 자신이 랍비의 후손임을 결코 부끄러워하지 않았지만, 유대교가 진부하고 계몽되지 않은 종교라고 생각했다. 『자본론』에 나오는 위의 구절은 반유 대주의를 향한 논쟁적 술수로 읽힐 수 있다. 설명하면 이렇다. 모든 자본가는 흔히 비난받는 유대인처럼 행동한다. 그렇다면 유대인은 특별한 사람들이 아니라 오히 려 자본주의의 전형이고, 그런 만큼 반유대주의는 근거가 없다는 것이다. 자세한 내용은 다음 두 책 참조. David Harvey, *A Companion to Marx's Capital*, 2010, p. 91. Jonathan Sperber, *Karl Marx*, pp. 127~129.

5 독일 통계청에서 발행한 『2017년도 통계연감』, p. 521.

6 David Harvey, *A Companion to Marx's Capital*, 2010, pp. 243~245 참조.

7 Stefan Bach, Andreas Thiemann, "Hohes Aufkommenspotential bei Wieder-belebung der Vermögenssteuer", *DIW-Wochenbericht* 4/2016, pp. 79~89, 여기서 는 p. 88.

8 David Harvey, *A Companion to Marx's Capital*, 2010, p. 170.

9 Eduard Bernstein, *Die Voraussetzungen des Sozialismus und die Aufgaben der Sozialdemokratie*, p. 209.

10 Hans Bürger, Kurt W. Rothschild, *Wie Wirtschaft die Welt bewegt*, Braumüller Verlag, 2009, p. 18.

11 Sevket Pamuk, Jan-Luiten van Zanden, "Standards of Living", Stephen

Broadberry, Kevin H. O'Rourke (Eds.), *The Cambridge Economic History*, Cambridge University Press, pp. 217~234, 여기서는 p. 226.

12   독일 통계청에서 발행한 『2015년도 통계연감』, p. 319.

13   마르크스 자신은 노동자의 실질 임금이 오르지 않으면 자본주의가 무너질 거라는 사실을 인식하지 못했다. 오히려 임금이 너무 낮아 상품에 대한 수요가 너무 줄어들면 경제 위기가 발생한다는 '과소 소비 이론'에 대해 비판적 입장을 취했다. 스위스 경제학자 J. C. 시스몽디(1773~1842)가 처음 천명한 이 이론은 독일 경제학자 카를 로트베르투스(1805~1875)에 의해 더욱 확대되었다. 그러나 시스몽디든 로트베르투스든 대량 소비가 경제 구조에서 어떤 역할을 하는지는 아직 이해하지 못했다. 대신 낮은 임금을 지렛대 삼아 주기적 경기 변동을 설명했을 뿐이다. 마르크스는 이런 경제적 관점에서 좋은 점을 찾아낼 수 없었다. 지속적으로 낮은 임금으로는 경제 위기가 왜 가끔 발생하는지 설명할 수 없다는 것이 그의 확신이었다. (Eduard Bernstein, *The Prerequisites for Socialism*, 1899, pp. 96~97 참조.) 아무튼 마르크스는 이 문제에 대해 이 정도 비판만 해두고 더 이상 소비의 역할에 대해 체계적으로 숙고하지 않았다.

14   Eric Hobsbawm, *The Age of Empire: 1875-1914*, Abacus, 1994, p. 53〔에릭 홉스봄 지음, 김동택 옮김, 『제국의 시대』, 한길사, 1998〕. 다음 책도 참조. Ulrike Herrmann, *Der Sieg des Kapitals*, 2013, pp. 48~50.

15   그사이 이 '변환 문제'에 대해 수학적 답이 있다는 사실은 여러 차례 입증되었다. 가장 유명한 버전은 이탈리아 경제학자 피에로 스라파(1898~1983)가 내놓았다. 연구자 생활을 거의 영국 케임브리지에서 보낸 학자로서 권위 있는 리카도 전집을 발행한 인물이기도 하다. 스라파는 '변환 문제'에 전념했다. 이 문제가 마르크스가 그저 더욱 발전시켰을 뿐인 리카도의 노동 가치론을 위협했기 때문이다. 그런데 스라파에게는 파괴적 의도가 더 많았다. 그러니까 리카도와 마르크스의 노동 가치론이 옳다는 것을 증명하려고 했던 것이 아니라 신고전주의를 권좌에서 끌어내리고 싶었던 것이다(이 책 제6장 참조). 신고전주의자들은 생산비를 기준으로 신발에 대한 배의 상대적 가격을 결정하는 일이 원칙적으로 불가능하다고 전제했다. 대신 그들은 주관적인 효용성 계산에 의지했다. 그런데 1960년 스라파가 생

산비를 토대로 모든 상품의 상대적 가격을 동시에 계산할 수 있는 모델을 발표했
다. 이로써 '변환 문제'를 해결했지만, 진정한 마르크스주의자들이 보기에 결과는
지극히 불만족스러웠다. 스라파 모델에서는 노동량이 상대적 가격을 결정하는 데
더 이상 아무 역할도 하지 못했기 때문이다. 어쨌든 이 모델로 인해 대다수 마르크
스주의자는 가치 이론과 결별했고, 그와 함께 잉여가치 이론도 탈락하고 말았다.

16 Eduard Bernstein, *Die Voraussetzungen des Sozialismus und die Aufgaben
der Sozialdemokratie*, pp. 65~66.

17 *Op. cit.*, p. 70.

18 수집된 세금 데이터는 '세계의 부와 소득 데이터베이스'(www.wid.world)라
는 제목의 인터넷 사이트에 공개되어 있고, 지속적으로 갱신된다. 게다가 국가도
계속 추가되고 있다.

19 피케티의 수치가 아무리 인상적이더라도 그의 데이터는 아직 이론이 아니
다. 궁극적으로 그는 불평등이 왜 증가하는지 설명하지 못한다. 물론 자산 수익률
이 항상 경제 성장률을 웃돈다는 '자본주의 법칙'을 정식화하기는 했다(r 〉 g). 그
때문에 부자는 더 부자가 되고 노동자는 더 가난해진다는 것이다. 그러나 이 '법
칙'은 처음 들을 때만큼 그렇게 명확하지 않다. 피케티가 부채를 공제한 순자산만
을 조사한 것은 그의 최대 약점이기 때문이다. 그로 인해 그는 경제 생산과 관련된
부채가 정부, 가계, 기업 할 것 없이 1980년 이후 두 배 넘게 증가했다는 사실을
놓쳤다. 이러한 부채 거품이 없었다면 자산이 그렇게 빠른 속도로 증가하는 일은
생각할 수도 없었을 것이다. 왜냐하면 신용은 지렛대 효과가 있고, 주식과 부동산
가격을 상승시킴으로써 부를 늘리는 것처럼 보였기 때문이다. (Daniel Stelter, *Die
Schulden des 21. Jahrhunderts*, Frankfurter Allgemeine Buch, 2014 참조.) 게다
가 피케티는 '자본주의 법칙'을 공식화하기를 원했지만, 자본주의를 정의 내리지
않았고 봉건제와 구분하지도 않았다. 따라서 피케티가 단순히 전제만 하고 있는
성장이 어떻게 이루어지는지는 궁극적으로 불확실하다. 또한 재산이나 임금의 역
할도 마찬가지로 등장하지 않기에 피케티는 불평등을 통계적으로 기록만 했을 뿐
추론할 수는 없었다. (Stephan Kaufmann, Ingo Stützle, *Kapitalismus: Die ersten
200 Jahre*, Bertz und Fischer, 2015 참조.)

20　19세기에는 지폐 발행이 금 보유고와 일치해야 한다는 것이 공식화되어 있었지만, 실생활에서 지폐의 역할은 거의 없었다. 대신 은행 계좌의 장부 금액이 주로 사용되었고, 이 돈은 은행이 대출을 줌으로써 마음대로 늘릴 수 있었다. 이로써 금의 양은 거의 변하지 않는데도 통화량은 폭발적으로 증가했다. 독일 제국 시대에 통화량은 1876년 69억 마르크에서 1913년 437억 마르크로 증가했다. 제1차 세계대전 직전에는 통화량의 88퍼센트가 장부상의 돈이었고, 반면에 동전은 7퍼센트, 지폐는 5퍼센트에 불과했다. (Bernd Sprenger, *Das Geld der Deutschen*, pp. 179~180 및 pp. 201~202)

21　Aristoteles, *Nikomachische Ethik*, 1133a, 29–31〔아리스토텔레스 지음, 김재홍·강상진·이창우 옮김, 『니코마코스 윤리학』, 길, 2011〕. Ulrike Herrmann, *Der Sieg des Kapitals*, 2013, pp. 109~111 참조.

22　David Harvey, *A Companion to Marx's Capital*, 2010, p. 331.

23　Hans-Ulrich Wehler, *Deutsche Gesellschaftsgeschichte*, p. 615.

24　이 인용문과 후속 인용문들은 다음 책에서 따왔다. Karl Marx, Friedrich Engels, Briefe über "Das Kapital", pp. 71~73. 엥겔스는 1845년에 이미 『영국 노동계급의 상황Lage der arbeitenden Klasse』에서 신용 위기가 어떻게 진행되는지 적확하게 묘사했다(p. 314).

25　마르크스가 또 다른 잘못된 예측에 책임이 있다는 주장도 자주 나온다. 리카도와 마찬가지로 '이윤율 하락 경향'을 예측했다는 것이다. 물론 마르크스가 죽기 직전인 1882년에 이윤율 하락이 생길 수 있는지 따져본 것은 사실이다. 그게 자기 이론의 논리적 귀결 같았기 때문이다. 다시 말해, 인간 노동만이 가치를 창출한다고 가정했을 때, 자본가들이 기술을 점점 더 많이 생산에 투입한다면 잉여가치는 점점 줄어들 수밖에 없다는 것이다. 그러나 마르크스 본인도 자신의 이론 안에서 정반대 경향이 있음을 알아차렸다. 기술이 투입됨에 따라, 노동자를 위한 식품 생산에 필요한 노동은 점점 줄어든다. 그렇다면 노동자 한 명당 '상대적 부가 가치'는 증가한다. 동시에 기계를 만드는 데 기술과 덜 적은 노동력이 투입된다면 기술의 가치도 떨어진다. 결국 잉여가치의 비율과 이윤율은 경향적으로 그대로 유지된다. 이는 경험과도 일치하는 듯 보였다. 마르크스가 보기에, 영국 같은 진보적인

국가의 경제는 당시 오스트리아 같은 후진적인 국가보다 수익성이 더 높았다. 따라서 기술은 이익을 낮추는 것이 아니라 높이는 것처럼 보였다. 따라서 이윤율 하락에 대한 성찰은 1864, 1865년 자료를 모은 제3권에만 등장하고, 나중의 제1권에서는 이윤율 하락 경향에 대한 언급이 나오지 않는다.

26 John Kenneth Galbraith, *The Affluent Society*, p. 61〔존 갤브레이스 지음, 노택선 옮김, 『풍요한 사회』, 한국경제신문, 2006〕.

27 Vera Linß, *Die wichtigsten Wirtschaftsdenker*, Marix, 2014, pp. 76~77, 혹은 Robert L. Heilbroner, *The Worldly Philosophers*, p. 293〔로버트 L. 하일브로너 지음, 장상환 옮김, 『세속의 철학자들』, 더테라스, 2023〕 참조.

28 슘페터는 1905년에 마르크스 이론을 처음 접했다. 빈대학에서 보수 경제학자 오이겐 폰 뵘-바베르크가 주최한 마르크스 세미나에 참석한 것이 계기였다. 뵘-바베르크는 마르크스를 집중적으로 연구한 학자로서 이미 '변환 문제'의 해결 불가능성을 알고 있었다. 그 세미나에는 슘페터 외에도 나중에 유명해질 네 명의 학생이 참석했다. 세 명은 마르크스주의자였다. 오스트리아-마르크스주의의 창시자였던 오토 바우어는 훗날 오스트리아 외무장관에 올랐고, 루돌프 힐퍼딩은 국가 독점 자본주의 이론을 개발한 『금융 자본Das Finanzkapital』(1910)의 저자이자 두 번이나 독일 재무장관을 역임한 정치인이 되었으며, 에밀 레더러는 중요한 사회학자가 되었다. 반면에 네 번째 학생은 급진적인 자유주의 경제학자가 되었는데, 그는 바로 루트비히 폰 미제스였다.

29 Joseph A. Schumpeter, *The Theory of Economic Development*, p. 66.

30 엥겔스는 심지어 1845년에 이미 기업가가 신기술을 활용해 독점적 이익을 얻을 수 있다고 설명했다. "부르주아지는 기계 장비의 개선을 최대한 자신에게 유리하게 활용한다. 낡은 기계들이 여전히 광범하게 사용되고 있고 기술 개선이 아직 일반적으로 자리를 잡지 못한 초창기 시절이 그들에게는 돈을 축적할 최고의 기회다." (『영국 노동계급의 상황』, p. 363)

31 Robert L. Heilbroner, *The Worldly Philosophers*, p. 297 및 p. 309. 하일브로너는 하버드 재학 시절에 슘페터의 강의를 들었는데, 슘페터에 대한 그의 심리학적 해석은 정확했다. 슘페터가 혁신적인 기업가로 변신한 '엘리트' 아웃사이더

들에 대해 열광적으로 이야기할 때면 그건 곧 그 자신을 두고 하는 말이었다. 그는 사회적으로 성공한 사람이었다. 귀족 장교의 의붓아들로서 빈의 부촌에서 자랐지만, 친부는 오스트리아-헝가리 제국의 모라비아 지방의 트리슈에서 직물 공장을 운영하는 사람이었다. 욕망이 컸던 슘페터의 어머니는 남편이 죽자마자, 똑똑한 아들에게 우수한 학교 교육과 사회적 출세를 보장해 줄 수 있는 남자를 두 번째 남편으로 골랐다.

32   Thomas K. McCraw, *Prophet of Innovation*, Harvard University Press, 2009, pp. 68~69〔토머스 매크로 지음, 전석헌·김형근 옮김, 『혁신의 예언자』, 글 항아리, 2012〕.

33   *Op. cit.*, p. 155. 다음 책도 참조. Heinz D. Kurz, Richard Sturn, *Schumpeter für jedermann*, Frankfurter Allgemeine Buch, 2011, pp. 83~84.

34   Joseph A. Schumpeter, *Capitalism, Socialism and Democracy*, New York, Harper Perennial Modern Classics, 2008, p. 21 및 p. 32〔요제프 슘페터 지음, 이종인 옮김, 『자본주의 사회주의 민주주의』, 북길드, 2016〕. 이 만년의 작품은 궁극적으로 마르크스에 대한 유일한 오마주이다. 왜냐하면 이 책은 "예언자 마르크스", "사회학자 마르크스", "경제학자 마르크스", "스승 마르크스"라는 제목을 단 네 개의 장으로 시작할 뿐 아니라 마르크스와 마찬가지로 슘페터도 자본주의의 멸망을 예측했기 때문이다. 경제 집중이 심화됨에 따라 결국 거대 트러스트들이 시장을 장악하게 될 것이고, 그로써 아무리 독창성이 뛰어난 기업가조차 그런 거대 콘체른을 지배하는 관료들에 맞서 살아남을 기회를 상실하고 만다. 게다가 자본주의도 계획경제로 후퇴하고 있다는 것이다.

6. 자본주의에는 관심이 없는 신고전주의자들

1   Walter Bagehot, "Adam Smith as a Person", *The Works of Walter Bagehot*, Volume III (Hartford 1891), pp. 269~306, 여기서는 p. 297.

2   John E. King, *David Ricardo*, p. 172.

3   Arthur Eli Monroe (Ed.), *Early Economic Thought*, p. 59. 노예는 중세

에 더 이상 존재하지 않았지만, 토마스 아퀴나스는 고대 교부 아우구스티누스 (354~430)에게서 이 문제를 이어받았다. 아우구스티누스는 고대에 이미 왜 노예가 말보다 싸고, 하녀가 진주보다 싼지에 관한 문제를 『신국론』에서 연구했다 (Augustinus, *De Civitate Dei*, XI, 16).

4 Mark Skousen, *The Big Three in Economics*, Routledge, 2006, pp. 15~16[마크 스쿠젠 지음, 박수철 옮김, 『거장의 귀환』, 바다출판사, 2008].

5 독일 경제학자 헤르만 하인리히 고센(1810~1858)은 1854년에 이미 자신의 주저 『인간 교류의 법칙과 거기서 파생된 인간 행동 규칙의 발전Entwicklung der Gesetze des menschlichen Verkehrs und der daraus fließenden Regeln für menschliches Handeln』에서 한계효용론을 설계했다. 그러나 경제학계는 그의 이론에 주목하지 않았다. 윌리엄 스탠리 제번스(1835~1882)는 1871년에야 『정치경제 이론Theory of Political Economy』을 출간했지만, 1862년에 이미 「정치경제에 관한 일반 수학적 이론」이라는 논문에서 한계효용론의 핵심 사상을 발표했다. 또한 제번스는 경제학자 리처드 제닝스의 저술들(1855)을 직접 인용하기도 했다. 같은 시기에 오스트리아의 경제학자 카를 멩거(1840~1921)도 『경제학 원리Grundsätze der Volkswirtschaftslehre』에서 한계효용론을 발표했고, 1874년에는 프랑스 경제학자 레옹 발라(1834~1910)가 『순수 정치경제 또는 사회적 부 이론의 요소Éléments d'économie politique pure ou théorie de la richesse sociale』로 그 뒤를 따랐다. 발라는 프랑스 경제학자 앙투안 오귀스탱 쿠르노(1801~1877)에게서 영감을 받은 자신의 아버지 오귀스트의 연구를 기반으로 했다. 한계효용론은 당시 분명히 태동 중에 있었기에 많은 경제학자가 서로 독립적으로 이 이론에 이르렀다. (Mark Blaug, *Economic Theory in Retrospect*, pp. 304~306 참조.) 그렇다면 신고전주의는 마르크스가 『자본론』을 쓰던 시기에 생겨났다. 따라서 초기 신고전주의자들은 마르크스를 알지 못했고, 자신들의 대항 모델을 개발하기 위해 스미스와 리카도만 언급했다. 반대로 마르크스는 최소한 죽기 직전에는 제번스를 주목하고 있었다. 심지어 신고전주의에 답하기 위해 미분까지 공부했다. 그러나 그와 관련해서 남긴 글은 없다. (Jonathan Sperber, *Karl Marx*, 2013, pp. 460~461)

6 Michael Heine, Hansjörg Herr, *Volkswirtschaftslehre*, p. 18. 원래 한계효용론

은 한계효용이 '기수', 즉 정확한 수치로 측정될 수 있다고 가정하면 무척 사회 비판적이다. 예를 들어보자. 한 가난한 기술자는 새 직장으로 출근하기 위해 (생애 첫) 차가 시급하게 필요하다. 한 부유한 가정도 딸을 학교에 데려다 주기 위해 (세 컨드) 차가 필요할 수 있다. 차가 없으면 아이는 걸어가야 한다. 언뜻 보기에 사회 전체적으로 한계효용을 최적화하는 방법은 아주 간단해 보인다. 돈을 재분배하는 것이다. 기술자가 자동차를 타고 새 직장에 가서 일을 하면 사회적인 한계효용은 뚜렷이 증가하기 때문이다. 부자 입장에서도 아이가 걸어간다고 해서 손해 볼 건 없다. 다만 이런 객관적인 계산법은 통하지 않는다. 신고전주의는 주관적으로 경험되는 주관적인 효용에서 출발하기 때문이다. 아마 부자 가족은 걷는 것을 정말 끔찍이 싫어해서 자동차가 기술자에게만큼 주관적으로 중요할 수 있다. 따라서 이탈리아 경제학자 빌프레도 파레토(1848~1923)는 다른 효용 계산을 제안했다. 여기서는 주관적인 선호도가 '서수'로 표현된다. 그러니까 기술자에게는 자동차가 케이크 한 조각보다 중요할 수 있는 반면에 부유한 가정에는 뉴욕 항공 여행보다 자동차가 더 시급할 수 있다는 것이다. 게다가 이런 개별 선호도는 객관적으로 비교하는 것이 불가능하다. 이런 '서수' 해석을 통해 자동으로 신고전주의는 구조적으로 보수 색채를 띨 수밖에 없다.

7   Michael Heine, Hansjörg Herr, *Volkswirtschaftslehre*, p. 17.

8   예를 들어 슘페터도 경제학계 입문을 이런 방법론적 오류에서 시작했다. 그는 23세에 불과하던 1906년에 이미 「경제학 이론의 수학적 방법론」이라는 강령적 논문을 발표했는데, 핵심은 이렇다. 경제학 개념들은 '정량적'이기에 경제학도 '수학 분과'라는 것이다. Heinz D. Kurz, Richard Sturn, *Schumpeter für jedermann*, 2011 참조.

9   Michael Heine, Hansjörg Herr, *Volkswirtschaftslehre*, p. 63.

10   과점 체제에서 기업들이 어떻게 행동하는지는 이른바 게임 이론을 통해 그 사이 많은 연구가 이루어졌다. 간단하게 말하면 다음과 같다. 과점 체제에서는 기업들에 두 가지 옵션밖에 없다. 파괴적인 가격 경쟁 아니면 협력이다. 그런데 신고전주의 경쟁 모델에서는 이 두 옵션 중 어느 것도 등장하지 않는다.

11   Joseph A. Schumpeter, *Capitalism, Socialism and Democracy*, p. 78.

12　현실에서는 대기업만 가격 정책을 추진하는 것이 아니라 아주 작은 기업도 자신들의 가격을 조정할 수 있다. 레스토랑을 예로 들어보자. 레스토랑은 각자 독특한 입지와 메뉴, 인테리어, 음악으로 차별화되어 있다. 또한 고객을 얻기 위해 경쟁하지만 동일한 상품으로 경쟁하지는 않는다. 이런 현상을 두고 '독점적 경쟁'이라는 용어가 도입되었다.

13　Heinz D. Kurz, Richard Sturn, *Schumpeter für jedermann*, 2011, p. 96.

14　Joseph A. Schumpeter, *Capitalism, Socialism and Democracy*, p. 84.

15　Heinz D. Kurz, Richard Sturn, *Schumpeter für jedermann*, 2011, pp. 223~224.

16　세계 경제 위기에 대해선 다음 책 참조. Ulrike Herrmann, *Der Sieg des Kapitals*, 2013, pp. 162~164.

17　Robert L. Heilbroner, *The Worldly Philosophers*, p. 291.

7. 돈은 어디에 있을까?! 존 메이너드 케인스

1　케인스의 생애와 관련해서는 표준적인 두 전기가 있다. Robert Skidelsky, *John Maynard Keynes*(2003)〔로버트 스키델스키 지음, 고세훈 옮김, 『존 메이너드 케인스』, 후마니타스, 2009〕, 그리고 Donald Moggridge, *Maynard Keynes*(1992). 별도의 언급이 없는 한 인용문들은 모두 이 두 책에서 따왔다. 케인스 밑에서 공부하고 그와 평생 끈끈한 관계를 유지했던 로이 해러드도 1951년에 전기를 출간했지만, 이 책에는 케인스의 사생활과 관련한 중요한 내용들이 누락되어 있다. 당시 영국에서는 동성애가 범죄였기 때문이다.

2　예를 들어 다음 책 참조. Gerald Braunberger, *Keynes für jedermann*.

3　예를 들어 다음 책 참조. Mark Blaug, *The Methodology of Economics*, Cambridge University Press, pp. 72~76.

4　케인스는 이튼에서 보낸 첫해에 10개의 상을 받았고, 2년차에는 18개, 3년차에는 11개를 받았다.

5　1912년 케인스는 '사도들'에 철학자 루트비히 비트겐슈타인도 끌어들이려고

했다. 그러나 비트겐슈타인은 첫 모임부터 너무 질려서 바로 탈퇴해버렸다.

6   알프레드 마샬(1842~1924)은 발라의 일반 균형으로는 더 이상 진척을 볼 수 없어 경제학에 부분 균형을 도입했다. 이제는 개별 시장만 분석해야 한다는 것이다. 이 접근 방식은 오늘날까지도 주류 경제학에서 인기가 무척 높다. 그런데 여기서 부분적인 시장이 허구라는 사실은 별로 언급되지 않는다. 현실에서는 모든 시장이 서로 연결되어 있다. 오늘날 모든 경제학과 학생이 첫 시간에 배우는 가장 유명한 경제학 도표, 즉 '시장 다이어그램'도 마샬의 작품이다. 여기서 수요 곡선과 공급 곡선은 '균형 가격'이 형성되는 지점에서 정확히 교차한다. 신고전주의가 늘 그렇듯, 이 모델도 완벽한 경쟁을 전제로 한다.

7   아서 세실 피구(1877~1959)는 마샬의 부분 균형 이론을 받아들여 몇몇 실제 문제에 적용했다. 그의 유명한 인식은 이렇다. 비용이 발생하는데도 불구하고 시장에서 가격이 책정되지 않는 부정적인 '외부 효과'가 있다는 것이다. 예를 들면 환경 오염이 그렇다. 피해 유발자에게 피해액을 청구하려면 우선 그에 대한 가격이 매겨져야 한다. 즉, 피해액을 시장 내부로 끌어들여야 한다는 것이다. 피구는 이를 위해 일종의 환경세를 제안했다. 그의 이름을 딴 '피구 세금'이다. 또한 그는 개인들의 한계효용은 비교할 수 없다는 빌프레도 파레토의 생각을 거부했다(6장, 미주 6 참조). 부가 가난한 사람들에게 재분배되어야 사회 전체의 한계효용이 증가한다고 확신했기 때문이다. 따라서 그는 누진 소득세를 주창했다.

8   케인스 본인도 자신의 학위 논문이 통과하리라는 확신이 없었다. 한 편지에서 그는 이렇게 썼다. "램지와 다른 젊은 교수들은 무척 완고해서, 여전히 개연성은 정확히 측정이 가능하고 빈도수와 연결되어야 한다고 믿거나, 아니면 개연성이 심리적으로만 의미가 있을 뿐 명백히 비논리적이라고 주장하고 있습니다." 여기서 '램지'는 21세에 킹스 칼리지의 강사가 된 천재적인 수학자 프랭크 플럼튼 램지(1903~1930)를 가리킨다. 그 역시 '사도들'의 멤버였고, 루트비히 비트겐슈타인과 가까운 사이로 비트겐슈타인의 『논리 철학 논고』를 영어로 번역했다. 램지는 케인스가 발행하던 《이코노믹 저널》에도 글 세 편을 실었는데, 오늘날에도 인용될 만큼 수준 높은 원고였다. 그는 무엇보다 최상의 과세 제도에 관한 이론을 발전시킨 인물로서 지금도 가장 중요한 경제학자 중 한 명으로 여겨진다. 그런 사람이 하

복부 수술 의료사고로 26세에 일찍 세상을 떠났다.

9   이 책의 두 번째 장은 오늘날에도 여전히 읽을 만한 가치가 있다. 인도의 특수 문제만 다룬 것이 아니라 일반적인 금본위제를 다루고 있기 때문이다. 케인스는 금본위제가 당시 금을 기반으로 했기에 순조롭게 돌아가지 못하고 있다고 간단명료하게 설명했다. 아울러 금본위제 대신 금융 중심지 런던이 전 세계 자본 흐름을 조종하고, 그와 함께 영국 중앙은행이 기준 금리로 글로벌 금융시장을 통제하는 것이 중요하다고 말했다.

10   전쟁 비용에 관한 논의는 마지막 평화기 몇 년 동안에 집중적으로 이루어졌다. 1910년 출판인 노먼 에인절이 쓴 『거대한 환상The Great Illusion』이 도화선이 되었다. 이 책은 국제적인 베스트셀러가 되었고, 불과 1년 만에 15개 언어로 번역되었다. 여기서 에인절이 말하는 바는 분명했다. 전쟁은 승자조차 일으킬 가치가 없을 정도로 막대한 재정적 손실을 입게 된다는 것이다.

11   이 금융 위기는 다음 책에 자세히 설명되어 있다. Richard Roberts, *Saving the City. The Great Financial Crisis of 1914*, Oxford University Press, 2014. 영국 중앙은행의 금 보유고는 빠르게 고갈되었다. 그들의 금고엔 2400만 파운드 상당의 금만 보관되어 있었다. 반면에 독일은 4000만 파운드 상당의 금을 보유하고 있었고, 심지어 미국에는 1억 4200만 파운드 상당의 금이 있었다. 영국은 역설적인 상황에 빠졌다. 세계는 공식적으로 금본위제를 채택하고 있었고 런던은 세계에서 가장 큰 금융 중심지였다. 그런데 영국에는 금이 별로 없었다. 이 불균형은 금본위제가 순전히 허구임을 다시 한번 보여주었다. 그러니까 세계무역은 금 없이도 얼마든지 이루어질 수 있었다. 결국 영국인들은 비용을 절감하기 위해 비밀리에 금 보유량을 줄여나갔다. (Richard Roberts, *Saving the City*, pp. 75~76 참조.)

12   영국의 금 부족은 다양한 조치로 해결되었다. 그중 하나가 작은 액수의 지폐 제작이었다. 당시엔 작은 액수의 지폐가 없었고, 오늘날 100유로 지폐에 해당하는 5파운드 지폐만 있었다. 따라서 자잘하게 지출할 때는 항상 금화로 지불했다. 이런 상황에서 재무부는 자체 지폐를 제작했고, 이 지폐는 모든 공식 기관에서 사용되었다. 물론 금으로 교환되지 않는다는 조건이 붙었다. 기대했던 대로 이 지폐는 금화를 일부 대체했고, 그로써 그에 해당하는 금이 영국 중앙은행에 고스란히 쌓

였다. 소액 지폐를 찍어내자는 아이디어는 케인스가 재무장관에게 제출한 공식 보고서에도 이미 담겨 있었다. 그런데 민간 은행의 요구 사항은 훨씬 광범했다. 재무부가 찍어낸 자체 지폐 외에 '진짜' 지폐의 금본위제까지 없애버리자는 것이다. 그러나 케인스는 금본위제의 폐지를 공식 선포하는 것에 단호히 반대했다. 그것이 불러올 시장의 패닉을 두려워했기 때문이다. 그건 정말 피하고 싶었다. 게다가 런던 금융 센터의 국제적 명성이 돌이킬 수 없을 정도로 손상되는 것도 우려했다. 케인스가 옳았다. 금본위제는 유지되었고 예금자들은 다시 진정되었다.

어쨌든 로이드 조지는 재능이 있었다. 그가 "톱클래스의 재무 전문가"로 인정받기까지는 단 며칠밖에 걸리지 않았다. 케인스의 관여가 없는 상태에서도 당시 금융 위기를 즉각 종식시킨 두 번째 결정을 내렸기 때문이다. 이 작전의 이름은 '동결 전략'이었다. 이제 시중 은행들은 5~7퍼센트의 이자율로 자신들이 보유하고 있던 모든 부실 어음을 중앙은행에 떠넘겼다. 이로써 위험은 더 이상 금융기관이 아닌 납세자가 떠안아야 했다. 로이드 조지조차 총 4000만 파운드의 손실을 예상했지만 결과는 완전히 달랐다. 전후 최종 결산을 해보니 국가는 650만 파운드의 이익을 거두었다.

13 베르사유 평화조약에서는 독일 배상금에 대한 구체적인 금액이 아직 결정되지 않았다. 최종 금액은 1921년 5월에야 런던의 배상금 회의에서 확정되었다. 그런데 프랑스는 1919년 1월에 독일 배상금의 규모가 최소 1200억 골트마르크는 돼야 한다고 요구했지만, 실제로 런던에서 합의된 최종 금액은 그를 훌쩍 뛰어넘어 총 1320억 골트마르크에 이르렀다.

14 Charles P. Kindleberger, *A Financial History of Western Europe*, Routledge, p. 297.

15 당시 케인스는 대안으로 포괄적인 부채 탕감을 제안했다. 프랑스인들은 배상금으로 전쟁 피해를 복구하는 데만 사용하려고 한 것이 아니라 무엇보다 영국에 진 전쟁 빚을 갚으려고 했기 때문이다. 반대로 영국은 미국에 많은 빚을 지고 있었다. 만일 연합국들이 서로 부채를 완전히 탕감했다면 미국은 총 16억 6800만 파운드, 영국은 6억 5100만 파운드의 손실을 입을 테지만, 7억 파운드에 달하는 부채를 지고 있던 이탈리아와 마찬가지로 5억 1000만 파운드의 빚을 지고 있던 프랑스

는 큰 혜택을 받았을 것이다. 그러나 미국인들은 이런 식의 부채 탕감에 동의하지 않았다. 그들로서는 아무 소득이 없는 일이었다. 그러나 늦어도 대공황 이후 이 부채들은 종이쪼가리나 다름없어졌다. (Adam Tooze, *The Deluge*, pp. 293~295〔애덤 투즈 지음, 조행복 옮김, 『대격변』, 아카넷, 2020〕.)

16   케인스는 자신의 베스트셀러 『평화의 경제적 결과』에서 이렇게 썼다. "레닌은 자본주의 체제를 파괴하는 최선의 길은 통화를 뒤흔드는 것이라고 말했다고 한다." 이후 이 말은 레닌의 유명한 인용문이 되었지만, 레닌의 저작에는 그런 말이 나오지 않는다(Charles P. Kindleberger, *A Financial History of Western Europe*, Routledge, p. 321).

17   John Maynard Keynes, "A Short View of Russia", 1925, *Essays in Persuasion*, pp. 297~311.

18   케인스는 제3장 4절에서 파생상품 투기꾼으로서의 경험에 기초해서 선물시장을 훌륭하게 설명했다.

19   윈스턴 처칠은 자신의 잘못된 결정을 결코 쉽게 내리지는 않았다. 1925년 2월 금융 담당 차관 오토 니마이어에게 다음과 같이 썼다. "내가 보기에 금융 당국은 케인스 씨가 '궁핍 와중에 실업의 역설'이라고 불렀던 것의 함축적 의미를 깊이 고민해본 적이 없는 것 같습니다. 중앙은행 총재도 영국이 세계에서 신용 등급이 가장 높고 그러면서도 실업자가 125만 명이나 되는 현 상황에 완전히 만족하는 듯합니다. … 나는 덜 거만한 금융가들과 더 행복해하는 산업을 보고 싶습니다." 심지어 처칠은 1925년 3월 17일 케인스 외에 재무부 및 중앙은행의 고위 관료까지 참석한 특별 만찬을 준비하기도 했다. 그러나 스스로도 솔직하게 인정했듯이 처칠은 경제학자가 아니었고, 케인스의 이론은 소수 의견이었다. 결국 처칠은 다수를 택했다. 그러나 이러한 난타전에도 불구하고 케인스와 처칠의 개인적인 관계는 나빠지지 않았다. 케인스는 처칠이 설립한 '디 아더 클럽The Other Club'의 회원으로 계속 활동했다.

20   케인스가 예측한 대로 1926년 5월 1일 광부들은 임금 삭감에 항의하기 위해 무기한 파업에 돌입했다. 그러나 1926년 가을, 노조의 파업 기금이 고갈되면서 아무 소득 없이 파업을 중단하고 삭감된 급여를 받아들여야 했다. 케인스가 상세히

주

설명했듯이, 임금과 물가가 모든 부문에서 동시에 균등하게 하락했다면 금본위제는 그나마 유지될 수 있었을 것이다. 임금과 물가가 함께 떨어지면 실질 구매력은 유지되기 때문이다. 노동자들은 돈을 덜 버는 만큼 지출도 덜 하게 된다. 그런데 자본주의 체제에서는 임금 삭감을 사회 전체적으로 실시할 메커니즘이 없다. 모든 부문이 세계 시장과 연결되어 있는 것은 아니기 때문이다. 구 금본위제가 도입된 후 영국의 '보호된' 산업 부문에서는 임금과 물가가 변하지 않았다. 대신 수출 산업만 전체적으로 큰 타격을 입었다.

21   John Maynard Keynes, "The Economic Consequences of Mr. Churchill", 1925, *Essays in Persuasion*, pp. 244~270, 여기서는 pp. 261~262.

22   1929년에 시작된 세계 대공황은 이미 경제 총계로만 답할 수 있는 질문을 제기했다. 실제로 실업자는 얼마나 될까? 사람들은 여전히 생존하기에 충분한 돈을 갖고 있을까? 생산량은 얼마나 줄었을까? 어느 분야에서? 경제학자 사이먼 쿠즈네츠는 미 상원의 주문으로 1929년부터 1932년까지 미국의 일인당 국민소득을 계산했다. 그 결과 절반이나 떨어진 것으로 조사되었다. 산업은 심지어 70퍼센트 정도 무너졌고, 건설 부문은 80퍼센트 와해되었다. 성장한 것은 공공 부문뿐이었다. 영국에서도 경제학자 콜린 클라크가 국민소득을 최초로 계산했다. 케인스는 GDP를 혼자 개발하지 않았다. 구체적인 통계는 사이먼 쿠즈네츠를 비롯해 젊은 경제학자 제임스 미드와 리처드 스톤이 제공했다. 이 두 사람은 나중에 노벨상을 받았다. GDP의 역사에 대한 개요는 다음 책을 참조하기 바란다. Philipp Lepenies, *The Power of a Single Number*, Columbia University Press, 2016.

23   Ulrike Herrmann, "Die Zahl, die Hitler besiegte", 《타게스차이퉁》, 2015. 5. 2. 참조.

24   Philipp Lepenies, *The Power of a Single Number*, 2016, p. 73.

8. 확실한 건 오직 불확실성뿐이다: 『일반 이론』(1936)

1   Robert Skidelsky, *Keynes*, p. 531.

2   Olivier Blanchard, *Macroeconomics*, 5th edn, Pearson, 2009, p. 107〔올리비

에 블랜차드 지음, 최희갑 옮김, 『거시경제학』, 시그마프레스, 2023].

3   John Kenneth Galbraith, *A History of Economics*, p. 232. 케인스의 주저는 매우 혼란스럽게 구성되어 있기 때문에 이론의 핵심을 알려면 개별 장부터 먼저 읽는 것이 좋을 때가 많다. 예를 들어 케인스의 전기 작가 스키델스키는 2장에서 시작해서 8장부터 13장까지 읽고, 그런 다음 훌쩍 건너뛰어 18장을 읽으라고 추천한다(Robert Skidelsky, *Keynes: A Very Short Introduction*, Oxford University Press, 2010, p. 88).

4   케인스의 주저는 1936년에 이미 독일어로 번역되었지만, 번역의 오류가 많았다. 10쇄(2006)와 11쇄(2009)에서는 어느 정도 개선되었지만, 2016년 가을에 마침내 경제 저널리스트 니콜라 리베르트가 번역한 완전 개정판이 출시되었다. John Maynard Keynes, *Die allgemeine Theorie der Beschäftigung, des Zinses und des Geldes*, Duncker & Humblot, 2017.

5   아서 세실 피구는 '실질 균형 효과'를 주창함으로써 신고전주의 이론을 구하고자 했다. 임금과 물가가 하락하면 돈 있는 사람은 저축한 돈으로 더 많은 물건을 살 수 있다. 그러면 수요가 증가하고 새로운 일자리가 창출된다. 그러나 피구 스스로 이름 붙인 이 '피구 효과'의 기저에도 사고 오류가 자리하고 있다. 임금과 물가가 하락하면 돈 있는 사람이 이익을 얻는 것은 맞다. 하지만 동시에 빚 있는 모든 자영업자와 가계는 고통받는다. 매출과 임금이 떨어지면 대출받기가 더욱 어려워지기 때문이다. 따라서 빚 있는 사람은 소비를 줄일 수밖에 없다. 결국 총합 면에서 보면 추가 수요는 없다. 돈 있는 사람의 이익은 곧 빚 있는 사람의 손실이기 때문이다.

6   이 주장에 대한 논거는 『일반 이론』 2장 2절에 나온다. 19장에서 케인스는 물가와 임금이 변동성을 보이면 어떤 효과가 나타나는지에 대한 문제로 되돌아간다. 이번에는 가령 기업가가 갖고 있는 기대의 역할 같은 것으로 자신의 이론적 가정을 보완하고, 실제로 물가가 임금보다 더 큰 폭으로 떨어질 때도 많다는 점을 고려한다. 그럼에도 결과는 동일했다. 임금이 하락한다고 해서 실업률은 떨어지지 않았다.

7   『일반 이론』의 모든 인용문은 필자가 직접 번역했다.

8 경제 이론사에 대한 케인스의 지식은 다소 피상적이어서 애덤 스미스와 데이비드 리카도가 웬만큼 신고전주의와 동일한 입장을 대변하고 있다는 생각으로 이어졌다. 그런 까닭에 케인스는 자신의 전임자와 동료들을 모두 '고전적 경제학자'라는 동일한 꼬리표로 묶어버렸다(『일반 이론』 각주 1 참조). 이런 이론적 부정확성은 그의 스승 알프레드 마샬에게서 물려받았다. 마샬은『경제학 원리』에서, 기업 생산량이 단기적으로는 신고전주의의 한계효용, 즉 수요에 의해 결정되지만 장기적으로는 생산 비용에 의해 결정된다고 주장함으로써 고전주의와 신고전주의의 차이를 없애려고 시도했다. 이 과정에서 고전주의의 생산 비용이 신고전주의와는 완전히 다른 식으로 결정된다는 사실은 교묘히 무시했다. 피에로 스라파는 이 차이를 해결하기는 했지만(이 책의 5장, 주석 15 참조), 친구였던 케인스의 이론적 작업에는 전혀 주목하지 않았다. 게다가 케인스의 관점에서는 고전주의와 신고전주의를 동일시할 수밖에 없었던 두 번째 이유가 있었다. 이 두 이론이 다른 영역에서는 아무리 차이를 보이더라도 돈의 문제와 관련해서는 비슷한 가정에서 출발하고 있었기 때문이다. 두 학파 모두 투자가 가능하려면 저축(마르크스에겐 자본 축적)이 먼저 이루어져야 한다고 믿었다. 케인스는 스스로를 무엇보다 통화 이론가로 이해하고 있었기에 그에게 두 학파 사이의 다른 차이점은 중요하지 않았다.

9 Robert Skidelsky, *Keynes*, p. 525.

10 *Op. cit.*, p. 469.

11 John Maynard Keynes, "The General Theory of Employment," *The Quarterly Journal of Economics*, 1937, pp. 209~223.

12 Kurt Tucholsky, *Kurzer Abriss über die Nationalökonomie*, 1931.

13 케인스는 1913년 「위기와 불황이 번갈아 찾아오는 상황에 은행가는 얼마나 책임이 있는가?How Far are Bankers Responsible for the Alternations of Crisis and Depression?」라는 글에서 화폐 창출의 문제를 처음 지적했다. 또한 그의 주요 작품인『화폐론』(1930)도 신용이 갑자기 하늘에서 뚝 떨어지듯이 발생하고 예금자가 필요하지 않는 상태에서도 어떻게 이자가 예금액 및 투자액과 일치할 수 있는지를 집중적으로 다루었다.

14 그사이 행동경제학은 수많은 실험을 통해 인간이 호모 에코노미쿠스가 아

니라는 사실을 증명했다. 우리 인간은 위험에 합리적으로 대처할 수 없다는 것이다. 가장 유명한 것은 아모스 트버스키와 대니얼 카너먼의 실험인데, 두 사람은 무엇보다 손실의 고통이 수익의 기쁨보다 더 크고, 이는 다시 주식 중개인의 투자 행동에 영향을 미친다는 사실을 보여주었다(Daniel Kahneman, *Thinking, Fast and Slow*, Penguin, 2011〔대니얼 카너먼 지음, 이창신 옮김, 『생각에 관한 생각』, 김영사, 2018〕 참조).

15 금융시장에 대한 케인스의 상술은 『일반 이론』 12장에 나온다. 이 장은 케인스 본인도 가장 중요하게 생각한 장들 중 하나였다. 그건 그와 관련해서 좀 더 발전시킨 테제를 「고용의 일반 이론」에서 자세히 반복한 데서도 알 수 있다. 하지만 이 12장은 케인스주의자들에게조차 오랫동안 무시되었다. 일례로 미국에서 『일반 이론』의 대중화에 큰 공을 세운 하버드 경제학자 앨빈 한센(1887~1975)은 자신의 책 『케인스 안내서A Guide to Keynes』(1953)에서 12장의 "탁월성"에 찬사를 보내지만 정작 설명은 단 두 단락에 그쳤다(p. 125).

16 『일반 이론』에서 케인스는 자신의 박사학위 논문과의 관련성을 명시적으로 언급했다(『일반 이론』 각주 61 참조).

17 금융 거래세에 대한 케인스의 아이디어는 훗날 노벨경제학상 수상자 제임스 토빈이 다시 집어 들게 되는데, 그 때문에 이 세금은 '토빈세Tobin tax'라 불리기도 한다. 토빈세에 대한 요구는 1998년 프랑스에서 세계화에 비판적인 시민 네트워크인 Attac의 설립으로 이어졌다. 유럽연합도 2007년 금융 위기 이후 금융 거래세 도입을 검토했다. 주식에 0.1퍼센트, 파생상품에 0.01퍼센트의 세금을 매김으로써 금융 상품의 거래로 인한 이익을 확 줄여 거래 속도를 현저히 낮추자는 것이다. 그러나 이 프로젝트는 당분간 좌절되고 말았다. 실행 방식과 관련해서 유럽연합 국가들의 합의를 끌어낼 수가 없었기 때문이다. 아무튼 일반적인 오해를 피하기 위해 말하자면, 금융 거래세는 시장을 진정시킬 수는 있지만 실제 투기 거품을 막지는 못한다. 투자자들이 주가가 급등할 것이라고 믿는다면 0.1퍼센트의 세금 정도는 문제가 되지 않기 때문이다.

18 그사이 금융시장은 케인스가 설명한 것보다 훨씬 더 지배적으로 변했다. 기업은 '주주 가치'의 제고라는 관점에서 지속적으로 자사 주식을 관리해야 하기 때

문이다.

19 일반적인 경제 이론이 아니라 불황의 과정만을 설명하는 순수한 위기 이론도 있다. 예를 들어 미국 경제학자 어빙 피셔는 1933년 '부채 디플레이션' 현상을 다음과 같이 풀이했다. 당시 많은 금융 투자자는 주식 투기를 위해 대출을 받았다. 그들이 원한 것은 큰 거 한 방이었다. 즉, 적은 자본을 들여 최대의 이익을 얻으려고 했다. 그런데 이 위험한 전략은 금융시장이 폭락하면서 연쇄 반응을 일으켰고, 투기꾼들은 대출금을 갚을 수 없었다. 이들은 부채 일부라도 갚으려고 주식은 물론 주택과 자동차 같은 유형 자산을 매각했다. 그 바람에 자산 가치는 계속 하락했고 채무자들은 깊은 악순환에 빠져들었다. 유형 자산이 매물로 많이 나올수록 가격은 점점 떨어졌다. 그런데 가격이 떨어질수록 명목 금액에는 변함이 없는 부채를 갚는 것이 점점 힘들어졌다. 다들 빚을 갚으려고 노력했음에도 부채는 실질적으로 증가했다. 피셔의 표현을 빌리자면, "모든 채무자가 많이 갚을수록 점점 더 많은 빚을 지게 된다."(Irving Fisher, *The Debt-Deflation Theory of the Great Depression*) 부채 디플레이션은 기금과 금융기관의 대대적인 파산으로 이어지기 때문에만 위험한 것이 아니라 원래 건전했던 기업의 투자 행태도 바꾸기 때문에 위험하다. 노무라종합연구소 수석연구원인 리처드 쿠는 이 효과를 "대차대조표 불황"이라고 불렀다. 당시 모든 기업의 결산 장부에는 자동으로 막대한 부채가 기록되어 있었다. 왜냐하면 자산 가격은 25~50퍼센트 하락한 반면에 대출 금액은 명목상 동일하게 머물러 있었기 때문이다. 상황이 이렇게 되자 신중한 회사들조차 장부상 과도한 부채에 시달리면서 가능한 한 빨리 대출을 줄이고 싶어 했다. 기업들은 꼭 필요한 투자 외에는 모두 포기하고, 들어오는 수입을 대출금 상환에 우선적으로 투입했다. 그로써 경제 위기는 더욱 격화되었다(Richard C. Koo, *The Holy Grail of Macroeconomics*, Wiley, 2009). 이런 위기 이론들은 금융 위기에서 투자 회피와 총수요의 붕괴 이유를 보다 상세히 설명함으로써 케인스의 이론을 보완한다. 다음 책도 참조. Ulrike Herrmann, *Der Sieg des Kapitals*, 2013, pp. 169~171.

20 임금 삭감이 개별 국가에서 효과를 발휘하는 한 가지 예외가 있다. 바로 유로존이다. 독일이 '어젠다 2010'으로 시범을 보였다. 독일 기업의 경쟁력을 높이려고 실질 임금을 낮춘 것이다. 이 수법은 애당초 유로존 내에 환율 변동이 없었기

때문에 가능했다. 만일 독일이 여전히 마르크화를 사용했다면 막대한 수출 흑자로 인해 독일 화폐는 평가 절상될 수밖에 없었고, 그러면 임금 삭감의 이점은 사라졌을 것이다. 그런데 모든 유로 국가가 독일의 이 임금 전략을 따라할 수는 없다. 여기엔 다음 논리가 작동한다. 모든 국가가 수입보다 수출을 많이 할 수는 없다는 것이다. 이 책의 10장 참조.

21 중앙은행의 통화 정책에 대한 쉬운 입문서로는 다음 책을 들 수 있다. Dirk Ehnts, *Geld und Kredit*, Metropolis, 2014.

22 풍자를 좋아하는 독자라면 『일반 이론』 10장 6절은 특히 만족스러울 것이다. 케인스는 여기서 보수 정치인들을 신랄하게 조롱한다.

23 승수 효과가 실제로 얼마나 클지는 가계가 일반적으로 소득의 얼마를 지출하는지, 그리고 얼마를 저축함으로써 수요가 얼마나 줄어드는지에 달려 있다. 케인스는 이러한 소비 경향과 저축 경향의 관계를 '소비 함수'라 불렀다. 앞서 설명한 대로 이 함수는 비교적 안정적이라는 데 큰 매력이 있다. 가계 지출은 이미 오래전부터 기업 투자만큼이나 변동성이 심하지 않다. 그렇다면 국가는 공적인 경기 부양 프로그램이 창출한 추가 소득 중 얼마큼이 다시 경기 순환 시스템으로 들어가는지 꽤 정확하게 계산해낼 수 있다. 승수 효과는 케인스가 개발한 것이 아니라 1930년 그의 제자 리처드 칸이 개발했다. 케인스는 1929년 자신이 쓴 선거 팸플릿 「로이드 조지가 해낼 수 있을까?」에서 처음으로 고용 프로그램을 요구했고, 그로써 간접적으로 승수 효과를 암시했다. 그러나 당시 케인스는 이 "간접 고용의 효과"를 어떻게 계산할 수 있을지 아직 알지 못했다. 그러다 칸이 티롤 알프스에서 하이킹을 하던 중에 스스로에게 다음과 같은 질문을 던짐으로써 돌파구를 찾았다. 승수 효과는 왜 무한대로 작용하지는 않을까? 그는 수요 효과를 제한하는 여러 가지 "새는 구멍"을 찾아냈다. 예를 들어 가계는 소득의 일부를 저축하고, 기업은 생산에 새로 투자하는 대신 추가 수요의 일부를 창고에 쌓인 재고로 충당했다. 게다가 돈의 일부는 수입 상품에 지출되어 해외로 유출되었다. 그런데 수입품에 대한 이런 지출은 케인스 당시엔 경미했다. 대공황 중에 세계무역은 크게 붕괴되었기 때문이다. 반면에 오늘날엔 개별 국가가 자기만의 독자적인 경기 부양책을 펼치는 것이 거의 불가능해졌다. 그사이 대외무역이 막대한 역할을 하게 되었기 때문이

다. 2007년 시작된 금융 위기 이후 경기 부양 프로그램은 거의 모든 국가가 동시에 채택했기에 효과를 거둘 수 있었다.

24   다음 책도 참조. Ulrike Herrmann, *Der Sieg des Kapitals*, 2013, pp. 176~178.

25   John Maynard Keynes, "The Keynes Plan", 1942, J. Keith Horsefeld (Ed.), *The International Monetary Fund 1945–1965*. Volume III: Documents (IMF 1969), pp. 3~18.

26   금본위제는 19세기에 이미 실질적으로 약화되었다. 왜냐하면 대외무역 적자가 일반적으로 금으로 결제되지 않고, 세계 금융 센터인 런던에서 제공한 대출로 상환되었기 때문이다.

27   구체적으로 보면 케인스는 금 문제에서 일종의 일방통행을 상상했다. 이런 식이다. 각국은 더 많은 방코르를 받아 수입 적자를 결제하기 위해 '국제 청산 은행'에 금을 예치할 수 있다. 그러나 거꾸로는 되지 않았다. 방코르를 예치하고 금을 받을 수는 없다는 말이다.

28   케인스의 핵심 아이디어는 부채와 자산이 균형을 이루는 일반 은행의 대차대조표처럼 글로벌 통화 시스템을 설계하는 것이었다. 게다가 일반 은행과 마찬가지로 매우 제한적이긴 하지만 화폐 창출도 가능했다. 그러니까 '국제 청산 은행'이 대외무역에서 적자와 흑자를 결제하는 데 필요한 만큼의 방코르를 생산해낼 수 있다는 말이다. 이는 실물 경제에서 '진짜' 돈의 증가로 이어졌다. 예를 들어 A국은 수출 흑자를 기록하고, 이로써 자국 계좌에 방코르가 쌓인다. 이 방코르는 중앙은행에 의해 만들어진다. 방코르는 A국 통화에 대해 고정 환율을 갖고 있기 때문에 A국 중앙은행은 그에 상응하는 만큼 자국 통화를 더 많이 '찍어낼' 수 있다. 그러면 수출업자는 이 '진짜' 돈을 받는다. 그렇다고 방코르가 무한정 생산될 위험은 없었다. 수출 흑자와 수입 적자는 똑같이 벌금 이자로 처벌되었기 때문이다. 케인스는 세계에 돈이 넘쳐나는 걸 원하지 않았다. 대신 각국이 장기적으로 대외무역의 균형을 이루도록 강제하는, 최대한 유연한 시스템을 설계하고자 했다.

29   미국의 계획은 한때 헨리 모건소 미 재무장관의 최측근이었던 하버드 졸업생 해리 덱스터 화이트의 작품이었다. 화이트가 정기적으로 소련에 정보를 제공

한 첩자였다는 사실은 나중에야 밝혀졌다. 아무튼 미 국립경제연구소는 케인스와 화이트 계획의 차이점을 강조하기 위해 오늘날까지도 여전히 도움이 되는 개론서를 썼다. J. H. Riddle, *British and American Plans for International Currency Stabilization*(1943).

9. 오늘날의 주류: 어떤 자본주의도 해결책이 아니다

1 Ha-Joon Chang, *Economics: The User's Guide*, Bloomsbury Publishing, 2014, p. 79〔장하준 지음, 김희정 옮김, 『장하준의 경제학 강의』, 부키, 2023〕.

2 Heiner Flassbeck, *Die Marktwirtschaft im 21. Jahrhundert*, Westend, p. 43.

3 *Op. cit.*, p. 42.

4 다음 책도 참조. Stephan Schulmeister, *Mitten in der großen Krise*.

5 다음 책도 참조. Ulrike Herrmann, *Der Sieg des Kapitals*, 2013, p. 181 ff.

6 Paul Krugman, "Der amerikanische Alptraum", 《디 차이트Die Zeit》, 2008. 10. 13.

7 Der Paritätische Gesamtverband, *Ungleichheit: Ausmaß, Ursachen und Konsequenzen*. Jahresgutachten 2016, p. 4.

8 Peggy Noonan, *When Character Was King: A Story of Ronald Reagan*, p. 66.

9 *Op. cit.*, p. 54.

10 *Op. cit.*, pp. 80~82. 누난의 묘사는 그녀가 원래 레이건을 완전히 무비판적으로 보았기 때문에 신뢰할 만하다. 그녀는 백악관에서 2년 동안 레이건을 위해 일했고, 그의 전기를 영웅 이야기로 만들었다. 따라서 누난은 어떤 식으로든 레이건의 기회주의를 비판하고 싶지 않았고, 그랬기에 그의 신념 변화 역시 일종의 각성 체험으로 묘사했다.

11 신자유주의의 역사에 대한 자세한 설명은 다음 책에 나온다. Daniel Stedman Jones, *Masters of the Universe*, Princeton University Press〔다니엘 스테드먼 존스 지음, 유승경 옮김, 『우주의 거장들』, 미래를소유한사람들, 2019〕..

12 다음 기사도 참조. Ulrike Herrmann, "Ein deutscher Held," 《타게스차이퉁》,

13   John Kenneth Galbraith, *A Life in Our Times*, pp. 251~261 ff.

14   독일 화폐 개혁은 독일인 한 명과 미국인 두 명에 의해 이루어졌다. 독일인
은 1933년 미국으로 이주한 게르하르트 콜름이고, 미국인은 레이먼드 골드스미스
와 조셉 닷지였다.

15   Werner Abelshauser, *Deutsche Wirtschaftsgeschichte*, p. 126.

16   *Op. cit.*, 도표 6, p. 107.

17   *Op. cit.*, pp. 128~129.

18   John Kenneth Galbraith, *A Life in Our Times*, p. 253.

19   그사이 좌파 정치인 자흐라 바겐크네히트조차 에르하르트의 열성 팬 대열에
합류했다. 예를 들어 그녀는 독일의 경제지 《한델스블라트Handelsblatt》에 〈루트비
히 에르하르트를 기억하라!〉는 제목의 기사를 쓰기도 했다.

20   대표적인 질서자유주의자인 알렉산더 뤼스토프와 빌헬름 뢰프케는 곧 '몽펠
르랭 소사이어티'(자유주의 국제 클럽)를 탈퇴했다. 그들의 눈에 시장에 모든 것
을 맡기자고 하는 미국의 신자유주의자들은 너무 급진적으로 비쳤기 때문이다. 반
면에 뤼스토프와 뢰프케는 국가가 개입해서 '질서'를 잡을 때에야 경쟁이 생길 수
있다고 생각했다. Stedman Jones, *Masters of the Universe*, Princeton University
Press, p. 121~123 참조.

21   에르하르트가 경쟁에 중점을 두었음에도 아데나워 정부는 당연히 사회 정책
도 추진했다. 특히 잘 알려진 것이 1957년의 연금 개혁이다. 하지만 이는 오늘날
까지도 많은 사람이 믿고 있는 것처럼 재분배 정책이 아니라 근로자 계층 내의 재
편 작업일 뿐이었다. 다시 말해 일하는 세대가 연금 수령자들을 위해 돈을 내야 했
는데, 그렇다면 연금 개혁은 인상된 임금으로 재정을 마련하는 셈이었다. 아데나
워 정부가 실제로 추진한 재분배 정책도 지극히 보수적이었다. 그중 악명 높은 것
이 바로, 아내가 가사와 자녀 양육에만 전념하는 가정에만 보조금을 지급하는 제
도였다.

22   Ludwig Erhard, *Wohlstand für alle*, p. 15.

23   *Op. cit.*, p. 16.

24 *Op. cit.*, p. 17.

25 다음 책도 참조. Ulrike Herrmann, *Der Sieg des Kapitals*, Westend, 2013, pp. 65~67.

26 Ludwig Erhard, *Wohlstand für alle*, p. 200.

27 Milton Friedman, "Vorwort zur ersten deutschen Ausgabe von 1971", *Kapitalismus und Freiheit*, p. 23.

28 이 단락과 이하 단락들은 다음 책에서 따왔다. Ulrike Herrmann, *Der Sieg des Kapitals*, Westend, 2013, pp. 184~186.

29 Milton Friedman, *Kapitalismus und Freiheit*, p. 23.

30 Werner Abelshauser, *Deutsche Wirtschaftsgeschichte*, p. 392.

31 유가의 급격한 상승에는 경제적인 동기뿐 아니라 정치적인 원인도 있었다. 1973년 욤-키푸르 전쟁에 대한 반응으로 석유 수출국 기구OPEC는 서방 국가에 대한 석유 수출을 보이콧했다. '제2차 석유 파동'은 1979년 이란의 이슬람혁명으로 주요 석유 공급국 하나가 사라지면서 발발했다.

32 George Soros, *Das Ende der Finanzmärkte*, FinanzBuch Verlag, 2008, pp. 93~95〔조지 소로스 지음, 황숙혜 옮김, 『조지 소로스, 금융시장의 새로운 패러다임』, 위즈덤하우스, 2008〕.

33 Charles Moore, *Margaret Thatcher*, p. 351.

34 Mark Skousen, *The Big Three in Economics*, Routledge, 2006, p. 192.

35 John Kenneth Galbraith, *A History of Economics*, p. 271.

36 Mark Skousen, *The Big Three in Economics*, Routledge, 2006, p. 192 참조. 하이에크는 1944년 국제적인 베스트셀러가 된『예속의 길A Road to Serfdom』을 출간했는데, 이 책은 많은 신자유주의자에게조차 너무 극단적으로 비쳤다. 어떤 형태의 국가 통제든 모두 원칙적으로 파시즘이나 사회주의와 동일시되었기 때문이다〔프리드리히 A. 하이에크 지음, 김이석 옮김, 『노예의 길』, 자유기업원, 2024〕.

37 Lanny Ebenstein, *Milton Friedman*, p. 24.

38 이런 전략은 프리드먼이 예를 들어 1967년 전미경제학회 대회에서 했던 유명한 연설에서도 드러난다. 이 연설문은 다음 책에 실려 있다. Milton Friedman,

"The Role of Monetary Policy", *American Economic Review*, 1968. 3., pp. 1~17.

39　프리드먼은 1957년에 이미 『소비 함수론The Theory of the Consumption Function』
으로 케인스를 향해 첫 포문을 열었다. 여기서 그는 가계의 소비 행태를 설명하려
면 현재 소득뿐 아니라 평생의 기대 소득도 중요하다는 사실을 통계 자료에 의거
해 증명했다. 이 인식은 경험적 데이터로 『일반 이론』을 뒷받침하려는 노력을 전
혀 하지 않았던 케인스의 전제와는 실제로 많이 달랐다. 그러나 프리드먼의 이 첫
번째 포격은 결국엔 불발탄으로 끝났다. 소비 통계에 대한 그의 해석이 그 자체로
논란의 여지가 없을 만큼 분명하다는 건 맞다. 다만 가계의 평균적인 소비 행태가
실제로 어떻게 이루어지는지는 케인스의 이론에서 별로 중요하지 않다. 그저 사람
들의 저축 경향이 비교적 안정적이라는 사실만 중요할 뿐이다. 이건 프리드먼도
반박할 수 없는 사실이었다. 그는 훗날 케인스주의에 대해 또 다른 반론들을 발전
시켰다. 일례로 '필립스 곡선'에 대한 그의 유명한 공격이 그렇다. 그러나 필자는
이 논쟁에 끼어들 생각이 없다. 이 논쟁들은 케인스의 원래 작품과 아무 상관이 없
고, 후계자들의 일부 자의적인 해석에 의해 촉발되었기 때문이다.

40　이 주장은 다음 책 7장에 자세히 나와 있다. Milton Friedman, Anna J.
Schwartz, *A Monetary History of the US, 1867–1960*, Princeton University Press,
1963. 이 책 외에 프리드먼은 자신의 주장을 쉽게 알리는 대중서도 썼다. 다
음 책이 그중 하나다. Milton Friedman, *Capitalism and Freedom*, University of
Chicago Press, pp. 69~71〔밀턴 프리드먼 지음, 심준보·변동열 옮김, 『자본주의
와 자유』, 청어람미디어, 2007〕.

41　Charles P. Kindleberger, *The World in Depression, 1929-1939*, pp. 17~18.

42　Lanny Ebenstein, *Milton Friedman*, p. 233. 그러나 그런 글귀가 적힌 묘비는
결코 세워지지 않았다. 2006년에 죽은 프리드먼의 유골은 샌프란시스코만 곳곳에
뿌려졌다.

43　John Quiggin, *Zombie Economics*, Princeton University Press, 2010, p.
81〔존 퀴긴 지음, 정수지 옮김, 『경제학의 5가지 유령들』, 21세기북스, 2012〕.

44　프리드먼은 신고전주의자 어빙 피셔(1867~1947)의 '교환 방정식'을 받아
들였다. M × V = P × T. 풀이하자면, 통화량(M)과 통화 유통 속도(V)를 곱한

값은 물가(P)와 거래 총량(T)을 곱한 값과 같다는 것이다. 프리드먼이 다른 경제 학자들의 이론을 얼마나 선별적으로 받아들였는지는 피셔의 다른 이론, 그러니까 부채 디플레이션 이론을 깡그리 무시했다는 점에서도 여실히 드러난다(이 책 8장 미주 19 참조). 많은 기업과 금융 투자자 들이 세계 경제 위기 중에 막대한 부채를 지고 있었다는 피셔의 인식은 미 연방준비제도이사회가 경기 침체의 유일한 유책 행위자라는 프리드먼의 주장을 부정하기 때문이다.

45   이 메커니즘은 프리드먼의 가정과 정반대다. 인플레이션이 먼저 상승한 뒤 에 통화량이 증가한다는 것이다. 이 역시 원인은 실물 경제다. 물가가 오르면 즉시 기계와 원자재 값도 오른다. 따라서 기업가는 투자를 원하면 더 많은 돈을 빌려야 한다. 그런데 모든 대출은 곧 화폐의 창출을 뜻한다. 인플레이션으로 대출의 규모 가 증가하고, 그와 함께 통화량도 증가한다.

46   Milton Friedman, *Kapitalismus und Freiheit*, p. 59.

47   Milton Friedman, "Mr. Market", *Hoover Digest*, 1999, No. 1.

48   프리드먼의 영향력은 영국에서 오랫동안 유지되었지만, 마거릿 대처조차 통화주의가 작동하지 않는다는 사실을 1985년부터 깨달았다(Mark Blaug, *The Methodology of Economics*, p. 200). 통화량은 양적으로 통제할 수 없다. 왜냐하 면 통화량은 출발점이 아니라 늘 사슬의 마지막 고리이기 때문이다. 이는 금리 조 정에서도 나타난다. 중앙은행이 인플레이션을 막으려고 금리를 인상하는 건 통화 량이 아니라 실물 경제를 직접 겨냥한 조치다. 금리가 높아지면 대출이 너무 비싸 투자는 거의 이루어지지 않는다. 그러면 실업률은 증가하고 임금은 정체되어 물가 도 더 이상 오르지 않는다. 마지막엔 통화량도 감소한다. 더는 대출이 이루어지지 않으면 통화 창출이 줄어들기 때문이다.

49   John Kenneth Galbraith, *A History of Economics*, p. 271.

50   이 절과 이하 절들은 다음 책에서 따왔다. Ulrike Herrmann, *Der Sieg des Kapitals*, 2013, pp. 193~194.

51   Michael Lewis, *Liar's Poker*, W. W. Norton & Company, p. 191〔마이클 루 이스 지음, 정명수 옮김, 『라이어스 포커』, 위즈덤하우스, 2006〕.

52   장외에서 거래되는 파생상품의 총합은 지금도 극단적으로 높지만, 예전에

는 훨씬 더 높았다. 최대치를 기록한 2013년에는 액면가가 무려 632조 6000억 달러에 달했다. 은행 규제를 통해 파생상품 거래를 약간 제한하기는 했지만 여전히 과도하게 높다. 다음 자료 참조. "Bank for International Settlements", *Quarterly Review*, 2017. 12., p. A14.

53 "Comptroller of the Currency", *OCC's Quarterly Report on Bank Trading and Derivatives Activties*, Third Quarter 2017, p. 3 및 p. 28.

54 은행들은 파생상품이 식량 가격을 지속적으로 왜곡할 수는 없다는 주장으로 자신들의 입장을 방어한다. 결국 관건은 밀이나 옥수수의 물리적 공급량이라는 것이다. 맞는 말이다. 장기적으로 선물시장은 '펀더멘털'에 맞춰간다. 그러나 그 과정은 몇 달이 걸릴 수도 있는데, 굶주린 사람들에게는 너무 길고 혹독한 시간이다.

55 Ha-Joon Chang, *Economics*, 2014, p. 299.

56 Adair Turner, *Between Debt and the Devil*, Princeton University Press, 2016, p. 1〔아데어 터너 지음, 우리금융경영연구소 옮김, 『부채의 늪과 악마의 유혹 사이에서』, 해남, 2017〕.

57 *Op. cit.*, pp. 24~25.

58 금융 위기의 구체적인 과정을 여기서 다루는 것은 불가능하다. 좀 더 자세히 알고 싶은 사람은 다음 책을 참조하기 바란다. Ulrike Herrmann, *Der Sieg des Kapitals*, 2013, p. 199~201.

59 Robert Lucas, "Macroeconomic Priorities", *American Economic Review*, 2003. 3., p. 1~14, 여기서는 p. 1.

60 Ha-Joon Chang, *Economics*, 2014, p. 301.

61 The Financial Crisis Inquiry Commission, *The Financial Crisis Inquiry Report*, Official Government Edition, Books Express Publishing, January, p. 11.

62 소수의 비주류 경제학자들만 또다시 금융시장 붕괴가 찾아올 거라고 경고한다. 오늘날 가장 유명한 주류 비판가는 하이먼 민스키(1919~1996)이다. 생전에는 거의 주목을 받지 못한 인물이다. 민스키는 케인스를 토대로 자기 이론을 구축했다. 대부분의 케인스주의 연구자들과는 달리 케인스가 금융 자본주의 이론을 개발했다는 사실을 바로 이해했기 때문이다(Hyman P. Minsky, *John Maynard*

Keynes 참조). 민스키는 금융시장의 심리를 좀 더 상세히 설명함으로써 케인스 이론을 보강했다. 그가 금융시장에서 발견한 세 가지 단계는 다음과 같다. 금융시장이 폭락하면 투자자는 겁을 먹고 자신이 상환할 수 있는 대출만 받는다. 그러다 경제가 안정적으로 성장하면 2단계가 찾아온다. 다시 투기를 해도 될 것 같다는 생각이 드는 것이다. 금융 투자자들은 주가가 계속 오를 거라는 데 베팅하고, 현재 자신의 수입으로는 갚을 수 없는 대출을 받는다. 물론 이자는 아직 갚을 수 있다. 그러다 마지막 3단계인 '눈사태 시스템'에 이르면, 신규 대출을 받아 이자를 갚아야 한다. 그리되면 시장 붕괴는 막을 수 없고, 처음부터 다시 순환이 시작된다.

63   Adair Turner, *Between Debt and the Devil*, p. XI.

64   Dani Rodrik, *Economic rules*, W. W. Norton & Company, pp. 50~51〔대니 로드릭 지음, 이강국 옮김, 『그래도 경제학이다』, 생각의힘, 2016〕.

65   Martin Wolf, *The Shifts and the Shocks*, Penguin Press, p. 197; Adair Turner, *Between Debt and the Devil*, pp. 28~30.

66   루카스는 미래에 대해 생각하지 않았던 '이전의' 신고전주의자들보다 훨씬 더 멀리 나갔다. 발라는 그저 합리적인 행동이 가능하다고만 가정했다. 케인스가 미래의 근본적인 불확실성이 무시되고 있다고 비판한 것도 그 때문이었다. 그런데 루카스는 더 극단적이었다. 우리가 미래를 모른다는 사실을 단순히 무시하는 정도가 아니라 아예 명확하게 부정해버렸다(Steve Keen, *Debunking Economics*, Zed Books, p. 247).

67   Michael Heine, Hansjörg Herr, *Volkswirtschaftslehre*, p. 354.

68   Adam Smith, *Wealth of Nations*, pp. 104~105.

69   신고전주의는 한계비용이 증가할 거라고 가정한다. 이는 곧 매출이 증가하면 물가가 오른다는 것을 의미한다. 이런 비현실적인 가정이 필요했던 이유는 그렇지 않으면 완벽한 경쟁이 존재할 수 없기 때문이다(이 책 6장 참조).

70   Steve Keen, *Debunking Economics*, Zed Books, pp. 43~44. 이탈리아 경제학자 피에로 스라파가 1926년에 이미 지적했듯이 생산자에게도 거울상처럼 똑같은 문제가 발생한다.

71   주관적 효용성에서 출발하는 이론은 막다른 골목에 봉착할 수밖에 없다는

사실을 데이비드 리카도도 이미 오래전에 알아차렸다. 200년 전 그는 자신의 주저 말미에 이렇게 썼다. "필요와 유용성의 양은 다른 양과 비교할 수 없다. 사용가치는 다양한 사람들에 의해 다양하게 평가될 뿐 측정이 불가능하다." (David Ricardo, *The Principles of Political Economy and Taxation*, p. 292)

72 신고전주의는 늘 마르크스의 잉여가치론을 비웃었지만 이는 부당하다. 만일 마르크스가 신고전주의처럼 아주 단순한 하나의 세계만 가정했다면 '변환 문제'도 쉽게 해결했을 것이다. 변환 문제는 다양한 기술로 생산되는 다양한 상품이 존재할 때만 발생할 수 있다. (Michael Heine, Hansjörg Herr, *Volkswirtschaftslehre*, p. 628)

73 Steve Keen, *Debunking Economics*, Zed Books, pp. 256~257.

74 Ha-Joon Chang, *Economics*, 2014, p. 127.

75 Philip Mirowski, *Never Let a Serious Crisis Go to Waste*, Verso, p. 279.

76 Adair Turner, *Between Debt and the Devil*, pp. 37~38.

77 Philip Mirowski, *Never Let a Serious Crisis Go to Waste*, Verso, p. 264.

78 독일에서만 금융 위기로 국가 부채가 20퍼센트포인트 가까이 증가했다. 돈으로 환산하면 약 4000억 유로에 해당한다. 은행에 대한 직접적인 지원은 대략 500억 유로에 달했다. 거기다 세금 감면, 경기 부양 패키지, 실업자 지원 같은 간접비용은 훨씬 더 많았다. 이건 독일만의 문제가 아니었다. 서구 선진국들은 은행을 구제하는 데 평균적으로 경제 생산량의 약 3퍼센트만 썼지만, 대신 국가 채무가 평균 34퍼센트 증가했다. (Adair Turner, *Between Debt and the Devil*, p. 3)

79 Philip Mirowski, *Never Let a Serious Crisis Go to Waste*, p. 178.

80 *Op. cit.*, p. 188.

81 다음 책도 참조. Martin Wolf, *The Shifts and the Shocks*, Penguin Press, pp. 191~192.

82 Steve Keen, *Debunking Economics*, Zed Books, p. 8.

10. 스미스, 마르크스, 케인스에게서 무엇을 배울 것인가?

1 Milton Friedman, *Inflation and Unemployment*, pp. 267~268. 프리드먼은 경제학의 예측 오류를 하이젠베르크의 불확정성의 원리와 비교했다. 이 비교는 틀렸다. 아니, 그가 노벨경제학상 수상 연설을 할 때 뱉어낸 이 말의 뻔뻔스러움은 말문이 막힐 정도다. 양자 물리학의 영역에 속하는 불확정성 원리는 이렇다. 입자의 영역에서 위치와 운동량은 결코 동시에 정확히 측정할 수 없다는 것이다. 그럼에도 이 불확정성은 첫째, 정확히 묘사할 수 있고, 둘째, 실제 세계에서 매우 정확히 예측할 수 있다. 예를 들어 공의 비행 궤적은 절대적인 정확성으로 계산해낼 수 있다. 그러나 경제학에서는 둘 다 불가능하다. 정확한 예측을 할 수 없고, 어째서 기대와 다른 결과가 나타났는지 나중에라도 확실히 말하지 못한다. 미래는 원칙적으로 불확실하다.

2 최근에 영국 경제학자 앤서니 앳킨슨은 주요 경제학 교과서들을 살펴본 결과, 소득 분배에 대한 설명은 후반부에라도 간략하게 나오지만 경제학적으로 중요한 지식은 전혀 언급되지 않고 있다는 사실을 일관되게 확인했다(Anthony B. Atkinson, *Inequality*, Harvard University Press, p. 15〔앤서니 B. 앳킨슨 지음, 장경덕 옮김, 『불평등을 넘어』, 글항아리, 2015〕.).

3 Joan Robinson, *Economic Philosophy*, p. 41~42. Steve Keen, *Debunking Economics*, Zed Books, p. 124. 다음 책도 참조. Hermann Simon, *Preisheiten: Alles, was Sie über Preise wissen müssen*, Campus Verlag, 2015, p. 59~61〔헤르만 지몬 지음, 서종민 옮김, 『헤르만 지몬의 프라이싱』, 쌤앤파커스, 2017〕.

4 세계적으로 유명한 '가격 컨설턴트' 중 한 명인 헤르만 지몬이 쓴 교과서 같은 책 『가격 지혜: 당신이 가격에 대해 알아야 할 모든 것Preisheiten: Alles, was Sie über Preise wissen müssen』에도 '한계비용'이라는 용어는 나오지 않는다. 그런데 지몬의 책은 가격 책정의 전문가조차 돈이 경제적으로 어떻게 작동하는지 이해하지 못하는 것에 대한 훌륭한 예이기도 하다. 그는 금본위제를 다시 도입하고 싶어 한다(*Op. cit.*, p. 47).

5 미시경제학과 경영학의 혼동을 피하기 위해 덧붙이자면, 미시경제학은 경제학의 일부로서 모든 가계와 기업의 추정된 행동을 연구해서 법칙성을 찾으려고 한

다. 반면에 경영학은 기업이 어떻게 운영되는지를 구체적으로 들여다보는데, 주로 경영 기술, 신용 금융의 형태, 현금 흐름 같은 문제를 다룬다.

6　Ha-Joon Chang, *23 Things They Don't Tell You About Capitalism*, Bloomsbury, 2010, pp. 23~24〔장하준 지음, 김희정 · 안세민 옮김, 『그들이 말하지 않는 23가지』, 부키, 2023〕.

7　*Op. cit.*, p. 30.

8　Deutsche Schutzvereinigung für Wertbesitz (DSW). dpa 통신, 2016. 7. 7.

9　가장 우아한 해결책은 유럽 중앙은행이 위기 국가를 짓누르고 있는 부채의 일부라도 그냥 사들이는 것이다. 인플레이션은 두려워할 필요가 없다. 이건 단지 오래된 부채를 청산하는 것뿐이니까.

10　Heiner Flassbeck, *Die Marktwirtschaft im 21. Jahrhundert*, Westend, pp. 17~18.

11　자유무역은 기술 수준이 가장 높은 선진국에 특히 유리하다. 다음 책들도 참조. Ulrike Herrmann, Freihandel – Projekt der Mächtigen, Rosa-Luxemburg-Stiftung, 2014, 그리고 Ha-Joon Chang, *Kicking Away the Ladder*, Anthem Press, 2002〔장하준 지음, 김희정 옮김, 『사다리 걷어차기』, 부키, 2020〕.

12　Mariana Mazzucato, *The Entrepreneurial State*〔마리아나 마추카토 지음, 김광래 옮김, 『기업가형 국가』, 매일경제신문사, 2015〕 참조.

참고 문헌

Abelshauser, Werner, *Deutsche Wirtschaftsgeschichte. Von 1945 bis zur Gegenwart*, Beck, 2011.

Allen, Robert C., *Global Economic History. A Very Short Introduction*, Oxford University Press, 2011.

Allen, Robert C., *The British Industrial Revolution in Global Perspective*, Cambridge University Press, 2009.

Ambrosi, Marlene, *Jenny Marx. Ihr Leben mit Karl Marx*, Weyand, 2015.

Aristoteles, *Nikomachische Ethik*, Reclam, 1969.

Atkinson, Anthony B., *Inequality. What Can Be Done?*, Harvard University Press, 2015.

Bach, Stefan/Andreas Thiemann, Hohes Aufkommenspotential bei Wiederbelebung der Vermögenssteuer. In: *DIW-Wochenbericht* 4/2016, pp. 79~89.

Bagehot, Walter, Adam Smith as a Person, 1876. In: *The Works of Walter Bagehot, Volume III*, Hartford, 1891, pp. 269~306.

Bank für Internationalen Zahlungsausgleich, *Quarterly Review*, December, 2017.

Beckert, Sven, *King Cotton. Eine Globalgeschichte des Kapitalismus*, Beck, 2014.

Bernstein, Eduard, *Die Voraussetzungen des Sozialismus und die Aufgaben der Sozialdemokratie* (1899), rororo, 1969.

Berry, Christopher J./Maria Pia Paganelli/Craig Smith, (Eds.), *The Oxford Handbook of Adam Smith*, Oxford University Press, 2013.

Blanchard, Olivier, *Macroeconomics*, 5th edn, Pearson, 2009.

Blaug, Mark, *Economic Theory in Retrospect*, 2nd edn, Heinemann, 1968.

Blaug, Mark, *The Methodology of Economics. Or How Economists Explain*, 2nd edn, Cambridge University Press, 1992.

Blomert, Reinhard, *John Maynard Keynes*, rororo, 2007.

Blomert, Reinhard, *Adam Smiths Reise nach Frankreich oder die Entstehung der Nationalökonomie*, Die Andere Bibliothek, 2012.

Bodsch, Ingrid (Ed.), *Dr. Karl Marx. Vom Studium zur Promotion – Bonn, Berlin, Jena*, Stadtmuseum Bonn, 2012.

Braunberger, Gerald, *Keynes für jedermann. Die Renaissance des Krisenökonomen*, Frankfurter Allgemeine Buch, 2012.

Broadberry, Stephen/Kevin H. Rourke (Eds.), *The Cambridge Economic History of Modern Europe, Volume I: 1700–1870*, Cambridge University Press, 2010.

Bröckers, Mathias/Stefan Reinecke (Eds.), Christian Semler, *Kein Kommunismus ist auch keine Lösung*, taz.die tageszeitung, 2013.

Bürger, Hans/Kurt W. Rothschild, *Wie Wirtschaft die Welt bewegt. Die großen ökonomischen Modelle auf dem Prüfstand*, Lesethek, 2009.

Chang, Ha-Joon, *Bad Samaritans. The Myth of Free Trade and the Secret History of Capitalism*, Bloomsbury, 2008.

Chang, Ha-Joon, *Kicking Away The Ladder. Development Strategy in Historical Perspective*, Anthem Press, 2003.

Chang, Ha-Joon, *23 Things They Don't Tell You about Capitalism*,

Penguin, 2011.

Chang, Ha-Joon, *Economics: The User's Guide*, Penguin, 2014.

Clark, Christopher, *Iron Kingdom. The Rise and Downfall of Prussia 1600–1947*, Penguin, 2007.

Comptroller of the Currency, *OCC's Quarterly Report on Bank Trading and Derivatives Activities*, Third Quarter 2017, Washington, 2017.

Darwin, John, *Unfinished Empire. The Global Expansion of Britain*, Penguin, 2013.

Davenport-Hines, Richard, *Universal Man. The Lives of John Maynard Keynes*, Basic Books, 2015.

Eagleton, Terry, *Why Marx Was Right*, Yale University Press, 2011.

Ebenstein, Lanny, *Milton Friedman: A Biography*, Palgrave Macmillan, 2007.

Ehnts, Dirk, *Geld und Kredit: eine €-päische Perspektive*, metropolis, 2015.

Engels, Friedrich, Briefe aus dem Wuppertal, 1839. In: *Karl Marx / Friedrich Engels – Werke*, MEW, Band 1, Dietz, 1976, pp. 413~432.

Engels, Friedrich, Umrisse zu einer Kritik an der Nationalökonomie, 1844. In: MEW, Band 1, Dietz, 1976, pp. 499~524.

Engels, Friedrich, Die Lage der arbeitenden Klasse in England. Nach eigner Anschauung und authentischen Quellen, 1845. In: MEW, Band 2, Dietz, 1976, pp. 225~506.

Engels, Friedrich, Grundsätze des Kommunismus, 1847. In: MEW, Band 4, Dietz, 1974, pp. 361~380.

Engels, Friedrich, *Herrn Eugen Dührings Umwälzung der Wissenschaft* "Anti Dühringl" (1878), Dietz, 1948.

Engels, Friedrich, Die Entwicklung des Sozialismus von der Utopie zur Wissenschaft, 1882. In: MEW, Band 19, Dietz, 1962, pp. 189~228.

Engels, Friedrich, *Ludwig Feuerbach und der Ausgang der klassischen deutschen Philosophie*, 1886. In: MEW, Band 21, Dietz 1962, pp. 291~307.

Erhard, Ludwig, *Wohlstand für alle* (1957), Anaconda, 2009.

Fellmeth, Ulrich, *Pecunia non olet. Die Wirtschaft der antiken Welt*, Wissenschaftliche Buchgesellschaft, 2008.

Finlay, Moses I., *The Ancient Economy*, 2nd edn, Penguin, 1985.

Fisher, Irving, The Debt-Deflation Theory of the Great Depression. In: Econometrica 1933, pp. 337~357.

Flassbeck, Heiner, *Die Marktwirtschaft im 21. Jahrhundert*, Westend, 2011.

Friedman, Milton, *Kapitalismus und Freiheit* (1962), Eichborn, 2002.

Friedman, Milton, Mr. Market. In: *Hoover Digest* 1999, Nr. 1.

Friedman, Milton, The Role of Monetary Policy. In: *The American Economic Review*, March 1968, pp. 1~17.

Friedman, Milton, *Inflation and Unemployment*, Nobel Memorial Lecture, 1976, http://www.lexissecuritiesmosaic.com/gateway/sec/speech/1976_friedmanlecture.pdf

Galbraith, John Kenneth, *A Life in Our Times*, Houghton Mifflin, 1981.

Galbraith, John Kenneth, *A History of Economics. The Past as the Present*, Hamish Hamilton, 1987.

Galbraith, John Kenneth, *The Affluent Society, 1958*. Updated and with a New Introduction by the Author, Penguin, 1999.

Haakonssen, Knud (Ed.), *The Cambridge Companion to Adam Smith*, Cambridge University Press, 2006.

Habib, Irfan, *Indian Economy Under Early British Rule 1757–1857*, Tulika Books, 2013.

Hansen, Alvin H., *A Guide to Keynes*, McGraw-Hill, 1953.

Harrod, Roy, *The Life of John Maynard Keynes*, Norton, 1951.

Harvey, David, *A Companion to Marx's Capital*, Verso, 2010.

Heilbroner, Robert L., *The Worldly Philosophers. The Lives, Times, and Ideas of the Great Economic Thinkers*, Touchstone, 1999.

Heine, Michael/Hansjörg Herr, *Volkswirtschaftslehre. Paradigmen-orientierte Einführung in die Mikro- und Makroökonomie*. 4. Auflage, Oldenbourg, 2013.

Herrmann, Ulrike, *Hurra, wir dürfen zahlen. Der Selbstbetrug der Mittelschicht*, Piper, 2012.

Herrmann, Ulrike, *Freihandel – Projekt der Mächtigen*, Rosa-Luxemburg-Stiftung, 2014.

Herrmann, Ulrike, *Der Sieg des Kapitals. Wie der Reichtum in die Welt kam: Die Geschichte von Wachstum, Geld und Krisen*, Piper, 2015.

Herrmann, Ulrike, Über das Ende des Kapitalismus. In: *Le Monde diplomatique*, April 2015, p. 3.

Hicks, J. R., Mr. Keynes and the 'Classics'. A Suggested Interpretation. In: *Econometrica*, Vol. 5, 1937, pp. 147~159.

Hobsbawm, Eric, *The Age of Revolution 1789–1848*, Abacus, 2010.

Hobsbawm, Eric, *The Age of Empire 1875–1914*, Abacus, 1994.

Hobsbawm, Eric J. (Ed.), *The History of Marxism. Volume I: Marxism in Marx's Day*, Harvester Press, 1982.

Hobsbawm, Eric J., How to Change the World: Marx and Marxism 1840–2011, Little Brown, 2011.

Hont, Istvan/Michael Ignatieff (Eds.), *Wealth and Virtue. The Shaping of Political Economy in the Scottish Enlightenment*, Cambridge University Press, 1983.

Horn, Gustav A., *Wirtschaftliche Krisen bewältigen. Neue Erkenntnisse aus den jüngsten Krisen*, Springer Gabler, 2016.

Hume, David, *Essays* (1752), Liberty Fund, 1985.

Hume, David, *My Own Life*, 1776. 4. 18, http://socserv2.socsci. mcmaster.ca/econ/ugcm/3ll3/hume/humelife

Hundert, E. G., *The Enlightenment's Fable. Bernard Mandeville and the Discovery of Society*, Cambridge University Press, 1994.

Hunt, Tristram, *The Frock-Coated Communist: The Life and Times of the Original Champagne Socialist*, Penguin, 2010.

Jameson, Fredric, *Representing Capital. A Reading of Volume One*, Verso, 2011.

Jones, Owen, *The Establishment. And How They Get Away With It*, Allan Lane, 2014.

Kahn, Richard F., *The Making of Keynes' General Theory, Cambridge University Press*, 1984.

Kahneman, Daniel, *Thinking, Fast and Slow*, Penguin, 2011.

Kaufmann, Stephan/Ingo Stützle, *Kapitalismus: Die ersten 200 Jahre. Thomas Pikettys "Das Kapital im 21. Jahrhundert" – Einführung, Debatte, Kritik*, Bertz + Fischer, 2014.

Keen, Steve, *Debunking Economics: The Naked Emperor Dethroned?*, Revised and Expanded Edition, Zed Books, 2011.

Keynes, John Maynard, *Indian Currency and Finance*, 1913.

Keynes, John Maynard, The Economic Consequences of the Peace (1919), Digireads, 2011.

Keynes, John Maynard, *A Tract on Monetary Reform* (1923), BN Publishing, 2008.

Keynes, John Maynard/Hubert D. Henderson, *Can Lloyd George do it? An Examination of the Liberal Pledge*, 1929.

Keynes, John Maynard, *Essays in Persuasion* (1931), Norton, 1963.

Keynes, John Maynard, *The General Theory of Employment, Interest and Money* (1936), BN Publishing, 2008.

Keynes, John Maynard, The General Theory of Employment. In: *The Quarterly Journal of Economics*, 1937, pp. 209~223.

Keynes, John Maynard, The Keynes Plan, 1942. In: J. Keith Horsefeld (Ed.), *The International Monetary Fund 1945–1965. Twenty Years of International Monetary Cooperation, Volume III: Documents* (IMF 1969), pp. 3~18.

Kindleberger, Charles P., *Die Weltwirtschaftskrise 1929–1939*, dtv, 1973.

Kindleberger, Charles P., *A Financial History of Western Europe*, 2nd edn, Oxford University Press, 1993.

King, John E., *David Ricardo*, Palgrave Macmillan, 2013.

Kisch, Egon Erwin, *Karl Marx in Karlsbad*, Aufbau, 1983.

Kliem, Manfred, *Karl Marx und die Berliner Universität 1836 bis 1841*, Beiträge zur Geschichte der Humboldt-Universität zu Berlin, 1988.

Knieriem, Michael (Ed.), *Die Herkunft des Friedrich Engels. Briefe aus der Verwandtschaft 1791–1847*, Schriften aus dem Karl-Marx-Haus Trier, 1991.

Körner, Klaus, *Karl Marx*, dtv Verlagsgesellschaft mbH, 2008.

Koo, Richard C., *The Holy Grail of Macroeconomics. Lessons from Japan's Great Recession*, Revised and Updated Edition, Wiley, 2009.

Koo, Richard C., The World in Balance Sheet Recession. Causes, Cure, and Politics. In: *Real-World Economics Review 58*.

Kraus, Hans-Christof, *Englische Verfassung und politisches Denken im Ancien Régime 1689–1789*, Oldenbourg, 2006.

Krugman, Paul, *Introduction to "The General Theory of Employment, Interest and Money" by John Maynard Keynes*, http://www.

pkarchive.org/economy/GeneralTheoryKeynesIntro.html, 2006. 3. 7.

Krugman, Paul, *The Conscience of a Liberal*, Norton, 2007.

Kurz, Heinz D., *Geschichte des ökonomischen Denkens*, Beck, 2013.

Kurz, Heinz D./Neri Salvadori , *The Elgar Companion to David Ricardo*, Elgar Publishing, 2015.

Kurz, Heinz D./Richard Sturn, *Schumpeter für jedermann. Von der Rastlosigkeit des Kapitalismus*, Frankfurter Allgemeine Buch, 2012.

Kurz, Heinz D./Richard Sturn, *Adam Smith für jedermann. Pionier der modernen Ökonomie*, Frankfurter Allgemeine Buch, 2013.

Lepenies, Philipp, *Die Macht der einen Zahl. Eine politische Geschichte des Bruttoinlandsprodukts*, Suhrkamp, 2013.

Lewis, Michael, *Liar's Poker. Two Cities, True Greed: Playing the Money Markets*, Coronet, 1989.

Limmroth, Anne, *Jenny Marx. Die Biographie*, Dietz, 2014.

Linß, Vera, *Die wichtigsten Wirtschaftsdenker*, Marix, 2014.

Lucas, Robert E., Macroeconomic Priorities. In: *American Economic Review*, 2003 March, pp. 1~14.

MacLean, Nancy, *Democracy in Chains: The Deep History of the Radical Right's Stealth Plan for America*, Penguin, 2017.

Mandeville, Bernard, *The Fable of the Bees: or Private Vices, Public Benefits*, 1st edn (1723), J. Wood, 1772.

Marx, Karl, Zur Kritik der Hegelschen Rechtsphilosophie. Einleitung, 1844. In: MEW, Band 1, Dietz, 1976, pp. 378~391.

Marx, Karl/Friedrich Engels, Manifest der Kommunistischen Partei, 1848. In: MEW, Band 4, Dietz, 1959, pp. 459~493.

Marx, Karl, *Der achtzehnte Brumaire des Louis Bonaparte 1852. Mit Kommentar von Hauke Brunkhorst*, Suhrkamp, 2007.

Marx, Karl, Zur Kritik der Politischen Ökonomie. Vorwort, 1859. In:

MEW, Band 13, Dietz, 1961, pp. 7~11.

Marx, Karl/Friedrich Engels, *Briefe über "Das Kapital"*, Dietz, 1954.

Marx, Karl, *Das Kapital*, Band I, 1867. In: MEW, Band 23, Dietz, 1962.

Materna, Ingo/Wolfgang Ribbe (Eds.), Brandenburgische Geschichte, Akademie Verlag, 1995.

Mazzucata, Mariana, *The Entrepreneurial State. Debunking Public vs. Private Sector Myths*, Anthem Press, 2014.

McCraw, Thomas K., *Prophet of Innovation: Joseph Schumpeter and Creative Destruction*, Harvard University Press, 2009.

Meek, Ronald L. (Ed.), *Precursors of Adam Smith 1750–1775*, Dent, 1973.

Minsky, Hyman, *John Maynard Keynes* (1975), McGraw Hill, 2008.

Minsky, Hyman, *Can It Happen Again? A Reprise*, Bard College, 1982.

Mirowski, Philip, *Never Let a Serious Crisis Go to Waste. How Neoliberalism Survived the Financial Meltdown*, Verso, 2014.

Misik, Robert, *Marx verstehen*, Anaconda, 2012.

Moggridge, Donald E., *Maynard Keynes. An Economist's Biography*, Routledge, 1992.

Monroe, Arthur Eli (Ed.), *Early Economic Thought. Selected Writings from Aristotle to Hume*, Dover, 1951.

Moore, Charles, *Margaret Thatcher. The Authorized Biography. Volume I: Not For Turning*, Allen Lane, 2013.

Nasar, Sylvia, *Grand Pursuit. The Story of the People Who Made Modern Economics*, Fourth Estate, 2011.

Noonan, Peggy, *When Character Was King: A Story of Ronald Reagan*, Penguin, 2001.

Ötsch, Walter/Stephan Pühringer/Katrin Hirte, *Netzwerke des Marktes. Ordoliberalismus als politische Ökonomie*, Springer VS, 2017.

Offer, Avner/Gabriel Söderberg, *Nobel Factor: The Price in Economics, Social Democracy and the Market Turn*, Princeton University Press, 2016.

Pasinetti, Luigi L., Keynes and the Cambridge Keynesians. A 'Revolution in Economics' to be Accomplished, Cambridge University Press, 2007.

Phillipson, Nicholas, *Adam Smith. An Enlightened Life,* Penguin, 2011.

Piketty, Thomas, *Capital in the Twenty First Century*, Harvard University Press, 2014.

Quiggin, John, *Zombie Economics. How Dead Ideas Still Walk Among Us*, Princeton University Press, 2010.

Ricardo, David, *The Principles of Political Economy and Taxation*, 1821, Dent, 1911.

Riddle, J. H., *British and American Plans for International Currency Stabilization. Chapter I: Features of the Plans*, US National Bureau of Economic Research 1943, pp. 1~21.

Roberts, Richard, *Saving the City. The Great Financial Crisis of 1914*, Oxford University Press, 2013.

Robinson, Joan, *Economic Philosophy*, Penguin, 1964.

Rodrik, Dani, *Economic Rules. Why Economics Works, When It Fails, and How To Tell The Difference*, Oxford University Press, 2015.

Ross, Ian S., *The Life of Adam Smith*, 2nd edn, Oxford University Press, 2010.

Schremmer, Eckart, *Steuern und Staatsfinanzen während der Industrialisierung Europas: England, Frankreich, Preußen und das Deutsche Reich 1800 bis 1914*, Springer, 1994.

Schulmeister, Stephan, *Mitten in der großen Krise. Ein 'New Deal' für Europa*, Picus, 2010.

Schumpeter, Joseph A., *The Theory of Economic Development* (1911), Transaction Publishers, 1983.

Schumpeter, Joseph A., *Capitalism, Socialism and Democracy* (1942), Harper, 2008.

Simon, Hermann, *Preisheiten. Alles, was Sie über Preise wissen müssen*, Campus, 2013.

Sinclair, John (Ed.), *The Statistical Account of Scotland 1791–1799, Volume X: Fife*, EP Publishing, 1978.

Skidelsky, Robert, *John Maynard Keynes, 1883–1946: Economist. Philosopher. Statesman*, Penguin, 2003.

Skidelsky, *Robert, Keynes. A Very Short Introduction*, Oxford University Press, 2010.

Skousen, Mark, *The Big Three in Economics: Adam Smith, Karl Marx and John Maynard Keynes*, Routledge, 2007.

Smith, Adam, *An Inquiry into the Nature and Causes of the Wealth of Nations* (1776), Oxford University Press, 2008.

Smith, Adam, *Letter to William Strahan*, 1776. 11. 9., http://www.ourcivilisation.com/smartboard/shop/smitha/humedead.htm

Soros, George, *Das Ende der Finanzmärkte – und deren Zukunft. Die heutige Finanzkrise und was sie bedeutet*, FinanzBuch Verlag, 2008.

Sprenger, Bernd, *Das Geld der Deutschen. Geldgeschichte Deutschlands von den Anfängen bis zur Gegenwart*, Schöningh, 1991.

Sraffa, Piero, The Laws of Returns Under Competitive Conditions. In: *The Economic Journal*, 1926, pp. 535~550.

Sraffa, Piero, Introduction to Ricardo's Principles. In: Sraffa, Piero (Ed.), *The Works and Correspondence of David Ricardo, Volume I*, Cambridge University Press, 1951, pp. XIII~LXV.

Statistisches Bundesamt, *Bildung und Kultur, Personal an Hochschulen*

2014, Fachserie 11, Reihe 4.4., Wiesbaden 2015.

Statistisches Bundesamt, *Statistisches Jahrbuch 2017*, Wiesbaden, 2018.

Stedman Jones, Daniel, *Masters of the Universe. Hayek, Friedman, and the Birth of Neoliberal Politics*, Princeton University Press, 2012.

Stelter, Daniel, Die Schulden im 21. Jahrhundert. Was ist drin, was ist dran und was fehlt in Thomas Pikettys "Das Kapital im 21. Jahrhundert", Frankfurter Allgemeine Buch, 2014.

Stewart, Dugald, *Account of the Life and Writings of Adam Smith LL.D.*, 1793, http://socserv2.socsci.mcmaster.ca/econ/ugcm/3ll3/smith/dugald

Teusch, Ulrich, *Jenny Marx. Die rote Baroness*, Rotbuch, 2011.

Tooze, Adam, *The Deluge. The Great War and the Remaking of Global Order*, Penguin, 2015.

Tucholsky, Kurt, *Kurzer Abriss der Nationalökonomie*, 1931, http://www.textlog.de/tucholsky-nationaloekonomie.html

Turner, Adair, *Between Debt and the Devil. Money, Credit and Fixing Global Finance*, Princeton University Press, 2016.

United States of America, *The Financial Crisis Inquiry Report. Final Report of the National Commission on the Causes of the Financial and Economic Crisis in the United States*, Washington, 2011.

van Treeck, Till/Janina Urban (Eds.), *Wirtschaft neu denken: Blinde Flecken in der Lehrbuchökonomie*, iRights, 2016.

Wapshott, Nicholas, *Keynes – Hayek. The Clash That Defined Modern Economics*, Norton, 2012.

Wehler, Hans-Ulrich, *Deutsche Gesellschaftsgeschichte. Zweiter Band: 1815–1845/1849*, Beck, 1987.

Weischedel, Wilhelm, *Die philosophische Hintertreppe. 34 große Philosophen in Alltag und Denken*, dtv Verlagsgesellschaft mbH,

1975.

Wolf, Martin, *The Shifts and the Shocks. What We've Learned – and Have Still to Learn – from the Financial Crisis*, Allen Lane, 2014.

경제학 천재들의 자본주의 워크숍
스미스, 마르크스, 케인스는 왜 지금 우리에게 필요한가

1판 1쇄 인쇄 2024년 8월 9일
1판 1쇄 발행 2024년 8월 16일

지은이 울리케 헤르만 | 옮긴이 박종대
책임편집 박지행 | 편집부 유온누리
표지 디자인 김보경(보인다스튜디오)

펴낸이 임병삼 | 펴낸곳 갈라파고스
등록 2002년 10월 29일 제13-2003-147호
주소 03938 서울시 마포구 월드컵로196 대명비첸시티오피스텔 801호
전화 02-3142-3797 | 전송 02-3142-2408
전자우편 books.galapagos@gmail.com

ISBN 979-11-93482-06-3 (03300)

갈라파고스 자연과 인간, 인간과 인간의 공존을 희망하며, 함께 읽으면 좋은 책들을 만듭니다.